Despertar Intuitivo da BRUXARIA

Publicado originalmente em inglês sob o título: *Intuitive Witchcraft: How to Use Intuition to Elevate Your Craft* © 2020 by Astrea Taylor. Published by Llewellyn Publications (registered trademark of Llewellyn Worldwide Ltd.)

Tradução autorizada do inglês

Direitos de edição para a Língua Portuguesa
© Editora Ardane

Editor: Claudiney Prieto
Coordenação Editorial: Luciana Papale
Tradução: Ardane Books
Diagramação: Priscila Souza
Capa: Ardane Books
Revisão: Papale's Editorial

DADOS INTERNACIONAIS DE CATALOGAÇÃO NA PUBLICAÇÃO (CIP) CÂMARA BRASILEIRO DO LIVRO, SP, BRASIL

T238 TAYLOR, Astrea
Despertar Intuitivo da Bruxaria / Astrea Taylor; tradução de Ardane Books.
Editora Ardane | 1ª edição | São Paulo | 2024

Tradução de: *Intuitive Witchcraft: How to Use Intuition to Elevate Your Craft*
ISBN 978-6-58537-032-5

1. Wicca. 2. Bruxaria 3. Esoterismo. 4. Magia. I. Título.

CDD 133.43
CDU 133.4

Índice para catálogo sistêmico:
1. Bruxaria: Ocultismo 133-43

EDITORA ARDANE
www.ardane.com.br
Fone: (11) 97774-4013
E-mail: contato@ardane.com.br
Instagram: @ardanebooks

ASTREA TAYLOR

Despertar Intuitivo da BRUXARIA

COMO USAR A INTUIÇÃO PARA ELEVAR SUA MAGIA

ARDANE

Para minha mãe, uma Bruxa Intuitiva,
que me ama incondicionalmente
e sempre me incentivou a ser eu mesma.
É com grande amor e humildade que
dedico este livro a todos aqueles
que vagam por caminhos incertos.

Através dos penhascos rochosos rumo às estrelas.

A Editora Ardane e seus escritores não se responsabilizam por eventuais lesões ou danos sofridos pelo leitor que possam decorrer da utilização do conteúdo presente nesta obra. Sugerimos prudência e ponderação ao realizar as práticas apresentadas neste livro. O conteúdo desta leitura não tem como objetivo substituir orientações de profissionais da área médica ou psicológica. Recomendamos aos leitores que procurarem seus especialistas em saúde pessoal para possíveis tratamentos. O uso de ervas, plantas e óleos essenciais deve ser feito com cuidado e uma investigação detalhada acerca de qualquer planta citada neste livro deve ser conduzida pelo leitor antes de manuseá-la. Ao lidar com fogo, siga as medidas de segurança contra incêndios e jamais deixe velas ou outras fontes incandescentes sem supervisão.

SUMÁRIO

Parte 1

O Chamado à Bruxaria Intuitiva

D**as profundezas da floresta** vem um chamado. Uma voz misteriosa, mas de alguma forma familiar. Há algo do Outromundo nisso, algo puro e verdadeiro. Pode ser fraco no começo, mas com o tempo, fica mais alto e difícil de ignorar. O chamado toca em dias ensolarados, noites escuras e tardes nevadas. Pode ser ouvido em momentos de quietude e conexão, mas também em momentos de desespero ou solidão. Se ignorado, o chamado se torna mais insistente. Torna-se tão alto que puxa nosso coração e nossos ouvidos. O anseio na voz pode diminuir tanto nosso ritmo que podemos nos encontrar paralisados em nosso caminho atual, incapazes de dar outro passo.

O chamado emana da estranha e encantada floresta que fica fora do caminho. Viramos nossas cabeças para ouvir melhor. Uma vez que começamos a ouvir, entendemos: o chamado é o som de nossas próprias almas ansiando por uma vida mais profunda. Ele diz que há algo mais lá fora. É um grito para nos libertarmos dos rigores do mundo mundano e de tudo o que nos disseram que a vida é. O chamado nos fala sobre explorar os mistérios e o que poderíamos nos tornar, se apenas ouvíssemos a sabedoria profunda dentro de nós. No fundo de nossos ossos, sabemos que isso é verdade. Sabemos que precisamos experimentar algo maior do que nossa situação atual. Mais do que qualquer coisa, precisamos de uma vida mágica que possa realmente ser chamada de "nossa".

A Bruxaria Intuitiva é um estilo de vida espiritual que celebra a verdade de quem somos e o que sentimos. Trata-se de criar uma espiritualidade significativa que honre nossas almas únicas. Trabalhamos com diferentes energias – a nossa, a do mundo material e a dos mundos imateriais. Com essa sabedoria, tiramos essa energia de dentro de nós e lançamos nossa Vontade e propósito no mundo.

Se o seu interesse é mera curiosidade sobre Intuição ou Bruxaria, ou se você é iniciante e está começando seu caminho espiritual, ou se apenas deseja dar uma nova vida à sua prática atual, este livro é para você. A Bruxaria Intuitiva é uma variação da Bruxaria Eclética, como a Bruxaria de Cobertura e a Bruxaria de Cozinha. No entanto, as Bruxas Intuitivas são diferentes, pois confiamos apenas em um conjunto de habilidades aprimoradas de práticas intuitivas baseadas na consciência energética. Essas práticas ajudam a criar uma base para o crescimento que está ausente em algumas práticas ecléticas. O resultado é uma Bruxaria fundamentada e sábia que evolui profunda e lindamente.

Como a Bruxaria Intuitiva é uma prática sem tradição, não há regras ou figuras de autoridade. No entanto, há alguns princípios a serem seguidos que iluminam o básico:

1º ***O primeiro princípio da Bruxaria Intuitiva é que você é intuitiva:*** conheça sua intuição e seja fiel a ela. Esta é uma adaptação das frases do *Oráculo de Delfos* ("conheça-te a ti mesmo)" e do *Hamlet* de Shakespeare ("sê fiel a ti mesmo") combinadas com a intuição. Embora sejam frases antigas, ainda são relevantes nos dias modernos, porque são fundamentos para quem procura viver com integridade. A intuição é o melhor método para conhecer a si mesmo, mas pode se perder na confusão ou ser superada de tempos em tempos. É importante saber como você realmente se sente e honrar isso. Quando vivemos nossa vida de acordo com este princípio, temos verdadeira força e poder. Ao conhecer e honrar nossa intuição, criamos vidas espirituais dignas de serem vividas.

2º ***O segundo princípio da Bruxaria Intuitiva é que você é energia:*** busque compreender, equilibrar e alinhar sua própria energia. Tudo no Universo é feito de energia, inclusive a nossa própria essência. Podemos usar nossa intuição para sentir a energia dentro e ao nosso redor. Como os raios de luz ultravioleta, muita energia é invisível aos nossos sentidos humanos. Isso não o torna inexistente; apenas o torna mais sutil. Ser sensível a essa energia mais nebulosa é uma das maiores forças da Bruxa Intuitiva. Se você pegou este livro, é provável que sinta essa energia e esteja ciente de seus efeitos. Esta é uma força que será utilizada ao longo desta prática.

3º ***O terceiro princípio da Bruxaria Intuitiva é que você é a magia:*** você tem a capacidade de modificar sua energia e as energias ao seu redor por meio da força de vontade. Quando você eleva sua energia e a combina com seus desejos intuitivos, pode provocar mudanças no mundo.

Este livro orienta o buscador sobre como criar uma prática espiritual baseada em sua própria intuição, energia, autoexploração e magia aplicada. Os insights são baseados em décadas de estudo e experiência. Eles iluminam conceitos difíceis de entender e promovem uma compreensão do verdadeiro eu, como a energia funciona e como usá-la em benefício próprio e para o mundo ao seu redor.

Os exercícios ajudarão na conscientização de sua energia e das energias externas a você. Eles revelam como você pode criar equilíbrio, extrair energia da terra e do cosmos, elevar sua vibração e alinhar-se com seus desejos.

A primeira parte deste livro apresenta os fundamentos energéticos essenciais para a Bruxaria Intuitiva. Ela explora como aumentar a consciência da energia e realizar mudanças conforme sua Vontade. Isso ajudará a revitalizar sua alma, desenvolver sua intuição e avaliar as trocas energéticas em sua vida. Durante essas lições, você honrará seu próprio caminho pessoal. A primeira parte também ensina a elevar a energia, fortalecer a força de vontade e manifestar seus desejos de maneira intuitiva, permitindo que você siga o caminho do poder e se conecte com o que busca. Além disso, ela guia o leitor sobre como trabalhar sua magia. Se você for um praticante avançado, pode pular esses capítulos; no entanto, considero útil revisar os fundamentos sob diferentes perspectivas para descobrir novos insights.

A segunda parte do livro trata de elevar seu conhecimento a um nível mais significativo e pessoal. Você usará sua intuição sobre magia e energia para canalizar vibrações mais altas e insights mais profundos. Mistérios serão revelados, viver no fluxo aumenta suas possibilidades. Podemos evoluir para posições de maior poder pessoal e força intuitiva com essas técnicas e conceitos avançados.

O objetivo final da Bruxaria Intuitiva é incentivá-lo a encontrar sua voz interior, nutri-la e segui-la onde quer que ela leve. Quando estamos conectados com nossas almas selvagens, experimentamos a vida em um nível muito mais profundo. Uma vez que experimentamos a emoção de encontrar nosso próprio caminho na floresta encantada, não podemos voltar ao que era antes, com consciência limitada e conversas mundanas. Precisamos de nossa intuição para sobreviver tanto quanto precisamos de ar fresco, água limpa e boa comida.

Ao longo deste livro, as metáforas de encontrar seu próprio caminho, as matas selvagem e a floresta encantada são usadas para iluminar aspectos da jornada espiritual da Bruxa Intuitiva. Eles ecoam a natureza selvagem que procuramos, os mistérios da vida, as decisões que tomamos e nossas jornadas como Bruxas Intuitivas. As florestas são lugares primordiais de magia e mistério – não é de se admirar que muitos contos de fadas se passem ali. É onde as jornadas começam e a magia é descoberta.

A Bruxaria Intuitiva é uma prática autodirigida e, como tal, é muito pessoal. Ela pode parecer muitas coisas diferentes. As Bruxas Intuitivas podem adorar uma ou várias Divindades ou nenhuma. Elas podem ser uma coisa em um dia e algo completamente diferente no outro. Podem lançar ou evitar feitiços e simplesmente falar de seus corações. E ainda podem lançar círculos e ter rituais elaborados, ou pular completamente os rituais em favor de um tipo diferente de prática, como adivinhação, dança extática ou viajar para outros mundos. Algumas Bruxas Intuitivas escolhem amaldiçoar, enquanto outras não. Muitas são flexíveis em suas abordagens espirituais e estão abertas a experimentar coisas diferentes para ver o que funciona. Nossas práticas podem acompanhar ou ser influenciadas pela Bruxaria Tradicional, por religiões Pagãs antigas, Paganismo, movimento da Nova Era, Budismo e muitas outras espiritualidades. Esses outros caminhos podem se misturar com a Bruxaria Intuitiva de maneira bastante notável, cada caminho alimentando o outro e avançando na prática pessoal de cada um. Pode ser uma experiência reveladora para quem gosta de estudar vários caminhos ao mesmo tempo. Também pode ser um caminho atraente para praticantes ecléticos solitários que procuram um pouco mais de orientação interna.

O caminho intuitivo pode parecer sem muita direção para alguns, isso porque estamos seguindo nosso coração no escuro, guiadas pela pequena, mas constante voz interior de nossa intuição. Como escolhemos cada direção e não dependemos de outras pessoas para tomar decisões, possuímos nossa própria sabedoria. Muitas de nós somos melhores assim, fazendo exatamente o que nos parece certo. Apenas precisamos aprender a aplicar os princípios aos nossos desejos. Esse é o objetivo deste livro: ensinar os meios para canalizar seu poder da maneira que achar melhor, em sua própria espiritualidade, sempre em constante evolução e aprofundamento.

Talvez você já tenha atendido ao chamado da alma selvagem e já esteja trilhando o caminho da Bruxa Intuitiva. Ou é possível que você se sinta atraída pelo caminho misterioso porque sabe que muitas coisas existem além dos domínios dos sentidos. Ou talvez você simplesmente não se encaixe em nenhuma organização espiritual e esteja procurando uma maneira de integrar quem você é com o mundo espiritual.

As informações apresentadas neste livro são uma compilação do que funcionou para mim e para muitas outras pessoas. As Bruxas Intuitivas fazem o que funciona – se algo funciona para você, use-o. Se não funciona, tente outra coisa. Este livro não tem como objetivo apresentar precisões históricas, ensinar práticas tradicionais ou revelar segredos ocultos. Além da Bruxaria geral neste nesta obra, muito do material aqui apresentado foi intuído, pois a intuição é minha luz guia e tem sido assim por toda a minha vida. Este livro foi escrito com o mesmo conceito em mente; fornecer opções e incentivar o leitor a encontrar suas próprias práticas que funcionem com sua energia única.

Através da Bruxaria Intuitiva, podemos desenvolver muitas coisas que queremos aprender. Podemos levar vidas significativas e experimentar um crescimento profundo através do aprimoramento das nossas habilidades. No fundo do nosso coração, sabemos qual é o melhor caminho a percorrer. Acredito que somos as Bruxas que esperávamos ser.

Se você está lendo este livro, pode fazer parte da próxima geração de pessoas que realizam mudanças no mundo usando sua energia e força de vontade. Quer você use ou não a palavra "Bruxa" para se descrever, certamente tem o poder de mudar sua vida. Está tudo dentro de você. Tudo o que precisa fazer é ouvir sua sabedoria interior e aprender a manejar essa energia.

E assim, deixamos o caminho principal e adentramos na floresta encantada, onde uma fina lua crescente brilha por entre os galhos das árvores. Devemos isso a nós, devemos explorar o chamado que veio de dentro, das profundezas da floresta; escolhendo nosso caminho pela floresta.

Seguimos o chamado de nossa alma e escolhemos nossos caminhos por intuição. De alguma forma, sabemos que esse "caminho sem caminho" é a nossa verdade, o "nosso caminho". Sabemos que isso nos proporcionará uma experiência espiritual verdadeiramente única e genuína.

NOSSA JORNADA COMEÇA
COM OLHOS DANÇANTES
E CORAÇÃO EM CHAMAS.

BEM-VINDA

ÀS POSSIBILIDADES DE VIVER
TODO SEU POTENCIAL INTUITIVO.

Ouvindo sua Intuição

Capítulo 1

À medida que se aprofunda na floresta encantada da alma, você percebe que não há caminhos, apenas um vasto e cerrado bosque que se estende até onde a vista alcança. Para onde você quer ir? Para qual direção você é atraído e qual área o repele? Quando está em segurança, o que faz se sentir ameaçado?

O primeiro princípio da Bruxaria Intuitiva é conhecer e ser fiel à sua intuição. Nossa jornada começa criando espaços no nosso interior para permitir que nossa intuição fale conosco. Podemos ouvir a pequena voz de nossa intuição e aprender quem somos, o que sentimos e o que queremos.

Ao ouvir essa pequena voz, encontramos maneiras de ser fiéis a ela, de falar nossas verdades em voz alta e de nos honrar. Quando consultamos constantemente à nossa intuição para sabermos o que realmente sentimos, podemos encontrar nosso caminho através da floresta selvagem com facilidade e viver nossas verdades pessoais. Por outro lado, se ignorarmos essa pequena voz, não saberemos quem somos, o que sentimos ou o que queremos. Não seríamos fiéis a nada, o que torna tudo ao nosso redor, inclusive nossa vida, sem sentido. Em outras palavras, quando não ouvimos essa pequena voz, nós nos perdemos na floresta.

Conhecer quem realmente somos e como nos sentimos pode ser um dos maiores obstáculos da vida, mas também um dos maiores prazeres.

Este capítulo avalia métodos para alcançarmos os objetivos do primeiro princípio da Bruxaria Intuitiva. Vamos passar por recondicionamento mental, remoção de fontes tóxicas, reconexão com a natureza e escuta do corpo. Aceitaremos radicalmente quem somos, nos manteremos firmes em nossa intuição e faremos uma promessa de honrar essa sabedoria que habita profundamente dentro de nós. Tudo pronto? Respire fundo.

O Que é Intuição, Exatamente?

A intuição é uma voz suave ou uma sensação que nos impulsiona em uma direção ou outra. É ela que nos diz o que realmente queremos e como nos sentimos sobre as coisas. Sentimentos essa sensação predominantemente no estômago, embora esse não seja o único lugar onde ela possa ser sentida. Também pode ser sentida no coração, na superfície da pele e no campo energético que envolve o corpo conhecido como "aura". A intuição surge do hemisfério direito do cérebro, a mesma parte de nós que se conecta com a arte, a música, a poesia, a dança e as emoções, com a cinestesia e todos os outros sentidos. Quando abrimos um canal para nos conectar com esse aspecto profundo e criativo do nosso ser, podemos ouvir a sabedoria do nosso corpo e desvendar segredos. Podemos determinar quem somos, onde estamos em nossa jornada e para onde queremos ir a partir daí. Por ser um sentimento sutil ou uma pequena voz, pode ser difícil de ouvir a intuição. Infelizmente, por esse motivo, também pode ser perigosamente fácil de ignorá-la, especialmente com o volume alto da sociedade moderna sobre o que devemos ou não ser.

Intuição não é a mesma coisa que instinto, embora estejam relacionados. O instinto implica uma reação ou impulso visceral e animalístico. É o que faz você se esquivar de uma bola de tênis voando em sua direção. Está ligado a sentimentos selvagens como querer lutar, fugir (voar), ficar imóvel (congelar) ou o desejo de ter relações sexuais. A intuição, por outro lado, geralmente é menos animalística. Envolve um processamento mental complexo nas partes do cérebro que muitos outros animais não possuem.

É mais uma percepção sutil do ambiente que inclui instinto, uma sensação de energia, um senso de momento e muito mais.

Não é o mesmo que paranoia ou um desencadeamento de traumas passados. Também não está relacionada a qualquer compulsão obsessiva ou medo irracional. Por exemplo, se você deseja entrar em contato com alguém, pode sentir uma compulsão para enviar uma mensagem o mais rápido possível, mas sua intuição pode dizer para esperar um dia e ver como aquela energia se comporta. A diferença entre os dois impulsos reside na energia – sentimentos baseados no medo, como a compulsão, têm uma qualidade terrível ou um tom irritante e naturalmente compulsivo. A intuição não é baseada no medo. Vem de um lugar de autorrespeito, que é baseado no amor.

Ser intuitiva não é o mesmo que ser psíquica. A intuição está disponível para todos, enquanto as artes psíquicas são um caminho mais rarefeito e avançado. Habilidades psíquicas não são necessariamente consideradas um objetivo na Bruxaria Intuitiva, embora momentos e experiências psíquicas inevitavelmente ocorram, especialmente quando estamos em estados de energia mais elevados. No capítulo 11 discutiremos esse caminho com mais detalhes, caso você opte por percorrê-lo.

Por último, a intuição não é a mesma coisa que a sua consciência. Uma consciência defende a total honestidade e nos ajuda a avaliar o que é moralmente correto em nossas respectivas sociedades. Por outro lado, a intuição defende a auto-honestidade e nos diz o que é certo para nós, apesar do que a sociedade pensa. Com nossa consciência liderando o caminho, nunca mentiríamos sobre nada, porque seria moralmente errado. Mas se você não confia em alguém, sua intuição pode lhe dizer que é aceitável mentir para se proteger até que você possa se livrar da pessoa. Mentir pode parecer uma traição à consciência e pode causar turbulência no cérebro. Às vezes, agir com base na intuição em vez da consciência pode ser o melhor para o nosso interesse. Outra maneira de entender essas duas vozes internas é que todos nascemos com intuição, mas a sociedade nos dá uma consciência. Isso se torna mais evidente ao comparar as regras de diferentes culturas – o que é certo em uma sociedade pode ser extremamente errado em outra.

A Intuição e Nossos Ancestrais

Por muito tempo na história da humanidade, a intuição e a liberdade de pensamento foram reprimidas. Cada guerra, fome, pestilência, praga, perseguição religiosa e injustiça que nossos ancestrais enfrentaram fizeram com que a parte de seus cérebros baseada no medo assumisse o controle para ajudá-los a lidar com os tempos difíceis. A intuição não era uma característica altamente valorizada, comparada, por exemplo, à força, à habilidade de trabalhar em uma fazenda ou à inclinação para ir à guerra.

No entanto, a intuição não desapareceu. Tornando-se sublimada na forma de contos populares, fábulas e superstições.

Como uma semente ou um esporo no solo escuro da humanidade, a intuição apenas esperou as condições certas para surgir novamente em toda a sua glória. Acredito que agora é o momento em que a intuição pode criar raízes e ser celebrada no mundo.

A maioria de nós não foi ensinada a ouvir nossa intuição, mas podemos começar agora, aprendendo por conta própria. Nunca é tarde. Como nunca visto antes, cada vez mais as pessoas estão conquistando sua liberdade nesta Era Moderna. Hoje, podemos seguir nossos caminhos espirituais autenticamente, sem medo de perseguição. Já é hora de aprendermos a usar o poder da intuição para nosso benefício e para o benefício do mundo.

Recuperando sua Identidade

O primeiro e mais importante passo na Bruxaria Intuitiva é encontrar-se – ou, se você se perdeu, reencontrar-se. Ao conhecer sua própria identidade, você possui as chaves de sua própria liberdade.

Toda magia tem início com alguém que está sintonizado precisamente com sua própria essência. Contudo, se você não tem consciência de quem é, ou se sua singularidade não foi cultivada, há algum trabalho a ser feito.

Se você for como eu, já perdeu a conexão com seu espírito algumas vezes. Pode ser perigosamente fácil fazer isso. Às vezes, a vida fica tão agitada que mal temos um momento livre. Ou talvez todo o seu tempo livre seja gasto se recuperando de sua vida agitada. Se você está em uma dessas situações, provavelmente sente alguma dor emocional de vez em quando. Provavelmente deseja que a vida seja maior e melhor do que é. Isso é normal – é ótimo, na verdade. Um sinal de que você está encontrando o caminho de volta para quem realmente é, ou seja, é uma insatisfação com seu *status quo*. Trata-se de uma indicação poderosa da sua intuição de que você precisa dar passos em direção a uma vida mais profunda e espiritual. Afinal, é a profundidade que dá sentido à nossa vida. Se você chegou a este ponto, não tema. Você está no caminho certo. Continue ouvindo.

Também é importante não nos cobrarmos tanto. Neste mundo moderno e barulhento, pode ser difícil ouvir nossas próprias vozes. Há um milhão de outras vozes nos dizendo o que devemos fazer, como devemos agir, quem devemos ser, e o que devemos comprar. E adivinha? Nenhuma dessas vozes tem precedência sobre nossa voz interna – nossa intuição.

Liberte-se da Lavagem Cerebral

Desprogramar-se é realmente sobre enxergar os condicionamentos e expectativas da realidade perpetuada pela mídia e pela sociedade e rejeitar o que não funciona para nós. Até certo ponto, todos em nossa sociedade sofreram lavagem cerebral por nossa cultura mercantilizada e obcecada por imagens. Às vezes, isso pode ser uma coisa boa. Por exemplo, a maioria de nós sabe como pedir comida em um restaurante, como se comportar no trabalho e como bater papo.

Mas também há uma parte do condicionamento social que pode nos prejudicar. Pode nos encorajar a ser superficiais e buscar aprovação externa ao custo do alinhamento interno. Isso cria uma cultura em que apenas uma pequena porcentagem de pessoas encontra aprovação social. Também cria uma cultura sombria, onde muitas pessoas não se sentem boas o suficiente comparadas com os outros. Ambos os grupos aderiram a uma sociedade condicionalmente amorosa que não quer que nos sintamos bem coma gente mesmo de propósito, para que possam nos vender produtos.

Esta é a sociedade que estou pedindo para você rejeitar. Embora as imagens e retratos de pessoas na mídia possam nos fazer sentir indignos e desprezíveis, isso simplesmente não é verdade! Ninguém é indigno ou não amável. É importante perceber que as sociedades altamente mercantilizadas quase nunca funcionam em benefício pessoal - a maioria beneficia as empresas em vez de pessoas. No entanto, podemos rejeitar a ideia de que devemos atender a padrões específicos de magreza, um tipo certo de cabelo, lábios e corpo, uma vestimenta padrão, assim como às expectativas de desempenho. Ao nos desconectarmos dessas falsas expectativas, abrimos um espaço dentro de nós para nos reconectarmos com algo mais profundo. Criamos espaço para nos amarmos como somos.

Questione as coisas que aceitou em sua vida. Por exemplo, as redes sociais podem ser consideradas uma boa maneira de se conectar com outras pessoas, espera-se que quase todos tenham um perfil e entre nele diariamente. No entanto, um estudo recente revelou que, mesmo em nossa era de mídia social e comunicação constante, quase metade dos americanos se sente solitários. Sentimentos de solidão foram encontrados especialmente nas gerações mais jovens, que têm o maior uso das mídias sociais[1].

1 Alexandra Lardieri, "Study: Many Americans Report Feeling Lonely, Younger Generations More So," US News and World Report, May 1, 2018, https://www.usnews.com/news/health-care-news/articles/2018-05-01/study-many-americans-report-feeling-lonely-younger-generations-more-so.

Psicólogos teorizam que o problema das redes sociais é a baixa qualidade da interação humana. Perdemos a linguagem corporal, as pistas faciais, o tom caloroso de uma voz, as respostas conversacionais, as trocas de energia, o som de risadas, suspiros e muito mais. Vá em frente e questione a expectativa da sociedade sobre precisar estar on-line várias vezes ao dia. Você pode descobrir, como alguns psicólogos descobriram, que reduzir o uso das redes sociais também pode diminuir os sentimentos de depressão e solidão[2].

Quando questionamos o que realmente está acontecendo energeticamente dentro de nós, podemos determinar como nos sentimos sobre isso e fazer mudanças positivas. Podemos ser exigentes sobre quais expectativas sociais aceitamos e quais rejeitamos.

Isso nos ajuda a voltar ao básico. Do zero, podemos construir uma vida de maior qualidade.

Por fim, se você gosta de agradar as pessoas e tenta fazer todo mundo feliz, provavelmente sofreu uma lavagem cerebral para se colocar em último lugar em suas prioridades. Eu costumava ser assim. Isso não mudou até que questionei por que não estava valorizando minha própria opinião e necessidades em detrimento dos outros. Por que não me ensinaram que a pessoa mais importante a agradar sou eu mesma? Os comissários de bordo dizem: "Coloque sua própria máscara de ar antes de ajudar os outros". Isso também vale quando se trata de agradar os outros. Você precisará priorizar o autocuidado e a assistência pessoal antes de fornecer qualquer serviço ou atenção a outras pessoas. Se você já trabalhou em algum tipo de serviço de atendimento ao cliente ou foi criada em uma educação religiosa rígida, provavelmente terá mais dificuldade do que a maioria das pessoas quando se trata de ouvir sua voz interior. Ela pode ser silenciosa, ou você pode confundi-la com a voz de uma "autoridade" externa[3]. Tenha a certeza de que é possível remover essa fonte externa. Pode levar tempo, meditação, terapia e muito mais, mas vale a pena.

Se você se desencantou com o mundo superficial, isso é bom! Significa que sua intuição está falando e você pode ouvi-la. Agora apenas precisa aprender a escutá-la e descobrir o que é bom e o que não é. Ouça a sua intuição. Quando vemos certos aspectos negativos da sociedade pelo que são, nossas próximas ações se tornam claras.

....

2 Melissa G. Hunt, Rachel Marx, Courtney Lipson, and Jordyn Young, "No More FOMO: Limiting Social Media Decreases Loneliness and Depression," Journal of Social and Clinical Psychology 37, no. 10 (November 2008): 751–68, doi:10.1521/jscp.2018.37.10.751.

3 Mary Field Belenky, Blythe McVicker Clinchy, Nancy Rule Goldberger, and Jill Mattuck Tarule, Women's Ways of Knowing: The Development of Self, Voice, and Mind (New York: BasicBooks, 1997).

Devemos rejeitar os condicionamentos e expectativas negativas da sociedade como capas desgastadas para que possamos buscar a natureza selvagem dentro de nós. É lá que a verdadeira magia reside.

Removendo Fontes Externas Tóxicas

O primeiro passo para ouvir melhor a própria voz interior é remover as fontes externas de condicionamento. Desligue o tablet, computador, televisão e rádio, com seus anúncios e mensagens sutis sobre papéis de gênero, raça, sexualidade e formas corporais aceitáveis. Desconecte-se de qualquer coisa que não lhe dê verdadeiro prazer, incluindo compras, jogos e mídias sociais que o desanimam. Se você não está saindo de uma experiência se sentindo melhor consigo mesma e com como gastou seu tempo, reavalie o papel que isso tem em sua vida.

Em seguida, dê uma boa olhada em sua vida social. Qualquer amizade ou outro relacionamento que não alimente sua alma precisa ser avaliado. Você sabe a quem me refiro - os fofoqueiros, os falsos amigos, os duvidosos, as pessoas que pensam ter autoridade sobre você e os superficiais. Afastar-se desses relacionamentos superficiais pode não parecer uma tarefa importante agora, mas o grupo de pessoas com quem uma pessoa interage realmente afeta quem ela é. Já foi dito que somos uma média das cinco pessoas com quem mais interagimos. Então, quem compõe a sua média. Pense nas cinco pessoas em sua vida. Elas são pessoas boas, solidárias e espiritualistas? Estão tentando ser pessoas decentes? Ou são neutras, caóticas, egoístas ou autoritárias? Elas encorajam você a perseguir seus sonhos e a fazer o que lhe faz feliz ou apenas ficam à margem sem tomar nenhuma atitude?

Outra razão pela qual é bom limitar sua exposição a pessoas tóxicas é reduzir o efeito do neurônio-espelho. Nossos cérebros copiam outras pessoas. Mesmo que seja inconscientemente, replicamos a linguagem corporal, as expressões faciais, a energia, as palavras, os sotaques, as frases formadas e muito mais das outras pessoas. Por exemplo, se você convive com uma pessoa nervosa ou paranoica, pode ficar mais nervosa e paranoica porque está correspondendo à energia dela. Isso pode ser especialmente problemático para os empatas ou pessoas que sentem profundamente as energias e emoções dos outros. Se você é empata, eliminar pessoas tóxicas da sua vida é uma tarefa muito importante. Você precisará reduzir a sua exposição a esses seres mais do que qualquer outra pessoa. Como empata, posso dizer que é difícil, mas pode ser feito. Sempre achei que não ter amigos é melhor do que ter amigos falsos ou ruins.

Se você não pode eliminar totalmente essas pessoas de sua vida, pelo menos se distancie delas ou faça pausas de vez em quando. Essa separação pode lhe dar a objetividade de que precisa para ver seus relacionamentos como eles realmente são. Apenas lembre-se – esta jornada é sobre se autopriorizar, colocar suas necessidades acima das necessidades das outras pessoas.

Você precisa ser capaz de ouvir sua própria voz interna acima do barulho do mundo. Mantenha isso como um objetivo. Quanto mais honrar sua intuição sobre quem pode caminhar com você, mais cedo estará no caminho da Bruxa Intuitiva.

Removendo Fontes Internas Tóxicas

As fontes tóxicas podem ser tanto internas quanto externas. Vá fundo e observe sua programação interna. Que pensamentos surgem em sua mente quando você não está prestando atenção? São positivos ou negativos? Libere seus pensamentos negativos, especialmente se eles se repetirem com o tempo e se eles circularem em *loops*.

Pensamentos negativos atraem mais negatividade para você, então isso tem que ir embora.

Não deixe sua insatisfação com a sociedade se tornar sua insatisfação consigo mesma. Em outras palavras, não deixe a voz da sociedade ou de seus pais se tornarem sua voz interior. Você pode rejeitar as expectativas deles e criar seu próprio sistema de valores, colocando-se como uma boa pessoa que merece amor e respeito.

Exercício: Liberando os Laços do Passado

Dê uma boa olhada em sua vida e na maneira como gasta seu tempo. Alguém ou alguma coisa está causando estresse ou fazendo você se sentir para baixo? Você pode tomar medidas para removê-los? Mesmo que só consiga reduzir sua exposição à pessoa ou situação, um grande passo será dado na direção certa.

Substitua o tempo que passou com essa pessoa ou pensamento por uma atividade que alimente sua alma, como ler, escrever, dançar ou cuidar do jardim.

Reconectando-se com a Natureza

Agora que o lixo foi removido, podemos voltar ao básico. Reconectar-se é como se permitir ser criança de novo, só que agora educando a si mesma com um conjunto de princípios completamente diferente. O objetivo é fazer você se sentir livre e selvagem! O que faz você se sentir livre? Como você se conecta com sua selvageria? Deixe-se sentir animalista, sensual, uma pessoa instintiva. Desfrute dos prazeres, observe suas reações e seja ousada com seu amor. Aproveite a sensação de ter mais liberdade. Algumas pessoas comparam a expressão do espírito selvagem com características animalescas. Você quer uivar para a lua ou rosnar às vezes? Experimente e veja como se sente. Não se surpreenda se encontrar alguma magia selvagem e vastas reservas de energia nesse processo. A melhor coisa sobre reconexão é que podemos entrar em contato com nossa própria energia mágica, que pode ter sido escondida ou estar dormente por muitos anos.

Busque sua Natureza Selvagem

Uma das melhores maneiras de se reconectar com sua natureza selvagem é ir para a natureza. Faça uma caminhada sozinha e aprecie a relva. Sinta a brisa, o sol e a terra. Mergulhe os dedos das mãos ou dos pés em água corrente fresca. Sinta a energia das rochas e das plantas ao seu redor. Se puder, encontre um lugar secreto e apenas esteja presente na natureza. Observe os animais e plantas como eles existem em seu estado natural. A imersão na natureza proporciona uma limpeza elementar. É tão revigorante se conectar com um espaço natural que não espera nada de você e compartilha todo o seu esplendor. Estudos científicos mostram que nos beneficiamos ao passar algum tempo na natureza. Acredito que isso ocorra porque reabastece uma parte selvagem de nós que pode estar ligada a experiências ancestrais.

Expressões Selvagens

Use sua intuição para descobrir o que "reconectar-se selvagemente" significa para você e como expressar isso. Aqui estão algumas ideias de coisas que você pode fazer para se reconectar com sua natureza selvagem:

* Comece um diário e escreva como se ninguém jamais fosse lê-lo. Conecte-se com seus sentimentos e limpe sua mente.
* Pergunte a si mesma o que realmente quer. Tudo bem desejar sucessos materiais, mas isso não proporciona felicidade duradoura. Considere outros objetivos, como amizades verdadeiras, atividades criativas e satisfação espiritual.
* Passe um tempo sozinha e em silêncio.
* Medite, dance, brinque.
* Considere falar com um terapeuta se achar que isso ajudará.
* Finja ser um animal ou ter sentidos mais animalescos.
* Passe algum tempo com os animais, cujos instintos estão mais intactos do que os nossos.
* Brinque com crianças ou conviva com pessoas mais livres do que você.

Histórias da Origem Espiritual

Uma das melhores maneiras de entrar em contato com seu eu intuitivo é olhar para sua história espiritual inicial. Como você soube que era diferente e que queria mais da vida do que a realidade popular tinha a oferecer? Qual era sua maneira favorita de se conectar com o espírito? Examinar suas respostas pode lembrar como você percorreu seu caminho inicialmente.

No meu caso, minha espiritualidade estava clara desde os primeiros momentos que consigo recordar. Uma das minhas primeiras lembranças foi quando minha mãe me levou a uma igreja cristã; eu tinha por volta de uns quatro ou cinco anos. Enquanto todos cantavam "amém", eu cantava "a-mulher" com uma voz clara, aguda e delicada. Enquanto cantava, eu sorria para as pessoas ao meu redor, convidando-as a se juntarem a mim e cantarem "a-mulher". Lembro-me de pensar que todas essas pessoas adoravam o Sagrado Masculino e ninguém adorava o Sagrado Feminino. Era uma injustiça! Eu queria dizer a eles que estava tudo bem adorá-la – eu sabia que estava, porque sentia isso profundamente em meus ossos. Estranhamente, ninguém na igreja nunca cantou "a-mulher" comigo.

Decidi, ainda jovem, que adoraria o Sagrado Feminino. Desde então não olhei para trás. Talvez você tenha uma história espiritual inicial como esta. Muitas de nós, Bruxas, têm histórias assim, o que me faz pensar se o Paganismo e a Bruxaria são de fato uma orientação com a qual algumas de nós nascemos.

Cultive sua Atmosfera

Sempre que tiver um tempo livre, crie uma atmosfera de liberdade. Seja o mais livre possível. Vista-se com as roupas que quiser, ouça sua música favorita, expresse suas opiniões, queime incenso e faça o que mais lhe agradar. O sentimento criado ao celebrar essas liberdades é o que chamo de "sua atmosfera". Boas atmosferas podem ajudar nosso eu selvagem e intuitivo a se sentir mais confortável e relaxado. Uma boa atmosfera em sua casa pode ajudar na transição para o seu eu intuitivo depois de ter trabalhado o dia todo.

Sua atmosfera pode fazer você se sentir como uma criança novamente. Quando você era pequeno, é possível que gritasse com estranhos, risse alto demais, encarasse, evitasse um dos amigos de seus pais ou dissesse o óbvio sem fazer julgamentos. Essa parte mais selvagem e infantil de nós foi domada por nossos pais bem-intencionados e pela sociedade. Fomos ensinadas a diminuir o comportamento selvagem, a abraçar ou beijar a pessoa estranha, a não rir alto demais e a não falar sobre nossas curiosidades. Essas não são necessariamente lições ruins, mas não são o que vem naturalmente para nós. Precisamos voltar a um estado mais natural e intuitivo para agitar as coisas. Isso não significa que abandonamos a sociedade moderna; apenas nos dá mais liberdade para escolher o que aceitamos e como trabalhar com isso. Pense nos momentos mais felizes de sua infância e lembre-se de como você se sentia na época.

Você poderia pensar na sua atmosfera como uma versão ligeiramente diferente da realidade. Em última análise, deve incutir um sentimento de liberdade de expressão. Isso deveria fazer você se sentir expansiva.

Aproveite a liberdade de fazer o que quiser. Alinhe-se a uma energia mais relaxada. Quando usa seu tempo livre para fazer o que deseja e para realizar as coisas que alimentam sua alma, você encoraja o seu eu selvagem a sair para brincar. Se quiser dançar, dance! Se quiser andar nu em sua própria casa, faça isso. Brinque, seja livre. Não tenha medo de ser autêntica ou um pouco boba. Ou até mesmo totalmente boba.

Reintegrando de Volta à Sociedade

Depois de experimentar o sabor da natureza selvagem, você pode estranhar um pouco quando voltar à esfera pública. A dissonância entre você e a sociedade pode ser um pouco desconcertante às vezes. Clarissa Pinkola Estés capta esse pensamento de maneira bastante bela em seu livro *Mulheres que Correm com Lobos*: "Eu usava um vestido e um chapéu para ir à igreja. Mas minha fabulosa cauda frequentemente caía abaixo da barra do meu vestido e minhas orelhas se agitavam até que meu chapéu tombava, no mínimo, sobre meus olhos, mas às vezes ele ia parar do outro lado da sala[4].

É praticamente impossível esconder uma natureza selvagem interior. Algumas pessoas sentirão isso e serão atraídas por você como mariposas para uma chama. Outras serão instantaneamente repelidas, sem culpa sua. Simplesmente você não se encaixará nas suas ideias, planos, sonhos e esquemas. Tudo bem – na verdade, é melhor que isso. É ótimo! Significa que você finalmente descobriu como confiar em sua natureza selvagem interior. Além disso, os conceitos dessas pessoas são próprios e, na maioria das vezes, não combinam com você de qualquer maneira.

Mesmo que experimente dissonâncias no mundo por libertar seu eu selvagem e adorável, continue seguindo sua nova sabedoria. Leve seu eu selvagem com você. Quando conseguir ser mais autêntica do que a pessoa que eles querem que seja, não importará o que os outros pensam. Você terá a segurança de seu conhecimento interior, que é maior do que os aplausos de todas as pessoas do mundo inteiro. O conceito de natureza selvagem é um tema comum na magia moderna. A capacidade de ativá-lo em rituais e práticas mágicas apenas ajudará você a se tornar uma Bruxa mais forte.

Exercício de Registro Diário: Origens Espirituais

Como você era quando criança? No que acreditava e o que gostava de fazer? Você tinha sua própria espiritualidade? Que experiências espirituais já teve? Que atividades pode fazer para recuperar a alegria de ser criança novamente? Escreva ou pense sobre sua infância com amor e compaixão por seu eu mais jovem. Lembre-se do que gostava e traga isso de volta para sua vida. Por exemplo, se você adorava soprar bolhas em um dia ensolarado, é melhor conseguir algumas bolhas. Quando você eventualmente participar dessa atividade infantil, encontre a alegria que já teve há muito tempo.

4 Clarissa Pinkola Estés, *Women Who Run with the Wolves: Myths and Stories of the Wild Woman Archetype* (New York: Ballantine Books, 1992), 4.

Entre em Contato com sua Intuição

Se você é como a maioria das pessoas no mundo, sua intuição foi enterrada sob camadas de dúvidas, condicionamento social e reprocessamento mental. Pode ser que ela só surja como uma voz calma, que é abafada antes mesmo de ser reconhecida. Mas ela ainda está lá, dentro de nós. Mesmo que tenhamos sido ensinadas a duvidar de nós mesmas, a voz está lá, falando, sempre. É hora de reconhecer que sua voz interior é a mais alta autoridade que tem seus melhores interesses no coração e que sabe mais sobre você do que qualquer outra pessoa jamais saberá. Pode ser necessário algum treinamento para restabelecer a intuição como sua luz guia, mas vale a pena.

Leia Seu Corpo

O seu estômago ou sua barriga é o principal lugar onde podemos acessar nossa intuição. Quando sua barriga está relaxada, é uma indicação de que você se sente segura e pode acessar mais energia para fazer o que for preciso. Se sua barriga está tensa, no entanto, isso significa que você está desconfortável, estressada ou seus instintos estão alertando sobre o perigo. Crie o hábito de verificar seu intestino várias vezes ao dia. Quando você se deparar com uma decisão, pergunte ao seu corpo o que fazer e sinta as reações que ele traz.

O estômago não é o único lugar onde sentimos a intuição, podemos senti-la em todo o nosso corpo. O corpo interpreta nossa energia e emoções e, muitas vezes, age por conta própria. Por exemplo, quando me sinto insegura sobre alguma coisa, meus dedos dos pés se espalham, como se estivessem tentando me ajudar a encontrar o equilíbrio. Quando estou nervosa, penteio o cabelo com os dedos ou pego meu colarinho em um esforço subconsciente para adiar ou proteger meu coração. Descobri que meu corpo recua perto de algumas pessoas inconscientemente. Às vezes, meus olhos sentem um esforço repentino, como se não quisessem ver o que está acontecendo. Também há momentos em que me sinto tão cansada que começo a bocejar. Todos esses sinais de mal-estar ou desconforto são importantes e devem ser levados em consideração como avisos.

Por outro lado, quando me sinto bem, meu coração fica mais leve no peito. Meus dedos dos pés se curvam, meu peito se inclina para a frente, minha coluna se endireita em uma posição neutra. Eu sorrio naturalmente, e mal há um músculo rígido dentro do meu corpo. Sinto-me inspirada, como se tivesse tanta energia que poderia ficar acordada a noite toda. Eu me envolvo em conversas com meus queridos amigos e sinto uma energia elétrica dançando entre nós.

Esses sentimentos expansivos são indicadores-chave de que as coisas estão indo bem. Estar no corpo nos ajuda a estar cientes dessas emoções, reações e mudanças sutis. Consulte sua intuição lendo seu corpo sempre que se sentir perdida. Isso lhe dará uma direção clara sobre qual caminho seguir.

Escolhas Intuitivas

Todos os dias, desde o momento em que acordamos até o momento em que dormimos, múltiplas escolhas se apresentam a nós. Você levanta da cama e começa o dia cedo, ou desliga o alarme e sonha um pouco mais? Usa óleo de jasmim ou óleo de olíbano? Veste roupas coloridas ou pretas? Segue o caminho mais rápido para o trabalho ou o caminho panorâmico aquele com flores desabrochando? Joga conversa fiada no trabalho ou prefere ficar sozinha para fazer outras coisas? Todas essas escolhas se somam. Podemos ter um dia muito diferente dependendo dos caminhos que escolhemos.

Sempre que nos deparamos com escolhas, temos a capacidade de recorrer à nossa intuição para decidir. Nossos primeiros palpites e reações sobre as situações são mais frequentemente certos do que errados[5]. Siga esse primeiro sentimento em vez do segundo, terceiro ou quarto pensamento (que poderia ser mais precisamente chamado de segunda suposição, terceira suposição, etc.). O caminho da intuição sempre leva na direção certa. Pergunte a si mesma o que realmente quer, ouça e confie. Seu instinto lhe dirá o que fazer.

Dê ao seu Intestino Permissão para Mudar de Ideia

Nunca vou esquecer o trabalho mais estressante que já tive, nem vou esquecer a reação do meu corpo a ele. Todos os dias, no trajeto de carro para o trabalho, meu estômago se contraía. Era tão apertado, que parecia que alguém estava dando nós no meu estômago e intestinos. Quanto mais perto chegava do trabalho, maior o nó. A cada dia, as cólicas pareciam piorar. Você consegue adivinhar o que meu corpo estava tentando me dizer sobre como eu realmente me sentia em relação a esse trabalho?

Eu vinha ignorando minha reação instintiva e estava em completa negação sobre o quão ruim era aquele trabalho. Eu estava usando atalhos metafóricos. Não conseguia ver o estresse que o trabalho estava me causando. Foi só quando prestei atenção aos sintomas que percebi o que estava acontecendo.

5 Malcolm Gladwell, Blink: The Power of Thinking without Thinking (New York: Little, Brown, 2005), 14.

Minha "intuição" estava me dizendo que aquele trabalho não era bom para mim. Era algo que eu tinha que reconhecer em vez de ignorar. E assim, comecei a procurar outro emprego. No meu último dia de trabalho no local estressante, eu me senti tão livre. Só queria ter ouvido meu instinto antes. Se eu tivesse sido honesta comigo mesma sobre minha situação de trabalho, poderia ter me poupado anos de estresse.

Olhando para trás, percebo que minhas cólicas estomacais não começaram a acontecer da noite para o dia. O trabalho tinha começado bem, mas então algo mudou. Não houve nenhum incidente específico, apenas um mal-estar crescente e várias pequenas coisas que eram perturbadoras.

É importante estar ciente de como nossos ambientes, pessoas e lugares podem mudar ao longo do tempo. Um dia, seu instinto pode lhe dizer que alguém é um aliado, mas dia seguinte, talvez você não tenha tanta certeza. Talvez haja algo na troca de energia que parece diferente – talvez você perceba um indício de um predador, ou a energia não pareça mais tão boa ou segura como antes.

Não ignore os sinais apenas porque eles não estavam lá anteriormente. Fique alerta. Sempre que sentir vontade de fugir de uma situação, é um sinal claro de que algo não parece certo. Dê a si mesmo permissão para fugir, se quiser.

Exercício: Ouvindo seu Corpo

Encontre um lugar tranquilo e fique em uma posição confortável. Faça algumas respirações profundas. Deixe sua consciência afundar em seu corpo. Ocupe o espaço, desde os dedos dos pés até o couro cabeludo. Onde você está segurando a tensão? Respire em uma dessas áreas e ouça. O que a tensão está lhe dizendo? Ouça a tensão. Deixe-a falar. O que ela está dizendo? Encontre a sabedoria escondida dentro dela. Ofereça a essa parte do corpo a oportunidade de relaxar antes de passar a ouvir a próxima parte do corpo que está segurando a tensão. Termine dando um abraço em si mesma e fazendo algo bom para o seu corpo, como dar uma caminhada ou se deliciar com uma sobremesa.

Autoaceitação Radical

Seja fiel à sua intuição. O que isso significa para você? Agora que pode ouvir sua intuição e saber mais sobre quem realmente é, chegou a hora de ser fiel a sua pessoa por meio de uma autoaceitação radical.

O objetivo da autoaceitação radical é tornar claro quem somos nesta fase da nossa vida e trabalhar com isso. Significa estar presente e bem onde estamos. Não precisamos amar nosso estado atual, mas devemos ser capazes de apreciá-lo de uma forma ou de outra.

Avalie-se emocionalmente, fisicamente, mentalmente e espiritualmente. O que está funcionando? O que está causando estresse? Olhe para tudo de maneira honesta. O que seu corpo está dizendo? Como você realmente se sente? Quando praticamos a consciência total e a autoaceitação radical, reconhecemos as emoções que espreitam nas sombras em vez de evitá-las. Ao fazer isso, chegamos a um lugar onde podemos realmente fazer mudanças para melhor. Está tudo bem não ser perfeito. Ninguém é. Somos todos seres humanos fazendo o melhor que podemos. Permita-se ser uma pessoa menos do que perfeita.

Aceitar Contradições

Uma Bruxa sábia sabe que as contradições não são tão opostas quanto podem parecer. Contradições podem coexistir. Por exemplo, você pode ser inteligente sobre algumas coisas e ignorante sobre outras. Talvez você goste de celebrar o Solstício de Inverno e o Natal. Meu Livro das Sombras, com sua mensagem sucinta na capa, *"Carpe That Diem"*, é bobo e profundamente significativo para mim.

Todos nós temos contradições em maior ou menor grau, e tudo bem. Elas não precisam ser conciliadas e você não precisa escolher entre uma ou outra. É libertador abraçar sua complexidade. Além disso, se ignorar suas partes conflitantes, será quase impossível sentir a completude. Essa prática de aceitar as contradições é uma autoaceitação radical em um nível ainda mais elevado.

Quando podemos aceitar o que parecem dualidades dentro de nós, temos o poder de não nos limitarmos por elas, tampouco nos julgarmos deficientes. Nossa compreensão do mundo pode transcender as limitações e abraçar algo mais místico. Por exemplo, somos espíritos que habitam o mundo físico. Não há necessidade de resolver esse problema, tampouco se preocupar com quaisquer outras dualidades coexistentes.

Síndrome do Impostor

A síndrome do impostor é um termo psicológico que descreve quando as pessoas têm medo de que suas realizações não sejam merecidas e que parte ou tudo o que fazem seja falso, inadequado ou fraudulento. Essas pessoas estão hiperconscientes de seus erros percebidos, que geralmente nem são erros. Elas têm cérebros hiperconscientes e podem nunca ter se sentido apoiadas em suas vidas. Por alguma razão, elas deram toda a sua autoridade aos outros e têm medo de fazer qualquer coisa que não seja o que é esperado delas e o que é considerado "normal". Geralmente, a síndrome do impostor é acompanhada por vergonha, ansiedade, problemas de confiança, dúvidas e insegurança[6].

Este é um triste exemplo do que acontece quando o mundo tem sucesso em remover a intuição e o conhecimento interior. Se você acha que tem a síndrome do impostor, deve criar coragem e recuperar sua intuição. Se sua criação fez você pensar que é impotente ou se escolheu esse caminho para si voluntariamente, é hora de perceber que você é uma pessoa inteligente e capaz. Permita-se ter o apoio e o amor incondicional que pode não ter tido quando criança. Vá fundo em sua sabedoria interior sobre o aquilo que sente. Enfrente seus medos. Você não precisa da aprovação de ninguém além da sua própria.

Uma sabedoria profunda e a capacidade de trabalhar com ela está aí, dentro de você. Além disso, você tem a capacidade de assumir as rédeas da sua própria vida. Todos nascem com intuição. Há algo dentro de nós que sente a energia e a espiritualidade e podemos usar isso para criar mudanças positivas em nossa vida. Toda vez que experimentamos uma sensação de admiração ou uma centelha interior, estamos experimentando a intuição. Podemos prosseguir com esse conhecimento escolhendo os caminhos que nos parecem mais adequados para nós. Se você tem a síndrome do impostor, seu caminho provavelmente envolverá "escalar rochas", metaforicamente falando. Pode ser um trabalho árduo, mas você deve encontrar alguma maneira de superar as pedras opressoras que foram depositadas em sua psique. Eu recomendo procurar um terapeuta de apoio para falar sobre quaisquer problemas que possa estar enfrentando. Isso pode ajudar a enfrentar seus medos e a superar seus problemas. Esses profissionais também podem ajudar a pessoa a se conectar com o que realmente sente e ainda fornece métodos e ferramentas para o crescimento pessoal. Não há problema em pedir ajuda.

6 Joe Langford and Pauline Rose Clance, *The Impostor Phenomenon: Recent Research Findings Regarding Dynamics, Personality, and Family Patterns and their Implications for Treatment*, Psychotherapy: Theory, Research, Practice, Training 30, no. 3 (Fall 1993): 495–501.

Uma das razões pelas quais eu sei que isso funciona é porque eu mesma já consultei alguns terapeutas. Aprendi muito com cada um e eles me fortaleceram.

Se estiver enfrentando a síndrome do impostor, escreva em seu diário com mais frequência para se expressar. Você também pode meditar no mantra "Eu acredito em mim mesmo" até começar a realmente acreditar em si mesma e confiar em sua voz interior. Acredito que todos podem superar a síndrome do impostor. Você pode fazer isso! Sim, *você*. Estou torcendo por você cem por cento. Todas essas atividades podem parecer um trabalho árduo, mas é o esforço que nos permite viver vidas mais fortalecidas.

Exercício de Registro Diário: seus Pontos Fortes e Fracos

Em duas colunas, anote seus pontos fortes e seus pontos fracos. Vá fundo e nomeie todos até que não consiga pensar em mais nenhum. Quando terminar, olhe para eles com olhos suaves e respire fundo várias vezes. Aceite-os radicalmente. Aceite-se como você é neste momento. Não julgue. Estar ciente de quem é e do que pode fazer proporciona maior capacidade de se conhecer completamente. Sem essa sabedoria, você não irá longe na Bruxaria, ou até mesmo na vida.

Mantenha-se Firme em sua Intuição

Você já teve um pressentimento e depois mudou de ideia, apenas para se arrepender? Você já disse: "Eu devia ter seguido minha intuição"? Talvez você tenha tido um momento de fraqueza ou talvez estivesse seguindo a multidão. O arrependimento que vem por não seguir sua intuição pode ser devastador, especialmente quando você "sabia que era o melhor".

Quando tomamos decisões que vão contra nossa intuição, é um sinal de que precisamos nos reconectar e com nossa natureza selvagem e ouvir novamente aquela voz interior. Trocar nossos sentimentos internos por validação externa significa que estamos abrindo mão de nossa intuição. Estamos dizendo que nossa intuição e nossos sentimentos não são tão importantes quanto o que os outros pensam. Essa é uma das principais maneiras pelas quais nos privamos de ter uma vida próspera.

Quando você se vê retrocedendo para o reino da realidade popular e das expectativas de todos os outros, pode ser útil questionar tudo o que encontrar. Você realmente quer pedir comida frita ou prefere seguir sua intuição e escolher o prato verde? Precisa desempenhar um papel de apoio com esse falso amigo ou deve se afastar? Acredita que deveria deixar alguém lhe dizer o que fazer, mesmo que essa pessoa não seja seu chefe, ou deve reagir?

Quando não ouvimos nossa intuição, podemos perder a sincronia com outras coisas da vida também. É possível que seu autocuidado esteja faltando há dias, semanas, ou até meses, ou que aquela sua amizade com alguém tenha azedado e você não tenha percebido, porque não quer ver. É até possível que suas práticas de Bruxaria de acender uma vela todo domingo à noite tenha sido negligenciada por vários meses, ou que você tenha deixado de comemorar a lua cheia sem pensar duas vezes. Essas coisas não são terríveis, mas podem ser sinais de que a vida está indo rápido demais ou que você está distraída. Podem estar querendo lhe dizer que você está sobrecarregada.

Se você experimenta esse tipo de arrependimento com frequência, provavelmente está suscetível a uma certa quantidade de condicionamento que diz para você ignorar sua intuição. Isso vai se manifestar repetidamente e das maneiras mais sorrateiras, dizendo que você não precisa seguir sua intuição. No entanto, quando vemos esse encobrimento pelo que ele é, o melhor curso de ação é nos ater à nossa intuição e profundo conhecimento interior. Não deixe influências externas dissuadirem você de seus sentimentos viscerais. Não duvide de si mesma. Mantenha-se firme na escuridão e continue procurando a luz da sua intuição para guiá-la. Vá com seu instinto, sempre.

Quando a Intuição Não é Clara

Às vezes, pode ser difícil captar a mensagem que a intuição está tentando transmitir. Ficar entre duas opções pode ser confuso e enlouquecedor. Quando isso acontecer, faça uma pausa. Dedique-se a outra atividade e depois retorne ao assunto. Com objetividade, logo será possível ver qual é a melhor escolha. Haverá também momentos em que a intuição poderá mudar sua direção ou conduzir você na direção errada. Isso geralmente acontece na companhia de conhecidos e outras pessoas que não acreditam na intuição. Descobri que falar sobre energia e coisas mágicas entre essas pessoas pode ser um erro. Suas emoções negativas drenam minha magia a ponto de eu quase não sentir nada. Claro, se você não é um empata, ou se sente prazer em ser o ícone destemido, isso pode não acontecer tanto. Se for esse o caso, compartilhe sua intuição livremente, com ousadia e de forma selvagem.

Você também pode se deparar com vários lugares físicos onde sente a energia que ficou ali, que não tem nada a ver com a sua. Nunca vou esquecer a vez em que meu namorado planejou uma viagem de um dia para nós. Ele arrumou uma cesta de piquenique, que foi chacoalhando na parte de trás da nossa Kombi Volkswagen. Enquanto subíamos e descíamos as colinas ondulantes da Magnolia, um charmoso bairro de Seattle, agarrei o painel da Kombi com medo. Meu coração batia forte no meu peito e eu mal conseguia respirar. Sentia como se não houvesse terra sob nós, como se estivéssemos dirigindo no ar. Ele percebeu meu pânico, estacionou a Kombi e sugeriu que descêssemos e fôssemos dar uma volta.

Mal consegui andar duas quadras antes de pedir para irmos embora. A terra simplesmente não parecia estável sob meus pés. Tive medo de que um terremoto destruísse toda a península. Saímos de lá e comemos nosso piquenique em outro lugar que não parecia que iria desmoronar a qualquer momento.

Desnecessário dizer que não fui engolida por um terremoto naquele dia. O bairro de Magnolia existe até hoje. Embora seja possível que eu tenha sentido um terremoto sutil naquele dia, não tenho como confirmar isso. Minha intuição sobre o lugar estava simplesmente errada, ou pelo menos misteriosa. É possível que eu tenha captado alguma energia ruim residual ali, mas é difícil dizer por que me senti assim.

Quando sua intuição parece estar errada, pode ser um sinal de que você precisa se ancorar e centrar. Não cobre muito de si mesma se isso acontecer aleatoriamente de vez em quando. Não podemos explicar tudo. Apenas tire o melhor proveito da sua situação e continue seguindo sua intuição.

Gatilhos que Desligam a Intuição

Pode ser útil identificar os gatilhos que desligam sua intuição. Você sentirá isso como uma energia de contração. Por exemplo, um gatilho comum para a maioria das pessoas é a velha dinâmica familiar. Apenas o som do pai de alguém gritando na outra sala pode fazer os músculos de algumas pessoas se contraírem, mesmo que seja uma situação pacífica. Um gatilho comum para introvertidos é estar perto de muitas pessoas por muito tempo. Eles literalmente começam a se desligar. Outros gatilhos comuns são pessoas com muita energia ou pessoas que sempre parecem querer ultrapassar seus limites, mas que nunca ultrapassam.

Pessoas e coisas que nos desencadeiam nem sempre são terríveis de propósito. Muitas pessoas estão tentando passar o dia, assim como nós. Mas é importante perceber que você não precisa tolerar as interferências delas em sua intuição. Identifique pessoas, lugares e situações que o desencadeiam. É útil ter algumas habilidades de enfrentamento prontas. Algumas dessas habilidades podem incluir práticas que vão ajudar a liberar suas apreensões e a se sentir expansivo. O que você pode fazer para se sentir expansivo novamente? Isso pode incluir ouvir música, ir a uma aula de ioga, sentir uma mistura de óleos essenciais ou conversar com um amigo. Essas práticas de liberação e abertura apoiam nossas vidas mundanas e também nossas vidas mágicas. Descubra com que frequência você precisa se sentir expansivo em sua vida diária para poder ser fundamentado e intuitivo.

Aumente Sua Intuição

Além das escolhas intuitivas, existem algumas maneiras de aumentar o volume da sua intuição. Uma das melhores maneiras de fazer isso é praticar estar presente em seu corpo. Para algumas pessoas, isso não será um problema, mas para outras, que sentem que vivem em sua cabeça ou na energia ao seu redor, isso pode ser um desafio.

Comece a se perceber presente em seu corpo sentindo cada músculo e centímetro quadrado de sua pele. Como estão seus dedos dos pés? Como está a parte de trás do seu ombro esquerdo? O que está acontecendo em sua barriga? Seus ombros estão retesados para cima ou relaxados para baixo? Sua coluna está alinhada? Você está segurando tensão em algum lugar? Se sim, pergunte-se por que seu corpo está tenso. O que isso significa? Indica um sentimento ou uma memória? Pense sobre isso, explorando quaisquer sentimentos que surgirem. Frequentemente, a tensão, ou energia estagnada, é uma energia reprimida. Ela pode atuar como um escudo, protegendo você contra alguém ou algo com o qual não se sinta segura. A energia estagnada também pode ser uma emoçao reprimida por não ter conseguido lidar com ela no momento.

Outra boa maneira de praticar estar presente em seu corpo é se abraçar ou fazer uma leve massagem ou fricção em algumas partes. Você também pode dizer algo para se ancorar no momento. Sempre que minha mente sai do controle, não há nada melhor do que dizer algo como: "Aqui estou, sentada no meu carro, sem saber o que fazer". Simplesmente declarando essas palavras, fico mais enraizada em meu corpo e posso estar ciente de como me sinto. Se eu passar minhas mãos pelos meus braços ou pernas, fico ainda mais centrada no momento presente.

Você também pode ativar sua intuição tornando-se mais consciente de suas emoções. Respire fundo e reconheça-as. Declare a emoção de uma maneira que ela não tenha poder sobre você. Diga "estou me sentindo triste" em vez de "estou triste". Pode parecer uma pequena diferença, mas a primeira é uma sensação temporária, enquanto a última declaração é uma condição de quem você é como pessoa. Não deixe as emoções assumirem o controle sobre você.

Com o tempo e a prática, você pode escolher se é sábio interagir com elas ou deixá-las em paz. Pense nas pessoas e lugares que você encontra com mais frequência. Sinta suas emoções e a reação de seu corpo a elas – você fica em paz ou sente inquietude quando pensa nelas? Esse pensamento faz você manter a energia em algum lugar? Por que você se sente assim?

Outras maneiras de ativar sua intuição incluem dar um passeio ou ouvir música sem letra. Tente estar atento e vivenciar o momento presente, testemunhando o que quer que surja.

Sempre que possível, aproveite sua atmosfera e adentre em seus bons sentimentos para saber como é, em contraste com os sentimentos ruins. Se possível, converse com um amigo que possa ajudar a se conscientizar sobre sua intuição.

Exercício de Registro Diário: Reconhecendo e Liberando Gatilhos

Anote seus gatilhos, ou o que faz você se contrair e sair da sua intuição. Anote atividades que ajudam a expandir e a liberar a tensão. Experimente os lançamentos para descobrir o que funciona para você e com que frequência precisa deles. Por exemplo, talvez seria bom ir para ioga uma vez por semana, ou talvez meditar todos os dias por cinco minutos. Tenha sabedoria sobre o que você suporta e não carregue isso com você.

Ouvindo a Pequena Voz

A intuição é, sem dúvida, algo essencial, mas às vezes escorregadia. Ouvir o nosso corpo e o nosso coração aumenta a probabilidade de estarmos sintonizadas com nossos verdadeiros desejos, em vez de nos deixarmos influenciar pelos anseios do mundo ao nosso redor. Quando perceber que está caindo na programação do mundo mundano, ou começar a sentir como se estivesse se perdendo, remova novamente o condicionamento social. Tome medidas para reconectar, expandir e voltar à sua intuição. Ouça o seu incrível conhecimento interior e encontre o caminho de volta para a floresta encantada dentro de você. Seja você mesma, tenha coragem. Você consegue.

Ritual: A Promessa de Seguir a Intuição

Pense em uma cor de vela que representaria sua intuição e compre-a. Acenda a vela em um quarto escuro. Concentre-se estando presente em seu corpo e respire profundamente várias vezes. Diga as palavras em voz alta: "Hoje eu faço uma promessa a mim mesma: vou seguir minha intuição e ser fiel a quem eu sou." Repita mais duas vezes e sinta isso se aprofundar em sua consciência.

Neste ponto, considere fazer promessas adicionais, como adotar mais autocuidado e evitar pensamentos negativos. Se você duvidou do seu valor antes, veja-se como gostaria de ser – confiante, consciente e feliz. Mantenha essa imagem o maior tempo possível e apague a vela. Acenda a vela novamente sempre que precisar aumentar sua autoconfiança e intuição.

Lista de Leitura Adicional

BROWN, Brené. *Daring Greatly: How the Courage to be Vulnerable Transforms the Way We Live, Love, Parent, and Lead.* New York: Avery, 2012.

COHEN, Alan. *Dare to Be Yourself: How to Quit Being an Extra in Other People's Movies and Become the Star of Your Own.* New York: Ballantine Books, 1991.

ESTÉS, Clarissa Pinkola. *The Joyous Body: Myths and Stories of the Wise Woman Archetype.* Louisville, CO: Sounds True, 2011. Audio ed., 7 hr.50 min.

HARI, Johann. *Lost Connections: Uncovering the Real Causes of Depression—and the Unexpected Solutions.* London: Bloomsbury, 2018.

Trabalhando com Energia

Capítulo 2

Até agora, nós nos livramos dos nossos condicionamentos sociais como mantos desgastados, eliminamos as fontes tóxicas da nossa vida e nos expandimos para nos sentirmos selvagens e ouvir nossa intuição mais do que nunca. Agora é hora de olhar para a linguagem do Universo a energia.

O segundo princípio da Bruxaria Intuitiva é que você é energia: busque compreender, equilibrar e alinhar sua própria energia. Tudo no Universo é feito de energia, inclusive nós. A energia costuma ser mal compreendida, porque há limitações em nossa capacidade de senti-la, mesmo que ela esteja em tudo e em todos os lugares.

Grande parte deste livro tratará de energias sutis e invisíveis, como Vontade, energia espiritual, *chi*, espíritos e Deuses. Como não podemos ver, ouvir, provar, tocar ou cheirar essas coisas, muitas pessoas são menos propensas a acreditar em sua existência.

No entanto, existem diversos tipos de energias invisíveis que usamos diariamente, incluindo ondas de rádio, dados de celular, raios ultravioleta e infravermelho, micro-ondas, radiação e muito mais. Da mesma forma, alguns sons são inaudíveis para nós, como apitos para cães ou frequências subsônicas. Também não podemos sentir o cheiro de todas as moléculas que compõem o ar que respiramos, a menos que haja uma quantidade suficiente delas, nem podemos testemunhar as reações químicas que acontecem dentro da crosta terrestre, nem ver os campos magnéticos da Terra que são visíveis para os pássaros.

Só porque não podemos perceber essas coisas não as torna menos reais. Essas energias invisíveis existem. Elas exercem influências sobre nós todos os dias. Muitos de nossos desenvolvimentos e descobertas intangíveis têm menos de cem anos. Se a ciência continuar avançando, é provável que futuras invenções e descobertas revelem energias ainda mais sutis.

Para pensar sobre essas energias, devemos examinar a nós mesmos e ao mundo energeticamente, assim como os cientistas que desenvolveram as tecnologias para medir essas energias misteriosas que usamos todos os dias. O cientista radical Nikola Tesla teria dito: "Se você quer aprender os segredos do Universo, pense em termos de energia, frequência e vibração."[7] Após ouvir sua intuição, estar ciente de sua energia talvez seja a lição mais importante sobre Bruxaria Intuitiva. Sintonizar-se consigo mesmo pode ajudar a determinar a verdade do momento presente.

Começamos nossa aventura avaliando a energia dentro de nós e a energia do nosso entorno para entendê-la e, eventualmente, manipulá-la. Este capítulo contém uma visão geral básica da energia. Pode ser um pouco "nível iniciante" para algumas pessoas, e você pode querer folhear as páginas ou talvez não. Descobri que, quando reviso as informações que já aprendi, muitas vezes acabo obtendo novos insights. Como sempre acontece com a Bruxaria Intuitiva, a escolha é sua.

Tipos de Energia e o Chapéu da Bruxa

As diferentes formas de energia que nós, humanos, experimentamos, foram inicialmente iluminadas pelo psicólogo Abraham Maslow, que projetou uma pirâmide representando a hierarquia das necessidades humanas[8]. Para tornar isso mais relacionável aos nossos semelhantes, em vez de uma pirâmide, vamos usar um "Chapéu de Bruxa". A energia física e as tarefas formam a base do chapéu, criando a aba. A energia emocional está logo acima, compondo a faixa do chapéu; os requisitos de energia mental são posicionados um pouco mais acima, e a energia espiritual repousa no topo pontiagudo. Juntos, eles representam as energias vitais. A colocação dessas categorias geralmente reflete a quantidade de tempo e manutenção que essas tarefas e atividades requerem.

7 Esta citação é atribuída a Nikola Tesla por Ralph Bergstresser, que afirmou que Tesla a disse em 1942. '*Energia Universal das Vibrações,*' Reflection, julho/agosto de 1998, página 22.

8 Abraham Maslow, *A Theory of Human Motivation, Psychological Review* 50 (1943): 370–96.

Energia Física

A energia física é a forma mais tangível que podemos vivenciar. Pode ser sentida no calor de um raio de sol, na força de uma rajada de vento e na gravidade que nos puxa de volta para terra quando saltamos no ar. A energia física pode ser vista no movimento da Terra, da Lua, do Sol e das marés.

Não há como negar que as ocorrências de energia física acontecem, porque muitas vezes podemos ver a causa e o efeito delas e, às vezes, também podemos senti-las. Esse tipo de energia pode ser estudado com mais exatidão do que qualquer outra energia, e também com maior senso de precisão. Você pode pensar em física quando ouve o termo energia física e não estaria errado em fazê-lo. Apenas tenha em mente que nem toda energia física é tátil.

Tipos de Energia Humana Organizada por Hierarquia

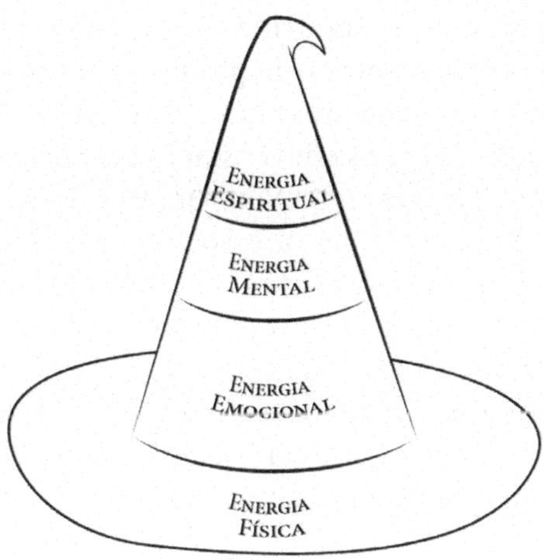

Figura 1: O Chapéu de Bruxa

Um exemplo de energia física que está perto de nós é a combustão interna do nosso corpo. A comida nos dá energia para realizar atividades físicas, como plantar uma horta ou jardim, passear ou ler um livro. A energia física também é expressa por nosso corpo em forma de calor. Quando a energia dos alimentos é gasta, nossa energia se esgota. Sentimos fome, comemos e o ciclo se repete.

Nossas necessidades de energia física incluem sentir-se seguro, dormir, comer alimentos saudáveis, ter acesso a água potável, fazer exercícios, descansar, consumir ar puro, boa higiene e possivelmente até sexo. Realizar esses atos ajuda nosso corpo a funcionar adequadamente e cria um estado bom e neutro para que possamos alcançar coisas maiores e mais significativas. Faz sentido que as transações de energia física estejam na base. Temos que realizar muitas tarefas físicas todos os dias para cuidar de nosso corpo. Temos que ir trabalhar e pagar as contas. Temos que lavar a roupa e a louça. Talvez tenhamos um animal de estimação, um filho, ou alguns deles. É seguro dizer que a maior parte do nosso tempo é gasta cuidando de tarefas de energia física.

Exercício: Ouvindo as Reações do Corpo

Selecione alguns itens pequenos e comestíveis, como uma maçã, uma barra de granola, uma embalagem de comida para viagem e um saco de batatas fritas. Reflita sobre quais alimentos são nutritivos e quais contribuem positivamente para a sua saúde. Fique em uma posição neutra com a coluna reta e segure um item perto do coração. Feche os olhos e sinta a energia do objeto. Você começará a inclinar para frente ou para trás. Nosso corpo tende a se inclinar para frente em direção a alimentos saudáveis e se inclinam para trás ou se afastam de alimentos não saudáveis. As respostas do seu corpo correspondem aos seus pensamentos sobre a saúde da comida? Você pode se surpreender com o que seu corpo sente que é saudável e o que você acha que é saudável. Este exercício confirma que o conhecimento intuitivo e energético existe profundamente dentro do nosso corpo.

Energia Emocional

Podemos sentir a energia como emoções. Não há como negar que as emoções são reais e têm uma grande influência em como nos sentimos. Por exemplo, há uma grande diferença entre sentir que tem muita energia positiva e que pode fazer qualquer coisa, ou sentir-se para baixo, deprimida, como se estivesse presa ao sofá. A energia emocional difere significativamente da energia física. Ela é mais sutil e passageira, e é mais difícil de quantificar.

Muitas pessoas são rápidas em renegar a energia emocional como não sendo "real", mas nos últimos trinta anos, a ciência tem feito muitos avanços nessa área. Através do mapeamento de corpos em diferentes estados emocionais, os cientistas confirmaram que as pessoas têm diferentes expressões fisiológicas quando experimentam diferentes emoções[9]. Emoções extremas, como raiva ou medo, são expressas como músculos contraídos. O cortisol, o hormônio do estresse, percorre o corpo. A tristeza cria um esgotamento de energia, bem como um coração oco e vazio. A felicidade exibe uma sensação de relaxamento e elevação em todo o corpo, bem como a produção de substâncias químicas de bem-aventurança, como a dopamina e a serotonina. As emoções mudam nosso estado físico, a química do nosso corpo e o quão receptivos somos ao mundo ao nosso redor. Da mesma forma, o mundo responde ao nosso estado energético emocional.

Nossas necessidades emocionais incluem amizade, amor-próprio, amor incondicional, sensação de segurança ou de sentir-se segura, sensação de ser compreendida, sentimento de ser respeitada e pertencer a uma comunidade. Níveis energéticos emocionais podem ser indicadores de maturidade social, força emocional e confiança. Quando podemos usar nossa sabedoria emocional para trabalhar com o mundo, em vez de lutar contra ele ou recuar com medo, temos verdadeira resiliência emocional. O crescimento emocional pode ser difícil, mas as lições que precisamos aprender provavelmente surgirão repetidamente até lidarmos com elas.

A maior tarefa ou atividade para a maioria das pessoas, emocionalmente, é encontrar e manter relacionamentos que nos proporcionem experiências satisfatórias para preencher nossas necessidades emocionais.

Esses relacionamentos incluem amigos, amor, companheiros, sua comunidade, alianças de trabalho e família. No entanto, assim como precisamos dessa comunidade emocional, também precisamos de uma boa quantidade saudável de tempo para a nossa individualidade e reflexão.

A energia emocional está altamente conectada ao nosso estado energético físico e é construída sobre essa base de energia física. Em outras palavras, uma boa base energética física levará a um estado energético emocional melhor. Cuide bem do seu corpo e você se sentirá melhor emocionalmente, naturalmente. Alguém que pula tarefas ou ignora sinais físicos provavelmente também perderá consciência emocional e pontos fortes. Por exemplo, se você não se sente segura fisicamente, provavelmente também não se sentirá assim emocionalmente

9 Rachel Nuwer, *Different Emotional States Manifest in Different Spots in the Human Body*, *Smithsonian Magazine*, October 31, 2013, https://www.smithsonianmag.com/smart-news/different-emotional-states-manifest-in-different-spots-in-the-human-body-180948225.

A ligação entre os dois pode parecer óbvia para nós, leitores, mas sinais emocionais nem sempre são claros. Isso ocorre porque, como você deve se lembrar, o cérebro filtra as informações, enterrando a intuição sob camadas de dúvidas e suposições. Isso fica ainda mais complicado quando há diferentes tipos de energia em jogo.

Para dar um exemplo de como a emoção pode mudar uma situação, vou compartilhar uma história sobre as vezes em que andei sobre brasas: uma vez quando me eu sentia desanimada e outra vez quando estava extasiada.

Duas Caminhadas de Fogo Muito Diferentes

Há alguns anos, tive a oportunidade de caminhar sobre brasas no último dia de um festival de dança do fogo. Passei dias tendo aulas de dança do fogo e acampando com meus amigos. Todas as noites, ficávamos acordados até tarde, utilizávamos nossos instrumentos de fogo e nos maravilhávamos com a graça das outras dançarinas. Pouco antes do amanhecer, voltávamos para nossas barracas e adormecíamos, apenas para sermos despertados algumas horas depois por um sol escaldante e pássaros muito animados.

Depois de algumas noites me esforçando ao máximo, uma das minhas melhores amigas perguntou se eu queria andar sobre brasas com ela. Minha intuição me disse para ficar no acampamento e tirar uma soneca, mas o entusiasmo dela era tão forte que eu ignorei minha intuição e fui.

Pelo menos cem pessoas estavam reunidas em círculo em um campo escuro. Os guardiões do fogo alimentavam as toras de uma fogueira enorme e crepitante. O apresentador fez um discurso inspirador e nos disse para formar duplas. Eu me juntei à minha amiga entusiasmada. Supostamente, deveríamos olhar nos olhos uma da outra e confessar nossos desejos mais profundos no mundo inteiro. Ela foi primeiro, abrindo o coração sobre o desejo de abrir uma padaria, imagine só. Eu balancei a cabeça encorajadoramente, segurando suas mãos e dando-lhe apoio emocional.

Do outro lado do campo, o apresentador interrompeu a todos. Ele disse algo como: "Certifique-se de cavar fundo. Se você quer abrir uma padaria, é disso que você precisa falar!" Minha amiga se iluminou como um fogo de artifício. Ela gritou: "É isso que eu quero fazer! Quero abrir uma padaria!"

Ela correu para avisar o apresentador e várias outras pessoas sobre isso. Eu a vi falar sobre a ocorrência do *kismet* e lembro de me sentir feliz por ela. No entanto, quando chegou a hora de trocar de lugar, e foi minha vez de falar sobre minhas esperanças e sonhos, ela não estava em lugar nenhum. Olhei em volta para as outras pessoas, que estavam falando com o coração, chorando, rindo e se abraçando. Uma sensação de abandono tomou conta de mim. Onde estava minha amiga? Será que ela achava que meus sonhos não eram importantes?

Depois do que pareceu uma eternidade, o apresentador seguiu em frente. Eu ainda estava sozinha. Não ouvi uma palavra do que ele disse. Afastei-me e sentei-me na grama, com lágrimas brotando de meus olhos. Depois de tantas noites quase sem dormir, eu não conseguia lidar com minha própria decepção. Um poço de tristeza transbordou de dentro de mim e se transbordou.

Assisti com o coração pesado enquanto os guardiões do fogo juntavam as brasas da fogueira para formar um longo caminho que brilhava em laranja e vermelho na noite escura. Uma fila de pessoas se formou, dançando e cantando, com muita energia. Minha amiga entusiasmada estava entre eles, bem na frente.

Fui me arrastando até o final da fila. Eu ainda queria andar sobre as brasas, apesar das minhas emoções baixas. Caminhar sobre aquelas brasas quentes se tornou algo que eu queria provar a mim mesma. Eu sabia que meu coração estava mergulhado em tristeza, mas pensei que isso não importaria.

Quando chegou a minha vez de caminhar sobre as brasas, andei mais rápido do que as pessoas antes de mim. As brasas estavam tão quentes que quase corri sobre elas. Quando terminei, examinei meus pés. Minhas solas estavam enegrecidas e pelo menos três bolhas de queimadura latejavam de dor. Fiquei de fora do resto da caminhada do fogo, observando as pessoas caminharem sobre as brasas várias vezes sem obter nenhuma bolha. Minha amiga entusiasta foi cinco ou seis vezes sem se queimar uma única vez!

No ano seguinte, fui ao mesmo festival do fogo e fiquei emocionada ao ver que as mesmas pessoas estavam organizando a caminhada do fogo. Resolvi tentar andar sobre brasas novamente, mas desta vez, fui dormir mais cedo todas as noites e combinei de me juntar a um amigo que não fugiria. Embora minha amiga entusiasmada e eu tivéssemos feito as pazes, eu só queria ter a experiência com outra pessoa. Quando chegou a minha vez de falar sobre minhas esperanças e sonhos mais loucos, falei honestamente e de coração. Eu falei sobre meus sonhos de longa data e dos meus maiores desejos.

Assim que as palavras saíram da minha boca, senti claramente o poder da palavra falada. Era como se eu estivesse dando vida aos meus sonhos ao reconhecê-los em voz alta, em vez de nos recessos da minha mente.

Quando chegou a hora de todos se alinharem diante das brasas, fiquei em êxtase. Desta vez, eu fazia parte do grupo de canto, dança e risadas. Eu me senti em sintonia com as pessoas ao meu redor. Nós nos movíamos juntos, como se fôssemos parte de uma família gigante. Minha energia estava tão alta, eu me sentia extremamente feliz, como se tudo fosse possível.

Logo foi a minha vez de caminhar sobre as brasas magenta incandescentes. Dei um passo à frente e não senti absolutamente nenhum calor. Alguém me incentivou a continuar andando, mas eu não estava com pressa. Dancei ao longo da longa trilha de brasas, sentindo uma experiência muito diferente em comparação com a última vez. Depois, examinei meus pés e não encontrei nenhum vestígio de bolha. Eu fui de novo e de novo – cinco vezes no total – sem me queimar uma vez.

Se puder tirar alguma coisa da minha história sobre a caminhada sobre as brasas, espero que seja que suas emoções e estado de espírito sejam muito importantes. O mundo é diferente quando o experimentamos com diferentes estados de energia. O que nos prejudicaria em um estado de energia mais baixo irá ricochetear em nós quando estivermos em um estado de energia mais elevado.

Exercício de Registro Diário: Nova Emoção, O Que É Isso?

Você já experimentou algo durante dois níveis emocionais muito diferentes? Por exemplo, qual é a diferença entre a sensação de um dia normal em sua vida versus um dia em que você se formou ou alcançou algo magnífico? Como esses dois momentos se apresentaram para você, diferentes? Escreva sobre como suas emoções lhe deram muito quanto ao que você tinha capacidade de fazer.

Energia Mental

Nossas habilidades concentração, estudo, direcionamento de energia, expressão, comunicação, estabelecimento de limites e tomada de decisões residem nos domínios da energia mental. Nossos pensamentos são poderosos e muitas vezes criam grande parte de como percebemos o mundo.

Precisamos de certa quantidade de estímulo mental para prosperar, incluindo aprender coisas novas, resolver problemas, conversar com outras pessoas, projetos criativos, imaginação, *brainstorming* e entretenimento. Todas essas atividades envolvem energia mental em algum grau.

Também residindo no domínio da energia mental está o ego, ou o guardião entre nós e o resto do mundo. O guardião é o Eu que se apresenta e se envolve com os outros ou limita as interações, com base nas energias internas e externas disponíveis. Ele age em nosso nome como uma figura paterna, advogada, amiga e defensora. Um guardião forte afastará a negatividade facilmente. Será capaz de superar os desafios e nos defender quando formos injustiçados. O guardião nos ajuda a pedir o que precisamos. É a parte de nós que mantém limites saudáveis e protege nossos corações contra a crueldade. Guardiões empoderados nos protegem de emoções prejudiciais e fazem tudo ao seu alcance para preservar o Eu. Mas nem todos têm esse tipo de aliado. Às vezes, o guardião é fraco, sem poder ou inseguro. Nesses casos, uma das duas coisas pode acontecer.

O primeiro tipo de guardião inseguro se manifesta com os narcisistas ou megalomaníacos, ou com aquelas pessoas que são tão egoístas que têm um senso inflado de si mesmas. Essas pessoas pensam que não podem errar, preocupam-se excessivamente consigo mesmas e com seu status e são incapazes de ouvir os outros. Isso cria um estrangulamento da liberdade de expressão. Geralmente, falta energia espiritual dentro delas devido as "qualidades" arrogantes e excessivamente vigilantes do guardião. Esse guardião fraco precisa ser desmantelado por meio da liberação do passado e da cura emocional. Somente ao reconhecer suas feridas e curá-las é que podem realmente se conectar com sua própria energia espiritual.

Para instalar um guardião saudável, essas pessoas podem se concentrar em responder melhor à energia apresentada, em vez de responder de uma maneira pomposa que as faz se sentirem melhor consigo mesmas.

O segundo tipo de guardião inseguro cria um "empata fraco", ou alguém que sempre se sente sem energia. Essas pessoas são o outro lado da moeda. Elas são capachos. Vivem em suas cabeças e agem de acordo com os interesses dos outros, em oposição aos seus próprios. Você pode chamá-las de "introvertidos espirituais". São pessoas que estão abertas para o Universo, mas isoladas do mundo, seu guardião fraco faz com que ela se sintam oprimidas e desconfiadas. Esse guardião não é capaz de estabelecer limites firmes ou falar por si mesmo, a menos que seja empurrado contra a parede e, às vezes, nem mesmo assim. Como tal, não se sentem fortes o suficiente para desviar de pessoas e situações negativas, então constantemente fogem dos outros para se curarem de encontros percebidos como negativos. Os guardiões dessas pessoas precisam ser fortalecidos para que possam falar sobre o que querem e precisam. Eles precisam criar limites saudáveis para restringir a ingestão de estímulos avassaladores e filtrar os tipos de conexões recebidas. Só então, com um guardião empoderado e capaz, eles podem se sentir seguros para se ancorar em seus corpos e estar mais presentes.

Se você é empata, pratique manter sua energia para si mesma e não entreter as energias dos outros. Não se deixe influenciar facilmente pelo mundo. Parte de ser uma empata sábia é saber que, em qualquer lugar que você vá, poderá ser acionada. Ter essa expectativa pode ajudar seu guardião a lidar com eventos problemáticos quando inevitavelmente surgirem. Também é aconselhável praticar a manutenção de energia de nível médio, aterramento, proteção e uma energia fechada para os outros.

Exercício: Fortalecendo o Guardião

Existe um limite que você gostaria de criar em sua vida ou algo que gostaria de dizer a alguém? Por exemplo, talvez seu desejo seja que seu amigo não lhe envie mensagens de texto após a meia-noite, ou talvez você queira conversar com seu chefe sobre a alteração de suas tarefas de trabalho. É provável que você não tenha abordado esses tópicos de discussão, porque ainda não tem força mental ou um guardião forte para fazer isso.

Felizmente, você pode ganhar força mental praticando e criando novas vias neurais. Pratique pedir o que deseja. Seja direta. Mesmo que sua voz trema, continue falando. As palavras podem soar estranhas na primeira vez que as pronunciar em voz alta, mas com o tempo, elas virão com mais naturalidade. Peça o que deseja. Aconteça o que acontecer, pelo menos terá dito o que pensa. Da próxima vez que precisar pedir algo semelhante, será mais fácil encontrar as palavras.

Energia Espiritual

A energia espiritual é a mais elevada e transcendente energia disponível para nós. Esta é a ponta do Chapéu da Bruxa. Gastamos menos tempo e energia lá, mas é a mais gratificante. Essa energia pode ser sentida como uma sensação edificante no coração, na cabeça ou na aura. Atividades relacionadas à energia espiritual incluem autorrealização, conexão com o divino, um sentimento de unidade com o Universo e práticas espirituais como ritual e meditação. Acessar a energia espiritual e trabalhar com ela é o tema principal deste livro.

Algumas experiências espirituais acontecem aleatoriamente, sem nossas intenções, como uma força da natureza. Esses eventos surpreendentes podem ser maravilhosos, mas não acontecem com frequência. Normalmente, precisamos estar no estado mental e corporal certos para enfrentar esses momentos espirituais e reconhecê-los pelo que são. A energia espiritual pode ser acessada mais facilmente quando cuidamos das demandas do nosso corpo, emoções e pensamentos. Em outras palavras, para alcançar esses níveis místicos, precisamos criar uma boa base cuidando de nossas outras tarefas de energia vital (energia física, emocional e mental).

Quando a energia espiritual se manifesta, insights e percepções sobre as outras energias também podem surgir. A energia negativa pode se dissipar mais facilmente e é mais fácil atrair experiências mais positivas. Minha segunda caminhada sobre o fogo provavelmente teve alguma energia espiritual, além de felicidade emocional.

Exercício: Meditação

A meditação é a arte de estar em paz mentalmente, tanto nas emoções quanto nos pensamentos. Uma vez que esses aspectos são acalmados, o espírito pode se elevar, ganhando energia. Comece respirando profundamente e concentrando-se no corpo. Reconheça qualquer desconforto, mude de posição e, em seguida, resolva acalmar seu corpo pelo resto da prática. Em seguida, foque nas emoções. Respire profundamente e examine seu corpo. Onde você está segurando suas emoções? Libere seu controle sobre essas emoções. Deixe essa energia tensa esvaziar e sair de você. Com outra respiração profunda, ouça sua conversa mental. Continue respirando profundamente e concentre-se no momento presente. Deixe seus pensamentos se dissiparem como nuvens ao vento, enquanto você se concentra em absolutamente nada. Depois de sentir que suas energias físicas, emocionais e mentais estão o mais quietas possível, conecte-se com a energia espiritual. Com respirações profundas, sinta-se preenchida de luz vinda de todas as direções. Deixe-se ficar mais leve a cada respiração. Sinta a luz elevar seu coração. Continue meditando por alguns minutos ou até perder o foco. Repita esta prática quando precisar se livrar de emoções ou pensamentos indesejados e quando quiser se conectar com a energia espiritual.

Uma Visão Holística do Chapéu da Bruxa

Espero que esteja claro agora que ter boa energia em um setor pode lançar as bases para os outros no topo da pirâmide. Uma boa base construída com tarefas de energia física (boa alimentação, descanso e exercícios) combinada com um bom nível de energia emocional (sentir-se segura, contente e amada) pode abrir as portas para uma boa energia mental (sentir-se focada, com a mente livre) e energia espiritual (iluminada por dentro, radiante, conectada e completa).

Se lhe falta uma área de energia, você ainda pode ter uma experiência espiritual, mas sua energia pode não estar aterrada. Em outras palavras, sua realização pode não estar totalmente integrada. Por isso é importante prestar atenção em como você está se sentindo energeticamente e cuidar de si mesma.

Todo o cuidado que tiver apoiará você a ter experiências mais poderosas. Cuidar das tarefas e atividades físicas, emocionais e mentais significa que podemos passar mais tempo acessando os reinos da energia espiritual.

Algumas pessoas tentam "transcender o mundano" e ignorar as tarefas físicas (e às vezes as emocionais também) em favor de percepções espirituais. Embora o tempo gasto em momentos espirituais seja ótimo, é importante lembrar que seu aluguel ainda vencerá, seu estômago ainda roncará e seu corpo ainda precisará de cuidados. Em pouco tempo, as tarefas e atividades físicas e emocionais que precisam acontecer se farão presentes. Tentar transcender o mundano é uma ótima maneira de acabar sem dinheiro, com uma casa cheia de colegas irritados, ou pior, sem-teto. A menos que pretenda ser uma monja asceta, é sábio cuidar das tarefas mais baixas e avançar para um estado de equilíbrio.

A última coisa que quero mencionar sobre o Chapéu de Bruxa é que precisamos experimentar todas as quatro frequências energéticas em nossa vida para viver plenamente. Ter apenas três das quatro energias nos deixará incompletos, como se tivéssemos um buraco no chapéu que deixa a chuva entrar.

As energias do Chapéu da Bruxa podem parecer simplistas, mas são a base de todo trabalho energético, que é do que se trata a Bruxaria. Ao dominar a consciência dessas energias sutis, podemos avançar muito mais em nossa prática quando chegar a hora de elevar a energia, sentir espíritos e deidades, e muito mais.

Frequências de Energia

Os diferentes tipos de energia que experimentamos podem variar em frequência, de baixo a alto. Em geral, a energia baixa parece ruim e a energia alta parece edificante, não importando qual categoria, física, emocional, mental ou espiritual. Você também pode pensar nos três estados de energia como frequências fracas, médias e fortes.

Use qualquer analogia que funcione para você. No entanto, essas energias nem sempre se alinham na mesma frequência e estado. Por exemplo, alguém que está apenas vivendo sem emoção pode ter uma grande quantidade de energia física, um baixo estado emocional, um nível médio de energia mental e uma baixa frequência de energia espiritual. Sentimo-nos melhor quando todas as nossas energias estão nas faixas média a alta.

Faixas de Energia Intermediária

As faixas de energia intermediária são um ótimo ponto de partida, pois representam o nível de energia com o qual a maioria das pessoas lida diariamente. Essa energia parece neutra e contente – nem feliz nem triste, nem boa nem ruim. Parece segura e não muito desafiadora. Pense na energia de média frequência como a moeda comum do mundo. É mais fácil fazer atividades como ir ao supermercado, dirigir um carro, ir ao banco e ir trabalhar quando estamos nas faixas intermediárias. Isso porque a maior parte da energia nesses estabelecimentos também existe nessas faixas. Não nos convém ter muita energia emocional quando estamos testando a firmeza de abacates ou ter pouca energia física quando compramos selos no correio. A média é o melhor caminho a seguir.

Quando você for para um local de energia média, evite qualquer pessoa cuja energia se desvie das faixas intermediárias. Altas e baixas energias não são apropriadas nesses lugares. Qualquer pessoa que cruzou esses limites provavelmente cruzará outros limites também. Quer seja intencional ou não, está definitivamente fora de lugar.

Faixas de Baixa Energia

Estados de baixa energia são uma parte natural da vida. Espero que você saiba que é impossível viver nas frequências médias e altas o tempo todo, e tudo bem. Ter frequências energéticas baixas de vez em quando também costuma fazer parte de um ciclo. Por exemplo, todas nós experimentamos baixa energia física quando estamos cansadas ou sobrecarregadas. A baixa energia emocional pode surgir quando estamos de luto, quando nos sentimos excessivamente socializadas (para as introvertidas) ou quando sentimos falta de interação social (para as extrovertidas). Sua energia mental pode diminuir se você usou seu cérebro demais. Isso pode fazer você sentir que não consegue tomar uma decisão e não consegue se concentrar. A baixa energia espiritual aparece depois que você realiza um grande ritual ou se suas outras energias estiverem baixas.

Ter pouca energia em qualquer um dos domínios é um indicador de que você precisa de uma mudança. Isso pode ser sono, descanso, alimentação nutritiva, autocuidado restaurador, relaxamento, tempo sozinha, entretenimento ou um bom livro. Reconheça quando está com pouca energia ou quando está suscetível a isso, como quando não dormiu bem ou está com fome, doente ou com TPM. Sempre que possível, pratique o autoconforto e o autocuidado para voltar à energia intermediária. Relaxamento e expressão emocional são importantes, especialmente se você estiver doente ou precisar descansar.

Se você achar que não pode autocorrigir sua baixa energia ou se não estiver fazendo nada além de assistir programas de televisão por dias a fio, pode ter um problema maior. É possível que não esteja enfrentando a realidade e esteja lutando contra a verdade de uma situação. O escapismo pode afastar nossos problemas por um tempo, mas quando acaba, eles estão no mesmo lugar esperando por nós. Se seus momentos de baixa energia estão presentes por períodos prolongados demais, talvez seja necessário dar uma boa olhada em sua vida, especificamente nas coisas que deixam você para baixo. Isso pode incluir consumir muita comida ou açúcares prejudiciais, trabalhar em um ambiente tóxico ou viver em um local inseguro. Também pode significar reconhecer que você está sob estresse ou participando de um relacionamento que não lhe serve mais.

Uma reorganização de suas alocações de energia pode ser necessária. Quando estiver em um estado baixo, trabalhe para voltar a um estado energético médio. Fomos condicionadas pela sociedade a pensar que devemos sempre nos sentir felizes, geralmente pelas pessoas que vendem bens e serviços para nos levar a esse estado. A verdade é que é difícil manter estados emocionais elevados como a felicidade. Estar contente e buscar emoções de média frequência são objetivos melhores do que tentar alcançar a energia de alta frequência da felicidade o tempo todo. Até mesmo fazer uma tarefa ou atividade adicional por dia pode fazer uma grande diferença. Pode ser assustador lidar com problemas que parecem enormes, mas vale a pena. Um pouco de progresso todos os dias logo caminha para uma vida mais plenamente realizada. Sua energia provavelmente estará mais prontamente disponível e você poderá manejá-la melhor.

Pratique o exercício Liberte os Vínculos do Passado do capítulo 1 sempre que necessário. Para ter uma vida melhor vale a pena o trabalho. E se tudo mais falhar, procure ajuda profissional na forma de um terapeuta ou médico. Eles podem ajudar a diagnosticar problemas mais sérios.

Faixas de Alta Energia

A alta energia é sentida com mais frequência como a capacidade de realizar coisas. Fisicamente, é quando podemos trabalhar duro ou ter um bom desempenho; emocionalmente, é quando estamos incandescentemente felizes ou apaixonados; mentalmente, é quando estamos alertas, focadas e aptas a realizar a tarefa mental; e espiritualmente, é quando estamos em um estado elevado.

Minuto a minuto, esses estados energéticos elevados não ocorrem com tanta frequência quanto o tempo que passamos nas faixas de energia intermediária, mas quando ocorrem, podem ser momentos maravilhosos e transformadores.

Frequências energéticas mais altas têm a capacidade de afetar as pessoas e o mundo material. No Findhorn Garden, na Escócia, os jardineiros que se concentraram em irradiar "amor e apreço às plantas" conseguiram cultivar enormes cabeças de repolho e brócolis.[10] Da mesma forma, em um estudo científico, a água tratada com energia de apoio e com a intenção de ajudar no crescimento das mudas criou plantas mais resistentes e com um impacto significativo aumento de nutrientes em comparação com o grupo controle[11]. Os impactos das frequências energéticas mais altas também ficaram evidentes em um estudo que mostrou uma melhora acentuada no humor das pessoas que consumiram alimentos abençoados, em comparação com o humor das pessoas que consumiram alimentos que não foram abençoados[12]. Em outras palavras, os estados energéticos mais elevados são onde as coisas mágicas acontecem mais naturalmente.

Sempre que experimentar estados mais elevados, aprecie-os - eles nem sempre duram muito. É sábio moderar nossas expectativas quando se trata desses momentos. Se viver sempre na espera de que a vida esteja nos níveis mais altos, poderá se desapontar muito facilmente. Cairemos nos níveis médio e baixo de energia sempre que esgotarmos a capacidade de sustentar a energia mais alta. Um dos objetivos deste livro é levar o conhecimento desses estados energéticos e, sempre que possível, cultivar os momentos de energia mais elevada que existem com uma vida estável e solidária.

Juntando Tudo

Você pode pensar nas três frequências energéticas como uma mão aberta ou fechada. É mais fácil receber presentes quando sua mão está aberta (energia média) do que quando está fechada (energia baixa). É ainda mais fácil receber um presente se você estiver com a mão estendida com os músculos flexionados em antecipação, como se esperasse algo magnífico e pesado (alta energia).

10 Paul Hawken, *The Magic of Findhorn* (New York: Harper & Row, 1975), 116.

11 Y. J. Shiah, H. L. Hsieh, H. J. Chen, and D. I. Radin, *Effects of Intentionally Treated Water on Growth of Arabidopsis thaliana Seeds with Cryptochrome Mutations*, Explore: The Journal of Science and Healing 13, no. 6 (November 2007): 371–78, doi:10.1016/j.explore .2017.05.001

12 D. Radin, G. Hayssen, and J. Walsh, *Effects of Intentionally Enhanced Chocolate on Mood*, Explore: The Journal of Science and Healing 3, no. 5 (September 2007): 485–92, doi:10.1016/j.explore.2007.06.004.

Como mencionei anteriormente, nossa vida têm um ritmo, com a energia entrando, se acostumando e saindo. Precisamos de ciclos de energia mais baixos, como dormir, abraçar e relaxar tanto quanto precisamos das partes de energia mais altas do ciclo, como um ritual intensamente espiritual. Esses ciclos energéticos são partes naturais da vida e devem ser honrados. Para se conectar com sua intuição, celebre os diferentes níveis de energia e mantenha-se fiel a si mesma ao senti-los.

Exercício: Grade de Energia

Examine-se fisicamente, emocionalmente, mentalmente e espiritualmente. Observe onde seus níveis de energia estão em uma escala de baixo a alto. Use a figura da grade de energia para ajudar a categorizar sua energia. Pense como chegou a esses níveis energéticos. Considere manter um diário energético por uma semana ou um ciclo lunar. Anote o nível de energia que sente todos os dias e em quais atividades participou antes desse sentimento. Isso ajudará a se conectar com seus sentimentos reais e aguçará sua consciência energética.

	Baixo	**Médio**	**Alto**
Físico			
Emocional			
Mental			
Espiritual			

Figura 2: Grade de Energia

Chakras

É quase impossível falar sobre a energia sutil e o corpo sem mencionar os chakras. A palavra em sânscrito *chakra* se traduz em "roda" e provavelmente teve origem no hinduísmo ou no budismo. Acredita-se que os chakras, ou centros de energia, estejam localizados ao longo de nossa coluna, pescoço e cabeça, desde as vértebras inferiores do cóccix até o topo do crânio.

Ao longo dos anos, durante as curas que fiz para mim e para os outros, notei que a energia fica presa em vários chakras. Vale a pena examinar como é um chakra funcional e disfuncional. Uma breve resumo dos chakras será apresentado aqui para fins de compreensão de sua energia básica e suas emoções associadas. Curiosamente, as qualidades e os níveis espelham os do Chapéu da Bruxa.

- O chakra da raiz vermelha, na base da coluna vertebral, está relacionado com as necessidades primárias e físicas, como a sobrevivência. É o principal chakra da energia física. Alguém com um chakra raiz bloqueado pode estar fechado, com medo, irritado ou desequilibrado. Quando está funcionando corretamente, as pessoas se sentem poderosas, capazes, seguras, saudáveis e fortes.
- O segundo chakra, localizado na região genital, é na cor laranja e lida com a criatividade e a sexualidade. Quando preso, está associado a bloqueios criativos, sentimentos de indignidade, vergonha, insatisfação na vida e negação da sexualidade ou apetite voraz por sexo. Quando fortalecido, esse chakra se manifesta como um desejo saudável de interagir com os outros, sentimentos de criatividade, um desejo sexual saudável e a capacidade de receber e dar prazer.
- O terceiro chakra também é conhecido como Plexo Solar e fica no umbigo. Governa questões de poder pessoal. Sua cor é o amarelo e, quando funciona bem, lida com questões de empoderamento pessoal, confiança e alegria. O espectro de baixa energia deste chakra inclui emoções como impotência, ansiedade, depressão e insegurança.
- O quarto chakra é o do coração, e tem a cor verde. O amor rege esta área. É a sede dominante da energia emocional. Seus aspectos fortalecidos incluem os sentimentos de amizade, amor romântico, amor-próprio, amor incondicional, compaixão, perdão, confiança e liberdade. Um chakra do coração fechado pode se manifestar em

sentimentos de falta de amor, mágoa, ódio por si mesmo e pelos outros, pesar, culpa, paranoia, desconfiança e codependência. As pessoas com problemas no chakra do coração parecerão tristes e com o coração partido.

* O quinto chakra está localizado na garganta e é azul-profundo. A comunicação é a sua principal função. Quando imbuído de boa energia, pode ser expressivo, eloquente e criativo em nível comunicativo. Quando fechado, se manifestará em sentimentos de não conseguir falar a verdade, incapacidade de expressar sua criatividade, falar muito ou pouco e incapacidade de ouvir e entender outras pessoas.
* O sexto chakra é conhecido como o Terceiro Olho e é índigo ou azul-arroxeado. Ele lida com a visão interior e com a atividade mental. Quando em bom estado, é intuitivo, perspicaz, sereno, imaginativo e possivelmente até psíquico. Quando está em baixa, reflete-se na incapacidade de ver uma situação com clareza, falta de previsão e intuição, dificuldade de tomar uma decisão, desconexão com a energia espiritual e concentração apenas nos estados de energia física e emocional.
* O sétimo chakra fica no topo da cabeça e é a conexão final com a espiritualidade e a energia espiritual. As cores associadas a ele são violeta, branco e dourado. Quando empoderado, recebe insights e se sente transcendente, feliz e conectado ao divino. Se está fechado, manifesta-se como depressão, separação voluntária da espiritualidade e frustração com a vida. Alguém com um chakra da coroa corrompido pode parecer ter uma lesão cerebral, como se tivesse uma capacidade limitada de processamento.

Todos os chakras são importantes para a plena realização do próprio poder e para a Bruxaria Intuitiva. Embora alguns estejam localizados na parte inferior do corpo, não devem ser considerados "abaixo de nós" ou de "energia inferior". Nenhum chakra é mais importante do que outro.

Uma boa prática regular é trazer a consciência para onde seus chakras estão em seu corpo e como eles se sentem. Eles devem parecer brasas brilhantes ou giratórias de luz ao longo da espinha. Se algum chakra parecer deslocado ou lento, realinhe-o respirando profundamente e imaginando que você o está puxando em direção à espinha. É aqui que o conceito de alinhamento energético dos chakras pode ser esclarecedor.

Todos os estados energéticos discutidos neste capítulo possuem alinhamentos naturais distintos. O alinhamento em baixa energia é bastante diferente daquele em nível médio, que, por sua vez, difere significativamente do alinhamento em altas frequências de energia. Ao se tornar mais consciente de sua energia, de seus chakras e de seu alinhamento, poderá fazer mudanças quando quiser incorporar algo melhor ou quando precisar relaxar. Se tiver interesse em conhecer mais sobre os chakras, pesquise em uma boa fonte.

Vendo e Limpando seu Campo Energético

A capacidade de ver auras ou campos energéticos do nosso corpo é natural para algumas pessoas. Para outras, é uma lição que pode levar anos para aprender, se é que é possível. É mais fácil aprender a vê-las com outra pessoa que não esteja fechada, energeticamente falando. Embora você possa tentar ver auras a qualquer hora e em qualquer lugar, este é um ótimo exercício para se fazer com amigos que confiam uns nos outros.

Se estiver tentando ver auras pela primeira vez, vá a algum lugar com um amigo onde não sejam incomodados. Tente ir para fora ou encontre uma parede de fundo que seja de cor neutra, como branco ou cinza. Qualquer luz solar ou elétrica deve ser de brilho médio – não tão forte a ponto de ofuscar, nem tão fraca a ponto de perder as feições da outra pessoa. Movimente-se ao redor dela ou incline a cabeça até que a luz não esteja brilhando diretamente em seus olhos, mas que permaneça iluminando a outra pessoa. Peça para a ela falar sobre algo que seja apaixonada, não importa se é espiritualidade ou futebol. Ela deve tentar ser o mais receptiva e honesta possível. Você, como segunda pessoa, vai suavizar o olhar, respirar profundamente e então tentar ver a aura. Olhe para a área logo além da cabeça da pessoa que está falando. Pode ser que você veja uma fina camada de energia que irradia em pequenas ondas de calor. Provavelmente essa aura terá um certo tom de cor, talvez uma cor pastel. Assim que você conseguir ver um pouco da aura, é provável que consiga ver ainda mais se mudar o olhar para o pescoço e os ombros da pessoa.

Ao deixar seus olhos relaxarem ainda mais, você poderá ver uma aura mais ampla. A cor e a espessura da aura variam dependendo da frequência das energias presentes. De um modo geral, pessoas com as auras mais brilhantes têm as frequências de energia espiritual mais altas.

Se você não enxergar nada depois de alguns minutos, experimente se aproximar ou se afastar da pessoa, ajustar a iluminação ou retirar os óculos, se você os usar. Se a aura desaparecer ou você se cansar de tentar vê-la, troque os papéis. Tente ver auras com pessoas diferentes e em ambientes diferentes. Seus métodos de ver auras podem diferir, então encontre o que funciona melhor para você.

Com o tempo, você também poderá ver bloqueios energéticos nas auras. Chacras bloqueados e estados energéticos anormalmente baixos não são bons; as auras refletem esses bloqueios e problemas. Elas parecem nubladas e a energia parecerá grosseira, como se alguém tivesse passado muito tempo sem tomar banho. As auras não apenas refletem nossas próprias alegrias e problemas, mas também podem captar as energias de outras pessoas e lugares, como uma esponja. Se as auras não forem limpas regularmente, elas podem ficar extremamente sujas.

Felizmente, podemos ter a capacidade de limpar nossos campos energéticos movendo a energia. Aqui está uma breve lista de maneiras de limpar sua aura. Você pode reconhecer algumas delas no subcapítulo "Expressões Selvagens" no capítulo anterior.

- Fazer exercícios.
- Manter uma boa postura.
- Fazer movimentos intuitivos, permitindo que o corpo se expresse de maneira totalmente livre.
- Ter um ritual.
- Queimar incenso, resinas ou ervas.
- Expressar sua verdade em voz alta.
- Experimentar prazer ou alegria.
- Chorar.
- Fazer um trabalho vocal intuitivo, deixando sons intuitivos emanarem do corpo.
- Meditar.
- Fazer ioga.
- Praticar o autocuidado.
- Dançar.
- Passar tempo na natureza ou com animais.
- Passar tempo com seus entes queridos.
- Conversar com um terapeuta licenciado.
- Lidar com os problemas que causam os bloqueios.

Existem vários outros remédios terapêuticos que funcionam. Você provavelmente notará que muitos deles têm algum tipo de movimento em comum. Isso porque qualquer tipo de movimento pode liberar energia estagnada. Se você se sentir presa, tente identificar intuitivamente o que precisa ser movimentado e como pode ser liberado. Cada problema possui uma solução única e específica. O que funciona para um problema não será a solução para outro. Se estiver se sentindo presa, comece a percorrer a lista ou pergunte à sua aura como ela deseja ser limpa.

A mensagem mais importante é que existem coisas que você pode fazer para curar sua energia bloqueada e criar mais espaço para que todas as suas diferentes energias vitais (física, emocional, mental e espiritual) aumentem de frequência. Isso fortalece e aumenta sua capacidade de estimular a energia espiritual superior. Como elevar a energia é uma parte integrante da magia, certifique-se de entender esses conceitos antes de prosseguir.

Exercício: Varredura dos Chakras

Sente-se com a coluna ereta ou deite-se em uma posição confortável. Respire com o diafragma e examine energicamente o corpo ao longo da coluna, pescoço e cabeça. Avalie cada um dos seus chakras. Algum estão lentos ou bloqueados? Se sim, escolha um dos métodos para limpar seu campo energético e tente fazer a energia fluir novamente.

Depois que sua energia estiver melhor, mantenha essa boa vibração no lugar com algumas respirações profundas e lentas. Avalie o que causou lentidão ou boqueio à sua energia.

Sentindo Verdadeiramente sua Própria Energia

Até agora, você aprendeu que existem diversos tipos de energia, reconheceu os diferentes estados e níveis de frequência dessas energias e compreendeu que é possível alterar uma frequência energética. Prestar atenção à sua energia é o melhor guia de autocuidado de uma Bruxa. Quando irradiamos a energia que preferimos, é mais provável que recebamos a mesma energia em troca.

Faça uma autoanálise e realmente sinta sua energia, seu corpo e suas reações. O autocuidado é uma ótima prática, mas é muito mais inteligente moldar sua vida para que você não precise de tanto autocuidado.

Em última análise, esse é o objetivo da consciência energética – reconhecer a verdade de cada situação de acordo com nossas intuições e escolher como queremos responder.

Agora que você possivelmente compreendeu a completude e a cura, pode seguir para o próximo passo. No capítulo seguinte, é onde a verdadeira magia começa: você alterará suas energias existentes e, através da Bruxaria, transformará o mundo para se alinhar com seus desejos mais profundos.

Lista de Leitura Adicional

ARON, Elaine N. *The Highly Sensitive Person: How to Thrive When the World Overwhelms You.* New York: Citadel Press, 1997.

ROTH, Gabrielle. *Maps to Ecstasy: A Healing Journey for the Untamed Spirit.* Novato, CA: Nataraj Publishing, 1998.

Bruxaria Intuitiva Básica

CAPÍTULO 3

O ***terceiro princípio da Bruxaria Intuitiva*** é que você é a magia: você tem a capacidade de modificar sua energia e a energia ao seu redor por meio da força de vontade. A magia também pode ser definida como "o estudo e a arte de alinhar nossas energias físicas, emocionais, mentais e espirituais; acessar as energias que existem fora de nós; elevá-las juntas em frequência e mesclá-las com nossos desejos".

O resultado é mais do que a soma de suas partes, é uma magia pura, transcendente, que transforma a nós e ao mundo. Isso nos coloca em contato com uma realidade maior do que tínhamos consciência antes.

Algumas Bruxas nunca vão além de simplesmente pensar nisso. Elas aprenderam a sintonizar seus corpos com frequências mais altas e a irradiar a energia desejada. Com esse tipo de magia iniciante, elas podem atrair o que desejam e repelir o que não querem. Isso é uma espécie de magia de "baixa manutenção", pois um esforço mínimo é exercido e coisas boas acontecem. Para algumas pessoas, isso é bom o bastante, e se quiser permanecer nesse nível, tudo bem. No entanto, com magia de baixa manutenção, há o perigo de cair no hábito de não fazer nada e perder completamente sua consciência energética e sua magia. A magia para iniciantes nos dois primeiros capítulos deste livro é simplesmente isso – magia para iniciantes. Ela é limitada em alcance. Fazer magia para iniciantes é como trabalhar em seu primeiro emprego.

Todo mundo precisa começar de algum lugar, mas nem todo mundo quer ficar lá para sempre. Você pode querer desenvolver mais habilidades, encontrar os mistérios e usar a maior quantidade de energia necessária para fazer grandes mudanças em sua vida.

Existe um ditado comum entre meus amigos: "Bruxas praticam Bruxaria". Sem a parte real de criar isso, não seríamos nada mais do que pessoas energeticamente conscientes, vagando pela floresta selvagem e reagindo a tudo o que encontramos. Estaríamos praticando a "magia do desejo", ou o "pensamento positivo", em vez de Bruxaria. Por que não elevar o seu jogo e descobrir do que realmente se trata esta vida verdadeiramente mágica? O que você tem a perder, exceto tempo? Por outro lado, as possibilidades do que tem a ganhar são magníficas.

A boa notícia é que é fácil dar os próximos passos. O objetivo deste capítulo é fornecer uma estrutura para você construir os alicerces da sua prática mágica intuitiva com base na intuição e na consciência energética. Você encontrará informações básicas sobre como escolher instrumentos, limpar objetos mágicos, lançar um Círculo, encontrar ou criar o feitiço perfeito e como realizar um ritual básico envolvendo força de vontade. Se você está apenas começando sua incursão na floresta encantada da Bruxaria Intuitiva, este capítulo será especialmente importante. Muitos desses conceitos serão desenvolvidos com conceitos mais avançados nos capítulos seguintes.

Quais Instrumentos a Bruxa Usa?

Os Instrumentos utilizados na Bruxaria são objetos físicos que ajudam a realizar trabalhos mágicos, no entanto, são muito mais do que apenas simples artefatos. Pense neles como condutores para direcionar sua energia. Ou talvez prefira pensar neles como itens físicos que incorporam suas energias emocionais, mentais e espirituais. A maioria das pessoas usa Instrumentos Mágicos porque isso ajuda a visualizar a energia e a direcioná-la. Sempre que realizamos magia, estamos externalizando nossa energia e combinando-a com outras energias. Embora não precise necessariamente de representações físicas para sua magia, trabalhar com elas pode ajudar a "ver" o que está acontecendo.

Esta seção contém os Instrumentos mais comumente usados na Bruxaria e seus propósitos. Experimente. Se eles ressoarem com você e forem úteis, utilize-os. Se não estiverem ajudando ou não parecerem "seus", não os use. Esta lista de Instrumentos de Bruxaria não é para ser completa; em vez disso, pode ser considerada como um ponto de partida.

Athame

Um Athame é uma faca sagrada usada para lançar um Círculo e realizar cortes energéticos. Tradicionalmente, é uma lâmina de dois lados com cabo preto e está associada à energia masculina. No entanto, com a Bruxaria Intuitiva, praticamente qualquer tipo de lâmina pode ser usada como Athame, e nenhum gênero precisa ser associado a ela.

Se você deseja trabalhar com um Athame tradicional, visite lojas esotéricas. Experimente diferentes comprimentos, cabos e materiais disponíveis para encontrar um que se adapte ao seu estilo. Se não encontrar nada que lhe agrade, procure on-line para ver os vários tipos de Athames disponíveis para compra. Não quer gastar dinheiro? Experimente usar um abridor de cartas, uma faca de cozinha, uma agulha de crochê ou qualquer outra ferramenta de metal. Se não se identificar com metal, considere outras opções, incluindo as feitas de vidro, osso, mineral, pedra, cristal e muito mais. Se usar a criatividade, pode tentar fazer um de madeira, argila ou resina. Encontre o que ressoa com você.

Quando usar um Athame, sinta a energia descendo pelo seu braço, entrando no Instrumento e saindo, como se fosse uma extensão de você mesma. Ao usá-lo para cortar um Círculo do mundo mundano, imagine a lâmina cortando o tecido da realidade para criar um espaço sagrado e independente entre os mundos.

Sino

Tocar um sino pode dissipar a energia negativa e alterar a frequência de um espaço ritual para o foco pretendido. Você pode usar qualquer coisa que produza um som ressonante quando tocado, como um sino, um carrilhão, címbalos ou uma tigela tonal, como aquelas tigelas de canto do Himalaia ou do Tibet. Enquanto o sino toca, imagine as vibrações e o som limpando o espaço energeticamente.

Gosto de tocar um sino antes de um ritual para limpar o espaço; depois de lançar um Círculo, para definir o clima e o foco, e novamente após qualquer trabalho ritualístico particularmente intenso. Isso alivia o clima e indica uma mudança para a próxima parte do ritual. Eu ainda toco depois de abrir o Círculo para limpar qualquer energia restante. Tocar um sino também pode ser eficaz em rituais de grupo para cortar conversas e focar a atenção.

Experimente diferentes sinos, campanas, címbalos e tigelas para encontrar um que produza o tom certo para seus trabalhos mágicos. Use um sino com um som agradável e edificante se desejar realizar magia para o bem maior. Você também pode querer considerar ter mais de um sino.

Um sino de tom agudo é bom para trabalhos de vibração mais elevada e rituais envolvendo energia espiritual, como manifestação, por exemplo, enquanto um sino de som profundo e ressonante é perfeito para trabalho de vibração mais baixa, como trabalhos físico ou emocional.

Já um sino de tom agudo, porém com uma nota agradável, pode ser usado para chamar os espíritos da natureza ou as fadas. Se estiver trabalhando com magia perniciosa ou caótica, sinos com notas ácidas podem criar a condição dissonante perfeita.

Livro das Sombras

Recomendo usar um Livro das Sombras como um Instrumento para registrar todos os seus trabalhos mágicos. É útil olhar para trás e descobrir o que funcionou e o que não funcionou. O ideal é listar vários detalhes sobre o seu ritual, como data; horário; intenções; objetivos; métodos; Divindades ou espíritos invocados e os que apareceram; oferendas; ervas; feitiços; tipos de adivinhação e seus resultados; os óleos utilizados e quaisquer outros detalhes relevantes, como a fase da lua ou posição solar (por exemplo, lua cheia em Aquário ou Equinócio de Outono).

Se ainda não tiver um Livro das Sombras, pode considerar escolher intuitivamente o livro certo para um exercício divertido. Idealmente, a aparência do livro deve lhe atrair e você vai desejar escrever nele. Considere seu Livro das Sombras como um ponto de referência onde poderá registrar suas ações mágicas, sonhos e leituras de Tarô. Seu livro não precisa ser sofisticado e certamente você pode imprimir informações da internet e incluir nele.

Suas entradas podem ser desorganizadas no início. Não se preocupe. Elas se desenvolverão conforme sua prática. Deixe espaço no final de cada página caso queira escrever notas adicionais sobre os resultados. Um pequeno espaço deve ser suficiente. Não há regras quando se trata deste livro. Ele só precisa ser genuinamente seu para usá-lo a qualquer momento; o intuito é explorar o seu caminho espiritual.

Vassoura

Uma Vassoura pode ser usada para limpar seu espaço sagrado tanto fisicamente quanto energeticamente antes do ritual. Também pode ser usada para agitar a energia durante o ritual. Vassouras usadas para fins sagrados às vezes são chamadas de *besom*. Considere comprar uma vassoura bem trabalhada e adicionar toques especiais a ela, como flores, fitas, sinos e amuletos. Não precisa ser totalmente funcional para varrer detritos, apenas precisa varrer a energia. Você também pode fazer a sua própria Vassoura ou encontrar algo parecido que funcione para os mesmos propósitos. Por exemplo, minha "Vassoura" favorita é um pequeno galho de pinheiro que encontrei durante uma caminhada.

Caldeirão

Um Caldeirão é uma tigela metálica bulbosa, às vezes com pernas, alças e tampas. Caldeirões vêm em todos os tamanhos e podem ser usados para muitos atos mágicos diferentes. Em rituais, eles são especialmente úteis como um recipiente para magia e feitiços. Se você gosta de fazer poções, um Caldeirão seria o recipiente perfeito. Os Caldeirões também podem conter com segurança objetos em chamas, podendo ser uma vela, incensos, pedaços de papel, ervas ou óleos essenciais. Se aquecer e queimar coisas não é seu ideal de diversão, adicione água e o Caldeirão pode funcionar como uma superfície reflexiva para vidência – veja mais sobre isso no capítulo 11. Se for consumir qualquer coisa desse Caldeirão, certifique-se de que os ingredientes que usar sejam seguros para alimentos e não venenosos. Muitos Caldeirões são porosos e, mesmo após uma lavagem intensa, ainda podem liberar veneno.

Cálice

O Cálice é uma taça ou copo usado para representar o elemento Água no ritual. Tradicionalmente, está associado à energia feminina, mas como indicado anteriormente com o Athame, isso está aberto à sua interpretação. O Cálice é geralmente preenchido com vinho ou suco. É o Instrumento de Bruxa perfeito para brindar aos Deuses, dar-lhe oferendas de bebida e usá-la para carregar líquidos com alguma intenção ou energia, especialmente se quiser ingeri-los.

Velas

As velas têm uma longa tradição de uso na magia. Uma chama dançante cria uma sensação de admiração diferente de qualquer outra coisa. Escolha velas para trabalhos mágicos com base em sua energia, tamanho, cor e aroma (ou ausência deles). Por exemplo, quando quero me comunicar melhor, escolho uma vela grande azul, a cor do chakra da garganta, e o que também parece certo para mim. Por outro lado, se quero liberar algo, como negatividade, por exemplo, escolho uma vela pequena de uma cor que associo com o que desejo liberar.

Eu medito com ela e a observo diminuir com a luz da minha consciência, acabando por se extinguir. (Para obter mais informações sobre correspondências de cores, consulte o capítulo 4.)

As melhores velas vêm de lugares que têm boas intenções. Vale a pena gastar um dinheirinho a mais em uma vela que tenha a energia perfeita. Se precisar de um impulso de energia, compre uma vela em uma loja esotérica que tenha sido projetada para suas necessidades específicas. Algumas delas foram vertidas em momentos astrológicos especiais e podem conter essências de ervas correspondentes, também podem ter sido abençoadas para esse propósito específico.

Estátuas e Imagens

A arte é uma das minhas ferramentas de Bruxa favoritas. Há uma razão para todos os ídolos Pagãos terem sido banidos pelos primeiros cristãos – desde os tempos antigos, estátuas e imagens criaram conexões poderosas com os Deuses e são úteis para todos os tipos de usos mágicos. Quer esteja usando uma estátua de Iemanjá, uma imagem de Athena em utensílios de jantar, um pedaço de tecido com mandalas coloridas ou uma impressão de uma imagem que lembra seu Eu Superior, estátuas e imagens podem ajudar a canalizar essas Divindades e trazer essas qualidades em você. Pesquise on-line uma ampla variedade de produtos diferentes. Escolha imagens ou estátuas que pareçam vivas para você. Se não gostar do que é oferecido, crie a sua própria.

Bastão

Um Bastão, ou Varinha, é uma haste delgada de madeira usada para representar o elemento Ar. Usado para invocar espíritos depois que um Círculo foi lançado, quando agitado, o Bastão também pode ser utilizado para aumentar a energia. Um Bastão pode ser feito de muitos materiais diferentes, mas tradicionalmente é feito de madeira, podendo ser de madeira bruta com a casca intacta (ou seja, um galho) ou polida até ficar lisa. Se a ideia de um Bastão de madeira não lhe parecer boa, um cristal, como a selenita, por exemplo, pode ser usado, se assim desejar. Use o que parecer certo para você.

Altar

Altares são os lugares perfeitos para abrigar seus Instrumentos de Bruxa. Eles também são ótimos para armazenar energia espiritual, como uma bateria ou um banco. A energia que aumenta no ritual pode ser armazenada lá e usada posteriormente. Não é necessário ter mais de um altar, mas isso pode realmente expandir sua prática. No momento em que escrevo este livro, tenho onze altares espalhados pela minha casa para os mais diversos propósitos. Uso quatro altares elementais e um altar central que representa o espírito na maior parte do meu trabalho. Os outros altares são para a casa e o lar; para o mundo das fadas; para meus ancestrais e entes queridos; para meus projetos criativos; um para uma Divindade que não se dá bem com os outros e outro para uma Divindade que não se encaixa em meus trabalhos mágicos, mas a quem ainda honro.

Todos os tipos de coisas podem ser adicionados aos altares. Idealmente, tudo o que adicionar será evocativo da energia que deseja abrigar ali. Os itens a serem colocados nos altares podem incluir velas, pedras, estátuas, arte, joias, fitas, objetos naturais como pinhas, flores, um pote de terra do seu quintal, um Pentagrama ou qualquer outro símbolo espiritual, como a lua, por exemplo. Não pare por aí. Adicione qualquer coisa que sua intuição lhe diga para usar.

Use um pano de altar para separar o espaço de um balcão normal ou de uma cômoda. Isso também ajuda a esconder qualquer coisa embaixo dele. Se souber costurar, vá até uma loja, escolha um tecido especial e costure-o em um quadrado ou retângulo para realmente torná-lo seu. O veludo é especialmente bom para panos de altar, mas também existem vários outros tecidos e estampas coloridas. Se a toalha do seu altar for especialmente grande, poderá cobrir o altar a qualquer momento quando, digamos, alguém tiver que entrar em sua casa para consertar o encanamento.

Avalie quais altares já montou em sua casa. Qualquer coisa que esteja em exposição pode ser considerada um altar, desde os quadros na parede até as velas na lareira. Como se sente quando olha para esses objetos? Se esses altares fazem você lembrar de momentos felizes ou evocam sua consciência superior, mantenha-os. Caso contrário, reflita sobre as emoções que eles evocam. Eles são úteis de alguma forma ou fazem você lembrar de um momento doloroso ou de alguém que não tem os melhores interesses no coração? Em vez de manter esses itens estranhos em exibição, você pode querer armazená-los. Ou pode doar qualquer coisa que não goste para uma organização de caridade ou para alguém que realmente os aprecie.

Cartas de Tarô e Runas

Cartas de Tarô e Runas são ferramentas divinatórias antigas que podem ser usadas na prática diária ou em rituais. As cartas do Tarô são uma coleção de desenhos de arquétipos representados nos Arcanos Maiores e uma lição de vida representada em quatro naipes nos Arcanos Menores. Acredita-se que tenha se originado no século 14, na Europa.

Runas são letras germânicas com significados, e seu uso pode remontar à Idade do Ferro. Elas são esculpidas ou impressas em osso, madeira, metal, ladrilhos de cerâmica, argila, pedra e outros materiais. A maioria das lojas esotéricas parece ter essas runas, mas se estiver procurando por algo em particular, como runas de uma fonte nórdica, verifique on-line. Você deve sentir afinidade pelas cartas ou pelo conjunto de runas. A arte ou material deve ressoar com você. Aconselho que leia o livreto que normalmente as acompanham para ter a certeza de que os significados são suficientes para o seu trabalho. O Tarô intuitivo e as Runas serão abordados no capítulo 11, "Olhando para o Vazio", assim como outras ferramentas de adivinhação, como vidência, pêndulos e adivinhação com livros.

Outros Instrumentos da Bruxaria

Existem várias outros Instrumentos de Bruxa que podem ser usados, incluindo um queimador de incenso dedicado, pinças para segurar um objeto em chamas, como uma folha de louro, um apagador de velas, um disco de Pentagrama (representando o elemento Terra), castiçais especiais e muito mais. Como sempre na Bruxaria Intuitiva, use o que funciona para você.

Embora os Instrumentos das Bruxas sejam ótimos, a ferramenta mais eficaz e importante que usará é sua própria crença. Quando acreditamos que somos dignas de amor, riqueza, saúde e tudo o mais que desejamos, atraímos essas coisas para nós. Isso fica evidente no efeito placebo altamente eficaz, que ilustra como a crença de que algo funciona se torna uma realidade real – fisicamente, emocionalmente e mentalmente[13]. Claro, existem algumas limitações e não podemos transcender todos os problemas da vida dessa maneira. Mas nossa crença sobre nossas situações geralmente determina quão bem podemos enfrentar nossas dificuldades.

Sempre que possível, precisamos acreditar em nós mesmas não apenas por meio de nossa energia mental, mas em todos os outros reinos de energia também.

13 Faith Brynie, *The Placebo Effect: How It Works*, Psychology Today, January 10, 2012, https://www.psychologytoday.com/us/blog/brain-sense/201201/the -placebo-effect-how-it-works.

Percepções Intuitivas

O Subestimado Poder da Imaginação

Mat Auryn

À medida que inicia o caminho dos empreendimentos mágicos, psíquicos e espirituais, é muito provável que alguém comece a pensar ou dizer que tudo está na sua cabeça e que é tudo imaginário – talvez até mesmo você. Eles estão absolutamente corretos. A magia é imaginária; a capacidade psíquica é imaginária; até mesmo sua percepção dos Deuses e espíritos é imaginária. A imaginação é a faculdade de criar imagens da mente. Essa capacidade de criar algo do nada dentro de nossa mente é nada menos do que o poder da própria criação, como a matéria surgindo do vazio da não existência. Só porque algo é imaginário não significa que não seja real ou extremamente potente.

Se você não acredita no poder que a imaginação exerce sobre nós, reserve um momento para refletir sobre todos os conceitos que já influenciam nossa vida. Em essência, conceitos são pensamentos criados na mente de alguém que, por serem considerados verdadeiros, frequentemente exercem grande influência. Ideologia política, moralidade, psicologia, conceitos de autoidentidade, estados emocionais, sonhos, objetivos, medos, e assim por diante, são exemplos de coisas que também são "imaginárias" e conceituais, mas são consideradas reais. Você não pode segurá-los, pesá-los ou vê-los. No entanto, quando aceitos como verdadeiros e reais, eles têm um impacto enorme na realidade física.

Como Bruxas, trabalhamos com os reinos não físicos, entrelaçando os mundos externo e interno com nossa força de vontade para criar mudanças físicas palpáveis. A maneira pela qual projetamos nossa força de vontade nos reinos não físicos e os meios pelos quais os percebemos é através da imaginação. A capacidade da humanidade de formar e manter imagens e conceitos dentro da mente é uma das maiores chaves que temos para a habilidade psíquica e mágica. O estado de onda cerebral que está mais conectado com a percepção psíquica, habilidades de cura e habilidade mágica é o estado de onda cerebral alfa, que é exatamente o mesmo estado de onda cerebral usado quando a imaginação está sendo ativada.

Místicos, Ocultistas, Bruxos e Bruxas ao longo da história enfatizaram a importância da imaginação quando se trata das artes mágicas. No entanto, em nossa era pós-industrial, na qual "ver é acreditar", as faculdades imaginárias da mente são ignoradas e descartadas como irreais e, como tal, sem importância.

Embora o discernimento seja crucial para garantir que você não se desvie na autoilusão, uma Bruxa deve fazer amizade com sua imaginação e usá-la a seu favor. A imaginação respaldada por uma força de vontade sólida é uma das maiores ferramentas à nossa disposição para a capacidade de moldar, modelar e perceber a nós mesmas e ao nosso mundo. A magia pode, de fato, estar "tudo dentro da nossa cabeça", mas isso não invalida sua realidade ou eficácia na criação de resultados.

Limpeza de Objetos Mágicos

Antes de usar qualquer objeto para fins mágicos, eles devem ser limpos de sua energia anterior. Resíduos energéticos podem aderir a objetos, o que pode afetar nossos trabalhos mágicos. Mas nem tudo precisará ser limpo – por exemplo, se eu colher algumas folhas de hortelã do meu jardim, não preciso energizá-las, porque tenho a certeza de que a energia está boa. Por outro lado, se você comprar um Livro das Sombras em uma livraria, vai querer limpar toda a energia dele antes de usá-lo.

O objetivo da limpeza é remover a velha energia e torná-la mais neutra. Use sua intuição e bom senso para discernir o melhor método para limpar seus novos objetos mágicos. Aqui estão meus métodos favoritos de limpeza para que os objetos possam ser usados em rituais ou trabalhos energéticos.

Água

A água é um excelente elemento de limpeza porque é um bom solvente para a maioria dos materiais. Um dos melhores métodos de limpeza com água é o uso de águas naturais, que incluem água de nascente de rio, de chuva, de lagos e a água do oceano. Você pode enxaguar ou imergir objetos em água natural e limpá-los de suas energias anteriores.

Tenha cuidado para que não haja contaminação na água. Por exemplo, é melhor não usar água de lago com proliferação de algas ou água de córrego que contenha efluentes de uma fábrica.

Se um item estiver gorduroso, for feito de couro ou tiver sido tocado por muitas pessoas, provavelmente estará coberto de óleos e impressões digitais. Água e sabão são ótimos para remover energias sujas e são ainda mais poderosos do que apenas água. Nada se compara ao poder de um sabão natural forte. Às vezes, lavo meus cristais com água e sabão para remover a gordura deles. Este também é meu método preferido quando obtenho uma nova estátua.

Alguns minutos com sabonete líquido, uma escova de dentes velha e minha pia da cozinha podem transformar uma estátua de uma peça produzida em massa em algo que parece mais fresco.

Você também pode limpar itens com água infundida com plantas, como água de rosas. Esses tipos de água podem ser comprados em lojas especializadas ou on-line, ou você pode fazer a sua própria. Água floral ou herbal podem ser feitas fervendo uma panela com água destilada, retirando-a do fogo e adicionando flores ou ervas frescas ou secas. Deixe de molho por cerca de uma hora com a tampa fechada. Quando a água estiver completamente fria, coe e despeje em um borrifador ou em um frasco etiquetado. Para torná-la ainda mais perfumada, adicione algumas gotas de óleo essencial. Essas águas são ótimas soluções para limpar o ar e também podem limpar outros objetos.

Se você usou um item que contém açúcares ou óleos naturais, como frutas ou nozes, use a água com relativa rapidez para que não fique rançosa. Se tiver mais de uma semana, dê uma cheirada rápida antes de usá-la.

A Água da Lua é outro ótimo limpador, especialmente se você deseja limpar e energizar um item. Para fazer Água da Lua, encha um recipiente de vidro transparente como um jarro com água limpa e coloque-o do lado de fora à luz da lua cheia. Cubra-o com uma tampa ou um prato de vidro para evitar a entrada de insetos e chuva. Muitas Bruxas preferem deixar a Água da Lua durante toda a noite e levá-la para dentro quando acordam pela manhã. Isso ajuda a obter a maior quantidade de luar, mas uma quantidade menor de tempo também funcionará. Se você está preocupada com temperaturas congelantes ou se não puder deixar a Água da Lua do lado de fora, coloque o recipiente no parapeito da janela para absorver a luz.

A limpeza com água não é o melhor método para todos os seus Instrumentos de Bruxa. A água pode dissolver pedras mais macias, como angelita e selenita, e pode corroer alguns metais. A imersão em água também não é um ótimo método de limpeza para itens como livros, mas lavar as capas dos livros com um pano úmido limpará a maior parte da energia deles.

Sal

O sal é um dos meus métodos favoritos de limpeza, devido às suas propriedades. Ele mata bactérias, neutraliza energia, é um condutor energético e absorve umidade e energia do ar. Os banhos de sal são tão populares, porque são eficazes para limpar e recarregar a energia das pessoas. É a mesma razão pela qual as pessoas adoram praias. O sal é uma das melhores maneiras de limpar cristais, porque é seco e não intrusivo. Para fazer isso, coloque os cristais em um prato de sal ou polvilhe um pouco de sal sobre eles.

Algumas pessoas gostam de deixar um prato de sal em casa ou polvilhar sal nos cantos de seus quartos para neutralizar a energia. O sal também pode ser polvilhado nos parapeitos das janelas e portas para manter as boas energias e afastar as más.

Se quiser usar sal na limpeza, tome cuidado para que o item não corroa. O sal não funciona bem com metais, pois pode enferrujar. Não use sal para limpar espelhos e outras superfícies lisas, pois podem ser arranhados. Se estiver usando água salgada para limpar, tome os mesmos cuidados que toma com a água natural e esteja ciente de que, uma vez que a água salgada seca, ela pode deixar para trás uma camada de cristais de sal. Redobre a cautela ao usar sal se tiver animais que possam entrar em contato com ele. A cautela também deve existir com seus aparelhos sensíveis, use o sal apenas em locais onde não possa atingi-los.

Fogo

O fogo e as chamas também podem ser usados para purificação. Este tipo elementar de limpeza pode queimar a energia remanescente nos objetos. É visualmente atraente e pode despertar um sentimento caso precise transformar a energia de um objeto. Não é recomendado para objetos inflamáveis, como papel ou livros. A limpeza com fogo funciona bem para objetos metálicos, especialmente depois de lavá-los com água e sabão. Tenha muito cuidado, pois um objeto limpo com fogo pode ficar extremamente quente ao toque. Em caso de dúvida, não toque nele até ter a certeza de que esfriou completamente.

Para limpar com fogo, acenda uma vela e passe o item rapidamente sobre a chama, tomando cuidado para não deixar esquentar demais. Você pode usar uma pinça ou uma luva de forno para se proteger do calor. Passe o objeto sobre o fogo mais algumas vezes ou até sentir a energia diferente.

Incenso ou Fumaça de Ervas, Madeira e Resinas Queimadas

A queima de material vegetal em forma de incenso é uma prática antiga de purificar o ar e a todos os objetos que a fumaça encontra. Todos os tipos de plantas e ervas secas podem ser queimados, incluindo alecrim, lavanda, sálvia, tomilho, louro, catnip, hortelã, pinho e assim por diante. Resinas como copal, mirra, olíbano e muitas outras têm sido usadas para esse fim há milênios. Queimar lascas de madeira ou gravetos como cipreste, pinho, sândalo ou palo santo também têm um efeito de limpeza. Para queimar grandes pedaços de ervas e madeira, leve ao fogo um pouco do item, deixe queimar por alguns segundos, sopre e transfira rapidamente para uma tigela resistente ao calor ou um Caldeirão. Você pode usar pinças ao acendê-lo. Quando o item estiver na tigela ou Caldeirão, passe a mão sobre ele ou sopre levemente nas brasas para mantê-las acesas. Espalhe a fumaça sobre o objeto a ser limpo, certificando-se de cobri-lo completamente.

A queima de pedaços menores de ervas, madeira e resinas requer o uso de carvão para incenso ou um pequeno disco que pode ser aceso e queimará por cerca de trinta minutos. A fumaça geralmente é leve e pode ser usada para limpar a maioria dos objetos. Procure carvão de incenso em sua loja especializada local ou compre on-line.

Incenso e fumaça são meus métodos favoritos para limpar cartas de Tarô, livros e o ar. Tome as precauções necessárias ao lidar com chamas, objetos em chamas e carvão e sempre pratique a segurança contra incêndios.

Terra

Há momentos em que uma limpeza com a terra é o único método que removerá a energia teimosa de um objeto. Certa vez, obtive uma bela estátua de bronze da Deusa Gaia, mas a energia não parecia adequada. Não tenho a certeza de que havia energia persistente do proprietário anterior ou se eu simplesmente não me identifiquei com sua personificação. Minha intuição me disse para colocá-la no meu jardim, então eu fiz isso. Por mais de um mês ela esteve em contato com a terra, pegando chuva e convivendo com meus tomateiros. Várias semanas depois, quando a energia da estátua parecia diferente, ela finalmente estava pronta para entrar em minha casa.

Para este tipo de limpeza, você pode enterrar objetos na terra ou colocá-los em contato direto com ela. Se não puder deixar algo do lado de fora ou não tem a possibilidade de deixar nada na terra, coloque em um vaso de plantas. Idealmente, o objeto permanecerá em contato com a terra até que a energia pareça diferente.

Tenha cuidado para apenas colocar as coisas do lado de fora se estiverem em uma área segura onde não entrarão em contato com um cortador de grama. Se o item for tóxico, como uma varinha de epóxi, por exemplo, coloque-o em algum lugar onde um animal não o encontre e queira comê-lo, procure colocar na terra e sob um vaso. Além disso, esteja ciente de que alguns metais podem corroer se enterrados ou deixados do lado de fora. Use a limpeza de terra apenas em objetos que possam ficar molhados e sujos.

Ar, Luar e Luz Solar

Deixar um item do lado de fora para ser exposto ao ar, ao sol e à lua é uma boa maneira de limpá-lo. Esse tipo de limpeza descomprime qualquer energia restante no item e cria uma mudança atmosférica que o torna mais receptivo a novas energias. Eu uso esse método com frequência, especialmente com itens que compro em um brechó que pode ser deixado de fora por um tempo. Tenho uma mesinha na porta dos fundos onde deixo os objetos, muitas vezes antes de eles entrarem em minha casa. Eles ficam lá, como guardiões pacientes enquanto os elementos trabalham para limpá-los. Se você não tem um bom lugar para deixar as coisas do lado de fora para serem expostas ao ar, ao sol e à lua, um parapeito dentro de sua casa pode funcionar.

Alguns cristais e pedras podem ser danificados pela luz solar. Faça sua pesquisa para ter a certeza de não os prejudicar. Alternativamente, você pode querer limpar um objeto apenas com a luz do sol ou apenas com a luz da lua, de acordo com a energia do objeto. Fique de olho no clima e nos horários do nascer do sol e do nascer da lua e planeje adequadamente. Além disso, esteja ciente de que o objeto provavelmente também receberá uma limpeza com água da chuva, ou pelo menos orvalho. Certifique-se de que o item pode entrar em contato com a água antes de deixá-lo do lado de fora.

Som

Todos os tipos de som podem ser usados para limpar, incluindo sua voz, música, tigelas de metal, sinos e carrilhões. Vibrações sonoras podem alterar a frequência do item ao afastar qualquer energia perdida. Esse método é seguro para a maioria dos objetos, se não todos.

Respiração

Uma das minhas maneiras favoritas de limpar itens é soprar levemente sobre eles. Esta é uma maneira particularmente boa de dar a um item uma renovação de sua energia atual, em vez de uma limpeza profunda. Limpezas com respiração removem a velha energia e mudam a energia de qualquer objeto. Melhor ainda, torna-os mais ressonantes com a sua energia. É meu método favorito para limpar itens com os quais trabalho regularmente, como cartas de Tarô e cristais. Para limpar com a respiração, respire fundo e sopre levemente no objeto. Vire o objeto enquanto sopra, de forma que pegue todos os lados e arestas. Imagine que qualquer energia restante no item é empurrada para fora pelo seu sopro. Este método é seguro para a maioria dos objetos.

Consagrando Instrumentos Mágicos

Após limpar um objeto para trabalhos mágicos, você vai querer consagrá-lo ou colocar suas intenções nele. Para consagrar um item, declare seus objetivos de uso e dê a ele algum tipo de atenção especial. Isso pode significar ungir com óleo, meditar com ele, pedir uma bênção do objeto por uma Divindade ou espíritos, ou segurar o objeto em sua presença áurica e impregná-lo com sua Vontade.

Depois que um item for consagrado para uso mágico, use-o apenas para o fim a que se destina. Por exemplo, não abra cartas com um Athame que você consagrou para cortar os reinos energéticos. Isso enfraquecerá a energia e poderá distraí-lo durante o ritual. Você não quer pensar em sua conta de luz quando está tentando cortar um Círculo entre os mundos. Após a consagração, ele se torna um Instrumento especial e deve ser tratado com respeito.

Preparação do Ritual: Aterramento e Centralização

Antes de realizar ritos mágicos, purifique-se e limpe seu espaço. Isso vai ajudar a se preparar mentalmente. Quando estou em um espaço limpo, sinto maior facilidade em focar no momento presente e no assunto em questão. A ciência apoia isso - estudos mostram que as pessoas se sentem menos agitadas em um espaço limpo e também quando estão mais limpas. A purificação física é uma ótima maneira de se livrar de qualquer energia acumulada desde a última vez que se limpou. A História também recomenda a limpeza - os antigos gregos eram obcecados pela pureza interna e externa e realizavam várias limpezas todos os dias, especialmente antes dos rituais. Eles acreditavam que "sem purificação, não há acesso ao sagrado"[14].

Não há uma ordem específica para a multiplicidade de coisas que podem ser limpas em sua casa. Eu desenvolvi minha própria preferência ideal que uso antes de grandes rituais. Primeiro, limpo quaisquer novos Instrumento ou Ferramentas a serem usados no ritual (como velas, por exemplo), depois limpo e organizo o espaço ritualístico. Em seguida, movimento meu corpo para ajudar a manter minhas energias fluindo e para me auxiliar na transição para longe da vida mundana. Isso pode assumir a forma de uma corrida, caminhada, jardinagem, dança ou um pouco de ioga. Depois, tomo um banho ou uma ducha e uso sais de banho ou sabonete com óleos essenciais perfumados. Pouco antes do ritual, limpo meu espaço com ervas queimadas, resina ou incenso e unto-me com óleos que ressoam com meu ritual.

14 Robert Parker, *Miasma: Pollution and Purification in Early Greek Religion* (Oxford: Clarendon Press, 1996), 19.

Acendo velas, coloco música e ajusto as luzes para definir o tom. Por último, limpo meus pensamentos meditando ou passando algum tempo em silêncio. Eu me centro e me alinho, depois enraízo e elevo minha energia. Pode parecer muito, mas tudo pode ser realizado em um período relativamente curto de tempo. Isso realmente ajuda a me abrir antes de um ritual. Nem sempre faço tudo dessa lista – deixo minha intuição e limitações de tempo me guiarem. Siga sua voz interior para fazer o que for necessário para sentir seu vigor renovado e pronto para um trabalho profundo. Idealmente, você se sentirá tão bem quanto puder antes de realizar a magia e terá um espaço ritualístico onde coisas verdadeiramente mágicas possam acontecer.

Lançar ou Não um Círculo

Algumas Bruxas sempre lançam Círculos e outras nunca. Muitas decidem se devem ou não lançar um Círculo dependendo do tipo de trabalho mágico a ser realizado. Eu pertenço ao último grupo. Às vezes, com uma magia mais intensa, isso parece certo. Em outras ocasiões, a magia que estou prestes a realizar é tão pequena que lançar um Círculo parece supérfluo. Esse é o caso de magias menores, como adivinhação, limpeza, dança extática ou um pouco de Bruxaria na cozinha. Embora o conceito de um Círculo Mágico possa ser estranho ou parecer muito cerimonial para algumas pessoas, lançar um Círculo tem alguns benefícios que você deve considerar.

Mentalidade Mágica

A primeira razão pela qual você pode querer lançar um Círculo é ter a mentalidade certa. Um Círculo bem construído parece diferente do resto do mundo, porque cria uma fronteira entre este e os outros mundos. Isso pode fazer você sentir mais a magia e verdadeiramente entre os mundos. Não há nada como a formalidade de traçar Círculos para entrar na mentalidade de realizar um trabalho mágico. Passar pelos movimentos de lançar um Círculo reforça as vias neurais e ajuda você a entrar no espaço mental certo.

Vaso Mágico

Outra boa razão para lançar um Círculo é porque ele age como um receptáculo ou recipiente para a energia. Isso é o que significa "manter espaço" para suas emoções. Você pode expressar suas emoções no Círculo sem medo de que elas se espalhem em qualquer coisa fora dele.

Se o seu trabalho for poderoso e for direcionado a algum lugar, use a intenção de um Círculo como barreira para a energia. Uma vez que a energia é elevada em vibração, ela pode ser girada em um cone em espiral. Como uma fogueira, uma formação de cone cresce em intensidade mais rapidamente do que qualquer outra forma.

Quando a energia atinge um pico, você pode direcioná-la facilmente com um Bastão, com suas mãos, com um último empurrão de energia de seu corpo ou uma combinação dos três.

Proteção Mágica

A proteção contra entidades prejudiciais é importante. As pessoas se tornam muito receptivas espiritualmente quando realizam rituais. A magia pode atuar como um farol e pode atrair todos os tipos de entidades para você, como mariposas para uma chama. Um Círculo bem traçado irá protegê-la de entidades negativas. Se você não é do tipo que lança Círculos, recorra a outra forma de proteção. Talvez escrever e recitar uma invocação de proteção resolva. Ou invocar seus guias espirituais, seus ancestrais, anjos ou outros espíritos benéficos para o seu bem maior. O capítulo 7 contém mais informações sobre espíritos e como trabalhar com eles.

Métodos de Lançar um Círculo

Se você deseja lançar um Círculo, pode fazê-lo de várias maneiras. Não há um jeito errado. Seja como for, é importante traçá-lo com energia. Torne-o forte com intenção e propósito. Se parecer vazio, tente traçar um Círculo menor. Não precisa ser tão grande quanto o ambiente em que você está. Cabe agora decidir quando, se, e como essa prática funciona para você. Aqui estão algumas opções a serem consideradas. Você pode usar uma, duas ou várias dessas práticas ao lançar seu Círculo.

Quadrantes Direcionais ou Quadrantes Elementais

O método mais amplamente utilizado para traçar um Círculo é chamar os quadrantes elementais nas quatro direções cardeais. Eu começo meu Círculo no Leste, porque é o lugar onde a Lua e o Sol nascem e, portanto, parece um lugar de novos começos para mim. Continuo no sentido horário, às vezes chamado de *deosil*. No entanto, você não precisa começar por aí e viajar nessa direção. Ouvi dizer que algumas Bruxas começam no Norte ou no Oeste.

Também ouvi falar de algumas Bruxas no Hemisfério Sul que lançam um Círculo no sentido anti-horário, ou *widdershins*. Os elementos também estão sujeitos à interpretação pessoal, pois algumas pessoas associam o elemento Ar ao Norte e o elemento Terra ao Leste, ou outros vários métodos.

Depois de decidir qual elemento está associado à qual direção, você vai poder ancorar e manifestar essa energia em cada quadrante e mover-se com essa energia para o próximo ponto. Uma das melhores maneiras que conheço de fazer isso é imaginar que você é um recipiente repleto com a frequência de cada elemento. Por exemplo, quando eu começo no Leste e saúdo o Ar, sinto uma brisa fresca soprando dentro de mim, leve e fluida. Em seguida, viro para o Sul e sinto o Fogo e as chamas lambendo meu corpo. Depois viro para o Oeste e sinto a Água fria fluindo sobre mim, então olho para o Norte e sinto a solidez e a força da Terra. Geralmente termino no centro e sinto a personificação do espírito como eletricidade.

Procure sentir a essência ou a vibração do elemento antes de seguir para a próxima direção. A melhor coisa sobre os quatro elementos é que, quando você experimenta esses diferentes estados energéticos, isso pode ajudá-la a alcançar um estado alterado dentro de si mesma, porque ativa todos os diferentes estados energéticos.

Se você gosta da ideia de lançar um Círculo usando os elementos, pode criar altares dedicados para cada direção e elemental. Esses altares podem ter itens e cores que representam esse elemento para você, ou também podem ser algo tão sutil como tapeçarias ou arte pendurada na parede, representando essa energia ou elemento. Tradicionalmente, a Água é azul, o Fogo é vermelho ou laranja, o Ar é amarelo ou branco e a Terra é verde ou marrom. Eu uso marrom claro e preto para o meu altar central. Qualquer cor pode ser usada, desde que combine com você. Outras direções, como acima e abaixo, também podem ser adicionadas. Tente vários métodos e faça aquele que mais gostar.

Guardiões das Torres de Observação

Um método de lançar um Círculo elemental baseado em um quadrante é chamar os Guardiões das Torres de Observação de cada direção, que é frequentemente usado na Wicca Tradicional. Os Guardiões das Torres de Observação são espíritos benéficos que agem como protetores e repelem espíritos malévolos. Se o conceito ressoa com você, pode ser uma maneira muito eficaz de promover um Círculo energético. Essa abordagem também pode colocar o conjurador em uma boa mentalidade para trabalhar com espíritos.

Mãos Espirituais Elementais

Outro método de usar os elementos para lançar um Círculo é levantar suas mãos no ar e imaginar as mãos dessa vibração elemental estendendo-se para segurar as suas. Isso coloca você em contato direto com o espírito ou energia daquela direção ou elemento. Quando o Círculo é lançado, o conceito de dar as mãos pode ser usado novamente se você imaginar suas mãos apertando as mãos elementais para formar o Círculo.

Outros Métodos de Lançar um Círculo

Vários outros métodos podem ser usados para lançar um Círculo que não têm nada a ver com os elementos ou quadrantes. Aqui estão alguns dos meus favoritos.

Divindades ou Espíritos

Um Círculo pode ser lançado usando a energia de uma Divindade, de um espírito ou de muitas Divindades e espíritos. Às vezes, eu uso esse método para invocar apenas um espírito ou Divindade, invocando diferentes aspectos deles a cada quadrante. Em outras ocasiões, invoco diferentes Divindades ou espíritos em cada quadrante.

O método de usar Divindades ou espíritos parece ser uma prática comum entre Bruxas Intuitivas, pois os métodos podem ser alterados para o que parecer certo no momento. Esta também é uma boa solução para pessoas que preferem trabalhar com outros espíritos além dos Guardiões das Torres de Observação.

Círculo Físico

Algumas pessoas preferem traçar um Círculo com giz, farinha, fubá, sal, ervas, cristais, velas, fios de luz ou qualquer outro objeto físico. Se for usar esse tipo de Círculo, seja o mais intencional possível ao colocar seus materiais. Se preferir criar um Círculo perfeito, pode fazer isso amarrando um barbante em volta de um lápis ou um pedaço de giz e amarrar frouxamente a outra ponta do barbante a um objeto pesado, como uma lâmpada. Com o barbante esticado, desenhe um círculo no chão. Mantenha o lápis ou giz o mais vertical possível. Esse método também pode ser usado com uma tachinha enfiada no chão, se você quiser fazer um pequeno furo ali.

Os Círculos físicos são uma boa variação dos Círculos energéticos, porque podem ser deixados por muito tempo para atos mágicos regulares ou de longo prazo. Traga tudo o que precisa para o ritual no Círculo antes de começar. Eu recomendo deixar claro que é um Círculo Mágico sempre que o usar. De tempos em tempos, é preciso fortalecê-lo novamente. Certifique-se de não o atravessar para tarefas mundanas – isso o enfraquecerá.

Círculo Athame

Você pode se separar do mundo mundano com seu Athame. Se fizer isso, faça com foco e trabalho energético. Você pode imaginar uma chama de alta energia espiritual saindo do seu corpo através do Athame em direção à ponta. Visualize o Athame cortando o tecido do espaço.

Círculo Intencional / Círculo Energético

Outra opção é criar um Círculo Energético com intenção e energia. Conforme se move ao redor do Círculo, concentre-se e use uma energia forte e uniforme, empurrando-a para fora de suas mãos ou de outro Instrumento. Imagine a energia separando e distinguindo seu Círculo do mundo mundano. Conceba como as paredes do Círculo parecem e se sentem – como uma bolha, com paredes finas? Ou as paredes são mais espessas, como geleia? Talvez seu Círculo se expanda para envolvê-lo como uma cúpula geodésica, um Círculo de luz ou um anel de chamas brilhantes e coloridas. Visualizar, imaginar e sentir os aspectos energéticos do seu Círculo ajudará a lançá-lo de forma eficaz.

O Círculo Está Lançado!

Depois que o elenco estiver completo, torne-o conhecido. Você pode dizer algo tão simples como "o Círculo está lançado" quanto algo mais específico, como "Eu lanço este Círculo para me proteger de danos e me separar da energia do mundo mundano para que eu possa trabalhar em meu feitiço de manifestação no reino mágico e energético".

Se o Círculo for lançado com energia suficiente, seu espaço interior parecerá diferente. Experimente o tamanho e a forma do seu Círculo para encontrar um que funcione para você. Não desencoraje se não sentir nada a princípio. Com a prática, você será capaz de manejar melhor o poder e também sentir as sensações sutis.

Se precisar sair para pegar algo que esqueceu, abra as paredes do Círculo energicamente, como se estivesse abrindo pesadas cortinas com as mãos. Sele a lacuna atrás de você, fechando as "cortinas" passando as mãos nas "costuras". Volte para o Círculo da mesma maneira, abrindo as cortinas e selando o espaço atrás de você.

Uma vez que um Círculo é lançado, o trabalho mágico e o levantamento de energia podem começar. Há várias coisas que você pode fazer neste momento. O restante deste livro está repleto de ideias e métodos que podem ser usados.

Abrindo o Círculo

Quando seu trabalho mágico ou ritual terminar, é hora de liberar as energias e abrir o Círculo. Isso pode ser pensado como um "desfazer" das mesmas coisas feitas para lançar o Círculo, de maneira reversa ou oposta. Por exemplo, digamos que você tenha traçado quadrantes elementais começando no Leste, no sentido horário, e depois invocado os espíritos e os Deuses. Você abriria seu Círculo liberando os espíritos ou Deuses, depois liberando os quadrantes elementais começando pelo Norte e continuando no sentido anti-horário. Ao seguir no sentido anti-horário, você "desfaz" a magia que criou quando seguiu no sentido horário. Esta é outra razão pela qual é bom usar um Livro das Sombras durante o ritual – quando você escreve o que fez para criar o Círculo, é fácil olhar para trás e desfazer tudo exatamente da mesma maneira. Isso também libera sua mente de acompanhar o que você fez, o que lhe permite ser mais intuitiva e livre para invocar qualquer energia que surgir.

Quando o Círculo estiver aberto, reconheça-o com uma declaração de finalização. Por exemplo, você poderia dizer: "O Círculo está aberto". Isso ajuda nossa mente a fazer a transição de um estado mental mágico de volta para a realidade terrena.

Cuidados Pós-Ritual

Independentemente de ter traçado um Círculo ou não, realizar um grande ritual exige muita energia. Depois, você vai querer se ancorar novamente no mundo físico. Reabasteça sua energia física comendo comida saudável, bebendo água pura ou suco e relaxando. Abrace suas pessoas favoritas, crianças ou animais de estimação, ou apenas acaricie a si mesma. Anote suas experiências em seu Livro das Sombras e vá com calma.

Faça algo que exija pouca energia, como ler um livro ou assistir a um bom programa. Reconectar-se com as atividades da vida cotidiana facilita a transição entre energia alta e energia média e fornece a energia necessária para o resto do dia. Se sentir fraqueza, reserve um tempo extra para se nutrir e reabastecer sua energia.

Manifestação

A capacidade de atrair pessoas, experiências ou objetos é chamada de "manifestação". Meus amigos do Círculo lunar chamam isso de *galifestation* ou *moonifestation* – "porque eu não preciso de um homem!" Quer você concorde com essas palavras ou não, a manifestação é a ciência e a arte de combinar uma forte força de vontade com uma alta frequência de energia espiritual e liberá-la para o Universo.

Nunca vou esquecer o momento em que decidi manifestar aleatoriamente uma pena vermelha. Eu estava andando pelo gramado do estacionamento dos funcionários no festival da Renascença para chegar ao estande onde eu trabalhava. Depois de fechar os olhos por um momento, imaginei uma pena vermelha caída no chão diante de mim. Eu liberei o pensamento com gratidão e um sorriso. Para minha surpresa, a menos de trinta passos de onde eu havia enviado a energia, encontrei uma pena vermelha enrolada com cerca de trinta centímetros de comprimento caída no chão!

A manifestação nem sempre acontece tão rapidamente. Às vezes, pode levar anos. Isso não deve desencorajar ninguém. Se você tem um desejo, vale a pena trabalhar para alcançá-lo. De muitas maneiras, manifestamos coisas o tempo todo sem prestar atenção. Por exemplo, você se candidatou ao emprego no qual trabalha atualmente, estava aberta às investidas românticas e desenvolvimentos do seu relacionamento (ou falta dele) e visitou o lugar onde mora agora antes de assinar o contrato. De um modo geral, você está neste ponto agora porque, em algum momento, quis estar aqui. Perceber isso nos dá poder para mudar o que não gostamos e atrair o que queremos por meio da manifestação. Há exceções, claro. Eu não acredito que manifestamos intencionalmente o mal vindo de outras pessoas. A culpa disso recai inteiramente sobre os ombros daquele que infligiu o dano.

Você não precisa de um ritual para manifestação. Pode simplesmente enviar seus desejos para o mundo, como fiz com a pena vermelha. No entanto, em minha experiência, os rituais são muito mais eficazes para atrair e manter as coisas. A escolha é sua.

Força de Vontade Intuitiva

Uma parte fundamental da Bruxaria é trabalhar com intenções, objetivos e Vontade. Esses conceitos são frequentemente usados como sinônimos; no entanto, neste livro, uso esses termos de maneira diferente. Para nossos propósitos, uma intenção é um desejo pessoal alcançável. Geralmente é o que desejamos nos tornar ou mudar. É mais sobre "ser" em oposição a "fazer". As intenções refletem nosso desejo de realinhamento de nossas energias atuais com o que desejamos ser ou nos tornar.

Na Bruxaria Intuitiva, os objetivos são definidos principalmente como realizações externas que podem ser alcançadas usando intenções, nossa magia e tempo. Há uma preocupação maior em "fazer" do que em "ser". Os objetivos podem ser pessoais ou mundanos.

Vontade é a combinação de intenções e objetivos. A Vontade produz uma força alinhada de energia que é maior que a soma de suas partes. Esta seção contém uma discussão mais profunda sobre a Vontade e inclui um ritual de força de vontade. O ritual geralmente é realizado na lua nova, mas pode ser usado sempre que precisar fazer uma mudança em sua vida.

Vontade: a Flecha

Minha maneira favorita de pensar sobre Vontade, ou intenções e objetivos, é como uma flecha. Suas intenções são a direção geral que o arqueiro deve mirar, e seus objetivos são os alvos para os quais a flecha será direcionada. Sua Vontade deve ser afiada e precisa o suficiente para voar pelo mundo e aterrissar com sucesso.

O primeiro passo para criar uma boa flecha é escolher cuidadosamente a sua intenção e afiá-la até que fique aerodinâmica. A intenção começa com "eu", e é tudo sobre você. Ao esboçar sua intenção, pergunte-se: "O que posso fazer para alcançar esses objetivos? O que eu desejo mudar?" Use sua intuição para pensar sobre sua intenção. O que deseja mudar dentro de você? Mesmo que queira continuar vivendo em seu estado atual, isso ainda é uma intenção. Use uma linguagem que declare sua intenção no estado presente positivo: por exemplo, "eu sou" em vez de "eu quero". Querer implica uma falta, enquanto falar como se já tivéssemos e possuíssemos essas qualidades aumenta a energia que já existe dentro de você. Escolha alguns objetivos que correspondam à sua intenção. Eles devem ser específicos e relacionados à intenção, mas não muito limitantes.

Vamos colocar tudo junto. Digamos que você queira ser melhor na Bruxaria. Sua declaração de intenção seria "Sou uma Bruxa melhor a cada dia". Alguns objetivos apropriados para essa intenção podem ser ler dois livros sobre Bruxaria nos próximos dois meses, meditar cinco vezes por semana e praticar magia nas luas cheias e novas. Isso criaria uma Vontade muito afiada, porque a intenção é claramente definida e positiva. Os objetivos são alcançáveis e apoiam a intenção.

Muitas vezes, quando um ritual envolvendo Vontade não dá certo, é porque as intenções ou objetivos não são fortes o suficiente. Alguém que tem a intenção de se tornar uma Bruxa melhor, mas sem objetivos, pode não saber o que fazer. A pessoa pode ficar confusa imaginando o que deve fazer. Em outras palavras, ela se perderia na "existência" de tudo isso, sem nenhuma maneira de medir seu progresso. Por outro lado, alguém que não tem intenção, mas tem objetivos de ler e praticar, também pode não ter muito sucesso. Claro, ela aprenderia e experimentaria muitas coisas, mas poderia se perder no "fazer" e nunca sentir como se estivesse alinhada a qualquer coisa. Essas pessoas podem se perguntar "por que estou fazendo isso". Qual é o ponto? Ser e fazer andam juntos, naturalmente. Quando estão conscientemente alinhados, você tem a Vontade – uma flecha afiada com uma haste lisa. Esse tipo de flecha pode definitivamente ir longe.

Força de Vontade: o Arqueiro

Quando sua Vontade é combinada com energia espiritual de alta frequência no ritual, ela é chamada de "Vontade Fortalecida" ou "Força de Vontade".

Isso é o que acontece quando o arqueiro pega a flecha afiada de sua Vontade, encaixa-a em seu arco e puxa a corda para trás com toda a força. A energia do arqueiro deve ser forte o suficiente para fazer a flecha voar longe, para que ela atinja seu alvo. Eles devem usar uma alta frequência de energia para disparar a flecha.

Se a Vontade for combinada com energia baixa ou média, haverá pouco ou nenhum poder por trás da Vontade e a flecha cairá no chão perto dos pés do arqueiro. Por esse motivo, a Vontade é mais eficaz quando usada com frequências mais altas, mesmo que apenas por um curto período de tempo. Este é um dos propósitos mais básicos do ritual – tomar sua Vontade, elevar a energia para uma frequência mais alta e liberá-la no mundo. Esse tipo de magia tem o poder de mudar as pessoas internamente e o mundo externamente.

Fazer Feitiços ou Não?

Feitiço é Vontade transformada em poesia. Pode ser um aspecto emocionante da Bruxaria. Para algumas Bruxas, os feitiços são inerentes aos seus sucessos. Elas adoram uma boa frase ou rima e podem sentir a construção da magia quando os recitam. No entanto, nem toda Bruxa gosta de usar feitiços, e eu entendo esse sentimento. Normalmente não me identifico com feitiços que outras pessoas escrevem. Foi assim até eu começar a criar os meus próprios feitiços, e então, eu os vi de forma diferente. Eles se tornaram mais pessoais – mais eu. E ao contrário de muitos outros feitiços prontos que eu usava, os meus realmente funcionavam para mim.

Fazer feitiços é totalmente opcional. Uma declaração de Vontade pode facilmente ser suficiente para seus trabalhos mágicos.

Se você deseja usar feitiços, tente criar os seus próprios, em vez de procurá-los na internet ou em livros. Pode ser muito divertido ser criativo e anotar suas ideias. No entanto, se você não é boa escritora ou poeta, use o que quiser. Uma boa Bruxa Intuitiva é engenhosa e escolherá qualquer feitiço que pareça certo. Aqui estão as melhores dicas que tenho para um feitiço bem-sucedido:

* Use um feitiço sério. Se o seu feitiço for bobo, você pode se distrair e sua magia não será tão poderosa.
* As palavras não precisam necessariamente rimar. Use palavras que ressoam com você em vez de aquelas que se encaixam em um esquema de rimas. Mas se eles rimarem e você gostar, ótimo.
* Seja específica. Cada palavra conta, então use apenas aquelas que estão de acordo com a sua Vontade.
* Use palavras que você entende. Descarte palavras que não conhece ou não tem certeza. Eu só uso palavras dos poucos idiomas que falo para garantir que minha Vontade seja cumprida. Se eu não falar o idioma em que o feitiço foi escrito, não uso as palavras. Dessa forma, você pode ter a certeza de que não está pedindo sem querer um casamento, quando pode estar apenas procurando por amor ou luxúria.
* Use uma cadência de palavras em seu feitiço que pareça natural. Alguns feitiços são tão antigos que o idioma diferente e as palavras não fluem mais bem juntas. Ou talvez o feitiço tenha sido traduzido para o inglês de outro idioma e algo se perdeu na tradução. Não há nada de errado com esses feitiços, mas às vezes as palavras simplesmente não saem da minha boca. Pense assim:

se o ritmo do feitiço não corresponder à energia que precisa ser canalizada, ele pode ser ineficaz. Por exemplo, leia cada um desses fragmentos de feitiços e preste atenção no ritmo. Eles podem não ser magníficos, mas servem como exemplos. "Eu crio alegria e amor em minha vida." Este fragmento de feitiço é simples e possui um ritmo ou batida. Você quase pode ouvir uma batida de bateria que poderia acompanhá-lo. Este feitiço seria útil para aumentar a energia se for repetido. Aqui está o segundo exemplo: "Eu canalizo alegria abundante e muitos relacionamentos calorosos e amorosos com os outros." Este fragmento de feitiço é muito mais longo. É lindo e significativo, mas não tem ritmo. A energia da frase parece tropeçar em si mesma. Eu perco o foco se for repetir, então não é um bom candidato. Mas sou só eu. Descubra qual cadência funciona para você.

- Qualquer feitiço que usar deve ressoar intuitivamente com você. Se algo parecer estranho, não use.
- Você pode começar com um feitiço que encontrou on-line e reescrevê-lo com sua Vontade em mente. Troque as palavras como achar melhor, até que pareça perfeito.

Anote, Fale em Voz Alta

Certifique-se de anotar sua Vontade ou feitiço. Você pode ficar tentada a apenas pensar sobre eles, mas há muito mais poder na palavra escrita e falada. Este passo aparentemente pequeno pegará sua Vontade abstrata e a tornará mais concreta. Escrever algo e depois falar em voz alta afeta o corpo e a mente, aterra e ativa a energia elétrica de sua aura e nos abre para mais possibilidades. Sempre que expressamos nossos desejos em voz alta, a possibilidade deles se concretizarem se torna mais real. Muitas Bruxas acreditam que a magia realmente quer trabalhar conosco e está apenas esperando que declaremos nossa Vontade.

A primeira coisa que acontece depois que falamos nossa Vontade ou o feitiço é que nossos campos de energia mudam. As palavras e o poder por trás delas alteram nossas frequências sutis para nos tornar condutores de energia. Esse poder nos ajuda a atrair energias concorrentes e repelir as discordantes. Falar nossa Vontade em voz alta também torna nossos desejos conhecidos por quaisquer espíritos ou Deuses presentes.

Ritual: Força de Vontade Manifestada

Limpe um espaço e lance um Círculo para ajudar a aumentar a energia e atuar como um receptáculo. Concentre-se respirando fundo e conectando-se à sua intuição. Libere qualquer energia que não seja sua e chame de volta qualquer energia que não esteja com você. Com mais algumas respirações profundas, permita que sua energia dentro de seu corpo se equilibre. Examine seus chakras mentalmente, começando no chakra mais baixo, na base da coluna. Visualize-os se movendo para seus lugares naturais ao longo de sua coluna. Se algum não estiver girando ou se estiver lento, imagine-o como rodas de luz girando. Continue esse alinhamento pela coluna até terminar com o chakra da coroa. Escreva sua intenção e objetivo(s) em seu Livro das Sombras. Escreva um feitiço, se desejar. Seja clara e concisa.

Conecte-se ao seu Eu Superior. Você pode convidar seu guia espiritual ou qualquer outro espírito ou Divindade com quem trabalha para estar presente, dizendo algo como: "Eu invoco meus guias espirituais e Athena, Deusa da Coragem e da Sabedoria. Por favor, estejam comigo em meu Círculo e me ajudem com meu trabalho mágico esta noite".

Fale sua Vontade ou soletre em voz alta com confiança e força. Você pode sentir uma mudança tangível no ambiente.

Repita sua Vontade ou feitiço com paixão, velocidade e tom cada vez maiores. Isso aumentará a energia no Círculo. No processo, visualize seus desejos se tornando realidade. Sinta as possibilidades ou a verdade dentro de você. Sinta a energia borbulhando internamente, aumentando a frequência.

Quando estiver perto do clímax, recite o feitiço ou sua Vontade de uma só vez, se possível. Repita, aumentando sua velocidade, até se aproximar do clímax. Quando a energia atingir um pico, levante as mãos para cima e para fora e libere sua Vontade para o mundo. Sinta a flecha da sua Vontade voando rápido e longe, para longe de você e para o mundo. Visualize sua flecha atingindo seu alvo com precisão perfeita. A partir desse momento, sua força de vontade irradiará de você para tudo e todos que encontrar.

Respire fundo e sacuda qualquer energia remanescente. Agradeça a qualquer ajuda externa, incluindo seu Eu Superior, os Deuses ou espíritos com os quais trabalhou, agradecendo-os do fundo do coração e liberando-os: "Agradeço humildemente ao meu Eu Superior, aos meus guias espirituais e a Athena por sua assistência neste trabalho. Eu libero você deste Círculo. Fique se quiser; vá se precisar". Abra o Círculo realizando os mesmos ritos que usou para lançá-lo, apenas retroceda e libere o que convocou em vez de invocá-lo. Pratique o cuidado pós-ritual para nutrir seu corpo e aterrar sua energia.

Se sentir tontura, coma alguma coisa. Descanse, relaxe e aproveite o brilho do seu ritual. Anote o que aconteceu em seu Livro das Sombras e reflita sobre suas experiências. Você lançou o Círculo com energia? O que foi bom? O que não correu tão bem quanto poderia? O feitiço funcionou? Aconteceu algo inesperado? Você tentará lançar um Círculo e usar um feitiço na próxima vez? Use a sua honestidade para definir em que ponto você está e quais são seus pontos fortes. Isso pode ajudar a encontrar áreas que precisam de crescimento.

Mesmo que seu ritual não saia perfeito da primeira vez, não presuma que sua tentativa não foi bem-sucedida. Você nunca sabe como as coisas funcionam bem até que um pouco de tempo passe. Além disso, todos nós temos que começar de algum lugar. Com a repetição, realizar um ritual como este parecerá mais natural.

O Círculo Está Aberto, Mas Não Quebrado

As ferramentas e métodos deste capítulo podem ajudar a desenvolver um ritual personalizado que funcione para você. Recomendo seguir a estrutura ritual geral de limpeza pré-ritual, afiar sua Vontade para o ritual, elevar a energia, liberar sua Vontade para o mundo no clímax e tomar os cuidados pós-ritual. Essa estrutura ritual geral pode criar uma base sólida para efetuar a mudança.

Os próximos capítulos deste livro se basearão nesses métodos e se aprofundarão nas frequências mais altas de energia e nos mistérios.

A magia é como um treino. Você recebe de volta tudo o que investir nela. Se tiver dúvidas sobre a força de sua Vontade ou energia, continue. Vai ficar mais fácil. Ao contrário do pensamento científico anterior, a força de vontade não é um recurso limitado que se esgota rapidamente.

É mais como um talento ou habilidade que se fortalece quanto mais o usamos[15]. Com tempo e prática, você será capaz de realizar atos mágicos com uma energia forte e alinhada.

15 Nir Eyal, *This Myth About Willpower Is Holding Back Your Productivity*, Fast Company, November 28, 2016, https://www.fastcompany.com/3065981/this-myth-about-willpower-is-olding-back-your-productivity.

Lista de Leitura Adicional

OM, Mya. *Energy Essentials for Witches and Spellcasters.* Woodbury, MN: Llewellyn Publications, 2009.

SABIN, Thea. *Wicca for Beginners.* Woodbury, MN: Llewellyn Publications, 2010.

The Witch's Tools Series, Llewellyn Publications.

Fazendo a Magia Intuitiva Ganhar Vida

Capítulo 4

A*té agora, você já trabalhou com* todos os três princípios da Bruxaria Intuitiva. Você confiou o suficiente em si mesma para seguir sua intuição, alinhou sua energia interna e liberou sua Vontade para o mundo. Mas isso não é tudo na Bruxaria Intuitiva. É apenas o começo.

Chegou a hora de aprender sobre todos os outros tipos de Magia Intuitiva e como elevar a energia de outras maneiras além da repetição da Vontade ou de um feitiço. Este capítulo está repleto de ideias, do profundo ao mundano, para tornar a magia realmente viva. Assim como os Instrumentos das Bruxas do capítulo anterior, essas magias tratam da externalização de nossas energias internas. Embora objetos e ações externas não sejam realmente necessários para realizar a magia, pode ajudar a ter objetivos concretos com os quais trabalhar – manusear, absorver, encantar e transformar. Este é o trabalho que tornará você mais forte e mais capaz de manifestar seus desejos. Certifique-se de infundir cada ato de magia com sua energia e Vontade. E não se deixe intimidar pela enorme quantidade de informações e técnicas neste capítulo. Use o que precisar no momento e guarde o resto para um dia chuvoso.

Aumentando a Energia

Aumentar a energia é uma parte importante da magia. É a chave para transformar uma situação de acordo com a sua Vontade. Assim como andei sobre brasas com uma frequência maior de energia e não me queimei, coisas mágicas acontecem quando escalamos nossas energias para os reinos mais felizes. Quando não aumentamos a energia, nos queimamos – ou, mais provavelmente, não temos poder por trás de nossa Vontade. Einstein supostamente disse: "Os problemas significativos que enfrentamos não podem ser resolvidos no mesmo nível de pensamento em que estávamos quando os criamos". Em outras palavras, a solução para um problema nunca é encontrada no mesmo domínio em que o problema existe. Seja uma citação real do próprio gênio ou não, ainda é significativo.

Podemos usar a implicação de que energia e magia superiores podem ajudar a encontrar soluções onde antes não havia nenhuma. Descobri que isso é verdade de várias maneiras em minha própria vida, e é por isso que agora incluo tudo isso neste livro. O processo de aumentar a energia começa com a plena consciência e no momento presente. Concentre-se nos aspectos físicos, emocionais, mentais e espirituais em questão. Esteja presente em todos esses aspectos. Centralize-se e alinhe-se, depois eleve sua energia para ir além da energia média ou do seu modo padrão. No capítulo anterior, o aumento da energia foi realizado por meio da repetição da Vontade ou de um feitiço, mas existem várias outras maneiras de fazer isso. Este capítulo contém algumas maneiras básicas de aumentar a energia em rituais ou práticas. Experimente-os e use o que quer que crie uma mudança. Podemos incorporar a mudança energética que desejamos ver, sentindo-a em nossos corpos, emoções, pensamentos e espírito e, então, liberá-la para o mundo. Métodos mais avançados de obtenção de energia serão apresentados no capítulo 10.

Movimento

Mover seu corpo movimenta todas as formas de energia dentro de você. Algumas pessoas gostam de andar ou dançar ao redor do Círculo no sentido horário enquanto falam sua Vontade ou feitiço. Outras pessoas podem preferir se balançar no lugar. Faça o que achar que é certo para o seu ritual. Deixe seus pés ficarem leves e as pontas dos dedos brincarem com o ar. Liberte o tronco e os ombros. Expresse seus sentimentos ou história através do movimento. Contraia seus músculos ou feche o punho. Mova-se intuitivamente. Cada movimento está carregado de significado.

Nossas posturas e linguagem corporal afetam nossos estados emocionais, mentais e espirituais. Sintonize seus desejos e canalize o movimento certo para qualquer ato de magia que você fizer.

Entonação Vocal

O trabalho vocal não se limita a recitar um feitiço ou entoar sua Vontade. Você também pode aumentar a energia com sua voz através da entonação vocal. Tente falar com mais força ou com um pouco de drama para atrair mais atenção e energia. Ao expandir a garganta ou comprimi-la levemente, você pode criar uma voz do Outromundo. A musicalidade da sua voz também pode ser enfatizada. Enuncie palavras-chave para tornar a mensagem mais clara. Brinque com as intensidades dos sons até criar uma voz ressonante que atraia a atenção e não distraia você ou qualquer outra pessoa de sua mensagem. Outro bônus: quando você fala com uma voz diferente da sua voz normal, pode treinar sua mente para processar as palavras de maneira diferente. Isso torna as palavras mais eficazes e pode ser usado para aumentar sua energia sem esforço.

Cante ou Faça Música

Cante seus feitiços ou sua Vontade com poder e graça. Cante uma música que pareça estar relacionada com a sua Vontade ou use uma linguagem sem sentido e invente uma melodia. Ruídos vocais intuitivos também podem ser usados. Tente fazer notas longas, melodias intuitivas, batidas percussivas e sons ofegantes. Para aumentar a energia, aumente o tempo e o tom da sua música. Incorpore entonação vocal se quiser torná-la mais poderosa.

Se você tem habilidade em ritmo, melodia ou qualquer tipo de habilidade musical, faça música para aumentar a energia. Concentre-se no momento presente e deixe o Instrumento se tornar uma extensão de seu corpo, expressando seu desejo e energia. Sinta as notas ou batidas vibrarem em seu corpo e deixe-se levar. Idealmente, você poderá entrar em um estado de transe, que é indicativo de frequências mais elevadas.

Toque Música em um Aparelho de Som

Se você já se emocionou ouvindo uma melodia, conhece o incrível poder da música. O som é uma ferramenta extremamente eficaz que pode ser facilmente usada para alterar sua mentalidade e aumentar a energia.

Gosto de tocar algumas músicas quando estou me preparando para um ritual e também durante o ritual. Crie uma lista de reprodução ritual para ajudar a canalizar vibrações mais altas e possivelmente até mesmo um estado de transe.

Trabalhe sua Respiração

Muitas culturas acreditam que respiração e vida são sinônimos. Ao controlarmos nossa respiração, podemos controlar a força vital dentro de nós. Quando conscientemente tomamos respirações profundas e seguramos a respiração antes de respirar novamente, isso focaliza nossa energia nos centrando e nos alinhando. Respirações mais lentas podem intencionalmente diminuir nossa energia, como em um ritual de acalmação ou meditação. O trabalho com a respiração também pode ser usado para elevar energia. Respirações rápidas e curtas elevam nossos batimentos cardíacos e aumentam nossa frequência energética. Pense em sua respiração durante as preliminares, o sexo e o orgasmo. Há um acúmulo, um ponto alto e uma liberação, tudo mediado e coordenado pela respiração. Use o trabalho de respiração mais adequado às suas necessidades.

Extraia Energia do Mundo Natural

Lugares naturais estão repletos de energia bruta. Pense em uma cachoeira, uma serena floresta outonal, uma praia varrida pelo vento ou uma cordilheira escarpada. É provável que apenas pensar nesses lugares naturais faça você se sentir mais tranquila e inspirada.

Os lugares naturais estão vivos com uma série de energias, incluindo plantas, animais, água, geologia, micróbios e muito mais. Você pode extrair energia desses lugares naturais para elevar sua energia e pode até mesmo puxar energia da terra, do céu, do sol, da lua e das estrelas.

Para isso, entre em contato com o espírito do lugar, também conhecido como *genius loci*. Cada lugar tem uma energia e uma inteligência muito próprias. Alinhe-se com ele por alguns minutos com respirações profundas.

Assim que sentir certo equilíbrio, chame a energia para o seu corpo. Puxe-a de forma tangível para dentro de você ou convide-a a fluir através de você. Sinta o espírito e a mente do lugar. Deixe-o limpar seus bloqueios. Desenhe-o através da terra com respirações completas, com cada respiração aumentando o sentimento. Mantenha a energia e deixe-a se concentrar dentro de você. Pense nessa prática como carregar-se com energia natural. Use a prática em rituais para atingir uma frequência elevada, para carregar um objeto ou para curar a si ou aos outros.

Você também pode mesclar essa energia com sua Vontade e enviá-la para o mundo. Quando terminar seu trabalho, libere o excesso de energia de volta para o mundo natural, colocando as palmas das mãos na terra e agradecendo.

Use a Energia das Cores

Quando a luz solar refrata, os diferentes comprimentos de onda aparecem ao olho humano como cores. O vermelho é o comprimento de onda ou frequência visível mais baixo, o violeta é o mais alto. A cor pode ser usada em rituais para incorporar diferentes aspectos da vibração de acordo com sua intuição. Após escolher uma cor que combine com o seu tema, visualize a área do ritual sendo preenchida por ela.

Visualize a cor crescendo e girando em espiral à medida que você aumenta a energia. Sinta essa vibração específica passando por você. Quando achar que deve enviá-la para fora, visualize sua Vontade como uma fonte colorida explodindo no Universo.

Use Traje Ritual

Use sempre as mesmas roupas e joias para determinados rituais. Isso faz com que esses itens tenham um significado especial. Dê um nome exclusivo à sua vestimenta se isso ajudar a atribuir significado a ela. Por exemplo, use seu "manto sagrado" ou vista-se com "o colar da sabedoria".

Sempre que se adornar com esses itens rituais, sua mente se moverá na direção sagrada sem nem mesmo tentar. Alternativamente, não usar nada pode ser ainda mais especial, pois não carrega nenhum significado além do seu verdadeiro eu, como você é.

Use seus Sentidos

Quando desfrutamos de sensações e prazeres, podemos trazer à tona uma energia interna mais doce. Isso pode levar a um estado alterado e, possivelmente, a um estado de transe elevado. Crie um espaço bonito para seus rituais. Deixe-o visualmente estimulante. Você pode pintar as paredes com sua cor favorita, ouvir música inspiradora, usar tecidos que o façam se sentir bem, tocar em algo luxuoso como o pelo de um gato, comer comida de dar água na boca e usar os melhores incensos ou óleos essenciais. Alguns óleos essenciais, como o de rosas ou madeira de ágar, têm vibrações mais altas e podem facilmente elevar você ainda mais.

Fale Sobre suas Esperanças e Sonhos

O que lhe traz inspiração? O que você quer? Se nada prendesse você agora, o que faria da sua vida? Pensar e falar sobre suas esperanças e sonhos pode trazer mais abertura e vida para você. Nem precisa ser nada específico para o ritual. Só precisa ser algo que vai inspirar você. Apenas se abrir para a possibilidade de seu desejo se tornar realidade aumentará sua energia.

Concentre sua Energia Pessoal

Todos temos nossa própria energia pessoal. Tudo sobre nós – nossa aparência, nossas preferências e nossas frequências de energia – é distinto. Sintonize-se com quem você é ou com as coisas que fazem de você uma pessoa única. Concentre-se em suas características, seu espírito, suas habilidades e expressões, seu cheiro, sua frequência ou qualquer outra coisa que seja única para você. Expanda sua energia com respirações profundas, sentindo tudo o que é inegavelmente você. Aceite tudo sobre você e amplie-o. Seja você mesma, sem esforço, e apaixone-se por quem verdadeiramente é. Descubra o seu poder pessoal de dentro e deixe-o brilhar por todo o seu corpo.

Sinta sua aura saturada com a vibração, força e poder de quem realmente é, seja você gloriosamente. Amplifique-se, expanda-se. Eleve-se ao nível máximo! Permita-se ter ainda mais liberdade para ser exatamente quem você é. Mantenha-se firme em sua essência e poder, e use sua energia pessoal para criar a partir de um lugar de força.

Canalize seu Eu Superior

Seu Eu Superior é a versão mais elevada de você, sem nenhuma necessidade física, drama emocional ou limitações mentais. Basicamente, é você como pura energia espiritual. Provavelmente, você já canalizou seu Eu Superior antes, especialmente se já entrou em um estado de atemporalidade. Para canalizar seu Eu Superior em um ritual, medite em seus chakras superiores. Mude internamente para a vibração do seu Eu Superior, deixando de lado todo o resto. Deixe seu Eu Superior ver através de seus olhos e sentir com suas mãos. Isso é semelhante à prática Wiccaniana de "Puxar a Lua para baixo", só que, em vez de convidar uma Divindade para o seu corpo, você está acolhendo o seu eu mais espiritual.

Abençoe seus Alimentos e Bebidas

No capítulo 2, observamos que estudos apoiam a teoria de que abençoar alimentos e bebidas pode realmente torná-los melhores para nós. Coloque as mãos sobre a comida ou bebida e declare uma intenção similar a esta: "Este sanduíche vai me nutrir em um nível celular e me fornecer energia positiva". Você também pode abençoar alimentos para outras pessoas. Ao preparar uma refeição, ofereça a bênção como um presente que elas podem aceitar ou recusar. Por exemplo: 'Que este alimento nutra as pessoas que o consomem, se assim o desejarem.

Limpeza

Limpar o corpo fisicamente, emocionalmente, mentalmente e espiritualmente pode ajudar a acessar reinos superiores. As atividades podem incluir banhos de imersão, jejum, tendas de suor, saunas, estados meditativos profundos, ioga, movimentos como dança ou exercícios e muito mais. Encontre um método de limpeza que funcione para você e limpe-se regularmente.

Carga Áurica

Em estado meditativo, lance uma carga elétrica em sua aura na cor que desejar. Imagine-a se estendendo alguns metros em todas as direções. Veja-a transformando tudo que não está de acordo com o seu bem maior. Use-a para elevar você e fazer com que sinta completude e amor-próprio. Esta é uma maneira maravilhosa de se sentir fortalecida e aumentar a energia para o ritual.

Combine Atividades de Geração de Energia

Para aumentar ainda mais a energia, combine uma ou mais dessas práticas. Por exemplo, dance ao som de música enquanto toca um tambor. Absorva a energia da cor verde do mundo natural. Entoe sua voz enquanto fala sobre seus sonhos. O objetivo é elevar sua energia de maneira que sinta o sabor da inspiração. Descubra o que funciona para você e continue praticando.

Vibrações mais altas podem causar sensações físicas – sua pele pode formigar, seu pescoço pode ficar arrepiado, seu couro cabeludo pode vibrar ou seu coração pode arder de amor. Esses são sinais de que energias mais elevadas foram despertadas e a energia espiritual é tão forte que afeta nossos corpos físicos. Em outras palavras, significa que nossa magia está funcionando. Estamos no caminho certo.

Exercício: Elevando Energia

Complete uma avaliação de energia usando a Grade de Energia do capítulo 2 (pág. 59). Eleve a energia usando um dos métodos deste capítulo. Vá em frente. Mesmo que pareça um pouco bobo, experimente. Complete novamente uma avaliação de energia com a grade e observe as diferenças. O método de elevação de energia foi bem-sucedido?

Usando a Intuição para Criar Correspondências Pessoais

Uma correspondência é tudo que pode ser utilizado para fortalecer um ritual. Isso pode ser quase qualquer coisa, incluindo plantas, cores, planetas, signos do zodíaco, óleos essenciais, cristais ou minerais, horas do dia, dias da semana e objetos naturais, como conchas, por exemplo. Muitos livros de Bruxaria têm tabelas de informações sobre correspondências, mas descobri que criar as suas próprias de acordo com sua intuição e energia é muito mais gratificante. Além disso, pode ser opressor aprender todas as correspondências, e algumas delas podem não soar verdadeiras para você. Por exemplo, há muita subjetividade em relação à cor. Algumas pessoas usam uma vela branca para proteção, mas para outras, uma vela preta parece mais protetora. Algumas correspondências são arbitrárias, como dias da semana e horas do dia, que são conceitos completamente humanos que mudam durante o horário de verão. Tempos mais empíricos podem ser o nascer e o pôr do sol, o nascer e o pôr da lua, a lua nova, a lua cheia e as estações solares, como o Solstício de Inverno ou o Equinócio de Outono. (Mais sobre isso no próximo capítulo.)

Ao criar correspondências pessoais, considere a energia do item. Há uma grande diferença entre a terra dos túmulos de seus ancestrais, a areia da praia e o solo do seu quintal. A terra do túmulo é mais poderosa para trabalhar com seus amados mortos, a areia da praia é melhor para a magia geral com água, e a terra do seu quintal é melhor para a magia pessoal ou doméstica.

Pense na sua associação pessoal com o item, se tiver uma. Por exemplo, se você se lembra de quando fazia biscoitos de gengibre com sua avó, irá recordar daquelas doces lembranças quando usar canela, pimenta-da-jamaica e gengibre.

Suas memórias positivas significam que você tem uma boa relação com essas especiarias, e elas provavelmente são aliadas. Por outro lado, se uma pessoa foi forçada a colher flores de camomila como punição, pode não as associar a uma energia calmante, como muitas outras pessoas fazem.

Eu desafio você a pensar em algo maior do que o que está nos livros e na internet. Reflita sobre o que as correspondências representam para você. Leve-as para o seu campo de energia e sinta-as, então decida o que parece verdadeiro para você. Registre suas associações em seu Livro das Sombras para referência rápida.

Uma última observação – embora as correspondências possam ajudar em sua magia, você não precisa de nada externo. A magia realmente está dentro de você. Existem muitas Bruxas minimalistas que compram apenas velas, chá, incenso e livros (se tanto), e essa é uma maneira perfeitamente adequada de praticar também.

Exercício: Correspondências Pessoais de Cores

Anote uma lista de cores em seu Livro das Sombras, deixando um espaço vazio ao lado de cada entrada. Respire fundo algumas vezes e entre em um ambiente relaxado mentalmente. Comece no topo da sua lista.

O que você sente quando pensa na primeira cor? Que imagens isso faz lembrar? De que parte da sua vida você se lembra? Isso remete a uma lembrança de mais alguém? Quais emoções ou pensamentos surgem? Por exemplo, a cor vermelha pode ser associada ao fogo, amor, luxúria, sangue, carros esportivos, calor, força, rosas, casamentos, férias de inverno, maçãs e outono.

Este é um instantâneo complexo da cor vermelha, mas qualquer um desses conceitos pode ser usado em sua magia. Anote suas correspondências de cores pessoais em seu Livro das Sombras e circule as emoções mais fortes. Quanto mais forte for a resposta emocional, mais forte será sua magia.

Exercício: Correspondências Pessoais de Plantas

Encontre uma erva ou planta que cresça localmente – talvez em seu quintal. Sente-se com a planta. Alinhe sua própria energia e depois alinhe-se com a energia da planta. Feche os olhos e imagine que pode ver sua energia. Quais são as propriedades dessa planta? Que mensagem ou sentimento a energia dela transmite? Quais áreas do seu corpo você sente que ela ativa? Isso desperta alguma emoção? Escreva o que você sente em seu Livro das Sombras. Aqui está um exemplo do que senti pela framboesa no meu quintal: o sagrado, força, capacidade de transmutar tristeza e pesar em um sentimento de paz e capacidade de elevar energia. Esta planta seria boa para muitos tipos de magia. Quando terminar, agradeça ao espírito da planta. Repita este exercício com outras plantas, óleos essenciais e pedras para criar suas próprias tabelas de correspondência pessoal.

Magias Intuitivas Simples

Até agora, discutimos como aumentar a energia e liberá-la para o mundo, mas essa não é a única opção. Você também pode usar Magia Intuitiva Simples para efetuar mudanças. Magias Intuitivas simples têm uma fórmula básica: vontade + correspondências pessoais + aumento de energia + ação mágica = magia. Isso pode parecer complicado, mas na verdade é bem simples quando se pega o jeito.

Se você deseja começar, afie sua Vontade. Anote sua intenção e objetivos. Em seguida, reúna correspondências pessoais. Pense no que tem em mãos que corresponda à sua Vontade. Consulte seu Livro das Sombras ou escolha entre os cristais, minerais, plantas e óleos essenciais que tiver por aí. Gosto de vasculhar meu armário de temperos, prateleiras da cozinha, caixas de chá, geladeira, plantas externas, plantas internas, gavetas de lixo, altares e todos os outros lugares em que consigo pensar em busca de ingredientes.

Se quiser realizar magia pessoal, pode usar testemunhas pessoais, como cabelo, aparas de unha, saliva, um pedaço de roupa ou qualquer outra coisa que tenha sua energia.

Se a magia for para uma qualidade externa que não tem muitas correspondências, você pode anotar em um pedaço de papel ou usar algo que represente essa energia. Por exemplo, se você deseja realizar uma Magia Intuitiva Simples para obter força e não possui correspondências pessoais que representem força, pode usar uma figura de um elefante ou escrever "força" em um pedaço de papel.

Aumente a energia de qualquer uma das maneiras descritas anteriormente neste capítulo. Escolha um método que funcione com a sua Vontade. Se você está buscando força, levante pesos. Se quer ser mais graciosa, dance. Comece a aumentar a energia e, quando estiver perto do pico, execute a ação mágica.

A ação mágica pode incluir qualquer tipo de ação em um ritual ou prática. Chamo isso de "ação mágica" para diferenciá-la de uma ação regular e também para sugerir que você está adicionando a magia ao direcionar conscientemente as energias disponíveis. A melhor ação para sua magia deve estar de acordo com o que você deseja. Use sua intuição para escolher uma atividade que transforme a energia de suas correspondências pessoais na energia de sua Vontade. Por exemplo, se você deseja banir sua fraqueza, pode escrever "minha fraqueza" em um pedaço de papel e usar a ação de queimá-lo para transformar a energia, destruindo sua fraqueza. Outras ações mágicas que pode usar com suas correspondências pessoais podem incluir aquecer, queimar, resfriar, congelar, triturar, rasgar, consertar, costurar, lavar, diluir, corroer, combinar, conter, destruir, enterrar, jogar, bater, liberar, libertar, espalhar, desgastar, elevar, abaixar e assim por diante. Ao realizar a ação mágica, concentre-se em transformar a energia.

Vamos juntar tudo em um exemplo. Digamos que você queira se sentir limpa e relaxada antes do ritual. Esta é uma necessidade comum para a maioria das Bruxas. Talvez uma boa escolha seja as correspondências pessoais do sal marinho, que traz uma sensação de purificação, e do óleo de ylang-ylang, trazendo serenidade. O banho é uma ação mágica perfeita para esse desejo, porque você associa a imersão na água ao relaxamento e, assim, convida a Água e adiciona o sal e o óleo essencial no banho, combinando-os. A ação do banho permite que as energias do sal e do óleo essencial se infundam em você. Ao tomar banho, você inala profundamente o óleo essencial e conscientemente muda sua energia para ficar mais limpa e relaxada. Ao sair da banheira e se enxugar, percebe que realmente se sente limpa e relaxada. A mágica funcionou! Magias Intuitivas simples são muito fáceis.

Esta seção contém alguns exemplos de Magias Intuitivas Simples que podem ser utilizados na prática ou no ritual. Não é de forma alguma uma lista exaustiva. Se você não vê o que precisa, tem o poder de criar sua própria Magia Intuitiva Simples.

	Vontade ou Feitiço		Correspondências Pessoais	Elevando a Energia	Ação Mágica
	Intenção	Objetivo			
Declarações	"Eu". Tempo presente. Você tem algum controle sobre isso	Alcançável. Específico, mas não muito. Tanto você quanto o mundo exterior influenciam isso.	Qualquer coisa associada à sua vontade.	Qualquer ação que aumente sua energia para uma frequência mais elevada.	Qualquer ação realizada em um ritual ou prática com o objetivo de mudar a energia atual.
Exemplos	Eu sou calma. Eu sou mágica. Eu sou poderosa. Eu sou criativa	Eu medito três vezes por dia. Eu observo os Sabbats e os Esbats. Eu trabalho no meu projeto criativo três vezes por semana.	Plantas, cores, planetas, signos do zodíaco, óleos essenciais, cristais ou minerais, horas do dia, dias da semana, objetos naturais, Deidades, espíritos, etc.	Movimento, canto, dança, fazer e tocar música, trabalhar a respiração, desenhar a energia da natureza, usar objetos encantados ou energizados, usar seus sentidos, canalizar o seu Eu Superior, carga áurica, sexualidade, estímulos, etc.	Queimar/arder, chamuscar, derreter, congelar, frio, calor, rubor, moer, rasgar, reparar, costurar, unir, energizar, encantar, revigorar, jogar, bater, soltar, dispersar, desgastar, elevar, diminuir, crescer, diluir, corroer, cobrir, combinar, conter, enterrar, destruir, etc.
Exemplo de Magia de Amor	Eu sou magneticamente atraída pelo meu amor.	Meu parceiro amoroso é romântico e me trata com respeito, ele está aberto ao *handfasting* (casamento).	Rosa, lírio, neroli, hera, quartzo-rosa, granada, framboesas, velas pretas, favas de baunilha, lua crescente, terça-feira, 2h00, Vênus.	Dançar, cantar, meditar, ungir com óleos.	Combinar os ingredientes, massageá-los na vela e no corpo enquanto entoa um cântico no dia e horário específicos, e depois enterrá-los na terra.
Exemplo de Feitiço	Eu amaldiçoo[16] XYZ.	Que XYZ sonhe em cair todas as noites até que ele devolva os meus $25.	Um boneco que se parece com XYZ, corvos, espíritos trapaceiros, o elemento Ar.	Pisar forte, movimentos intuitivos, trabalhar a respiração.	Deixar cair o boneco de uma altura, assustar o boneco.

16 Consulte o capítulo 9 para entender sobre a ética de lançar maldições e trabalhar com as energias de outras pessoas.

Potes de Feitiços

A cura básica para muitos males é um pote de feitiço bem elaborado. Frascos de feitiço usam o ato mágico de combinar várias coisas para fazê-las funcionar em conjunto. É uma ótima magia para fazer com um ritual de força de vontade.

A primeira coisa que vai precisar é de um bom frasco. Você pode reciclar um frasco que já tenha contido comida ou vinho, ou pode comprar uma garrafa sofisticada para essa finalidade. Os brechós geralmente têm uma variedade deles para escolher a um preço bem reduzido, e você os reutilizará em vez de comprar um novo. Vidro é minha escolha preferida para potes de feitiços, porque não interage com os ingredientes. No entanto, qualquer coisa com tampa ou rolha à prova d'água funcionará. Um recipiente de metal pode ser usado se você sentir que o metal ressoa com a magia, mas pode corroer, o que pode corromper o feitiço. Plástico também pode ser usado - ele tem propriedades flexíveis, o que pode ser bom para seus feitiços, mas também pode liberar produtos químicos e interagir com sua magia. Considere escolher frascos ou garrafas de cores claras para ver os ingredientes dentro. Você também pode pensar em usar um recipiente específico para sua Vontade. Por exemplo, se quiser animar sua vida, use uma garrafa de molho picante. Se quiser adoçar seu relacionamento consigo mesma, use um frasco de melaço vazio. Use correspondências de cores ao escolher frascos também, se houver opções disponíveis.

Para criar seu pote de feitiços, direcione sua Vontade pensando na energia que deseja. Se preferir, poderá trabalhar com a fase da lua que intuitivamente sentir que corresponde à sua intenção. As energias das fases da lua serão abordadas no capítulo 5, mas por enquanto não há problema em usar sua intuição sobre qual fase corresponde a ela. Obtenha algumas correspondências pessoais que combinem com a energia de sua Vontade, de sua casa, quintal, altares, cozinha e assim por diante. Pegue uma tigela ou um Caldeirão e reúna seus ingredientes no local onde fará essa magia. Você usará a tigela ou Caldeirão para misturar as correspondências antes de adicioná-las ao frasco.

Recomendo ter um Círculo para segurar a energia mágica. Também é uma boa pedida fazer um ritual para direcionar a energia. Faça um Círculo e, em seguida, indique o propósito do frasco. Para cada ingrediente que adicionar à tigela ou Caldeirão, diga sua finalidade. Por exemplo, "Eu adiciono glitter azul para melhorar minha comunicação e fazer minhas palavras brilharem". Aprecie as qualidades de cada ingrediente enquanto os adiciona à tigela/caldeirão. Cheire o óleo, aprecie o brilho do pingente de prata, sinta a textura das ervas, da terra ou da areia e assim por diante.

Misture tudo (ainda dentro do Caldeirão ou tigela) para alquimizar as energias. Você pode usar uma colher ou um Bastão, mas prefiro usar as mãos para sentir tudo se juntar. Use sua intuição para saber se precisa de mais alguma coisa. Nesse caso, vá adicionando até que a energia pareça adequada. Se surgirem quaisquer emoções, deixe-as surgir e passar. Os sentimentos costumam fazer parte do processo mágico.

Quando todos os ingredientes estiverem misturados, recite seu feitiço ou sua Vontade enquanto coloca os itens no frasco ou na garrafa. Você está usando as ações mágicas de combinar e conter. Pode usar uma colher, um funil ou simplesmente as mãos. Eleve a energia entoando, cantando, recitando sua Vontade ou qualquer outro método. Se deseja que sua magia flua ou que ela tenha um toque aquoso, adicione água ao frasco até quase atingir o topo – deixe um pouco de ar para que possa agitar o conteúdo do frasco. Quando sua energia elevada atingir o pico, imagine-a entrando toda no frasco. Se puder direcionar a energia com as mãos, faça isso. Feche o recipiente e agite-o. Sinta a emoção que deseja enquanto agita o frasco e visualiza o resultado do seu desejo. Libere qualquer excesso de energia com um suspiro e um alongamento. Agradeça e abra o Círculo.

Sempre que precisar de mais dessa energia em sua vida, agite o pote de feitiços para despertar a magia novamente. Coloque o frasco em algum lugar útil. Por exemplo, um pote de feitiços fortalecedor pode ser colocado em um de seus altares. Um pote de feitiço de proteção doméstica pode ser enterrado do lado de fora de sua casa para deter pessoas e espíritos irritantes. Você pode manter os frascos de feitiços por décadas ou enquanto quiser que a magia continue funcionando. Se a magia desaparecer ou seguir seu curso, esvazie o conteúdo com cuidado, especialmente se houver materiais venenosos e riscos biológicos, como sangue ou objetos enferrujados dentro. Descarte esses materiais com segurança, tomando cuidado para nunca os deixar em qualquer lugar que possa causar danos.

Em caso de dúvida, jogue-os no lixo com um aviso. Depois de lavar o frasco, pode reutilizá-lo para outro feitiço, ou se parecer que ele está "manchado" com aquela energia, simplesmente o recicle.

Banho Mágico

A cura com água tem sido uma prática comum há milênios. Se você tiver uma banheira, poderá facilmente ter uma experiência aquática mágica na privacidade de sua própria casa. Ações mágicas associadas à imersão em água quente incluem criar calor e infundir-se com correspondências pessoais ao embebê-las. Existem dois banhos mágicos básicos: os que permitem absorver energia e os que permitem liberar energia. Qualquer um desses banhos mágicos pode limpar a pessoa antes do ritual ou selar a energia após um ritual. É tudo uma questão de intenção.

Banhos de absorção permitem atrair energia. Eles cobram uma intenção, pensamento ou emoção. Para fazer um banho de absorção, crie uma declaração de Vontade. Deixe correr a água e coloque na banheira pedras selecionadas, ervas, um pouco de sal e óleos essenciais que atendam às suas necessidades. Use apenas ervas e óleos que sejam seguros para uso externo e não causem uma reação alérgica. À medida que as águas sobem, imagine que elas são revigoradas com a energia que você deseja. Imagine o banho sendo de uma determinada tonalidade, se isso lhe convier, e veja a água se tornar dessa cor. Coloque suas mãos sobre as águas e recite seu feitiço ou Vontade em voz alta. Carregue a água com sua Vontade. Ao entrar no banho, mexa a água no sentido horário e sinta a energia aumentar. Desenhe a energia dentro de você, sentindo-a realmente. Mergulhe na sensação luxuosa e medite nas vibrações mais altas. Antes de sair do banho, abrace-se e puxe todas as energias para dentro de você até que não reste nenhuma na água do banho. Sinta a energia saturar todo o seu corpo. Ao se enxugar, leve a energia com você.

Os banhos de liberação são uma excelente maneira de liberar e banir a energia antiga ou negativa. Se sua intenção é se livrar de maus hábitos, energia estagnada ou da sensação de prisão, um banho relaxante pode ajudar a chegar a um lugar melhor. Prepare o banho com as pedras, ervas, óleos essenciais e outros ingredientes desintoxicantes de sua escolha, como sal Epsom, sal marinho, bicarbonato de sódio, vinagre de maçã, argila em pó, hamamélis ou carvão ativado. Peça às águas para que ajudem a liberar sua energia estagnada e para trazer sensação de limpeza. Recite sua Vontade, depois entre na banheira e mexa a água do banho no sentido anti-horário. Imagine seu corpo liberando a energia negativa. Veja essa energia ruim escorrendo de você como chá de um saquinho. Se essa imagem não funcionar, imagine o banho neutralizando sua energia negativa. Faça alguns ruídos e movimentos intuitivos para realmente liberar as velhas energias. Massageie suavemente todas as partes do corpo antes de sair do banho. Olhe para a água e o que deixou para trás. Puxe o plugue e observe a água sair pelo ralo, levando energeticamente tudo, até que desapareça completamente. Essa prática também pode funcionar com um chuveiro em vez de uma banheira.

Sempre crie o clima do seu banho com velas, sais, ervas, música, óleos e incenso. Escolha a cor da sua vela e suas correspondências com base no seu humor e desejo. Use sua intuição para escolher ervas soltas ou preparar um chá forte de ervas em uma xícara e, depois de embebido, despeje-o em seu banho. Depois dos banhos mágicos, beba um copo grande de água para favorecer a integração da energia.

Vela Mágica

As velas são mágicas; isso é inegável. As ações mágicas associadas às velas incluem iluminar questões e queimar, transformar ou destruir. A forma mais básica de magia com velas é acender uma vela enquanto pensa em sua Vontade ou a recita. Enquanto a chama dança, você pode observar a energia que direciona para a sua Vontade.

Uma vela pode também ser dedicada a uma magia específica. Use uma vela grande se quiser trabalhar em algo por um longo período de tempo, como atrair dinheiro e melhorar suas finanças, por exemplo. Uma vela grande também funciona melhor se precisar realizar magia contínua, ideal para trabalhar com seus ancestrais. Se for dedicar uma vela para auxiliar em um determinado tipo de magia, escolha uma cor que seja adequada para o trabalho, de acordo com suas correspondências pessoais. Misture alguns óleos essenciais em um pequeno prato até que tenham o mesmo cheiro que deseja para a vela. Lance um Círculo, chame seus poderes superiores, Deuses ou espíritos e peça-lhes que abençoem a vela com suas percepções, sabedoria, poder ou qualquer energia apropriada. Com um alfinete ou uma faca, grave sigilos, símbolos ou palavras na vela. Se ela estiver envolta em vidro, use um marcador e desenhe nele. Marcadores metálicos funcionam particularmente bem. Unte a vela com a mistura de óleos essenciais, tomando cuidado para não manchar nada escrito com o marcador. Recite um feitiço ou sua Vontade, aumentando o poder por trás de suas palavras. Se desejar, eleve a energia de alguma outra maneira. Quando a energia atingir um pico, segure a vela bem acima de você e atraia a energia para a ela. Por fim, acenda a vela e aproveite seu brilho, sentindo sua energia se alinhar com ela. Quando terminar, agradeça aos poderes constituídos e abra o Círculo. Deixe a vela queimar por pelo menos uma hora. Sempre que quiser sentir essa energia novamente, acenda a vela. Você também pode lubrificar novamente a escultura e recitar o feitiço original ou declaração de Vontade.

Carregar Objetos

Carregar um objeto é como conectá-lo a uma fonte de energia natural para recarregar sua bateria. Expor um objeto à luz do sol ou à luz da lua dá a ele a energia da luz à qual foi exposto, assim como um painel solar ou lunar. Se a luz do sol ou da lua for de um momento particularmente especial, como o sol do Solstício de Verão, a lua cheia de Libra ou um eclipse, o objeto absorverá essa energia especial e, consequentemente, influenciará a prática ou ritual mágico quando você eventualmente o usar.

É fácil usar a luz do sol para carregar objetos. Basta deixar os itens no peitoril da janela ou do lado de fora por um certo período de tempo, seguindo sua intuição. Faça alguma pesquisa para garantir que tudo o que você está deixando do lado de fora possa lidar com a luz solar direta. Alguns cristais e minerais, como ametista, pedra da lua e apatita, podem descolorir com a exposição à luz ultravioleta que ocorre naturalmente na luz solar.

Carregar à luz da lua é um pouco mais complicado devido ao tempo. Você deve estar ciente dos horários em que a lua nasce e se põe e tentar expor o objeto à luz durante esses períodos.

A lua cheia é geralmente escolhida, pois nasce em torno do pôr do sol e permanece até o nascer do sol. Consulte o capítulo 5 para obter informações sobre os horários de nascer e pôr da lua, de acordo com a fase lunar.

Para fazer Água da Lua (água carregada à luz da lua cheia), encha um recipiente próprio para água, como um copo ou uma tigela de cerâmica. Prefira o vidro, porque tem menos impurezas em comparação com o metal ou o plástico, o que poderia alterar inadvertidamente a energia do objeto carregado. Além disso, observe que, embora um vaso de cristal possa parecer uma maneira impressionante de carregar a água da lua, ele pode conter chumbo e outros contaminantes. Use apenas recipientes considerados seguros para água potável.

Após o jantar, coloque o recipiente do lado de fora. Cubra a parte superior para evitar a entrada de pólen, água da chuva, insetos ou outros contaminantes. Você também pode colocar seu recipiente no parapeito de uma janela se a luz da lua o alcançar. Isso é preferível se as temperaturas estiverem congelantes, pois ninguém gosta de limpar o vidro quebrado da água congelada da lua. Se possível, deixe a água fora a noite toda para que ela possa capturar a luz da lua cheia. Não se preocupe se o céu estiver nublado, pois um pouco de luz ainda atingirá o objeto.

Pela manhã, beba a água. Você pode consumir essa água para se recarregar, usá-la em um frasco ou garrafa, utilizá-la para regar suas plantas ou reabastecer sua fonte, se tiver uma.

Cristais e outros objetos podem ser carregados com luz solar ou lunar da mesma forma, mas não necessariamente precisam de um recipiente. Após carregá-los, coloque-os em seu altar, em seu bolso, ou utilize-os como parte de um objcto mágico, como um frasco ou uma bolsa.

Outras maneiras de carregar objetos com a energia natural dos elementos incluem tocá-los na terra, expô-los brevemente ao fogo, deixar o vento soprar sobre eles ou mergulhá-los em um corpo natural de água, como uma nascente, um riacho, um rio ou o oceano. Água salgada também pode ser utilizada para carregar um objeto. Essas cargas elementais terão uma aparência diferente da luz solar ou lunar, mas podem ser mais adequadas para seus propósitos.

Um objeto carregado pode manter sua carga por alguns dias a alguns meses, dependendo de quantas vezes utilizar sua energia. Quando um objeto está carregado, ele parece estar cheio de energia, como se tivesse a capacidade de lhe conferir poder. Você sentirá um desejo maior de prestar atenção ao objeto devido ao aumento de sua energia. Ele parecerá mais interessante e bonito. Quando a energia acabar, o objeto parecerá opaco e sua energia parecerá baixa. Você não sentirá vontade de tocá-lo ou estar perto dele. Verifique o objeto carregado para descobrir quanta energia ainda resta nele. Na dúvida, recarregue-o.

Encantar Objetos e Fazer Amuletos

Encantar ou enfeitiçar um objeto é semelhante a carregá-lo ou energizá-lo, porém, em vez de usar a energia do mundo natural, você utiliza a força de vontade como ação mágica para aumentar a energia do item e infundir significado. As palavras "encantar" e "encantamento" vêm do latim *incantare* ("cantar") e *carmen* ("canção"). Você não precisa cantar para criar um objeto encantado, mas a implicação é clara – ao dar a um objeto nossa energia e Vontade, o animamos com um significado mais profundo. As alianças de casamento são um ótimo exemplo de objetos encantados. Há uma grande cerimônia com um sacerdote sagrado, as pessoas que vão se casar e familiares e amigos que darão energia e Vontade enquanto as alianças são colocadas nas mãos dos noivos, denotando um acordo voluntário. O significado mais profundo das alianças de casamento é claro: amor e união.

Quase tudo pode ser encantado ou enfeitiçado. As representações externas de sua Vontade às vezes são os melhores itens para serem encantados. Por exemplo, você poderia encantar uma estátua da Deusa do Amor com os poderes graciosos associados a ela, enfeitiçar um gnomo de jardim para proteger suas plantas ou encantar sua tatuagem de lua para lhe dar maior intuição. Algumas das melhores coisas para encantar são aquelas que você usa todos os dias, como joias, óculos, telefone e carteira. Você pode trabalhar com intenções e objetivos como amor, riqueza, acuidade mental, senso de comunidade, fortalecimento espiritual ou qualquer outra coisa que desejar.

Antes de encantar um objeto, limpe-o e carregue-o para aumentar ainda mais seu poder. Quando estiver pronta para começar, lance um Círculo e declare sua Vontade: por exemplo, "Eu criei este objeto para ser um ímã de sorte. Isso atrai sorte para mim todos os dias". Segure o item nas mãos ou próximo ao corpo. Sinta a natureza do objeto e seu alinhamento interno; entre em contato com ele por um momento, então concentre-se em sua Vontade para o objeto.

Sinta o artefato começar a refletir sua Vontade, com cada curva ou ângulo rígido, com tudo que é feito dele e com todas as cores que tem. Intensifique sua respiração e assopre sobre o objeto, recitando sua Vontade ou feitiço. Cante, dance ou aumente a energia de alguma outra forma, ungindo o objeto com óleo essencial, por exemplo. Quando a energia atingir o pico, concentre toda a sua Vontade no objeto e repita sua intenção ou feitiço uma última vez. O item será carregado com a energia pretendida. Pode ser necessário atualizá-lo de vez em quando, especialmente se for usá-lo regularmente ou diariamente, como um pingente. Recarregar um objeto encantado é fácil e pode acontecer sem um ritual formal. Basta segurá-lo próximo e lembrar-se do ritual que o encantou. Sinta suas energias se fundirem novamente.

Outros itens que podem ser encantados incluem alimentos e bebidas. Alguns praticantes os abençoam perto do final de um ritual para que possam consumir os frutos de sua magia. Isso é particularmente eficaz para rituais e cerimônias em grupo.

Sigilos

Sigilos são como símbolos levados para o próximo nível. Eles são parte arte, parte símbolo, parte objeto encantado e parte mistério. A beleza deles é que ninguém sabe exatamente o que significam, a menos que você diga. Eles podem ter todos os tipos de significados complicados, como proeza mental, beleza, força ou soberania. A ação mágica neste caso consiste em imbuir o sigilo com energia e vontade pessoal, e também a arte durante a criação do sigilo.

Existem algumas maneiras diferentes de criar um sigilo. Você poderia desenhar algo livremente, conscientemente ou em estado de transe. Algumas pessoas escrevem uma frase e usam a primeira letra de cada palavra para criar algo. Outras pessoas usam símbolos reconhecíveis, como setas, pontos, círculos, estrelas e outras formas. Minha maneira favorita de criar um sigilo é usar todos os métodos intuitivamente, combinando letras, números e símbolos para criar algo pessoal e sincrético.

Por exemplo, um sigilo para concentração pode começar com um símbolo de Marte para ação, mas a seta pode ser vertical e mais longa para representar um foco mais alto. As linhas verticais acompanhantes na lateral reforçam a sensação de foco. Por último, para torná-lo mais pessoal, uma letra simplificada do seu primeiro nome pode ir para algum lugar. Remova quaisquer linhas estranhas para tornar o sigilo mais icônico e misterioso para quem está de fora.

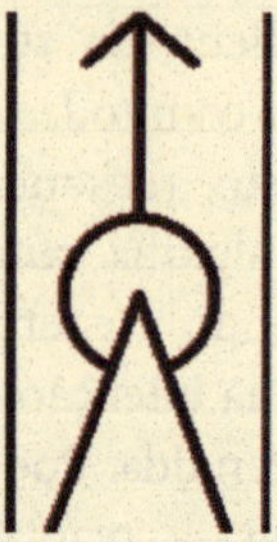

Figura 3: Sigilo para Concentração

Algo muda quando criamos um sigilo com significado. Ele se torna mais do que apenas linhas, círculos e símbolos – ele ganha vida. Um sigilo é concluído quando parece certo. Redesenhe o sigilo ou trace-o com o dedo para recarregá-lo. Você também pode desenhá-lo em sua pele com loção ou óleo para se impregnar com o significado.

***

Percepções Intuitivas

Usando a Intuição para Criar uma Mistura de Aromaterapia

Stefanie Palmer

Para usar sua intuição na criação de uma mistura de óleos essenciais, coloque os frascos diante de você e declare sua intenção. Entre em um estado meditativo e peça orientação de uma forma que seja confortável para você. Sinta a energia dos óleos, observando por quais você é atraída de acordo com sua intenção. Cada óleo essencial tem sua própria natureza inerente e vibração em meio a uma miríade de qualidades curativas. É importante honrar e respeitar esses preciosos dons da terra que nos capacitam a nos curar. Sintonize-se com cada óleo que você está considerando e faça suas seleções. Observe se está buscando uma frequência mais alta ou uma frequência de aterramento.

Depois de ter uma variedade de óleos, cheire-os e segure os frascos em suas mãos para determinar se eles são adequados para sua mistura. Esta é uma boa maneira de restringir suas escolhas se achar que tem muitos. Ouça atentamente com o coração e mente abertos.

Após tomar sua decisão final, coloque um frasco vazio à sua frente. Mais uma vez, sintonize sua intenção e as frequências dos óleos. Gota a gota, adicione cada óleo no frasco, fazendo anotações ao longo do caminho com o nome e a quantidade. Sinta o aroma. Sinta a energia e a vibração de sua criação finalizada. Você saberá se precisar ajustar alguma coisa. Confie na sua intuição.

Se possível, deixe a mistura descansar por várias semanas. Os aromas descansados terão um cheiro muito diferente do que quando foram misturados pela primeira vez. Após fazer sua mistura, dilua adequadamente seus óleos essenciais para que sejam seguros para uso diário ou ritual. Você também pode adicionar sinergia incorporando pedras preciosas, cristais, essências florais, cromoterapia, astrologia ou energia reiki. Essa alquimia resulta em uma mistura de aromaterapia verdadeiramente holística e intuitiva.

Ritual: Criando Proteção Para o Lar

Toda Bruxa deve ter uma proteção para o lar, ou um objeto mágico para proteger sua casa de qualquer coisa que não sirva ao seu bem maior. Para fazer sua própria proteção doméstica, você pode encantar um objeto, criar potes de feitiço ou usar sigilos. Se estiver criando um pote de feitiço, considere usar correspondências pessoais, como plantas que cultivou em seu quintal, solo do lado de fora de sua casa, ervas e temperos de seu armário e qualquer outra coisa que pareça protetora. Use a ação mágica de colocar sua energia e Vontade no objeto. Se estiver usando um sigilo, trace-o sobre suas portas, janelas e pisos. Se deseja encantar um objeto, encontre algo que pareça comum e que possa deixar fora de casa, como uma estatueta de coelho, por exemplo. Consagre sua proteção domiciliar em um ritual e depois coloque-a onde sua intuição lhe guiar.

Mantos Mágicos

Se você deseja passar pelo supermercado sem ser notada ou brilhar como a luz do sol na água, pode usar um manto mágico. Esse artefato pode servir a diversos propósitos, como proporcionar privacidade, proteção ou destaque, dependendo do que é necessário no momento. Ele atua como uma ferramenta para amplificar e canalizar suas intenções, dando-lhe uma representação tangível da energia que deseja incorporar.

Se quiser passar despercebida ou se destacar, um manto mágico pode ajudar a alinhar sua energia com o resultado desejado. Lançar um manto mágico é quase como criar um Círculo em miniatura ao seu redor. Feche os olhos e imagine-se erguendo sua mão mais poderosa bem acima da cabeça – para a maioria das pessoas, essa é a mão dominante. Visualize-se desenhando lentamente um grande Círculo sobre seu corpo e cabeça, puxando um pedaço de tecido sobre você enquanto faz isso. Use movimentos no sentido horário para colocá-lo e movimentos no sentido anti-horário para removê-lo.

Considere a espessura do tecido e a transparência para seus propósitos. Um manto mais grosso e escuro geralmente repele a energia, enquanto um mais claro e transparente atrai as pessoas.

Quanto mais praticar o lançamento de mantos e coroas, mais tempo poderá mantê-los e mais poderosos eles serão. Esteja ciente de que eles consomem certa quantidade de energia para serem criados e mantidos. Antes de lançá-los, assegure-se de que seus estados energéticos físicos, emocionais e mentais estejam estáveis para que você não fique sem energia.

Reconheça quando não puder mais mantê-los e os remova conscientemente. Assim como uma bateria recarregável, é melhor remover a capa se ainda tiver um pouco de carga, em vez de deixá-la se esgotar completamente. Reserve um pouco de sua energia para você e para qualquer outra coisa que precise realizar. Aqui estão vários tipos de mantos mágicos e suas finalidades.

Manto de Proteção

Como empata, um manto protetor foi o primeiro que lancei e continua sendo um dos meus favoritos. Nos dias em que preciso me separar do mundo, coloco sobre mim um manto escuro e aconchegante de proteção que me faz sentir como se estivesse usando um cobertor. Minhas cores favoritas para mantos de proteção são preto, azul-escuro, cinza e marrom. Essas cores escuras são ótimas para se esconder e criar uma barreira entre você e o mundo exterior.

Manto de Fundo que se Mistura ou Reflete a Energia

Lance um manto marrom sujo ou cinza opaco, para se misturar ao fundo, ou combine com a cor que estiver mais ao seu redor. Você pode também optar por lançar uma capa de espelho. Sua superfície brilhante reflete a energia para longe e faz as pessoas desviarem o olhar.

Manto de Filtro de Energia

Um manto transparente ou semipermeável pode permitir que você passe despercebida, mas ainda permite que sua energia seja detectada pelas pessoas certas. Você ficará visível e deixará entrar alguma energia, mas não toda. Uma capa de filtragem de energia é especialmente útil se estiver procurando por alguém em uma área movimentada ou se quiser fazer um novo amigo, mas não qualquer um. Cores transparentes ou pastel são boas para isso, incluindo azul-claro, roxo-pastel e verde-primavera.

Manto de Glamour

Quando quero parecer vibrante e ser notada, uso uma capa glamourosa. Isso é útil quando estiver tentando conhecer alguém, se está realizando um show ou se deseja apenas brilhar ou se destacar. Talvez seja seu aniversário ou você vá se casar. Talvez queira simplesmente querer um pouco de brilho extra.

Esse tipo de disfarce é útil se estiver fazendo algo público, como aparecer como uma figura pública, fazer uma apresentação ou liderar um ritual.

Uma das minhas capas de glamour favoritas é translúcida com energia prateada cintilante, que se parece com glitter ou luz. Você também pode optar por mantos transparentes em cores ousadas, como branco, titânio, ouro, prata, bronze ou cobre. Um manto de arco-íris transparente seria particularmente incrível para uma parada do orgulho gay.

Manto de Poder

Um manto ousado e poderoso pode ser desenhado para invocar autoridade e ajudar a atrair o tipo certo de atenção. Vermelhos, laranjas e cores metálicas chamam a atenção e dão ao usuário uma aura feroz, mas você pode usar qualquer cor que lhe transmita sensação de poder, podendo ser transparentes ou de cor sólida.

Mantos em Camadas

Para sobrepor suas intenções, desenhe dois mantos sobre você. Por exemplo, um manto de fortalecimento pode ser lançado e, em seguida, um manto de proteção sobre ele. Para um escudo máximo, lance um manto de proteção e depois um manto de espelho sobre ele.

Outras Roupas Mágicas

Os mantos ou capas não são as únicas roupas mágicas que você pode usar. Coroas energéticas podem ser usadas de maneira semelhante. Coroas etéreas são especialmente úteis para glamour ou poder. Esses adornos mágicos podem iluminar seu chakra coronário e elevar esse aspecto de si mesma.

Quando sua Magia Não Funciona

Haverá momentos em que sua magia não funcionará. Você pode se sentir perdida na floresta selvagem, com sua intuição girando em círculos, sem saber para onde ir. A copa dos galhos das árvores pode se tornar tão densa que você não consegue dizer se é noite ou dia. Em tempos como estes, muitas vezes você não consegue fazer uma pausa, muito menos comemorar. Pior de tudo, há momentos em que nada do que fizer resolverá a situação, por mais que tente.

Quando sua magia não funcionar e sua intuição se tornar efêmera, volte ao básico. Elimine tudo o que está distraindo você, incluindo pessoas tóxicas, más escolhas alimentares, estagnação, intoxicantes e qualquer outra coisa que precise ser eliminada. Movimente seu corpo e limpe sua energia. Verifique novamente sua intuição. O que seu instinto está realmente dizendo? Não tenha medo de ser realista. Volte às páginas do seu Livro das Sombras e avalie seu trabalho espiritual. Você manifestou isso por acidente, ou é apenas uma questão da vida?

Pouco depois de manifestar a enorme pena vermelha no estacionamento da Feira Renascentista, senti como se minha capacidade de manifestação tivesse morrido.

Meu trabalho na feira havia terminado e eu precisava de um novo emprego, mas não conseguia encontrar. Toda semana eu enviava várias inscrições e fazia o trabalho mágico, mas nunca recebia uma resposta. Depois de algumas semanas sem nada mudar, tentei barganhar com os poderes constituídos. Doei itens para instituições de caridade e segui os sinais. Fiz o que pensei que os Deuses e espíritos queriam de mim. Ainda assim, nada aconteceu. Sem renda, comecei a me sentir desanimada.

O que eu deveria ter percebido naquela época é que as coisas nem sempre acontecem imediatamente. Janelas de oportunidade estão abertas apenas em determinados momentos. Às vezes, várias outras coisas precisam acontecer antes que nossa Vontade possa se manifestar. Não conseguimos ver todos os passos que nos levam aos nossos desejos. Nossos caminhos podem ser tortuosos ou verticais.

O caminho pode até mesmo ser um ponto de parada por vários dias, semanas, meses ou anos. Há simplesmente momentos em que tiramos a carta do Tarô o Enforcado e não temos escolha a não ser nos esconder.

Isso pode parecer contraproducente, mas a quietude é uma parte natural da vida. Na maioria das vezes, quanto mais rápido nos rendermos a ela, mais cedo isso acabará.

Desisti, e então algo muito diferente apareceu na minha vida. Uma oportunidade me foi apresentada. Ofereceram a mim a chance de viajar pelo país me apresentando com fogo. Minha resposta foi um sonoro *sim*! Meu caminho acabou sendo algo que eu nunca poderia ter previsto, mas foi o ajuste perfeito para o que eu realmente queria da vida – uma aventura.

Se você se sentir perdida em seu próprio caminho, sem rumo, isso pode ser uma indicação de um momento de tremenda mudança prestes a ocorrer em sua vida. Se não conseguir ver para onde está indo, aguente firme. Verifique sua energia regularmente. Experimente coisas novas e tenha novas experiências. Vá para onde seu coração levar. Você pode querer entrar em contato com um amigo ou um profissional para uma leitura que lhe dê certa visão. Ou uma cura energética pode ajudar a mover qualquer energia estagnada. Curandeiros, leitores e médiuns podem ajudar você a subir nas árvores da floresta selvagem e obter alguma perspectiva. Com uma visão panorâmica, você pode ver onde esteve, onde está e talvez até o caminho a seguir. Outra coisa a se considerar é dividir um grande objetivo em pedaços menores e mais facilmente atingíveis.

Por exemplo, se quiser ter uma média de notas de 3,5, não tenha apenas um único ritual para chegar lá. Faça práticas e rituais para se concentrar mais, para ajudar a priorizar o estudo e os deveres de casa, para chegar às aulas no horário e para manter a calma ao fazer uma prova. A média de 3,5 pontos será apoiada por todas essas práticas em miniatura, e você aprenderá mais habilidades para a vida ao longo do caminho. No geral, continue fazendo o trabalho. Com paciência, gratidão, transcendência e entrega, podemos encontrar nossos caminhos em tempos difíceis.

Comemorando seu Crescimento

Quando dedicamos um tempo para criar o que desejamos, nossas práticas brilham com poder. Também nos tornamos radiantes e vivemos a vida em um nível mais intrínseco. Somos capazes de nos ver com mais clareza e criar mais da vida que queremos.

Sempre que manifestar algo ou fizer algum tipo de magia acontecer, comemore, por menor que seja a vitória. Honre sua conquista e este estágio maravilhoso. Agradeça a seus ancestrais, Divindades ou guias por terem ajudado com seus objetivos. Abra seu Livro das Sombras e leia o que fez que funcionou. Coloque uma estrela ao lado e escreva uma entrada de acompanhamento sobre o seu sucesso. Pense no que deseja fazer a seguir e planeje com antecedência seu próximo ritual.

Se sua magia funcionou, recomendo que comemore nomeando-se ou dando a si mesma um título secreto para marcar essas novas mudanças maravilhosas dentro de você. Fazer isso pode modificar muito sua assinatura energética. Pode capacitar e elevar você a novos patamares. Este nome ou título secreto também pode conferir maiores poderes espirituais. Se for um título, deve ser poderoso, como Sacerdotisa, Sacerdote, Feiticeiro, Mágico, Místico ou Bruxa.

A menos que você seja o líder de um Coven Intuitivo de Bruxaria, não é apropriado atribuir a si mesma um título como "Alta Sacerdotisa" ou qualquer outra coisa assim. Em vez disso, seja você mesma e deixe sua presença e energia falarem por si. Considere este ritual como uma iniciação de desbloqueio. Esta é sua chance de responder ao chamado que ouviu anteriormente da floresta encantada. Atenda ao chamado com seu novo nome, título e senso de identidade. Acho fortalecedor saber que sou uma Sacerdotisa da Bruxaria Intuitiva. Qual é o seu título?

Ritual: Autoiniciação

Crie um ritual para se iniciar com um novo nome, título ou ambos. Encontre correspondências pessoais que sejam energeticamente semelhantes a tudo o que você aspira, seja uma Divindade, uma erva, uma música, uma emoção, um óleo, uma cor ou qualquer outra coisa que soe verdadeira. Crie um nome secreto para você, ou um título. Planeje criar algo usando um ritual intuitivo simples para comemorar esse momento. Use sua intuição para criar algo que ressoe com você. Pode ser um sigilo, um objeto encantado ou uma peça de joalheria, um pote de feitiço ou qualquer outra magia.

Comece o ritual lançando um Círculo da maneira que preferir. Quando chegar a hora de convidar os espíritos, convide seu Eu Superior para o ritual. Eleve a energia de qualquer forma que pareça natural. Cante seu nome ou título secreto, em voz alta ou mentalmente.

Elabore seu objeto especial com concentração. Quando a energia atingir o ápice, leve-a para o seu corpo e aura. Entrelace a energia superior com sua própria energia. Leve a energia superior para o seu campo magnético e aceite-a. Deixe também o seu objeto mágico absorver você.

Quando parecer certo, toque o coração com a ponta dos dedos e fale seu novo nome e título com confiança. Repita as palavras até senti-las ressoar como a verdade em todo o seu corpo. Medite sobre esse sentimento, aproveitando sua nova energia magnética brilhante. Termine o ritual abraçando-se, depois libere seu Eu Superior e abra o Círculo. Pratique o cuidado pós-ritual e anote o que aconteceu em seu Livro das Sombras. Volte a esse sentimento usando o sigilo, objeto encantado ou pote mágico. Recarregue-o sempre que a energia estiver baixa. Este objeto pode ser mantido em seu altar pessoal para ajudar você a se sentir mais forte.

Lista de Leitura Adicional

MILLER, Jason. *Elements of Spellcasting*. Newburyport, MA: New Page Books, 2018.

MURPHY-HISCOCK, Arin. *The Green Witch*. New York: Adams Media, 2017.

ZAKROFF, Laura Tempest. *Sigil Witchery*. Woodbury, MN: Llewellyn Publications, 2018.

Práticas e Rituais Intuitivos

Capítulo 5

P*ráticas e rituais intuitivos são excelentes* maneiras de cultivar uma vida mágica. Esses atos reúnem toda a intuição, informações sobre energia e habilidades de mudança de energia dos capítulos anteriores, para que você possa construir sua espiritualidade pessoal. Práticas e rituais são maneiras consagradas pelo tempo de se concentrar na vida que você realmente deseja.

As práticas podem ser definidas como atos focados individualmente ou em pequenos pedaços de magia. Elas afetam sua energia pessoal, mas não afetam tanto o mundo, exceto pela maneira como sua energia se irradia passivamente através dele. As práticas já fazem parte da sua vida diária. Tudo, desde sua xícara de café matinal até seu hábito noturno de ler um livro, é uma prática mundana. Hábitos como esses carregam significado pessoal ou ajudam você a se sentir uma pessoa equilibrada e centrada. As práticas mágicas podem incluir algo como desenhar uma carta de Tarô todas as manhãs ou tomar um banho mágico uma vez por semana. Esses atos podem ser considerados "magias cotidianas" e não requerem um círculo ou proteção.

Por outro lado, os rituais são geralmente definidos como formas maiores e mais formais de criar mudanças em si mesmo e no mundo externo. São métodos melhores para encontrar os Deuses, trabalhar com espíritos e realizar "grandes magias". Rituais mundanos comuns incluem casamentos, comemorações de aniversário e formaturas de faculdades.

Rituais mágicos incluem celebrar a lua cheia ou o Solstício de Verão, por exemplo.Os aspectos mundanos da nossa vida não precisam nos limitar. Podemos trazer consciência a cada momento, aprimorá-los com energia e levá-los ao próximo nível. Sua xícara de café matinal pode se tornar mágica. Seu ritual de casamento também poderia usar elementos mágicos, bem como os mundanos. Tudo é questão de aproveitar os momentos de oportunidade e usá-los para o seu melhor interesse. Todos os dias temos oportunidades de tornar nossa vida mais mágica. Não é difícil. Leva apenas um pouco de esforço consciente.

Na minha opinião, a prática e o ritual são as melhores maneiras de tornar uma pessoa mais proficiente e elevá-la a um nível superior. Quando um desafio inevitavelmente surge, uma Bruxa bem treinada estará preparada e apta e pode até ser mais calma e centrada. Assim como o exercício ou a ioga, nossos músculos mágicos precisam ser trabalhados regularmente para funcionarem quando queremos. Em outras palavras, quanto mais praticarmos e fizermos rituais, mais facilmente poderemos acessar essas energias. Fazer práticas e rituais regularmente reforça nossas vias neurais, o que nos permite canalizar a energia espiritual com mais facilidade.

Quase todas as Bruxas e quase todos os Pagãos usam sua intuição na prática e no ritual. Não importa em que caminho estejam, eles acessam seu conhecimento interior ao decidir que tipo de trabalho espiritual fazer, em que dia, que práticas e magias devem estar envolvidas e assim por diante. Eles misturam sua intuição com qualquer outro caminho que usam, tornando sua magia linear e dinâmica. Este capítulo tem como objetivo dar a você algumas ideias de práticas e rituais diários para despertar a verdadeira magia em sua vida.

Prática Intuitiva Matinal

Não sou uma pessoa matutina, mas adoro minha prática intuitiva matinal. Nunca a pulo, se puder evitar. Conectar-me à minha vida espiritual nas primeiras horas da manhã me ajuda na transição do mundo dos sonhos para o mundo físico. Minha prática matinal permite que meu eu intuitivo se sinta honrado e bem-vindo. Também estabelece o tom para o dia.

Uma prática matinal é o momento perfeito para convidar uma consciência mágica para o seu dia. Se você não fizer isso nos primeiros momentos, então, quando o fará? Você realmente se comprometerá com isso, ou apenas correrá de um lugar para o outro?

Aqui está o meu ritual matinal básico: todas as manhãs acordo um pouco mais cedo do que preciso e me alongo enquanto o café está sendo preparado. Depois que o café é feito, sento-me no altar-mor com um ou dois gatos. Respirando fundo, centro minha energia, alinho meus chakras e pego algumas cartas de Tarô. Costumo escolher uma carta para a minha energia interna do dia, outra para a energia externa, outra para os projetos que pretendo trabalhar naquele dia e uma última para servir de mensagem dos espíritos ou dos Deuses. Deixe sua intuição guiá-la sobre quais perguntas fazer sobre o seu dia e quantas cartas precisa tirar.

Em seguida, gosto de ler a declaração de Vontade que escrevi em meu ritual de lua nova mais recente. Eu mantenho aquele sentimento energético em uma meditação por um curto período e me concentro em senti-lo fisicamente, emocionalmente, mentalmente e espiritualmente. Ressoar com ele todas as manhãs reacende o desejo, as realizações e os sentimentos do ritual, além de reforçar seu poder e me realinhar à minha Vontade. Depois de ser lembrada de minhas prioridades, posso começar meu dia com propósito.

Sigo minha intuição sobre o que fazer a seguir. Na maioria das manhãs, unto-me com óleos essenciais diluídos em um óleo carreador. Eu uso aqueles com base em como me sinto ou como quero me sentir. Por exemplo, se já estou me sentindo maravilhosa, escolho um óleo para me elevar ainda mais, como o ylang-ylang. Mas se eu tiver com pouca energia, usarei um estimulante de humor, como pinho ou lavanda. Aplico os óleos no meu corpo de acordo com a intuição. Às vezes, eu os coloco em lugares não tradicionais, como meu coração, barriga, tornozelos, nuca, garganta, têmporas e até meu Terceiro Olho. Antes de sair, inalo profundamente os óleos e sinto a mudança de energia. (Se você é novo em óleos essenciais, use-os com moderação até ter a certeza de que não terá uma reação alérgica.)

Outra prática intuitiva pode ser escolher roupas para o dia. Ao olhar para o seu armário ou cômoda, pense nas suas emoções, nas suas tarefas do dia e no clima. Para mim, as cores que uso correspondem às minhas emoções. Se me sinto receptiva, uso cores e padrões brilhantes, como azul-claro, igual ovo de rouxinol, ou coral. Se sinto necessidade de me proteger, escolho tons mais escuros, como preto, magenta e chocolate. Suas associações de cores podem ser diferentes das minhas. Talvez você associe branco ou roxo à proteção. Escolha intuitivamente as cores e tecidos que usará sempre que possível. Afinal, você os usará o dia todo. É melhor amar o que está usando.

Em seguida, eu seleciono minhas joias e pedras preciosas. Minhas joias não precisam combinar com minha roupa – é mais importante que sejam fiéis à minha energia e intuição. Isso pode incluir objetos enfeitiçados; pedras de bolso; objetos visíveis, como um pingente; ou objetos ocultos, como uma pedra ou um cristal que uso no sutiã.

Todos os dias, quando saio de casa e entro no mundo, reservo um momento para olhar para o céu e realmente sentir o clima e a temperatura. Há algo em absorver a energia das árvores, dos pássaros e das outras plantas do lado de fora da minha porta dos fundos. Isso ajuda a me sentir aterrada no mundo mágico do lado de fora da minha casa.

Há milhares de outras práticas matinais para tornar a manhã mais mágica e intuitiva. Desenhe sigilos em si mesma usando substâncias naturais como extrato de baunilha, café, chá ou óleos essenciais. Mexa seu chá ou café com intenção, imaginando uma energia extra entrando nele. Recite um feitiço recente ou medite. Dedique um momento em frente a um altar ou conecte-se com uma Divindade. Coloque um pouco de música e dance – uma das minhas rotinas matinais favoritas, quando tenho tempo. Acender uma vela, caminhar na natureza, ler livros mágicos e escrever são excelentes maneiras de começar o dia. Essas práticas devem ocorrer depois que você se centrar. Elas também devem ser executadas em seu próprio ritmo e com intenção. Se você não é uma pessoa matutina, pode ser útil escrever um feitiço de café da manhã ou uma declaração de Vontade na noite anterior, para garantir que tenha foco adicional ao acordar. Explore o que parece certo e faça o que achar que o ajudará em seu caminho. Se forem bem executadas, essas práticas intuitivas matinais começarão seu dia de forma mágica.

Prática Intuitiva Noturna

A noite é o meu momento favorito. É quando meu biorritmo atinge o pico e eu me sinto mais energizada. Quando o sol se põe, estou mais conectada com os aspectos poderosos de mim mesma e consigo comandar muita energia com facilidade. Devido a isso, a noite é o melhor momento para as minhas práticas e rituais.

Minha prática noturna intuitiva me ajuda a relaxar depois de um longo dia e me permite desfrutar das energias da noite. Dedico cerca de uma hora para desacelerar lentamente, com intenção. Uma das minhas práticas noturnas favoritas é dar um passeio. O crepúsculo e as horas seguintes são momentos especialmente bonitos para sair, já que há menos pessoas e veículos na estrada. À noite, o mundo parece ganhar vida de uma maneira diferente. Morcegos voam e as plantas acenam na brisa fresca. O mundo parece mais relaxado e reflexivo, como se estivesse revelando seus segredos. Isso me encoraja a me sentir mais receptiva também e a explorar as partes mais ocultas de mim mesma.

Outra ótima prática noturna é fazer uma xícara de chá com ervas que estejam de acordo com minhas intenções ou metas. Gosto de colocar minhas mãos sobre o chá em infusão e deixar o vapor aquecê-las. Sinto a energia emanando do chá e me alinho conscientemente com ela. Em seguida, levo minhas mãos ao meu rosto e lavo minhas bochechas, testa e têmporas com o vapor e intenção. Adoro levar o chá para o quarto, cobrir-me e abrir um bom livro. Meu criado-mudo tem pilhas de livros de magia e psicologia. Todas as noites escolho intuitivamente qual desejo ler. O livro muitas vezes contém mensagens ou informações relevantes para o meu dia ou para o dia seguinte. Às vezes, faço anotações no meu diário ou apenas reflito sobre os trechos que foram significativos.

As práticas noturnas intuitivas também podem conter outros aspectos mágicos, como acender uma vela e recitar algumas palavras para plantar sementes para bons sonhos. Ou talvez você prefira meditar ou tentar se projetar astralmente. Um banho com ervas, óleos e sais é adorável e pode ser exatamente o que precisa para entrar no mundo dos sonhos. A noite também pode ser um ótimo momento para Tarô e divinação. Seja qual for a sua escolha, permita que sua prática corresponda à energia desejada.

Práticas Intuitivas Comuns

Tempo Livre

Quando é necessário se reconectar consigo mesma, não há nada como tirar um tempo de absolutamente tudo. Cada dia livre é uma aventura intuitiva. Talvez você precise descansar no sofá com um cachorro o dia todo. Ou talvez leia um livro, ouça música, dance, dê um passeio na natureza e se alongue. Você nunca sabe o que vai acontecer até se dar a liberdade de explorar.

Comece sem expectativas. Aterre-se em seu corpo e respire profundamente. Deixe qualquer tensão em seu corpo começar a se desenrolar. Ouça seu corpo e, em seguida, faça o que vem naturalmente. Movimente-se intuitivamente. Coma intuitivamente. Pense os pensamentos que precisa pensar. Sinta suas emoções. Testemunhe qualquer coisa que surja. Com dias assim, você está livre para se conectar realmente consigo mesma. Conectar-se com sua intuição em dias livres ajuda a cuidar de sua energia e de sua saúde. E pode ajudar a encontrar um significado mais profundo em uma vida moderna agitada também. Quando eventualmente voltar ao trabalho, estará mais revigorada e pronta para enfrentar seus projetos.

Aterrar, Limpar e Realinhar

Todos nós precisamos frequentar lugares com energia baixa e média, como o banco, o supermercado e possivelmente o local de trabalho. Nestes lugares, misturamo-nos com todo tipo de pessoas, às vezes por longos períodos de tempo. Talvez seja melhor adotar uma prática que transforme sua energia de um estado médio e fechado, adequado para essas situações, para um estado mais livre e expansivo no seu ambiente.

Ter uma prática de mudança energética como essa pode realmente demarcar seus papéis e vínculos energéticos de um lugar para outro.

Sempre que precisar se reorientar, pratique o que chamo de aterrar, limpar e realinhar, ou GCR[17], para abreviar.

Primeiro, aterre-se. Uma das melhores maneiras de fazer isso é tornar-se mais presente. Torne-se mais consciente do momento presente e concentre-se em seu entorno. Olhe ao redor da sala em que está; se estiver do lado de fora, preste atenção ao sol, ao vento e ao clima. Leve seu tempo com suas tarefas, ou tire uma pausa completa. Se estiver caminhando para algum lugar, sinta-se à vontade para ir um pouco mais devagar do que o habitual, para seguir ao seu próprio ritmo. Você até pode fingir procurar algo nos seus bolsos até sentir que está assentando e conectando-se com a terra. Se for dirigir, depois de entrar no veículo, reserve um momento para olhar ao redor e observar o ambiente antes de ligar o carro.

Você também pode se aterrar em seu corpo. Pode fazer uma refeição ou um lanche, ou dar algumas respirações profundas. Dizer algo como "aqui estou eu, de pé no supermercado, olhando para as bananas" pode trazer você de volta para o seu corpo e para o momento presente. Se possível, toque sutilmente uma parte do seu corpo ou receba um abraço de alguém. Toque a terra ou tire seus sapatos e caminhe descalço. Dependendo de onde estiver e de quanto quiser se aterrar, pode até querer deitar e fechar os olhos. Se for útil, pode visualizar raízes energéticas do seu corpo que conectam você com a terra. Permita que qualquer energia que não seja sua flua para longe e caia no chão.

O próximo passo, a limpeza, pode ser realizada de muitas maneiras diferentes. Se tiver acesso à música, coloque algo que a faça se sentir mais como você mesma. Realmente sinta isso, deixando a música banhar e limpar você de seus sentimentos.

---

17 N.T.: "GCR" é um acrônimo em inglês que significa *ground, cleanse, and realign*, traduzido para o português como "aterrar, limpar e realinhar". Refere-se ao processo de se reorientar e restabelecer o equilíbrio interior através dessas práticas

Pode colocar um pouco de óleo essencial nos seus pulsos e inalar o aroma. Dançar e se mover também são bons purificadores. Lavar as mãos também pode ajudar a limpar a energia, mesmo que seja apenas com álcool em gel.

Outras práticas comuns de limpeza podem incluir uma meditação rápida, queimar ervas ou incenso, ou o som de um sino. Após aterrar e limpar, realinhe sua energia para harmonizar-se melhor com o seu ambiente.

O realinhamento pode assumir muitas formas, incluindo trabalhar conscientemente a respiração, meditação, trabalho energético, correção de postura, consciência dos chakras, abertura da sua energia, trazer o seu ambiente de volta ou elevar sua energia. Uma maneira rápida de realinhar é chamar o seu Eu Superior ou lembrar do seu título ou nome de iniciação. Você até pode ler um pouco de um livro inspirador para voltar ao seu Eu mais perspicaz.

Essa triagem GCR pode levar alguns segundos, vários minutos ou um dia inteiro, dependendo de quanto precisa para sacudir a energia. Tente encontrar uma prática que combine todas as três atividades ou uma que permita fazer a transição entre elas naturalmente. Para mim, uma das melhores maneiras de improvisar é fazendo um chá. Tudo sobre isso é intuitivo e mágico. O simples processo de ferver a água, escolher a xícara perfeita, selecionar uma combinação de ervas ou chá, deixar em infusão, esperar que fique pronto e finalmente beber é uma prática energética complexa em si mesma. Combinar as três magias do GCR em um processo mágico sequencial é uma ótima maneira de fazer a transição de um estado de energia baixa ou média para um ambiente relaxado e expansivo.

É possível que você não precise fazer isso toda vez que visitar um lugar de energia média, e talvez não precise disso para alguns desses lugares, mas é bom ter alguns truques na manga, apenas por precaução.

Outras Práticas Intuitivas

Não deixe que esta lista de práticas o limite. Quase tudo pode ser uma prática mágica. Se houver outras atividades regulares que você gostaria de incorporar diariamente, como se comunicar com espíritos, meditar ou trabalhar com a energia da terra em seu jardim, inclua-as como uma prática diária. Aproveite ao máximo seus momentos para dar significado às suas atividades cotidianas.

Exercício: Sua Própria Prática Intuitiva Matinal ou Noturna

Comece uma prática intuitiva de Bruxaria para suas manhãs e noites. Experimente qualquer uma das ideias mencionadas nesta seção. Faça o que for necessário no momento e o que for útil para o resto do dia. Se algo não funcionar, experimente as outras ideias deste capítulo.

Rituais Mágicos Intuitivos

Rituais são maneiras perfeitas de mudar algo, interna ou externamente. Se você está buscando clareza ou precisa de uma mudança de humor, um bom ritual pode limpar as teias de aranha físicas, emocionais, mentais e espirituais como nada mais. Embora possa encontrar rituais on-line ou em uma infinidade de livros, pode ser extremamente satisfatório criar um ritual totalmente por conta própria. Afinal, esses rituais on-line e em livros foram escritos por outra pessoa que os inventou. Projetar seu próprio ritual intuitivo pode ser uma experiência extremamente gratificante. Quando realizado adequadamente, você sentirá uma mudança em sua energia e uma mudança no mundo.

Tudo o que precisa é de um pouco de confiança e experiência em Bruxaria Intuitiva básica.

Sempre que sentir vontade de realizar um ritual intuitivo, avalie todas as suas energias internas. Qual parte sua está deficiente? O que está doendo? O que você quer expandir? Qual energia precisa ir embora ou se transformar? Escreva seus sentimentos em seu diário ou Livro das Sombras para ter uma compreensão clara do que deseja. Quando determinar o que almeja, escreva sua Vontade. Se preferir, pode traduzi-la em um feitiço.

O próximo passo é determinar o que tem disponível para trabalhar. Olhe em seus armários, prateleira de especiarias, prateleira de chás, geladeira e caixa de artesanato. Quais itens poderiam representar a situação ou sua Vontade? Por exemplo, uma vela amarela abandonada poderia representar a autodúvida que deseja banir.

Considere qual ação mágica apoiaria o resultado desejado com esses ingredientes. Você pode usar qualquer uma das magias intuitivas simples do capítulo 4 ou projetar algo com o que tiver à disposição.

Pode beber essa água e sentir sua energia, fazer um pote de feitiço com ela, usá-la para regar suas plantas ou reabastecer sua fonte, se tiver uma. Existem também ações mágicas prejudiciais ou de banimento, como queimar, cortar, quebrar ou esfaquear. A vela amarela, representando a autodúvida, pode ser queimada até o fim e jogada cerimoniosamente fora com o lixo.

Você também pode usar ações mágicas transformadoras, como mudar a cor ou a energia de algo. Um exemplo disso poderia incluir esfregar a vela amarela em seu óleo essencial favorito e revesti-la com canela, que geralmente é uma correspondência positiva para a maioria das pessoas. Queimar essa vela modificada irá adoçar sua autodúvida transformando a energia.

Para se preparar para um ritual intuitivo, reúna todos os materiais que precisará no cômodo ou espaço que irá utilizar. Execute os preparativos habituais, incluindo autolimpeza, limpeza, meditação e ambientação do espaço com iluminação, música e incenso. Faça um Círculo se precisar de um recipiente para seu trabalho energético. Centralize e alinhe sua energia. Mantenha espaço para si e sua necessidade. Quando estiver na hora, fale em voz alta sua Vontade ou feitiço com energia. Eleve a energia usando um dos métodos do capítulo 4.

Quando a energia estiver mais alta, execute a ação mágica projetada para trazer a mudança que deseja ver com energia consciente. Se sentir que ajuda, declare o que está fazendo: por exemplo, "À medida que esta vela queima, minha autodúvida está me deixando. A cada momento, sinto-a se afastando de mim".

Faça o que sentir que é certo. Depende de você alquimizar ou mudar o que deseja por meio deste ritual. Quando a energia for transformada, envie-a para o objeto, para você ou para o mundo. Sinta a mudança ressoar profundamente dentro de você. Agradeça e encerre o Círculo (se aplicável). Pratique o autocuidado se aterrando com comida e descanso.

Rituais Astronômicos

A ciência nos ensinou muitas coisas sobre o mundo e a astronomia, mas também tirou algumas das maravilhas do mundo natural. Como aprendemos no capítulo 1, podemos aceitar dois pontos de vista diferentes aparentemente contraditórios – tanto o mágico quanto o científico. Podemos aceitar o que a física nos diz, que a luz das estrelas viaja milhões de quilômetros para chegar até nós, e ainda assim admirar as estrelas cintilantes. A Lua pode ser uma grande rocha que orbita a Terra, mas também pode ser vista como um corpo celeste luminoso, carregado de energia mística e luz, com um ciclo que se assemelha aos ciclos de algumas mulheres. O Sol pode ser uma esfera ígnea de gás que fornece luz e calor, além de ser uma poderosa entidade que cria condições perfeitas para a vida na Terra. Reavive seu senso de admiração sobre o mundo natural sentindo a majestade e a poesia dos corpos celestes. Apaixone-se pelos ciclos da Lua, do Sol e da Terra para realmente sentir a energia de cada momento presente.

Embora possa fazer uma prática ou um ritual a qualquer momento, se houver uma lua escura ou um solstício chegando, você pode querer esperar até esse momento. Muitas pessoas acreditam que esses "feriados" são significativos. Nossos ancestrais provavelmente observaram muitos desses dias ou épocas do ano. Certamente não faz mal ter a energia adicional dos corpos celestes e possivelmente de nossos ancestrais em nossos ritos mágicos. Vamos nos aprofundar nas diferentes posições da Lua e do Sol e o que eles significam para nós.

Rituais Lunares

O ciclo da Lua ao redor da Terra, em cerca de 29,5 dias, é semelhante aos ciclos de algumas mulheres. Como tal, a Lua é frequentemente associada à energia feminina; no entanto, isso não deve limitar seu pensamento. Na verdade, a Lua não possui gênero e pode fazer parte da prática de qualquer pessoa. Algumas culturas tinham Divindades lunares masculinas, então você pode usar qualquer significado que desejar com ela.

A cada quinze dias, mais ou menos, as posições da lua negra e da lua cheia criam uma atração gravitacional nos oceanos tão grande que as protuberâncias das marés podem ser vistas do espaço sideral. Se você mora perto de um grande corpo de água, pode testemunhar as marés subindo e descendo. A Lua também atrai nossos corpos, mas os efeitos são muito sutis – nas faixas de energia emocional, mental e espiritual, lembrando-nos de algo maior do que nós.

A Lua flutua no céu, mostrando diferentes faces e fases; girando ao redor da Terra em seu próprio ritmo perfeito. Embora pareça aumentar e diminuir, obviamente não fica maior ou menor. Sua luz aumenta e diminui, assim como sua escuridão, ou a parte que está na sombra da Terra. Uma lua minguante pode parecer um olho ou ovo esbugalhado e luminoso, mas também contém um crescente negro. Ao considerar as fases da Lua, pense na quantidade de luz e no que é claro e aberto em sua vida, bem como na quantidade de sombra e o que está sendo escondido para você. Respeitar as duas partes da Lua – a que é luz e a que é sombra – vai lhe dar uma pista de muitos de seus mistérios.

A magia da Lua geralmente pode ser dividida em dois ciclos de 14,8 dias. Quando a luz da lua está crescendo, vemos o crescimento de nossos objetivos e desejos. Acredita-se que o ciclo da lua minguante seja um momento de refinamento e redução. Os horários de nascer e pôr da lua também podem ser comparados aos nossos próprios horários. A lua é visível cerca de doze horas por dia. Se você acordar perto do nascer do sol, estará perto do horário do nascer da lua em sua fase nova. Se fizer um trabalho mágico ao meio-dia, estará trabalhando com o surgimento da lua minguante. Trabalhar a magia no momento em que a lua cheia nasce significa que você também obterá um pouco da magia do pôr do sol, e a meia-noite é o horário especial do nascer da lua do último quarto. Sempre que a Lua brilha sobre nós, ela nos auxilia. Quando brilha durante o dia, nossa magia e trabalho estão alinhados com a Lua e o Sol, e o trabalho está aberto. Quando sai à noite, a Lua está trabalhando nos bastidores, iluminando o que está escondido do Sol e de nós mesmas. Trabalho mágico com sonhos e o subconsciente tornam-se mais importantes.

Conhecer as fases e posições do Sol e da Lua pode ser útil, mas não deixe que isso limite seu trabalho. Não precisa esperar pela fase ou posição exata. Se desejar, pode se manifestar na lua minguante e banir na lua crescente. Se precisar realizar certo tipo de magia e sua Vontade for forte o suficiente, a energia da Lua não interromperá seu progresso; ela ajudará da forma e como puder.

Considere acompanhar como você se sente nas diferentes fases da Lua. Anote as fases em seu Livro das Sombras e, ao longo de três meses ou mais, registre suas emoções gerais e os pontos fortes e fracos em cada fase. Com o tempo, poderá ver um padrão de energia ou emoções favoráveis em seus rituais mágicos.

A Lua não precisa estar visível para trabalhar com ela, mas se o luar fizer parte de sua magia, você deve saber a que horas a Lua sobe. Tempos aproximados de nascer e pôr da lua foram usados nesta seção. Se precisar dos horários exatos, use a internet para procurá-los.

Lua Negra

A lua negra é o momento de total escuridão, quando a Lua se interpõe entre o Sol e a Terra. A maioria das pessoas chama isso de "lua nova", mas prefiro diferenciar esse momento daquele em que a Lua é realmente "nova" ou está em um novo ciclo. Embora a lua negra e a lua nova estejam separadas por meros segundos, existem diferentes associações mágicas com cada uma.

Durante as luas escuras, o Sol e a Lua estão mais próximos, o que aumenta sua atração sobre a Terra em uma direção. Com esse enorme alinhamento celestial, podemos alcançar uma harmonia interior mais profunda durante a lua negra. É o momento ideal para estar no vazio, meditar, estar entre os mundos ou fazer um trabalho de transe. O trabalho com a sombra também é favorecido neste momento, pois não há sombra se não houver luz. Reserve um momento durante esse tempo para se aquietar e ouvir. Olhe para dentro e examine sua alma para observar as lições da lua negra. Verifique um astrolábio ou a internet para saber o momento exato desta Lua.

Lua Nova

A lua negra renasce em seu novo ciclo como uma foice de prata - como uma lua nova. Quando a lua for a menor faixa de uma crescente, sinta uma nova energia explodir. Você pode começar algo novo neste momento, pois um novo ciclo nasce. Defina uma intenção e objetivos e dê a eles amor e vida. Você pode escrevê-los e lê-los como parte de sua prática matinal pelo restante do ciclo lunar. Pode também tirar cartas de Tarô e deixá-las em seu altar até a lua cheia. Durante esse período, muitas Bruxas manifestam seus desejos, iniciam novos projetos, criam potes de feitiços e pedem ajuda do Outromundo.

Elas também trabalham com suas Divindades favoritas, guias espirituais, ancestrais e seus amados mortos.

As luas novas nascem ao nascer do sol e se põem ao entardecer. A lua nova combina com os horários diários da maioria das pessoas e funciona quando trabalhamos.

Lua Crescente

A lua crescente nos pede para confiar na magia que realizamos na lua nova. Essa fase lunar "dorme", surgindo por volta das 9h às 10h da manhã e permanecendo conosco ao longo do dia, auxiliando nossa magia antes de desaparecer de vista por volta das 21h às 22h. Ela se parece com a curva de um D - você pode se lembrar disso se pensar nas palavras *Daring, Doing* e *Drawing*[18]. Esta Lua é toda sobre confiança, meditação e verificação da semente que foi plantada no subconsciente durante o ritual da lua nova. Descanse tranquilamente e sintonize-se com a frequência do seu desejo.

18 N.T.: *Daring, Doing* e *Drawing*: são palavras que começam com a letra "D" em inglês. Em português seria o equivalente a "Ousadia, ação e criação".

Primeiro Quarto da Lua Crescente

Cerca de uma semana após a lua escura, a lua entra na fase do primeiro trimestre, que se parece com um semicírculo. Assim como um funcionário que trabalha no segundo turno, esta lua nasce por volta do meio-dia e se põe por volta da meia-noite, permanecendo conosco em plena luz do dia e na escuridão. A lua crescente do primeiro quarto indica o momento perfeito para agir e tornar suas intenções e metas da lua nova uma realidade. Seu ritual de lua nova tem cerca de uma semana nesta fase, a energia teve tempo de amadurecer no Universo. Explore suas opções, concentre-se, planeje, use a criatividade e entre em contato com as pessoas. Acima de tudo, faça o trabalho. Faça as coisas acontecerem. Atraia as pessoas para você.

Quaisquer atitudes tomadas nesse momento são favorecidas. Trabalhos mágicos podem incluir atração e alinhamentos energéticos. Recite suas intenções e metas e confie que elas serão cumpridas. Coloque seu objetivo em marcha alta. Supere as expectativas. Execute manifestações adicionais e torne seu sonho realidade.

Lua Gibosa

A lua gibosa parece oblonga, muito parecida com um ovo flutuando no céu. Como um ovo, ela está cheia de potencial. A luz da lua está aumentando neste momento. As coisas estão "vindo à luz" em relação à sua Vontade. O que está se desenvolvendo a partir das ações que você tomou na lua minguante? O que está ganhando vida? Mantenha o impulso, se puder, embora também não haja problema em deixar o ovo incubar. Esta fase da lua nasce por volta das 15 horas e fica alta até tarde da noite, se pondo por volta das 3 da manhã.

Lua Cheia

A lua cheia ocorre quando a Terra está entre o Sol e a Lua. Se pudesse vê-la do espaço, veria a Lua e o Sol em extremidades opostas da Terra, cada um puxando seu lado dos oceanos. Neste momento, toda a superfície com crateras da Lua é visível e é o momento de maior claridade lunar. A lua cheia nasce à noite, ao pôr do sol, e permanece durante a noite toda, brilhando em seus sonhos e revelando aquilo que estava escondido antes de se pôr, ao amanhecer. A lua cheia está em uma programação oposta em comparação com o Sol.

Você pode sentir alguma dissonância neste ponto, já que a gravidade da Lua e do Sol estão nos puxando sutilmente em duas direções diferentes.

Na lua cheia, tudo o que manifestamos na lua nova aparecerá. Tornaremos conscientes as vitórias, as derrotas e também o inesperado. Se algo deu errado, olhe em seu Livro das Sombras e leia o que fez na lua nova. Sua mensagem foi clara o suficiente? Alguma coisa foi mal interpretada? O que funcionou e o que surpreendeu? Comemore o que foi manifestado e libere o que não gosta ou que ainda está preso em você. Novas cartas de Tarô podem ser tiradas para os altares para esclarecer qualquer confusão. Você pode querer reescrever sua declaração de Vontade na lua nova para redefinir sua intenção.

A lua cheia é o momento perfeito para celebrar e agradecer pelos presentes que recebemos de nossos rituais de lua nova. A energia neste momento é alta, tornando o momento perfeito para carregar cristais, água, você mesmo ou qualquer outro objeto com a luz da Lua. Suas habilidades psíquicas também serão intensificadas neste momento. Realize práticas mágicas avançadas, como vidência, trabalho de transe, jornada ao Outromundo ou projeção astral (mais sobre isso nos próximos capítulos). Também é um ótimo momento para rituais de alta magia, do tipo que exigem muita energia.

Lua Gibosa Minguante

Logo após a lua cheia, a sombra crescente fica mais forte. A lua minguante se parece muito com um olho no céu. A cada segundo, a luz está sendo esculpida, fazendo com que o olho pareça suspeito ou cauteloso. O olho crítico está perguntando: "O que realmente está acontecendo? Como eu realmente me sinto sobre esses desenvolvimentos?" Ele nos diz para esperar e ver. Esta Lua nasce por volta das 22 horas, permanece acordada a noite toda e continua durante o dia, fazendo uma breve aparição matinal antes de ficar com sono e recolher-se por volta das 10 horas da manhã. Neste momento, concentre-se internamente e "veja" o quanto sua vida está alinhada com seus objetivos.

Quarto Minguante

A lua crescente, parecendo um semicírculo, nasce por volta da meia-noite. Ilumina as terras escuras, movendo-se pelo desconhecido e trabalhando nos aspectos mais misteriosos de nossas intenções e objetivos. Ela permanece no céu, observando o nascer do sol e ficando tempo suficiente para verificar sua manhã antes de sair por volta do meio-dia. É hora de agir com uma abordagem revisada, utilizando o que você aprendeu na fase lunar mais recente. Refine sua abordagem ativa e continue trabalhando em seus problemas. Continue refletindo sobre qualquer informação recém-recebida e como isso afeta seus objetivos. Converse com outras pessoas e ofereça soluções para quaisquer problemas que tenham surgido. Você está na reta final agora. Este pode ser um bom momento para cura, limpeza, gratidão, entrega, interrupção da prática de maus hábitos, quebra de maldições e desapego.

Lua Crescente Minguante

A lua crescente minguante é como o gato Cheshire em *Alice no País das Maravilhas* – brilhando durante toda a longa noite, por volta das 3 da manhã, passando pela madrugada sonolenta, e pela tarde, e se pondo por volta das 15 horas. Parece a letra C no céu ou uma foice usada para colher ervas e outras plantas. Lembre-se desta fase da Lua com as palavras *cutting, changing e carving*[19]. Use esta fase da Lua para realizar magia para cortar, liberar ou moldar o poder de algo. Arranque todas as plantas nocivas das florestas selvagens de sua mente, coração e espírito. Limpe. Remova qualquer coisa que não ressoe com você para que possa começar de novo assim que a lua negra surgir novamente. Veja se consegue sorrir enquanto corta as partes negativas. Se possível, sinta um pouco de gratidão por ter a sabedoria de que essas coisas não lhe servem mais. Pense no que você mudará em seu próximo ritual de lua nova e no que manifestará em seguida.

Rituais de Eclipse

Os eclipses são momentos mágicos em que a Lua, o Sol e a Terra estão perfeitamente alinhados. Outras luas escuras e luas cheias não estão perfeitamente alinhadas, já que o caminho da Lua viaja para um lado ou outro. Os eclipses são considerados ainda mais especiais do que as luas cheias ou luas escuras regulares por causa da atração exatamente oposta da Lua e do Sol. Os eclipses lidam com começos e fins de longo alcance, novos começos, possíveis crises, erupção de emoções, memórias ou pessoas do passado, padrões sendo formados ou quebrados, alinhamento espiritual e integração mente-corpo-espírito-emoção. A intuição e as habilidades psíquicas são intensificadas neste momento. Qualquer magia trabalhada em um eclipse continuará por pelo menos seis meses depois. Algumas pessoas acreditam que os eclipses são tempos sinistros, mas isso ocorre porque a quantidade de energia disponível para uso é muito grande. Com um eclipse, você pode se libertar do passado e abraçar uma mudança para melhor; ou sentir-se esmagada pelo peso do seu passado e por cada mudança à qual está resistindo.

19 N.T.: *Cutting, Changing* e *Carving* são palavras que começam com a letra "C" em inglês. Em português seria o equivalente a "cortar, moldar e esculpir".

Use sua intuição para verificar se é um bom momento para fazer magia ou se precisa apenas praticar algum autocuidado amoroso. Se você não tiver muita certeza do que fazer em um eclipse, consulte um astrólogo ou seu mapa astral astrológico on-line para descobrir onde o Sol e a Lua estarão. Use esta informação para acentuar seu trabalho habitual nas luas escuras ou cheias.

Por exemplo, um eclipse solar na quinta casa pode ser sobre iniciar um novo projeto criativo revolucionário, enquanto um eclipse lunar na nona casa pode ser usado para criar um ritual para honrar a intuição e trabalhar com uma nova Divindade que tem muito a lhe ensinar. Em caso de dúvida, consulte um astrólogo.

Rituais Solares

A Terra tem uma longa órbita ao redor do Sol, cerca de treze vezes mais longa do que um ciclo lunar. A inclinação axial da Terra cria um deslocamento gradual de luz solar e calor, o que nos dá as estações do ano. Os rituais solares são celebrações do efeito do Sol na Terra, e eles celebram ambos os corpos celestes. Nossos ancestrais agrários Pagãos viviam de acordo com os ciclos solares mais do que a maioria das pessoas faz na nossa Era Moderna. Eles plantavam na primavera, cuidavam dos campos durante todo o verão, colhiam no outono e descansavam e planejavam no inverno.

Alguns plantavam uma cultura resistente no outono, como trigo ou vegetais de inverno, mas essas colheitas eram secundárias em relação aos campos principais do verão. Nossos ancestrais agrários estavam em contato com a Terra, porque trabalhavam nela todos os dias.

Assim como nossos antepassados, quando observamos e apreciamos a relação entre a Terra e o Sol, isso pode nos lembrar da nossa conexão sagrada com eles. Embora a magia lunar seja preferida por algumas pessoas, o equilíbrio entre o Sol e a Terra é, em última instância, responsável por toda a vida no Planeta. O Sol não só fornece luz solar para a fotossíntese, mas também cria os ventos e as correntes oceânicas.

Conforme a Roda do Ano gira, a Terra muda, e nós mudamos com ela. Assim como o Sol e a Terra, também temos ciclos mais longos que podem incluir grandes projetos, como gravar um álbum, ensaiar para uma peça, praticar para um show, escrever um livro, economizar dinheiro para férias e ter filhos. Muitas Bruxas celebram os dias em que a luz solar está em seu ápice (o Solstício de Verão) e o dia em que a luz solar está em seu mínimo absoluto (o Solstício de Inverno). Elas também honram os pontos intermediários entre eles, chamados "Equinócios de Primavera" e "Equinócios de Outono". Várias Tradições de Bruxaria também adaptaram os dias dos quartos crescentes dos festivais celtas do fogo, que ocorrem entre os solstícios e equinócios. Todos esses oito feriados são conhecidos como "Sabbats". Eles poderiam ser considerados como raios na Roda do Ano. Os Sabbats são festivais que honram a estação e os momentos do ano. Muitos deles foram celebrados em todo o mundo e ao longo do tempo por diferentes culturas, com nomes e focos diferentes. Esses dias são todos sobre trabalhar com a energia das estações. Você pode usar essa energia para ajudá-la a alcançar seus objetivos. Por exemplo, muitos trabalhos introspectivos ou mágicos internos são praticados no inverno, quando estamos mais recolhidos por causa do frio, e muitas pessoas usam os meses mais quentes para trabalhar em seus objetivos externos e sociais.

Para utilizar a energia da estação, harmonize-se com a energia do clima. Aproveite o ar livre e absorva tudo. Ouça o vento e sinta-o no seu rosto. Sinta o calor do sol. Esteja ciente de quaisquer animais por perto e de suas atividades. Qual é a cor da luz solar? Ela está quente e amarelada, ou difusa e fria? Quão forte é essa luz? Quão quente? Quanto tempo a luz dura durante o dia? Esteja no momento e relacione-se com o clima. Você consegue pensar em como se relaciona com a Terra naquele momento?

Por exemplo, se for primavera, de que maneira está florescendo? Se for outono, quais folhas você está deixando cair à medida que o inverno se aproxima? Se for final do verão, o que está colhendo?

Os Sabbats são ótimos momentos para fazermos um check-in interior. O que estávamos fazendo nesta época do ano passado? Estamos no caminho certo com nossos objetivos de longo prazo? Que progresso fizemos em direção a eles? Observar os feriados solares pode nos incentivar a agir se ficarmos para trás, dando-nos motivos para seguir em frente após os contratempos. A Roda do Ano gira. Por que não pausar nesses dias especiais para celebrá-la?

Esta seção contém os Sabbats com suas datas norte-americanas, bem como ideias sobre como trabalhar com suas energias. Se você honra uma determinada Tradição, faça alguma pesquisa para descobrir como era a versão dela da Roda do Ano.

Yule, Solstício de Inverno:

20 a 23 de dezembro[20]

Yule marca o dia mais curto e a noite mais longa do ano. É o dia que fica entre a diminuição e o aumento do sol. É um ponto escuro e imóvel. Yule costuma ser sinônimo de Natal, mas originalmente era um feriado nórdico que celebrava a noite mais longa e o dia mais curto do ano. Muitas das coisas que associamos às férias de inverno têm origens Pagãs antigas. Por exemplo, luzes,

20 Celebrado no Hemisfério Sul por volta de 20 de junho.

vegetação, azevinho e presentes vêm do feriado de inverno romano Saturnalia. As Bruxas modernas celebram o Yule como o renascimento do sol e o triunfo da luz sobre a escuridão.

Neste dia frio, gelado, limpe-se e à sua casa, liberando qualquer energia antiga para começar de novo. Traga um tronco ou galho de pinheiro e aprecie sua alegria perene e o aroma da sua seiva.

Tente caminhar na floresta nessa época e fazer um banquete, ou saboreie uma refeição em um de seus restaurantes favoritos. É um bom momento para introspecção e objetivos.

Imbolc, Dia do Quarto Crescente de Inverno:

1º de Fevereiro (Tradicional) ou 3 a 4 de Fevereiro (Astrológico)[21]

Imbolc é o nome do feriado irlandês que celebra o primeiro dia da primavera. Mesmo que neve e gelo às vezes estejam presentes neste dia, a quantidade de luz solar está aumentando e os dias estão ficando mais longos. Os antigos celtas comemoravam esta época do ano como um período de nova vida, já que era quando as ovelhas davam à luz seus filhotes. A palavra Imbolc pode estar relacionada ao leite que fluía de suas tetas para alimentar seus filhotes.

Este feriado homenageia a Deusa celta Brigid, conhecida como a Deusa da Cura, Fertilidade, Poesia, Metalurgia e Fogo. As mulheres no templo de Kildare, na Irlanda, mantêm uma chama acesa para Brigid em honra aos seus poderes transformadores. Existem rumores de que essa Tradição existe há séculos, como pré-cristã e, mais tarde, como uma Tradição cristã para Santa Brigid. Embora a chama tenha sido extinta no século 16, as Irmãs Brigidinas reacenderam a chama em uma cerimônia em 1993, e ela tem sido mantida acesa desde então[22].

No Imbolc, a luz está retornando, mas o calor ainda não chegou, e muitas vezes a época é mais fria. Para celebrar o Imbolc, um dos quatro festivais do fogo que marcam os dias do quarto crescente, acenda o fogo e o forno. Limpe a casa e a purifique com ervas ou resinas. Cozinhe uma comida deliciosa, acenda uma vela e peça a Brigid por cura e bênção. Confie na poderosa Deusa para prover neste tempo frio. Faça um banquete para celebrar o sol crescente e deixe um pouco de comida para Brigid em seu altar ou lareira.

21 Celebrado no Hemisfério Sul no dia 1 de agosto.

22 *The Perpetual Flame*, Solas Bhríde Center and Hermitages, accessed March 17, 2019, http://solasbhride.ie/the-perpetual-flame

Ostara, Equinócio de Primavera:

20 a 21 de Março ou a Lua Cheia Mais Próxima[23]

Os dias e as noites são iguais neste ponto, e o calor do sol está voltando. As primeiras flores são geralmente vistas nesta época do ano, incluindo crocus, narcisos, tulipas, sequoias, maçãs e flores de cerejeira.

Ostara como feriado é uma tradição relativamente recente. Não havia nenhuma celebração Pagã antiga conhecida nesta época do ano, mas pelo monge Bede, sabemos que Ostara ou Eostre é o nome de uma Deusa germânica, e é também o antigo nome do mês de abril[24]. Muito pouco foi escrito sobre a Deusa Ostara, mas acredita-se que ela seja uma Deusa da Fertilidade e da primavera devido à sua associação com esta época do ano. A Deusa do Amor nórdica, Freya, também era celebrada nessa época.

Para comemorar o Equinócio da Primavera, monte um altar com flores locais, chocolate, ovos e velas nas cores das flores da primavera (pastel ou branco). Faça alguma atividade para sentir o despertar da terra e seu novo crescimento e amor. Dê um passeio ou saia e respire o ar fresco. Plante algumas sementes em uma panela e regue-as. Pense no que está criando raízes em sua vida, escondido sob o solo.

Beltane, Dia do Quarto Crescente de Primavera:

1º de Maio (Tradicional) ou 4 a 5 de Maio (Astrológico)[25]

Beltane celebra a vida, a fertilidade e o auge da primavera. É o segundo Festival do Fogo do ano e está associado às danças do mastro e à Rainha de Maio. A palavra Beltane provavelmente vem da palavra celta *bel*, que significa "brilhante" ou "afortunado". O mastro de maio é a tradição mais popular de Beltane, com um grande mastro de madeira erguido com fitas penduradas. Embora Beltane esteja atualmente associado ao namoro e ao desejo, não há nada nos registros históricos irlandeses e ingleses que sugira que a dança de tecelagem dos participantes seja algo além de uma diversão.

Flora, a Deusa romana das flores, era homenageada com um festival todos os anos nessa época. Beltane marca a estação das frutas da primavera, como morangos, damascos e cerejas de inverno. Para comemorar, desfrute de uma boa companhia, ame sua própria companhia ou faça um feitiço de amor para você ou para seu parceiro ideal. Use fitas em sua magia e plante sementes na terra (verifique a estação de cultivo local).

23 Celebrado no Hemisfério Sul por volta de 20 de setembro.

24 Philip A. Shaw, *Pagan Goddesses in the Early Germanic World* (London: Bristol Classical Press, 2011), 61

25 Celebrado no Hemisfério Sul no dia 31 de outubro.

Litha, Meio do Verão, Solstício de Verão

20 a 21 de Junho[26]

Este é o dia mais longo do ano e a noite mais curta. Representa um momento de celebração e alegria. Os campos estão verdes e dourados, as macieiras deram frutos e estamos vendo as primeiras recompensas do nosso trabalho e de todos os nossos sonhos de Yule.

Litha é um nome moderno para Solstício de Verão e acredita-se que seja a palavra do inglês antigo para o mês de junho, que significa "gentil" ou "navegável", de acordo com Bede[27]. As antigas celebrações Pagãs de banquetes e fogueiras foram adaptadas pela igreja em sua versão, que eles chamavam de "Dia de São João". Está associado às fadas graças à famosa peça de Shakespeare *Sonho de Uma Noite de Verão*.

Para comemorar, faça uma fogueira, dance ou trance, fique acordada a noite toda no dia anterior para receber o sol nascente ou simplesmente saia e sinta seu calor em seu rosto. Você pode até querer se casar ou fazer votos de compromisso. Dê presentes e oferendas aos espíritos da natureza e às fadas na forma de incenso natural, comida, suco ou álcool.

Lammas ou Lughnasadh, Dia do Quarto Crescente de Verão

1º de Agosto (Tradicional) ou 6 a 7 de Agosto (Astrológico)[28]

Nesta época do ano, o Sol ainda aquece a Terra e as colheitas são abundantes, mas a luz começou a diminuir. Neste momento, o que foi plantado no seu jardim na primavera provavelmente já produziu alguns frutos e vegetais, seja ervas, tomates, grãos ou pimentões.

Lughnasadh é um antigo feriado celta irlandês associado à primeira colheita de grãos. Foi nomeado após Lugh, o Deus celta da Luz e do Artesanato. Este é mais um dos Festivais de Fogo irlandeses. Lammas é outro feriado dos anglo-saxões que é comemorado ao mesmo tempo. Significando "massa de pão", Lammas celebra a primeira colheita de grãos.

Para comemorar, colha da sua horta ou campo ou compre alguns alimentos da estação na mercearia local e comemore com um banquete. Asse um pouco de pão ou biscoitos. Acenda uma vela para homenagear o terceiro Festival do Fogo.

26 Celebrado no Hemisfério Sul por volta de 20 de dezembro.

27 Bede, *The Reckoning of Time*, trans. and ed. Faith Wallis (Liverpool, UK: Liverpool University Press, 1999), 53–54.

28 Celebrado no Hemisfério Sul no dia 1 de fevereiro.

Equinócio de Outono, Mabon

21 a 23 de Setembro ou a Lua Cheia Mais Próxima[29]

O Equinócio de Outono é o dia em que a luz e a escuridão são iguais. Os dias ainda estão quentes e as colheitas já foram ou podem ser colhidas. Mabon significa "filho da mãe" e é o nome de um Deus galês. Tornou-se associado ao Equinócio de Outono na década de 1970, quando foi usado em um calendário de Bruxaria. Não há registro de um feriado específico do Equinócio de Outono na Europa, mas ele cai na época da colheita, então certamente haveria festivais e celebrações relacionados, incluindo festivais caseiros da colheita na Grã-Bretanha. Esse dia é conhecido como a segunda colheita, com muitas frutas, vegetais e grãos maduros para serem coletados e armazenados. Neste dia, considere quais dualidades você tem em sua vida. O que está chegando ao fim? Celebre isso com um banquete.

Samhain, Dia do Quarto Crescente de Outono

31 de Outubro (Tradicional) ou 6 a 8 de Novembro (Astrológico)[30]

Samhain é pensado para significar "fim do verão" em irlandês e é celebrado com fogueiras e um banquete. É considerado o fim do antigo ano de crescimento e o início do novo ano. A essa altura, o sol e o calor começaram a diminuir ainda mais. Samhain é a última colheita e marca o tempo de abate de tudo, desde o jardim ou campos, a fim de se preparar para a vinda do frio.

À medida que a generosidade verde da terra se torna marrom e a geada cai sobre ela, é hora de homenagear aqueles que faleceram. É considerada a época do ano em que o véu entre os mundos é mais fino e podemos nos comunicar com aqueles que partiram. Outras culturas também acreditam nisso, como é visto no Dia dos Mortos e no feriado moderno de *Halloween*, que provavelmente foi inspirado no Samhain.

Para honrar seus antepassados, monte um altar com suas fotos, lembranças ou nomes e dê-lhes um pouco de comida. Acenda uma vela para eles. Medite e ouça o que eles lhe dizem. (Mais sobre como trabalhar com os mortos (veja no capítulo 7.)

A roda volta para o Yule mais uma vez, marcando nosso longo ciclo ao redor do Sol. Quando honramos esses dias, nossa conexão conosco e com a terra se intensifica. A sintonia com a Terra pode nos ensinar muito sobre ciclos mais longos. Caso tenha interesse em aprender mais sobre os Sabbats, escolha alguns bons livros e leia alguns artigos. Use também a sua intuição e a sensação geral de cada feriado para celebrar e dar sabor ao seu trabalho.

29 Celebrado no Hemisfério Sul por volta de 20 de março.

30 Celebrado no Hemisfério Sul no dia 1º de maio.

Percepções Intuitivas

Consulte as Estrelas e os Planetas

Heather Renae Horton

Astrologia é o estudo da linguagem das estrelas. É importante para um praticante intuitivo de Bruxaria ter uma compreensão básica da Astrologia, porque as estações celestiais transmitem pulsos energéticos à nossa psique. Podemos usar essas energias e como nos relacionamos com elas pessoalmente para infundir poder em nossas práticas.

Compreendido através dos quadrantes sazonais (primavera, verão, outono e inverno), o calendário astrológico oferece três signos do zodíaco para cada estação. Os signos são divididos em categorias elementares e de modalidade. Os quatro elementos são Fogo, Terra, Ar e Água: o Fogo é o elemento da inspiração, a Terra é o elemento do plano material, o Ar é o elemento do intelecto e Água é o elemento das emoções. Você é feito de todos esses quatro elementos. As modalidades são Cardeais, Fixas e Mutáveis: a modalidade Cardinal inicia; a modalidade Fixa mantém e a modalidade Mutável muda e ajusta.

Cada estação começa com um signo Cardinal para iniciação, seguido por um signo Fixo para reter ou manter a energia, seguido por um signo Mutável que ajusta a estação atual em preparação para a próxima.

O calendário astrológico começa no Equinócio da Primavera com Áries, o signo de Fogo Cardeal do zodíaco, simbolizado pelo carneiro impetuoso. Este signo é o mais jovem e, portanto, frequentemente percebido como agitado. Esta é a zona de energia "Eu Sou", o tempo de novas inspirações e mudas que brotam como um carneiro saindo do solo recém-descongelado.

Touro é o signo de Terra Fixa do zodíaco, simbolizado pelo touro constante. Este signo é o estágio de aprendizado, semelhante aos anos pré-escolares de identificação do mundo físico. Muitas vezes ouvimos as palavras teimosas "meu" ou "eu quero" daqueles que estão nesta zona de energia. Touro mantém a beleza e o luxo da primavera.

Gêmeos é o signo de Ar Mutável do zodíaco, simbolizado pelos gêmeos, com dois cérebros para reunir todas as informações e espalhá-las. Esta é a zona de energia do "por quê?" da criança curiosa. Os gêmeos nos ensinam que a primavera pode ser uma brisa fresca por um lado e um dia suado que precisa de chuva no outro, a fim de nos ajustar para nos prepararmos para o verão no Hemisfério Norte.

Começamos a temporada de verão com o signo Cardinal de Água, Câncer, simbolizado pelo caranguejo. Neste signo, celebramos o Solstício de Verão no Hemisfério Norte, o dia mais longo do ano. Câncer nos ensina sobre a mudança de emoções semelhante aos anos da puberdade e, assim como as marés em movimento do oceano, este é o signo que nos traz emoções rabugentas e melancólicas. Câncer tem a ver com necessidades de segurança, especialmente em questões domésticas e familiares.

Leão é o signo de Fogo Fixo da temporada de verão, simbolizado pelo orgulhoso leão. Esta é a Vontade brilhante do jovem herói, determinado a compartilhar a luz solar brilhante com todos no reino. O Leão mantém o sol pulsante e o coração do verão.

Virgem é o signo de Terra Mutável, simbolizado pela virgem da colheita. Esse signo é representado pela maturidade precoce da idade adulta, quando tomamos consciência de trabalharmos juntos e cuidarmos do nosso dia a dia nos detalhes. Virgem ajusta o verão em preparação para o outono.

A celebração do Equinócio de Outono nos traz o signo de Ar Cardinal de Libra, simbolizado pela balança da justiça. A beleza do outono começa com a mudança de cores da folhagem. Libra é o estágio de vida da parceria conjugal e nos ensina a nos comunicar. Equilíbrio e harmonia são fundamentais.

Escorpião é o signo Fixo de Água, simbolizado pelo escorpião que muda de forma e mantém o ciclo moribundo do outono. Escorpião nos coloca face a face com a natureza íntima da vida, morte e renascimento.

Sagitário é o signo de Fogo Mutável que completa a temporada de outono com grandes festas, celebrações e clima mais frio em preparação para o inverno. Simbolizado pelo centauro, uma criatura frequentemente considerada o bêbado da mitologia. É o estágio energético do conhecimento e das expressões joviais.

Encontramos o Solstício de Inverno com Capricórnio, o signo Cardinal da Terra simbolizado pela cabra do mar. Essa criatura puxa das águas criativas do oceano através de sua cauda de peixe e transmuta esse conhecimento na cabeça de cabra para manifestação. Capricórnio é a força vital madura de escalar a montanha do sucesso, apesar das condições adversas.

Aquário é o signo de Ar Fixo que mantém o ar gelado do inverno e é simbolizado pelo portador da água, ou o ser celestial que derrama as águas do conhecimento no plano terrestre. Este é o estágio de indiferença da vida, em saber muito e se libertar das limitações.

Peixes é a Água Mutável e o signo final do zodíaco, simbolizado por dois peixes unidos e nadando em direções opostas. Ele ajusta a estação do inverno em preparação para a primavera, derretendo a neve e descongelando o solo congelado. Peixes nos traz sabedoria coletiva através das nossas experiências emocionais e sensoriais, muitas vezes trazendo confusão e sensação de escapismo espiritual.

Trazer a Astrologia para sua prática intuitiva de Bruxaria pode ajudar a obter informações sobre as energias externas em jogo e como elas afetam você. Descubra em quais signos o Sol, a Lua e os planetas estão para verificar quais energias estão prevalecendo no momento de seu ritual ou prática. Depois de entender como você se relaciona pessoalmente com os pontos fortes e os elementos de cada um dos signos do zodíaco, você pode se alinhar com essas energias para manifestação e magia.

Rituais Espontâneos

Pode haver momentos em que seus sentidos intuitivos não se alinham com os feriados solares ou lunares. Por exemplo, você pode não sentir vontade de fazer um banquete para celebrar o Equinócio da Primavera. Isso não faz de você uma Bruxa má.

Usar honestidade sobre o que sente e o que precisa é importante. Esse é sempre o lugar certo para uma Bruxa Intuitiva estar. Você nunca precisa comemorar se não se sentir chamada a fazê-lo. Se não ressoa com as fases lunares ou com a Roda Solar do Ano, pode deixar isso totalmente para trás. É mais importante fazer o que sente que é certo, quando sente, ao invés de celebrar um evento astrológico ou um feriado em um dia específico.

Seguir esta linha de pensamento significa que terá mais energia espiritual disponível para outras celebrações que são mais importantes para você. Por exemplo, talvez você celebre a primavera quando vir sua primeira flor, em vez de celebrá-la no Equinócio da Primavera. Talvez prefira ter um ritual todos os domingos à noite. Ou talvez nunca queira ter um ritual e apenas queira ter práticas espirituais. Todas essas são opções perfeitas para uma Bruxa Intuitiva.

Rituais espontâneos são ótimas opções para comemorar quando sente que deve fazê-lo. Esses chamados podem acontecer em qualquer lugar e a qualquer hora. Recentemente, eu estava caminhando em uma floresta com um amigo quando chegamos a um lugar que parecia mágico. Senti um forte impulso de aproveitar ao máximo o momento e fazer um ritual. Giramos e lançamos nossas intenções para criar um Círculo.

Invocamos uma Deusa próxima de nossos corações e declaramos nossos desejos mais profundos. Agradecemos, abrimos o Círculo e continuamos nossa caminhada com mais inspiração e espírito mais leve do que antes. Foi curto, mas tão doce.

Esse ritual espontâneo foi mais mágico do que muitos dos rituais em que já participei, e foi totalmente inventado na hora. Embora tenha ocorrido em um local e hora aleatórios, aconteceu exatamente na hora e no local certos para nós. Saber que os rituais podem acontecer em qualquer lugar e a qualquer hora pode ser libertador.

Quando exploramos o que sentimos e onde estamos, ficamos mais em contato com nossa intuição. Permanecemos mais presentes e no momento, e mais capazes de criar o que precisamos. Os rituais que criamos nessas ocasiões costumam ser a expressão perfeita do que precisamos. Sempre que parecer certo, sinta-se à vontade para participar de rituais espontâneos.

Ritual Espontâneo

Da próxima vez que sentir que um momento espiritual está chegando, faça um ritual intuitivo espontâneo. Considere lançar um Círculo, invocar espíritos ou Divindades, criar um item mágico, meditar ou qualquer outra coisa que pareça certa para o momento. Use as informações apresentadas neste livro para torná-lo seu e fiel ao seu coração. Pode ser de maneira silenciosa ou em voz alta. Depois, avalie se essa experiência foi mais significativa do que alguns de seus outros rituais do ano passado. Você precisa reavaliar seus rituais ou práticas?

O Coração da Prática e do Ritual

A prática e o ritual servem a muitos propósitos, todos eles benéficos. Gosto de pensar neles como autocuidado, porque reabastecem nossas energias. Também são como cuidados pessoais, porque são limpezas profundas e energéticas. É como ver um terapeuta, porque eles curam e nos ajudam a nos proteger. Prática e ritual podem ser considerados semelhantes ao trabalho com um *coach* de vida, porque nos conectam mais com nosso verdadeiro Eu e nossos objetivos. As práticas e rituais são tudo isso e muito mais. Todos esses benefícios nos ajudam a enxergar melhor nossos caminhos e nos colocam mais em contato com nossa intuição e energia.

Com a Bruxaria Intuitiva, não há necessidade de práticas matinais ou noturnas, de rituais intuitivos ou de observar feriados solares ou lunares, mas espero que você experimente. Pense nesses momentos como incentivos para se conectar consigo mesma e com sua espiritualidade. Especialmente se já faz muito tempo desde sua última prática ou ritual mágico, esses momentos podem funcionar como um portal de volta para a floresta selvagem de sua intuição e espiritualidade, permitindo que volte para o caminho invisível. Experimente diferentes práticas e rituais para encontrar aquilo que funciona para você. Como sempre, continue fazendo o que funcionar.

Lista de Leitura Adicional

CAMPANELLI, Pauline, and Dan Campanelli. *Wheel of the Year.* St. Paul: Llewellyn Publications, 1989.

HUTTON, Ronald. *Stations of the Sun: A History of the Ritual Year in Britain.* Oxford, UK: Oxford University Press, 1999.

SPENCER, Ezzie. *Lunar Abundance: Cultivating Joy, Peace, and Purpose Using the Phases of the Moon.* Philadelphia: Running Press, 2018.

Parte 2

Além do Véu

A ***noite caiu na floresta encantada.*** Ao seguir sua intuição sobre qual caminho seguir, você se encontra em uma clareira escura. No céu estrelado acima, uma lua cheia perfeita brilha sua luz prateada sobre você. Uma coruja chama e alguns morcegos voam sobre sua cabeça. As árvores no bosque adiante são mais antigas, seus galhos mais retorcidos e intrincados do que na floresta mais jovem pela qual você estava caminhando. Você inspira o aroma verde e terroso e sente espíritos nas árvores antigas. A energia muda ligeiramente e você percebe que eles estão sentindo você de volta. As árvores parecem estar dizendo algo para você.

Até agora, em sua jornada intuitiva, você ouviu o chamado da alma selvagem e entrou na floresta encantada de sua própria espiritualidade intuitiva. Experimentou a centelha da intuição interior e reavaliou como é a energia em seu corpo. Criou magia e seguiu seu "caminho sem caminho", tendo aventuras e experiências ao longo do percurso. Por fim, ainda honrou a si mesma de acordo com o Sol, a Lua ou seus próprios momentos especiais. Você pode sentir cansaço neste momento. Pode querer descansar aqui, neste vale tranquilo.

Na verdade, muitas jornadas de Bruxas param aqui, antes de chegarem à poça escura do vazio, antes de adentrarem à cabana de Baba Yaga e antes de encontrarem um Deus ou um espírito. Se sua prática parar por aqui, você estará mais informada e mais experiente do que muitos outros, mas poderá deixar de vivenciar uma das maiores aventuras de sua vida – experimentar os mistérios. Como sempre acontece com a Bruxaria Intuitiva, a escolha é sua. Descanse o quanto precisar. Você não precisa ser proficiente em todas as áreas da Bruxaria e certamente não precisa estudar os mistérios. É bom focar em ervas, manifestações e magias intuitivas simples. Continue fazendo sua prática e rituais, e você ficará bem. Mas se você se sentir estagnada ou ansiosa por algo mais, examine sua alma. Você anseia por profundidade, experiências misteriosas, algo mais profundo e mais contato com a natureza selvagem? Você quer sentir o vento em seu cabelo depois de escalar o pico mais alto e chegar perto o suficiente para tocar as estrelas? Nesse caso, volte ao caminho intuitivo. Caminhe mais fundo na parte antiga da floresta selvagem. Sim, há sombras, mas também há pontos de luz que dançam ao longe.

Um véu separa o mundo mundano do místico, separando a existência cotidiana do sublime. Além do véu está um reino de pura energia. É onde as fadas brincam, os fantasmas vagam e os Deuses residem. Este mundo fala uma linguagem de adivinhação, símbolos, visões e presságios. É uma terra onde um caminho mais profundo se abre e faz você ler sua intuição em múltiplos níveis. De vez em quando, captamos vislumbres disso. Por meio da Bruxaria Intuitiva mais avançada, você pode atravessar o véu e viajar além, obtendo insights e sabedoria de eras.

A Parte I deste livro pode ser comparada a aprender a tocar um instrumento lendo partituras. Depois de praticar e refinar suas técnicas, você será proficiente em tocar muitas músicas, algumas com sua própria inclinação para elas. No entanto, há um nível além de apenas ser proficiente em jogar. A verdadeira arte exige que você toque música com sua alma, escreva suas próprias canções e coloque tanta energia em suas apresentações que tenha a capacidade de comover as pessoas. Assim como a habilidade de improvisar com música, a maioria das magias avançadas não são encontradas em livros. Isso porque é experiencial e único para cada pessoa.

Já a Parte II contém uma infinidade de informações sobre práticas esotéricas. Deixe sua intuição guiar seu caminho por essas práticas. Avalie o que funciona para você. Experimente as práticas e veja onde você brilha. Se sentir afinidade por algumas delas, fique com elas. Aprender esses mistérios leva tempo, ter paciência é importante. Se você continuar, sua prática evoluirá ao longo dos anos e se tornará mais gratificante e mágica do que jamais imaginou ser possível. Há alegria em aprender mais, em praticar até se tornar uma proficiente, em elevar grandes quantidades de energia, em melhorar sua arte e se aproximar de seu eu ideal. Eu desafio você a dar um passo adiante e liberar suas possibilidades. Leve sua energia mágica um passo adiante. Em seguida, mais dois passos. Então dez. Então mil. Aproprie-se do seu poder. Ele é seu, pode reivindicá-lo.

Trabalhando com os Deuses

Capítulo 6

Algumas Bruxas Intuitivas são atraídas pelos Deuses, e eu sou uma delas. Desde muito jovem eu sabia que meu coração pertencia a algumas Deusas maravilhosas. Minhas experiências espirituais mais profundas surgiram do trabalho com elas, fontes de apoio, mudanças positivas e crescimento em minha vida. Para mim, os Deuses são reais, sem dúvida. Posso senti-los, vê-los em minha mente e ouvi-los falar. Eles respondem aos meus pedidos e geralmente são muito gentis.

No entanto, algumas Bruxas Intuitivas não querem trabalhar com nenhuma Divindade, e tudo bem. Não há nenhuma regra exigindo que você acredite ou trabalhe com os Deuses. É uma escolha sua. Trabalhar com Divindades pode ser um desafio. Os Deuses podem ser exigentes, especialmente se quiserem que você execute suas vontades. Até que receba um sinal deles, a fé cega pode ser necessária, e nem todos se sentem confortáveis com isso.

Se você foi criada em uma família estritamente religiosa, pode querer fazer uma pausa de todos os Deuses, e isso também é compreensível.

Este capítulo é sobre como trabalhar com os Deuses de forma intuitiva e energética e as recompensas que vêm dessas interações. Neste livro, "Deuses" é um termo vagamente definido que significa "Deuses, Deusas e Divindades" sem gênero e de vários panteões e culturas em todo o mundo. Se você optar por trabalhar com eles, a Bruxaria Intuitiva é uma ótima maneira de conhecê-los e fortalecer seus laços.

O que os Deuses são?

As pessoas teorizam sobre o que são os Deuses há muito tempo, mas ninguém sabe ao certo. É possível que sejam arquétipos energéticos que possuem poder icônico. Ou podem ser seres de poder infinito que criaram a Terra e a humanidade. Talvez tenham chegado mais tarde, quando os humanos se tornaram conscientes. É possível que sejam um coletivo de todas as almas dos mortos que são atraídos por determinados Deuses. Talvez sejam seres de dimensões superiores. Ou talvez espíritos nascidos de anjos e humanos. É até possível que sejam nossos guias espirituais, assumindo diferentes formas.

Cada pessoa tem uma ou mais experiências diferentes com os Deuses, então é difícil dizer exatamente o que eles são. Uma coisa é certa – eles se fizeram conhecidos. Devido a isso, são adorados desde os primórdios da humanidade, por incontáveis milênios. Alguns dos artefatos humanos mais antigos são itens associados ao culto Pagão. Sua influência construiu comunidades e impérios.

Nem tudo que você lê sobre os Deuses é verdade, no entanto. Nos tempos antigos, os mitos sobre os Deuses eram usados como metáforas, moral e entretenimento para as culturas que os criaram. Além disso, muitos dos mitos foram mal interpretados e traduzidos várias vezes ao longo dos tempos. Eles podem fornecer apenas um vislumbre de quem os Deuses realmente são. E certamente não fazem justiça a um encontro real com um Deus ou Deusa. Para descobrir a verdade sobre quem realmente é uma Divindade, fale com alguém que trabalhe ou interaja com ela por conta própria.

O que os Deuses Querem?

Por que seres todo-poderosos iriam querer trabalhar conosco, humanos, com nossas habilidades limitadas e vidas comparativamente curtas? A melhor resposta que ouvi é que os Deuses nos amam profundamente. Essa teoria postula que tudo o que eles fazem é uma tentativa de nos ajudar. Eles querem que os indivíduos tenham sucesso em seus empreendimentos e também que a humanidade melhore. Os Deuses querem nos dar ferramentas para ajudar a tornar isso possível.

Nem todo mundo concorda com esse sentimento, no entanto. Algumas pessoas acreditam que os Deuses têm suas próprias agendas e só nos ajudam com nossos objetivos se corresponderem às suas próprias razões egoístas. Em outras palavras, eles nos recompensam com presentes e oportunidades na esperança de fazer suas próprias vozes serem ouvidas, por assim dizer. Outras pessoas teorizaram que nosso amor e apreciação pelos Deuses os mantêm vivos, possivelmente porque consomem a energia que damos a eles.

Também foi teorizado que nossos sentimentos sobre os Deuses refletem os sentimentos deles sobre nós. Se amamos uma Deusa, ela também nos ama. Se odiamos um Deus ou somos ambivalentes, eles sentem o mesmo por nós. No entanto, outras pessoas acreditam que os Deuses apenas gostam de ser adorados e recompensam as pessoas para ajudá-las a adorá-los ainda mais. Seja qual for o motivo ou a agenda, fica claro que eles querem trabalhar conosco, se assim permitirmos.

Pesquisando e Escolhendo Divindades

Existem tantos Deuses e Deusas no mundo. Se você nunca trabalhou com nenhum antes, pode ser difícil definir quais abordar primeiro. Existem algumas maneiras de determinar qual abordagem pode ser melhor para você. Pense em sua infância e se você experimentou algo relacionado aos Deuses lá. É possível que tenha esquecido ou normalizado alguma interação divina, porque sua mente jovem não a entendeu.

Faça pesquisas. Leia livros sobre os Deuses e sua antiga adoração, incluindo sua poesia, invocações, apelos e hinos. Por exemplo, se você quiser procurar informações sobre Diana, consulte as fontes romanas. Aprenda as oferendas históricas dos Deuses. Pesquise seus dias sagrados e faça uma festa para eles naquele dia. Converse com pessoas que trabalham com eles e leia artigos de escritores Pagãos modernos. Descubra qual dos Deuses desperta algo dentro de você. Se não sentir nada, procure semelhanças entre vocês. Talvez ambos trabalhem com fogo ou com a lua.

Pesquise as Divindades que podem ter sido adoradas por pessoas de sua linhagem ancestral. Se esses espíritos ancestrais ainda estiverem por aí, eles podem ser capazes de lhe dar uma linha interna para essa Deidade. Fazer um teste de DNA pode revelar muito sobre ancestrais que você pode não ter conhecido. Por exemplo, sempre me disseram que sou inglesa, holandesa e alemã, mas depois de testes genéticos, descobri que também tenho raízes italianas, espanholas, francesas, irlandesas, do Oriente Médio e nórdicas.

O melhor conselho para escolher uma Divindade é seguir seu coração e sua intuição. Se você sente sensações agradáveis ao ler sobre elas, é um bom sinal. Comece por aí.

Respeitando Outras Culturas

É importante ser sensível às culturas originais de onde vieram os Deuses e agir com cuidado para tentar não ofender ninguém nas culturas vivas. Embora seja impossível nunca ofender ninguém, há algumas coisas a considerar ao entrar nos reinos espirituais de outras culturas.

Com Divindades antigas, geralmente não há cultura viva e, como tal, pouco se sabe sobre elas. Por exemplo, a cultura babilônica que adorava a Deusa Astarte há muito se foi, tendo sido substituída várias vezes. A maior parte do que se sabe sobre Astarte se perdeu com o tempo. Trabalhar com ela se limitaria ao pouco que se conhece e ao que se pode ser aprendido por meio da gnose pessoal ou da experiência direta com a Deusa. Nesse caso, há pouca chance de ofender alguém.

Outras Divindades antigas migraram por todo o mundo e estão vivas e bem na sociedade moderna. Elas evoluíram com a humanidade e se insinuaram em vários aspectos atuais de nossas sociedades.

Por exemplo, os antigos Deuses gregos saltaram da Grécia para Roma, para a Europa, para a África, para o Oriente Médio, para a América do Norte e ainda mais longe. Sua inserção na cultura moderna é evidente na gigantesca Estátua da Liberdade (*Libertas*) nos Estados Unidos, nas réplicas de estátuas desses Deuses em todo o mundo, em símbolos onipresentes como o Bastão de Asclépio (símbolo de uma cobra enrolada em um cajado que representando cuidados com a saúde), em empresas mundiais como a Nike (uma Deusa da vitória frequentemente associada a Athena) ou FTD (que usa Hermes como seu logotipo), na nomenclatura astronômica (como o módulo lunar Apollo), em nossa moeda e em sua imersão na cultura popular na forma de filmes, programas de televisão e livros. Muitas pessoas na sociedade moderna cresceram com os Deuses gregos de uma forma ou de outra.

Quando os Deuses se inserem em culturas ao redor do mundo e ao longo de vários milênios, as interpretações deles tendem a variar. Acredito que os Deuses podem mudar ao longo dos milênios e em diferentes regiões, para se adequar às necessidades de mudança da humanidade. Prova disso é o fato de os estudiosos acreditarem que Ártemis, Hécate e várias outras Divindades gregas vieram de outras origens, ainda mais antigas. Às vezes, a humanidade e os Deuses evoluem juntos.

A adoração aos Deuses gregos é considerada uma religião aberta, o que significa que não há regras rígidas sobre como fazê-lo da maneira certa. As diferentes cidades-estados da Grécia frequentemente tinham métodos diferentes de adoração, então qualquer tipo de culto poderia ser considerado um reflexo moderno dos tempos históricos.

No entanto, há um movimento de renascimento grego conhecido como "helenismo". Os praticantes reencenam práticas e rituais da era helênica. Eles valorizam a precisão histórica acima de tudo e não aceitam nenhuma interpretação dos Deuses gregos além do que está nos textos antigos. Se você trabalha com os Deuses gregos, pode precisar reconhecer a modernidade de seu relacionamento com eles em certos círculos e estar ciente de que outra pessoa pode adorar esses Deuses em um contexto histórico. Para contornar isso, é útil dizer algo como, "Eu trabalho com certas Divindades do panteão grego usando métodos modernos". Isso deixa claro que você não está praticando helenismo e não os adora exatamente como os antigos gregos faziam.

O último exemplo de trabalho com Divindades de uma cultura viva que não é a sua é o mais importante. Existem algumas religiões e grupos espiritualistas que são considerados "fechados", pois não desejam ensinar aos outros e não querem que ninguém de fora tente aprender sua religião, a menos que tenham nascido na cultura ou tenham sido adotados por ela. Exemplos desses grupos fechados incluem muitas religiões nativas-americanas, Santeria, os cultos maias e astecas, a religião romani e várias religiões das Ilhas do Pacífico, entre outras. É altamente recomendável que essas religiões sejam deixadas de lado, pois a possibilidade de mal-entendidos e ofensas é maior.

Algumas religiões são semifechadas, pois ritos iniciáticos específicos são necessários antes que alguém possa ser reconhecido como praticante, Sacerdote ou Sacerdotisa. Alguns exemplos incluem Vodu, a Wicca Tradicional, outras religiões com Tradição e algumas religiões tradicionais, como o judaísmo e o catolicismo. Os ritos de iniciação nessas religiões tradicionais mantêm a integridade da religião intacta. Eles impedem que as pessoas afirmem fazer parte se não tiverem aprendido os materiais certos pelas pessoas certas.

Para esclarecer o quanto poderíamos errar sobre uma religião tradicional se tentássemos adaptar algumas ferramentas, mas não tivéssemos o conhecimento adequado, vamos usar uma metáfora. Digamos que você tenha ouvido falar de um jogo chamado beisebol, mas não sabe como jogá-lo e nunca foi a um jogo antes. No entanto, você já ouviu falar sobre as ferramentas que eles usam, a configuração geral e algumas das coisas que os jogadores fazem. Infelizmente, você não conhece ninguém que jogue beisebol e nem sabe como pesquisar se há algum time aceitando novos membros. No entanto, você realmente gosta da ideia do jogo, então compra uma bola de beisebol, pega um bastão, veste uma camisa, desenha bases em seu quintal e começa a jogar. Sem saber, porém, acidentalmente você comprou uma bola de tênis em vez de uma bola de beisebol de verdade e está usando tênis em vez de chuteiras de beisebol. Seu bastão foi feito para uma criança e você não sabe o que fazer com o gol de futebol que também comprou com a certeza de que tudo se encaixava.

Mas você ainda se diverte jogando a bola para o alto, acertando-a e correndo para a terceira base. Só que seu "beisebol", com todos esses itens incompatíveis, não parece um jogo de beisebol de verdade, não é mesmo? É assim que algumas pessoas de religiões fechadas ou semifechadas se sentem em relação a alguém que tenta praticar sua religião sem ser iniciado. Se você quer aprender a jogar beisebol de verdade, inscreva-se para receber instruções, compre seu equipamento de uma fonte confiável e, eventualmente, jogue um jogo real com outras pessoas.

Para retomar essa metáfora de volta em um contexto religioso, existem vários passos apropriados que podem ser dados com uma religião semifechada para honrar as tradições espirituais e tornar-se digno de seus segredos. Isso ocorre por meio do conhecimento de fontes (leitura de livros de fontes primárias e/ou ensino direto ou treinamento de uma fonte primária); grande reverência aos Deuses, suas imagens e atributos; reconhecimento de como sua prática difere das culturas tradicionais; tratando as culturas e origens vivas com o devido respeito e recebendo a confirmação dos Deuses de que eles querem trabalhar com você.

Vou compartilhar um exemplo de como ser respeitoso em uma religião semifechada. Aos vinte anos, morei em um Templo Vodou. O Vodou é uma religião considerada semifechada, originária do Haiti, como uma variação das religiões da África Ocidental que foram trazidas para as Américas por pessoas arrancadas de suas terras natais para trabalhar como escravos. Devido à história cruel e violenta da escravidão na era colonial e seu duradouro legado de racismo, a possibilidade de ofender alguém em uma cultura como essa pode ser muito grande, especialmente sendo americana e branca.

Nos meus primeiros dias no templo Vodou, eu não era convidada para os rituais e estava bem com isso. Eu sabia que não tinha conquistado nenhum direito de ir. E assim, cuidei dos inúmeros gatos, lavei pratos, varri o chão, cozinhei e fiz outras tarefas em troca de aluguel grátis. Os Deuses estavam por toda parte no Templo – cada cômodo continha altares, pinturas e velas nas paredes. Depois de várias semanas morando lá, o sacerdote e a sacerdotisa me convidaram para participar de alguns dos rituais. Também tive permissão para ajudar nas oferendas de fubá e maçãs no lago próximo. Eles também me deram acesso total à sua biblioteca e li muitos de seus livros.

Quanto mais eu lia sobre o Deus Papa Legba, mais ele me fascinava. Seu papel principal é o de guardião do reino espiritual. Como tal, ele costuma ser um dos primeiros Deuses com quem as pessoas trabalham.

Havia algo nele – eu estava tão atraída por sua energia. No entanto, não queria presumir que ele também queria trabalhar comigo, porque havia uma grande distância entre nossas culturas.

Eu não queria invocá-lo aleatoriamente em um de meus rituais Pagãos, porque respeitava muito seu poder e a cultura da qual ele vinha. Dia após dia, eu lia histórias sobre ele e aprendia mais sobre a cultura haitiana. Nos rituais para os quais fui convidada, o Sacerdote do Templo e eu entoávamos sua invocação. Aproximei-me dele respeitosamente e dei-lhe oferendas, sem esperar nada em troca. Eu não esperava nada de Papa Legba e não lhe pedi nenhum favor. Meu carinho por ele foi crescendo e, depois de várias ofertas, pedi para que ele me desse um sinal se queria trabalhar comigo ou não.

Durante semanas não recebi nenhuma confirmação. Senti como se fosse um teste de paciência, então continuei minha humilde súplica. Bastava-me dar-lhe oferendas e energia de vez em quando. Só isso já me satisfazia.

Algumas semanas depois, o sacerdote, a sacerdotisa e eu estávamos nos preparando para uma festa. Eu estava escrevendo algo em meu Livro das Sombras quando minha caneta parou de funcionar. Toquei a caneta com a língua para fazer a tinta fluir, como sempre fazia quando isso acontecia. Só que dessa vez, a ponta da minha caneta quebrou e um jorro de líquido derramou em minha boca. Eu cuspi uma poça de tinta preta em meu Livro das Sombras aberto. Uma olhada em um espelho próximo me mostrou que meus dentes e língua estavam completamente pretos. O sacerdote e a sacerdotisa caíram na gargalhada.

"Papa Legba gosta de você", disse o sacerdote.

Ele continuou dizendo que ele só faz brincadeiras com aqueles que gosta, então, à sua maneira, foi um elogio. Depois que o choque passou, eu ri com eles. Eu sabia que Papa Legba era um trapaceiro, mas não pensei que seria vítima de uma de suas pegadinhas, especialmente como um sinal de que ele estava bem comigo. Depois daquela noite, continuei a trabalhar com ele, mesmo depois de deixar o Templo.

Acredito que este seja um exemplo de como abordar respeitosamente uma Divindade de uma cultura diferente. Outras pessoas podem discordar com base na premissa de que não fui criada com o Vodou e isso não faz parte da minha herança. No final, você deve decidir onde está seu nível de conforto.

Acredito que qualquer pessoa tem a capacidade de trabalhar com uma Divindade de religião não fechada se buscar informações na fonte, for respeitosa o suficiente e reconhecer suas limitações.

Se você deseja trabalhar com Divindades de religiões não fechadas de outras culturas, tome cuidado para ser culturalmente apreciativa e não culturalmente apropriativa. A descolonização de nossas práticas é um conceito importante quando se pensa em religiões. Se você não é da cultura onde a Divindade se originou ou não foi criado dentro de uma cultura onde a Deidade foi encontrada, permita-se a humildade de não ser um especialista em todos os aspectos sobre eles, especialmente as partes culturais.

Deixe esse papel para alguém mais próximo da fonte. Permita que seu trabalho com esses Deuses seja algo como uma aliança respeitosa, em vez de pensar que é algo a que você tem direito. Converse com alguém que saiba mais sobre os Deuses e pergunte como eles praticam. Ouça o que eles têm a dizer. Se puder estudar com uma tradição que ensina sobre eles, faça isso.

Os Deuses nos deixarão saber se não quiserem trabalhar conosco. Se você não receber um sinal, aceite e siga em frente. Considere se há outra Divindade com a qual gostaria de trabalhar. No entanto, se receber a confirmação deles, especialmente se foi interpretado como um sinal benéfico de alguém que os conhece bem, supere os gestos preliminares e entre em um relacionamento mais profundo.

Talvez o conselho mais importante ao trabalhar com uma nova Divindade seja ser paciente, respeitosa e gentil. Dê sua energia e amor e não peça nada até sentir uma conexão com eles. No final, tudo se resume a ter e mostrar muito respeito. Podemos aprender muito com outras culturas e seus Deuses.

Conexão com os Deuses

Livros de história sobre culturas antigas frequentemente se referem aos Deuses com base nos rituais que eram feitos para eles, mas muitas vezes as descrições são muito vagas para sabermos o que realmente aconteceu.

Há pouquíssimas informações sobre que tipo de oferenda fazer, quais palavras dizer, como se preparar para um ritual e em quais dias os rituais eram celebrados.

Algumas dessas informações ausentes se devem a uma tradição verbal. As coisas simplesmente não eram escritas, então não temos como saber o que aconteceu. Outras vezes, um historiador pode ter omitido detalhes devido ao seu próprio desinteresse ou aversão.

Da mesma forma, alguns rituais nunca foram registrados porque foram executados por pessoas que não eram poderosas em sua cultura e não tinham a habilidade de escrever ou acesso a ferramentas de escrita. Muita sabedoria foi perdida ao longo dos séculos, grande parte dela irreversível. Felizmente, esses antigos métodos tradicionais de rituais e comunicações com os Deuses não são as únicas maneiras de interagirmos com eles.

Não precisamos realizar exatamente o mesmo ritual que as culturas históricas faziam. Na verdade, muitas vezes isso é absolutamente impossível. Nossos métodos Pagãos modernos de práticas e rituais funcionarão na maioria das vezes. E como Bruxas Intuitivas, fazemos o que funciona.

Conheça sua Divindade escolhida e sua energia. Visite-as e compartilhe presentes. Fale com elas como se estivesse conhecendo um novo amigo. Se forem compatíveis, provavelmente você receberá um sinal ou alguma outra forma de interação. Veja algumas das melhores maneiras de se conectar com os Deuses.

Invoque os Deuses em seus Rituais

Invoque seus Deuses favoritos para ajudar em seu trabalho espiritual. Faça o que achar apropriado para eles, podendo ser uma oferenda, conectar-se com eles e ouvi-los, ou um elaborado ritual intuitivo. Se parecer apropriado, use métodos Pagãos modernos de invocar os Deuses depois de lançar um Círculo. Isso pode trazer suas presenças para o Círculo e permite que você se comunique com eles. Uma variação disso é invocá-los enquanto está lançando o Círculo, deixando os Deuses serem representações energéticas de cada elemento e direção: por exemplo, "Para o Leste, eu invoco, Pallas Athena, Deusa da Sabedoria de olhos brilhantes, coragem e perspicácia. Esteja comigo em meu ritual de lua nova". Quatro Divindades diferentes podem ser invocadas, ou diferentes aspectos da mesma Divindade podem ser invocados. Faça o que parece certo.

Invoque os Deuses na Prática

Um ritual formal com um Círculo não é necessário para invocar os Deuses. Você pode chamá-los sempre que precisar. Peça a Freya por amor enquanto mistura mel em seu chá matinal, medite enquanto pensa em Shiva e Shakti ou fale com o Barão Samedi em frente a um cemitério. Os Deuses podem ouvir nossos apelos e podem ajudar com nossas pequenas mágicas e práticas.

Fazer Altares

Uma das melhores maneiras de começar a trabalhar com uma Divindade é fazer um altar dedicado a ela. Os altares são formas poderosas de se conectar com os Deuses e podem trazer um relacionamento muito mais profundo com eles do que quase qualquer outra coisa. O poder dos altares e estátuas é conhecido há milênios.

No Antigo Testamento da Bíblia tem até instrução aos hebreus para "derrubarem altares (Pagãos) e cortarem seus *asserás* (imagens relacionadas à Deusa Asherah) e queimarem suas imagens esculpidas"[31]. O imenso poder dos altares e imagens Pagãs fica bem claro nessas passagens!

Para criar um altar, escolha um local adequado. Use uma pano de altar, se for apropriado para o local, em uma cor que transmita a energia deles. Arrume o altar com itens que você associa a essa Divindade. Por exemplo, um altar para Bast, a Deusa egípcia da fertilidade, proteção e gatos, poderia ter uma toalha de altar preta, representando proteção, algumas estatuetas de gato e leão e uma estátua para ela. Você também pode adicionar itens historicamente associados a ela, como um sistro (um chocalho egípcio), um colar ou coleira, um *ankh* ou um escudo.

Use as imagens dos Deuses, suas representações terrenas e simbolismo. A maioria dos Deuses gosta de estátuas físicas e imagens de si mesmos, porque o simbolismo é uma linguagem que eles entendem. Pergunte a eles o que gostariam de ver em seu altar. Se responderem, faça o seu melhor para atendê-los. Considere fazer uma cerimônia de dedicação na qual você dedica o altar à Divindade escolhida com um ritual e muitas oferendas.

Faça Oferendas

Foi dito que um ritual sem oferenda é o mesmo que um ritual sem espírito. Quer isso seja verdade ou não, descobri que os Deuses com quem trabalho estão mais dispostos a interagir comigo quando dou a eles o que eles gostam. As oferendas podem assumir várias formas e diferentes Deidades vão gostar de diferentes oferendas. Aqui estão algumas das oferendas e métodos de apresentação mais comuns.

Várias Divindades gostam de álcool, que pode ser despejado em um cálice, em um copo sofisticado ou em um *shot*, ou pode ser derramado como uma libação no chão. Faça oferendas em rituais ou práticas, fale seu nome e agradeça da maneira que desejar. Por exemplo, Odin parece gostar de hidromel ou cerveja e de ser brindado no tradicional "Skol!" nórdico. Isso foi algo que me veio intuitivamente, mas ao pesquisar, encontrei uma referência histórica do século 7 sobre Pagãos germânicos fazendo uma oferenda de cerveja para ele[32]. Na lua escura, sirvo um pouco de vinho tinto para Hécate no local liminar onde minha varanda dos fundos encontra meu quintal.

31 Deuteronomy 7:5 (English Standard Version).

32 Jonas, *Life of Saint Columban*, rev. ed., ed. Dana Carleton Munro (Philadelphia: Department of History of the University of Pennsylvania, 1895), 31-32, https://babel.hathitrust.org/cgi/pt?id=hvd.32044009636812.

Enquanto sirvo, agradeço a sua ajuda, usando alguns dos epítetos que lhe estão associados. Outros Deuses preferem outros métodos que sejam mais específicos para quem eles são. Atenda aos caprichos deles e eles atenderão aos seus. Chá e café são outras boas ofertas de bebidas.

Os Deuses também adoram oferendas de comida. Se você está comemorando uma vitória que eles ajudaram, compre algo especial e dê ou reparta com eles. Tente oferecer a comida que eles gostam. Pesquise a comida regional de onde veio a Divindade e faça a oferenda.

Essas Deidades também gostam de receber oferendas queimadas. Há algo sobre a transformação da matéria física em fumaça e cinzas que os Deuses gostam. Varetas de incenso são provavelmente a maneira mais fácil de queimar oferendas, mas não necessariamente a melhor, especialmente porque algumas delas são feitas com ingredientes inferiores, como fragrâncias que contêm toxinas. Experimente jogar ervas em uma fogueira ou queimar resinas em um Caldeirão com um disco de carvão de incenso.

Acenda uma oferenda como ervas secas e coloque-a dentro de uma tigela de metal ou cerâmica ou, meu favorito, sobre uma folha de rocha vulcânica. Queimar folhas de louro tem um efeito deslumbrante e é a preferência de muitos dos Deuses gregos.

Madeiras como palo santo, sândalo, pinho e cedro têm aromas e correspondências únicos, e algumas podem até ser locais em sua área. Resinas, incluindo olíbano, mirra, copal e outras, são um pouco mais caras, mas podem valer a pena se sua Divindade gostar especialmente delas.

As ofertas queimadas não precisam ser exóticas ou caras. Algumas das melhores ofertas queimadas podem estar crescendo do lado de fora da sua porta dos fundos. Queimei hortelã-pimenta caseira, lavanda, sálvia, alecrim e catnip – tudo com grande efeito. Você pode oferecer praticamente qualquer coisa aos Deuses, incluindo flores e velas também. Experimente o que funciona e faça anotações em seu Livro das Sombras.

O tema das oferendas aos Deuses Pagãos não estaria completo sem mencionar o sacrifício de animais. Historicamente, isso era comum nas práticas religiosas Pagãs de muitas culturas. No entanto, nos tempos modernos, essa prática caiu em desuso. Atualmente, poucas religiões e práticas Pagãs ainda utilizam animais como oferendas, incluindo a Santeria, o Vodou, o Paganismo germânico (heidenismo), e algumas práticas de Bruxaria de Cozinha e Tradicional, dentre outras. Pessoalmente, acredito que animais e outras criaturas vivas nunca devem ser sacrificados, a menos que isso seja feito de maneira legal, respeitosa e que a carne do animal seja consumida como parte de uma refeição. Uma alternativa mais agradável para agradar a um Deus conhecido por exigir sacrifícios de animais seria fazer biscoitos no formato de animais e oferecê-los, ou oferecer uma porção de carne a eles.

Considere usar recipientes bonitos e dedicados para suas oferendas. Uma oferenda em um Cálice elegante, com a energia associada a essa Divindade, pode ser muito atraente para ela. A Divindade pode estar mais aberta a trabalhar com você se perceber seu esforço. Uma vez que uma oferenda tocar o altar, não deve ser consumida. Deixe as oferendas no altar por um dia, ou mais, se não apodrecerem ou estragarem, a menos que sua divindade prefira assim. Hel, uma das principais Deusas com quem trabalho, gosta de receber oferendas de frutas e flores e prefere que elas permaneçam no altar enquanto secam e apodrecem.

Para agradá-la e manter minha casa segura, uso um prato sob a oferenda, corto-a em pedaços pequenos e a removo-as antes que comecem a mofar.

Descarte as oferendas consumidas em uma pilha de compostagem, jardim, local liminar, local natural especial ou simplesmente deixe os restos do lado de fora, se for adequado. Energeticamente, isso geralmente é considerado melhor do que jogar oferendas no ralo ou jogá-las fora, porque recicla a energia de volta para a terra.

Dê aos Deuses Energia e Gratidão

Os antigos gregos achavam que "sem *aerohs* (afeição devocional pelos Deuses), nossas oferendas não têm sentido"[33]. Em outras palavras, as oferendas não devem ser feitas por mera obrigação: tudo o que damos deve conter nosso amor por eles. Isso implica que o verdadeiro deleite para os Deuses não é a oferenda mas a energia por trás dela.

Parte da minha prática regular é fazer oferendas energéticas às minhas Divindades favoritas. Recebi imensas recompensas desse tipo de oferenda tanto em práticas quanto em rituais. O melhor de tudo, é totalmente gratuito e muito fácil. Para dar energia a uma Divindade, entre em um estado meditativo. Pense nos Deuses com a qual tem afinidade e abra seu coração. Sinta amor, admiração e devoção por eles. Alinhe sua energia com a energia deles. Agradeça-os e diga-lhes por que você os aprecia. A gratidão é uma das emoções mais sinceras. Também é um grande elogio – você não está apenas reconhecendo a assistência e os poderes deles, mas também permanecendo depois que obteve sucesso com seus objetivos. Ou seja, você voltou para eles mesmo quando não precisava de nada, simplesmente para verificar e dizer que os apreciava. Isso fará com que sinta a energia deles retornando para você, e ainda mais. Este é um ato verdadeiramente mágico e que pode provar sua conexão com os Deuses.

33 *Offerings to Gods in Hellenismos*, HellenicGods.org, accessed January 17, 2019, http://www.hellenicgods.org/offerings-to-gods-in-hellenismos.

Usando a Simbologia

A simbologia é a prática de usar objetos para representar uma ideia abstrata. Pense nos chifres e nas pernas de bode de Pan, que representam sua sexualidade animalesca e desenfreada. Considere as tochas de Hécate, que representam seu poder como portadora da luz e seu papel como guia através dos mistérios de Elêusis. O simbolismo sempre teve um poder bruto e primitivo sobre o subconsciente humano, porque o hemisfério direito não verbal do cérebro é rico em imagens simbólicas pessoais e universais. Quando atribuímos simbolismo aos Deuses, as coisas tomam um rumo mais significativo. Usado em atos mágicos, o simbolismo pode evocar significados mais profundos dentro de nós. Isso pode fortalecer nossos rituais e nossas conexões com os Deuses.

Algumas pessoas teorizam que os Deuses e os espíritos são seres de dimensões superiores e, como tal, têm capacidades limitadas de interagir conosco, seres tridimensionais. Se isso for verdade, significa que eles podem ser capazes de se comunicar na forma de energia e, por extensão, pensamento. Podemos preencher a lacuna entre nós e os Deuses ou espíritos usando a simbologia. Isso pode incluir lugares, itens, nomes, títulos e outras coisas associadas aos Deuses. Aqui estão algumas maneiras de incorporar simbolismo em sua prática Pagã:

* Ao invocar ou comungar com os Deuses, podemos visualizar sua essência e seus aspectos. Dê vida ao simbolismo em sua mente para se conectar com eles. Um exemplo de pensamento em simbolismo para Afrodite seria imaginar-se caminhando em uma linda praia, sentindo o sol quente em seus ombros, ouvindo o suave bater e recuo das ondas e vendo a beleza das conchas e das cristas brancas das ondas. Talvez você até sinta o aroma salgado do oceano. Se conseguir criar essa atmosfera energética em sua mente, criará uma mentalidade mais receptiva para receber sua visita.
* Ao invocar ou dirigir-se aos Deuses, fale na linguagem do simbolismo. Os antigos gregos tinham epítetos, ou endereços, para os Deuses, que incluíam seu simbolismo pessoal. É fácil imaginar "Hera como uma vaca" ou "Athena com os olhos brilhantes". Escrever e recitar poesia é outra maneira de usar a linguagem do simbolismo. E é especialmente útil porque expande nossas mentes para abranger os reinos divinos.

* Vista-se e mova-se no simbolismo. Use o que suas Divindades favoritas usavam, de acordo com a arte histórica. Monte algo que eles poderiam vestir nesta Era Moderna. Use réplicas históricas de suas joias. Se sua Deusa favorita estiver associada a rubis, use uma pulseira ou colar de rubis. Se você adora Cernunnos, use um torque. Muitas Divindades Pagãs têm danças ou gestos folclóricos associados a eles. Procure vídeos on-line para ver se ainda existem. Nesse caso, execute-os da melhor maneira possível com a música tradicional, se disponível.
* Qualquer coisa que faça os Deuses se sentirem mais em casa e familiarizados pode ser usada para evocar uma conexão mais profunda. Experimente esse conceito e use o que parecer funcionar.

Ritual: Oferenda a Uma Divindade

Escolha uma Divindade e dirija-se a um local onde ela seja conhecida, como a floresta para homenagear Ártemis ou um rio para honrar Oxum, por exemplo. Centre-se e convide a energia das Divindades para estar com você. Esteja presente, conectando-se a elas. Visualize seus simbolismos e envie aos Deuses sua energia amorosa. Faça uma oferenda e feche os olhos para ouvir sua voz serena.

Percepções Intuitivas

Escrevendo Invocações e Discursos Devocionais

Hannah Savage

Quando invocações e palavras rituais são escritas por alguém que tem uma relação diferente com a entidade envolvida, pode ser difícil sentir uma conexão com elas. Tenho descoberto que escrever minhas próprias invocações personalizadas tem mais poder.

Uma das melhores maneiras de fazer isso é coletar qualquer material de pesquisa que possa ajudá-lo a se conectar com a entidade – títulos, mitos favoritos, epítetos... o que você quiser incluir ao falar com eles. Com sua coleção, entre em um estado meditativo. Concentre-se na entidade; se tiver um altar para elas, fique de frente para o altar, acenda as velas correspondentes e coloque as oferendas.

Comece a escrever o que vier à mente – sem julgamento. Como você acha que eles gostariam de ser chamados? Com quais aspectos deles você trabalha de maneira mais confortável? Qual mito se destacou como particularmente representativo para você?

Quando sentir que terminou, faça uma pausa. Levante-se, beba um pouco de água e respire fundo. Em seguida, reveja suas anotações. Existem frases desajeitadas que poderão ser reformuladas, combinadas, divididas ou eliminadas completamente? Brinque com isso. Teste. Use o que escreveu no ritual e faça críticas na próxima vez. Ajuste. Você e seus relacionamentos com suas entidades estão em constante evolução. Parte da beleza de escrever seu próprio discurso ritual é que ele pode evoluir com você.

Certifique-se de declarar quaisquer termos ou intenções específicas com clareza. Se estiver com problemas, comece com uma destas fórmulas:

> Salve, (nome da Divindade), (epíteto ou título), (epíteto ou descrição), (realização ou referência mitológica), (epíteto), eu honro você. Salve, (nome da Divindade).
>
> Salve, (epíteto ou descrição), (pedido), (epíteto ou título lisonjeiro), peço ou imploro (pedido).

Rimar suas falas parece forçado e restritivo ou ajuda você a focar sua intenção? Quer você escreva em seu primeiro idioma ou em uma língua associada à entidade em questão, elas ouvirão. Não precisa falar um idioma com o qual não se sinta confortável, mas algumas pessoas (como eu) acham mais fácil entrar em transe e estados meditativos ao falar palavras desconhecidas.

Dê a si mesmo permissão para experimentar novos métodos. Não há maneira errada de escrever uma invocação. Contanto que funcione para você, está certo.

Como os Deuses se Comunicam

Quando eu era uma jovem Bruxa, não fazia ideia do que as pessoas queriam dizer quando afirmavam que os Deuses ou espíritos falavam com elas. Eu nunca tinha ouvido "vozes", nem em voz alta nem em minha cabeça. Eu não entendi por que nunca ouvi os Deuses falarem até que eu mesmo senti. É uma experiência complicada e interessante. Entidades de dimensões superiores têm problemas únicos de conexão com a terceira dimensão, da mesma forma que encontraríamos problemas ao tentar interagir com uma entidade bidimensional.

Devido a essas limitações naturalmente inerentes, é quase inconcebível saber exatamente o que são os Deuses, quem são e por que existem, entre outras coisas. Mas se você deixar tudo isso de lado, existem maneiras pelas quais eles podem se comunicar, principalmente por meio da energia. Continue lendo para obter uma lista das maneiras pelas quais os Deuses podem se comunicar conosco.

Presença

Às vezes, quando invoco uma Divindade, ela aparece presencialmente. Sinto uma mudança energética na sala. Uma presença poderosa faz as coisas parecerem diferentes de alguma maneira. Calafrios ou arrepios percorrem minha pele, meu couro cabeludo fica eletrificado ou um vento frio do Outromundo pode soprar em meu corpo. Às vezes, até sinto o cheiro de um aroma estranho. (Estou olhando para você, Pan!) Certa vez, depois de dar energia e gratidão a uma Deusa, senti ondas de amor fluindo em meu coração vindas de seu altar. Foi uma sensação que me rejuvenesceu inteiramente. Estar na presença de alguns Deuses pode ser maravilhoso, como se estivéssemos em uma realidade ligeiramente diferente, mais espiritual.

Mas nem todos os Deuses emanam serenidade. Também já senti medo na presença de uma Deusa poderosa e selvagem. Assim que aceitei seus mistérios – eu não entendia o que estava acontecendo ou como ela existia – meu medo se foi. Fui preenchida com amor, respeito e admiração, mesmo que estivesse um pouco assustada.

Momentos como esses, quando você sente a presença dos Deuses, são verdadeiramente especiais. Ao vivenciá-los, valorize cada instante. Eles podem não ocorrer todos os dias, o que os torna ainda mais preciosos.

Uma Voz Suave

Na maioria das vezes, os Deuses se manifestam como uma voz suave e interna na sua mente. É semelhante a perceber seus próprios pensamentos, mas a voz dos Deuses possui uma cadência única e distinta. A voz surge espontaneamente, às vezes com um sotaque ou tom de voz característico. Os Deuses frequentemente revelam coisas que não teríamos como saber de outra maneira.

Antes de descartar isso como algo fora do seu alcance, pense se você já conversou com seus animais de estimação ou com qualquer outro animal. Falar com os Deuses não é diferente de fazer uma pergunta ao seu gato ou cachorro e sentir ou ouvir a resposta na sua mente. Se você já teve uma conversa significativa com seu companheiro animal, provavelmente também é capaz de se comunicar com os Deuses.

Uma Voz Expressiva

A forma mais incrível de comunicação com os Deuses é quando ouvimos uma voz de maneira significativa. Isso é diferente da voz interna suave, pois é em voz alta. Quem já experimentou isso diz que é como se alguém estivesse na mesma sala, conversando diretamente.

Experiências genuínas desse tipo parecem ser raras, mas uma coisa é certa: quando eles falam tão claramente, você definitivamente deve prestar atenção.

Um Barulho

Pode haver momentos em que você menciona uma Divindade e um barulho estranho aparece. Pode ser um latido de cachorro, um grasnido de corvo ou até mesmo uma porta de forno rangendo, algo que nunca aconteceu antes. Preste atenção aos ruídos misteriosos, especialmente se estiverem em sincronia com o que você está dizendo ou pensando.

Uma Cutucada

Às vezes, os Deuses se comunicam de maneira não verbal. Há momentos em que eles me dão uma cutucada intuitiva. "Não vá lá", eles dizem, ou "Fale com aquela pessoa". Eles podem destacar diferentes pessoas para torná-las mais atraentes para nós ou fazer com que os objetos pareçam brilhar. Preste atenção a esses impulsos. Muitas vezes, os Deuses estão tentando conectar pessoas com ideias semelhantes ou revelar algo para nós.

Sinais

Há momentos em que uma borboleta é apenas uma borboleta, mas às vezes, é mais que isso. Os Deuses podem se conectar com o mundo natural mais facilmente do que nós, e podem usá-lo para se comunicar conosco. Os sinais são lembretes de que algo mais profundo está em jogo. Para mais informações sobre sinais, leia a seção sobre presságios no capítulo 12.

Uma Visão

As visões dos Deuses a olho nu podem ser algumas das comunicações mais raras, mas acontecem. Mais comum é ver tanto eles quanto uma entidade energética através da segunda visão, pelo Terceiro Olho. Como uma visão direta é tão rara, não se assuste quando isso ocorrer.

Gnose Pessoal

A gnose pessoal pode ser definida como o recebimento direto de conhecimento e sabedoria dos Deuses por meio de interações com eles. É a base de todas as religiões e espiritualidades. Em certo momento, alguém teve uma gnose pessoal e registrou suas experiências. As autoridades da época consideraram sua interpretação como verdadeira, muitas vezes tornando-a a única versão oficial. Aqueles cuja gnose pessoal coincidia com a versão oficial eram considerados como tendo uma "gnose pessoal verificada". Já aqueles que tiveram experiências pessoais diferentes com os Deuses eram rotulados como possuidores de "gnose pessoal não verificada".

Atualmente, há um debate em curso nas comunidades Pagãs e de Bruxaria sobre a gnose pessoal. Algumas pessoas preferem uma interpretação mais tradicional dos Deuses e só aceitam o que foi escrito sobre eles há milhares de anos. Outras estão abertas a interpretações modernas. É por isso que eu acredito que as experiências de gnose pessoal não verificadas podem estar mais próximas da realidade do que os relatos de gnose pessoal verificados.

- Muitas histórias dos antigos Deuses foram escritas há um milênio, se não mais, durante uma época muito diferente. Essas épocas podem não ter sido tão igualitárias em questões como racismo, direitos das mulheres, direitos das relações homoafetivas, escravidão, pessoas transgênero e assim por diante. Algumas das antigas histórias sobre os Deuses podem ser mais indicativas das normas sociais humanas da época do que uma verdadeira representação dos Deuses.

* Os mitos sobre os Deuses podem não estar completamente corretos devido ao viés daqueles que traduziram e interpretaram a história. Por exemplo, a maioria dos historiadores de 1800 pensava que todos os vikings enterrados com armas eram do sexo masculino. No entanto, testes recentes de DNA provaram que uma das sepulturas mais decoradas e carregadas de armas da Escandinávia era a sepultura de uma mulher[34]. Se os historiadores erraram nisso devido a seus preconceitos sobre as mulheres, o que mais eles poderiam ter errado?
* Os Deuses podem se manifestar de maneiras únicas, variando de acordo com o tipo de pessoa. Uma amiga minha vê Afrodite como uma Deusa *plus size* e se sente fortalecida por essa imagem. Os helenistas tradicionais veem Afrodite de maneira diferente, como esbelta. No entanto, as Divindades não precisam se apresentar da mesma forma para todos. Assim como eu não sou a mesma pessoa no trabalho, na loja de ferragens, em casa, com meu amado ou com meus amigos – somos diferentes em diferentes contextos. Portanto, podemos estender um pouco de flexibilidade para os Deuses fazerem suas próprias escolhas sobre como se apresentam, o que desejam para diferentes pessoas e como desejam interagir com elas. É normal que tenham desejos diferentes para pessoas diferentes.
* É possível que os Deuses mudem. Vivemos nos tempos modernos, onde os Deuses ainda estão vivos e ativos. Quem pode dizer que eles não mudaram como nós, ano após ano, evoluindo com a humanidade? Talvez eles sejam mais fluidos do que pensamos e sejam capazes de mudar para refletir o que a humanidade precisa deles.

Se sua gnose pessoal não verificada o capacita, mantenha sua crença e não deixe ninguém dizer que está errado. Alguns dos meus momentos mais profundos com os Deuses são considerados gnose pessoal não verificada, e estou bem com isso. Se não machucar ninguém e não forçar os outros a aderirem à sua visão, não se preocupe. Muitas das melhores mentes Pagãs de nossos tempos apoiam a gnose pessoal não verificada.

34 Thad Morgan, *DNA Proves Viking Women Were Powerful Warriors*, History.com, last modified March 5, 2019, https://www.history.com/news/dna-proves-viking-women-were-powerful-warriors.

Dito isso, sempre diga às pessoas como você recebeu sua gnose pessoal: por exemplo, "Sempre achei que Afrodite era mais uma Deusa *plus size*", "Tive um sonho que Afrodite era bem-arredondada" ou "Eu tive uma visão de Afrodite, e deixe-me dizer a você – ela não tinha a forma da Barbie". Esse reconhecimento é mais preciso e honesto do que discutir com alguém sobre um texto tradicional.

É tão inspirador e incrível que os Deuses estejam vivos e se manifestem para nós. Espero que sua gnose pessoal seja rica e útil, e que, verificada ou não, você compartilhe suas experiências. Fico arrepiada sempre que ouço ou leio sobre gnose pessoal. É como se a Divindade estivesse bem ali comigo.

Atrair os Deuses com a Virtude

Os antigos gregos pensavam que poderíamos atrair a graça dos Deuses sendo virtuosos. Eles acreditavam que por serem puros de mente, realizando limpezas, tendo rituais e fazendo boas ações no mundo, os Deuses gostaria de nos dar presentes e realizar nossos desejos[35]. Se for esse o caso, ser virtuoso é uma porta de entrada para o crescimento espiritual e uma vida melhor.

Quando faço algo não virtuoso, como fofocar sobre outras pessoas, mentir ou pegar algo que não me pertence (mesmo que seja um pouco), não me sinto bem. Fico sobrecarregada com energia emocional estagnada por várias horas depois e sinto um pouco de ressaca, por assim dizer. Quando experimentamos uma energia emocional mais baixa, pode ser muito mais difícil entrar em contato com os Deuses. Por outro lado, quando faço algo virtuoso, como defender a injustiça, deixar alguém com filhos entrar na fila antes de mim, ajudar uma pessoa cega perdida a encontrar o caminho, recolher o lixo ou doar para uma instituição de caridade digna, a vida parece mais gentil e com mais significado. Sinto-me mais aberta e alinhada com fontes de energia positivas.

Cultivar a virtude nos torna mais fiéis ao nosso Eu Superior, ao bem maior da humanidade e, talvez, até às missões dos Deuses. Se você está buscando um motivo para fazer mudanças positivas em sua vida, tente cultivar a virtude. Algumas práticas que podem ajudar a aumentar sua virtude incluem ajudar os outros, ser justa e gentil mesmo na ausência das pessoas, ser paciente, ser sincera e cumprir suas promessas. Mesmo que essas práticas não garantam a atenção ou recompensa dos Deuses, certamente não podem prejudicar.

35 *Virtue in Hellenismos*, HellenicGods.org, accessed January 17, 2019, http://www.hellenic gods.org/virtue-in-hellenismos.

Problemas Comuns ao Trabalhar com os Deuses

Existem alguns problemas potenciais que você pode encontrar ao trabalhar com os Deuses, especialmente como iniciante. Não deixe essas histórias desencorajar você. Eu também lidei com todos esses problemas. Eventualmente, encontrei uma maneira de trabalhar com Deuses que estão alinhados comigo.

Sem Resposta

Você fez um altar para uma Deidade, comprou suas flores favoritas, acendeu uma vela no seu dia de festa e até serviu cerveja, sua bebida preferida, mas o Deus nunca apareceu. Pior ainda, ele está evitando seus chamados mês após mês. Por mais que tente, alguns Deuses podem nunca comparecer aos seus rituais. Se você não sentir a presença deles depois de chamá-los, não leve para o lado pessoal. Eles podem estar ocupados ou talvez não seja uma boa opção. Os Deuses podem estar alinhados e dispostos a trabalhar conosco – ou não. Se a energia simplesmente não estiver certa, ele ou você seguirá em frente. Se um Deus permanecer ausente e você nunca receber um sinal de confirmação, tente invocar uma Divindade diferente.

Recusa ou Aceitação Condicional

Alguns Deuses se recusarão a trabalhar com você ou só trabalharão em seus termos. Nesses casos, é provável que algo sobre a energia entre vocês simplesmente não esteja certo. Meu exemplo favorito de recusa e aceitação condicional é bastante cômico, mas realmente aconteceu.

Certa vez, pensei que seria engraçado convidar Thor para me acompanhar enquanto eu levantava pesos. Foi depois de ter sentido a presença de Ártemis durante uma corrida e ter decidido escrever um artigo sobre "malhar" com os Deuses. Eu o convidei para se juntar a mim enquanto "bombava ferro". Imediatamente, senti uma presença masculina na sala e senti um cheiro um tanto quanto... pungente. Thor desapareceu quase instantaneamente.

Fiquei com a sensação de que ele não estava achando graça. Eu dei de ombros. Somos muito diferentes, ele e eu, e provavelmente não somos compatíveis. Foi a primeira vez que o visitei também e, verdade seja dita, provavelmente não foi a melhor apresentação.

Semanas depois, eu estava escrevendo um artigo sobre o encontro com a Deusa nórdica Hel quando comecei a me sentir cansada. Decidi parar de escrever até o dia seguinte, quando poderia olhar meu rascunho com novos olhos. Quando me levantei para sair, senti a presença masculina de Thor novamente. Parecia que sua mão estava no meu peito, impedindo-me de sair do meu escritório. Intuitivamente, eu sabia que ele queria que eu terminasse o artigo. Thor e eu fizemos um acordo – eu terminaria o artigo naquela noite em troca de um presente de coragem e força dele. Ele concordou com isso imediatamente e desapareceu. Terminei o artigo e, pouco depois, seu dom se manifestou. Eu não o vi desde então. Embora nossas energias não funcionem muito bem juntas, fomos capazes de nos comprometer naquela única ocasião.

Executando Tarefas

Outro problema que pode ser encontrado com os Deuses é que alguns deles podem dar a você uma lista interminável de tarefas. Isso costuma ser visto em contos de fadas nos quais, por exemplo, alguém deve procurar uma agulha no palheiro ou separar grãos de arroz de grãos de trigo. Eu nunca acreditei que isso fosse realmente uma coisa que poderia acontecer até que aconteceu comigo.

Quando me aproximei de Hécate pela primeira vez em um ritual, ela apareceu, mas parecia relutante em trabalhar comigo. Perguntei o que poderia dar a ela para representá-la em meu altar.

"Dê-me uma chave", ela disse com uma voz suave.

Eu concordei em fazer isso. No mês seguinte, procurei uma chave digna dela. Tinha que ser perfeita. Finalmente, encontrei. Tinha uma forma de coração no topo e três pontas na parte inferior. Era linda, eu pensei que ela iria adorar. Duas semanas depois, em meu próximo ritual, apresentei a ela.

Hécate parecia distante. "Pinte-a de preto", ela disse. Fiquei surpresa ao ouvi-la dizer isso. Eu não tinha tinta preta. Teria que comprar. Mas ela estava decidida.

Alguns dias depois desse ritual, consegui um pouco de tinta preta. Pintei a chave e esperei até o próximo ritual. Quando orgulhosamente dei a ela a chave preta, eu estava pronta para superar as formalidades e entrar em uma amizade. No entanto, Hécate ainda estava tão firmemente fechada quanto uma porta trancada, apesar da chave preta.

"Traga-me uma bolota", ela disse.

Comecei a sentir como se ela estivesse me enrolando. Mesmo assim, nas semanas seguintes, encontrei um carvalho e a pequena bolota perfeita. Bem... você consegue adivinhar o que ela disse no ritual quando eu a apresentei?

"Pinte de preto."

Fico feliz em dizer que esse diálogo de vaivém terminou depois desse ponto. Hécate estava testando minha devoção, mas minha determinação venceu no final. Pintei a bolota de preto e ela baixou a guarda. Agora, trabalhamos juntas regularmente.

Se você é uma dessas pessoas que está recebendo uma lista de tarefas de uma Divindade, considere o quanto está comprometida em trabalhar com ela. Você realmente quer trabalhar com um chefe exigente? Afinal, uma Divindade que tem uma tarefa para você provavelmente terá várias outras. Será que vale a pena? Você é uma pessoa digna desse Deus e de suas tarefas? Apenas sua capacidade de realizar as tarefas dirá.

Falta de Energias Equilibradas

Se você trabalha apenas com Divindades e espíritos pacíficos, este pode ser um processo suave e contínuo, mas sua vida pode carecer de aventura e desafio. Seu caminho espiritual pode tender para a passividade e inação, mesmo quando ações mais fortalecidas são mais adequadas para algumas situações. Da mesma forma, se todos os seus Deuses gostam de guerra, ou se todos os espíritos com os quais você trabalha são nocivos, eles podem capacitar você a acreditar em si mesma, falar e obter justiça mágica, mas também podem fazer com que se sinta amargurada e com cicatrizes de batalha. Muita energia de luta pode trazer sensação de grosseira, esgotamento e cansaço.

É importante avaliar se você está feliz com as energias que está trazendo ao mundo. Sua prática é empoderadora em todos os aspectos? Considere a harmonia em adorar uma Divindade conhecida pela paz ao lado de uma Divindade conhecida pela guerra. É possível que a energia combinada desses dois Deuses seja maior que a soma de suas partes, permitindo que você seja o seu Eu mais forte e vulnerável. A síntese dos dois poderia vencer a guerra melhor do que a luta ou a paz sozinha. Na mesma linha de pensamento, trabalhar com seu espírito guardião ao lado de espíritos maléficos pode ser sua passagem para o verdadeiro empoderamento e justiça. Alimente-se com a ideia de trabalhar com o oposto de sua prática atual para equilibrar seu crescimento espiritual e aprender quais são seus pontos cegos. Dessa forma, você ficará mais equilibrada e autorrealizada, e sua prática será mais forte.

O Pagã Intuitivo

Trabalhar com os Deuses pode ser incrivelmente recompensador; no entanto, é como fazer um novo amigo. Raramente os encontramos no sofá, no carro ou no shopping. Devemos fazer altares para eles e convidá-los para nossas casas. Precisamos sair e visitar lugares que são sagrados para eles. Devemos chamar seus nomes em voz alta, cortejá-los e ouvir suas vozes suaves. Mas também fazer oferendas, dar nosso tempo e nossa energia.

Quando mostramos a eles que nos importamos, começamos a ver os frutos de nosso trabalho. Pode levar tempo e você pode errar algumas vezes. Tudo bem. Apenas aguente firme. Seu caminho será encontrado com qualquer Deus que seja melhor para você.

Como uma Bruxa Intuitiva, você pode adorar apenas um Panteão ou pode trabalhar com Deuses de todo o mundo. Pode honrar apenas um Deus ou Deusa, dois ou vários. Talvez tenha uma ou duas Divindades principais e vários outros membros de apoio. Faça o que sentir certo. O que quer que venha a lhe atrair intuitivamente será o trabalho espiritual que melhor a alimentará.

Lista de Leitura Adicional

COULTER, Charles Russell, and Patricia Turner. *Encyclopedia of Ancient Deities*. Jefferson, NC: Routledge, 2012.

STARHAWK. *The Spiral Dance: A Rebirth of the Ancient Religion of the Great Goddess*. Rev. ed. New York: HarperCollins, 2011.

TRZASKOMA, Stephen M., R. Scott Smith, and Stephen Brunet, ed. and trans. *Anthology of Classical Myth: Primary Sources in Translation*. Indianapolis, IN: Hackett Publishing, 2004.

A Arte do Espírito

Capítulo 7

A ***humanidade tem conhecimento da existência dos espíritos*** desde antes da História registrada. Muitas culturas antigas, incluindo as civilizações grega, egípcia, babilônica e suméria, acreditavam que os espíritos estavam em toda parte, integrados ao ambiente natural. Apesar de muitas mudanças e desenvolvimentos no mundo, a maioria das pessoas acredita na existência de espíritos. Recentemente, uma pesquisa descobriu que 75% das pessoas acreditavam em algum aspecto dos reinos sobrenaturais[36].

Pergunte a qualquer pessoa se ela já viu um espírito e provavelmente ouvirá uma história sobre a vez em que ela viu um fantasma. Ou talvez ela lhe conte sobre como ainda sente seu animal de estimação falecido pulando na cama. Talvez você ouça sobre a vez em que ela brincou com fadas quando era criança. Quase todo mundo tem pelo menos uma história sobre espíritos ou algo inexplicável. O termo "espírito" pode ser difícil de definir, pois pode significar um grande número de entidades diferentes, cada uma com suas

36 David W. Moore, *Three in Four Americans Believe in Paranormal*, Gallup, June 16, 2005, https://news.gallup.com/poll/16915/three-four-americans-believe-paranormal.aspx.

próprias características. Um espírito pode ser geralmente definido como uma energia invisível com uma consciência. Seja como for que defina os espíritos, eles podem ser fortes aliados em seu trabalho. Este capítulo apresentará os diferentes tipos de espíritos com os quais você pode querer se relacionar e também fornecerá instruções básicas sobre como trabalhar com eles.

Certifique-se de ler todo o capítulo antes de tentar qualquer trabalho com espíritos. Como acontece com qualquer magia, comece com o que você tem certeza de que é seguro e avance a partir daí.

Tipos de Espíritos

Fantasmas

Fantasmas são os espíritos desencarnados de pessoas e outros animais que já viveram, mas agora estão mortos. Já vi fantasmas suficientes na minha vida para saber que morrer não é o fim. Alguns espíritos têm a opção de permanecer como fantasmas muito tempo depois que nossos corpos falecem. Os fantasmas podem permanecer em nosso mundo por um bom tempo – alguns mais antigos com quem trabalhei estão mortos há pelo menos cem anos. Eles podem se dar a conhecer de muitas maneiras diferentes: por um sentimento, uma voz, um toque, uma aparição parcial ou de maneira completa. Enquanto alguns aparecem exatamente como quando estavam vivos, outros se manifestam como um borrão branco translúcido, uma silhueta sombria ou um contorno cristalino branco, não muito diferente de uma estátua de mármore um tanto translúcida.

A maioria dos fantasmas são benignos. Só porque podemos vê-los e obter uma confirmação de quem eles foram em vida, não significa que eles queiram interagir conosco ou que tenham alguma mensagem para nós. Pode ser apenas uma forma de passar o tempo. Também não significa que eles querem deixar este plano terrestre. Muitos fantasmas estão exatamente onde querem estar e podem apenas querer ser deixados sozinhos. Se um fantasma não estiver incomodando você, provavelmente não há problema em deixá-lo em paz.

No entanto, nem todos os fantasmas têm seus melhores interesses em mente. Alguns foram cruéis em vida e continuam com essa tendência após a morte. Eles podem tentar tirar sua energia ou causar problemas na esperança de fazer você sair da casa "deles" ou parar de fazer alguma ação que seja ofensiva para eles. Outro tipo de fantasma comumente encontrado é uma alma fragmentada de alguém que foi altamente traumatizado na vida.

O fragmento perturbado de um espírito pode permanecer no local onde coisas ruins aconteceram, como uma espécie de aparição ou marca emocional. Se um fantasma estiver causando problemas ou drenando sua energia, deve-se lidar com o assunto desde o início. Trate-o como faria com qualquer ser malicioso. Para obter mais informações sobre isso, leia até o final deste capítulo.

Espíritos Ancestrais

Alguns dos fantasmas com os quais trabalho são meus ancestrais. Geralmente, os espíritos ancestrais são prestativos e querem que você tenha sucesso na vida. Afinal, você é o produto de seu trabalho árduo e do amor deles. No entanto, alguns espíritos ancestrais podem ter uma moral rígida antiquada e podem não estar abertos a trabalhar com Bruxas. Outros podem ser teimosos, infelizes ou simplesmente mal-humorados. É útil ser seletiva sobre com quais ancestrais trabalhar. Se a pessoa não se deu bem na vida, é improvável que se dará bem na vida pós morte. Monte um altar para honrar seus mortos queridos, com fotos e lembranças. Se não tiver fotos ou nada para lembrá-los, escreva seus nomes em um pedaço de papel e coloque no altar. Mostre que os ama com um pouco de sua comida ou bebida favorita e acenda uma vela para eles.

Samhain, o Sabbat entre o Equinócio de Outono e o Solstício de Inverno, é o momento perfeito para montar um altar ancestral. Durante esta época do ano, pensa-se que os véus entre os vivos e os mortos são especialmente finos. Este tempo geralmente cai em torno de 31 de outubro (Samhain observado) a 7 de novembro (Samhain astrológico), no Hemisfério Norte, e é reconhecido como um dia para se conectar com os ancestrais por muitas culturas ao redor do mundo.

A primeira vez que montei um altar de Samhain, obtive respostas imediatas de meus ancestrais. Os sorrisos em suas fotos pareciam ganhar vida com amor. Muitos ficaram emocionados ao serem convidados para minha casa. Eles adoraram a comida que eu preparei e também o café preto, que era o favorito dos meus avós. Meu altar para meus amados mortos tornou-se como uma reunião de família com aquelas pessoas que me amavam.

Comungue com seus ancestrais regularmente, seja durante a lua cheia, em sua prática diária ou uma vez por semana. Ouça suas mensagens e anote-as em seu Livro das Sombras. Sua sabedoria pode ser extremamente útil.

Eu Superior

Algumas pessoas podem pensar que seu Eu Superior não deveria ser incluído na lista de espíritos, mas eu discordo. Seu Eu Superior é seu próprio espírito. Pode ser pensado como a "alma da alma" e é o principal participante em seus rituais e práticas espirituais. O Eu Superior pode ser facilmente acessado após elevar a energia espiritual superior. Consulte-o praticando a meditação, abrindo o Chakra da Coroa e fazendo perguntas e ouvindo a resposta. O Eu Superior pode fortalecer sua intuição e realizações por meio de insight e sabedoria.

Guias Espirituais

Os guias espirituais, também conhecidos como espíritos "guardiões", são seres energéticos benéficos. Eles podem ser considerados anjos; no entanto, não estão vinculados a nenhuma religião específica. Por trabalharem com as energias do Universo, são alguns dos melhores espíritos que podem prestar assistência. Os guias espirituais ajudam na adivinhação, proteção, manifestação e desejos e em todo trabalho energético e de cura. Esses espíritos geralmente se sentem sábios, expansivos, serenos, leves e amorosos. Se você brincou com um amigo invisível quando criança, pode ter convivido com um guia espiritual. Sonhar com eles também é comum. É possível ter mais de um guia espiritual, especialmente se estiver lidando com grandes mudanças na vida. Nossos ancestrais também podem desempenhar esse papel.

Encontrei meu guia espiritual pela primeira vez quando tinha vinte e poucos anos. Eu acidentalmente escorreguei para o reino astral e vi um ser enorme, cristalino e com forma humana que me segurou como se eu fosse um bebê. Ele me disse seu nome e que era meu espírito guardião. Eu ainda trabalho com ele até hoje e o invoco em rituais.

Os guias espirituais são protetores, professores, mentores e amigos. Muitas Bruxas invocam espíritos guardiões nos quadrantes elementais ou direcionais quando lançam um Círculo. Invoque o seu na prática, no ritual e sempre que precisar de mais confiança e orientação.

Espírito Inspirador

Se você é uma pessoa criativa, pode ter atraído um espírito inspirador. Os antigos romanos chamavam isso de "gênio". Eles acreditavam que pessoas criativas bem-sucedidas eram afetadas por espíritos que as inspiravam a criar obras-primas[37]. Todos os tipos de pessoas criativas podem ter espíritos inspiradores, incluindo músicos, escritores, pintores, dançarinos e muito mais. Eles são particularmente úteis se quiser se aprofundar em seu trabalho criativo. Esses espíritos ajudam a chegar ao cerne da questão, esclarecendo problemas e fornecendo soluções. Eles também ajudam com resistência e vontade a passar horas em uma única tarefa criativa. No entanto, tome cuidado para não ter padrões muito altos. Eles têm a tendência de levar as pessoas à perfeição e permitir que elas renunciem ao sono, à comida e ao contato humano para alcançar a obra-prima.

Esses espíritos podem assumir várias formas, incluindo humanos, humanoides e animais. Já vi meu espírito inspirador da escrita pelo canto dos meus olhos – sempre quando estou fazendo meu melhor trabalho, ele aparece como um grande corvo humanoide, com bico e penas pretas, mas com um corpo mais humano. Quando olho mais diretamente, ele desaparece, mas assim que desvio o olhar, lá está ele novamente no canto do meu olho. Quanto mais atenção eu presto naquela visão lateral, maior ele parece. Nunca o ouvi falar, mas recebo inspiração e discernimento dele. Muitas vezes trocamos sorrisos e acenos de cabeça quando escrevo algo particularmente inteligente.

Quando esse espírito fala com você, pode soar como sua própria voz interior ou pode ser como um lampejo de inspiração. Muitas vezes, eles enviam energia perspicaz para você sobre algo que não havia pensado antes. Pode ser um puxão nesta ou naquela direção, abrindo portas em sua mente que você nem percebeu que existiam.

Para atrair um espírito inspirador, simplesmente gaste tempo trabalhando em sua arte. Elas aparecerão e o inspirarão a maiores profundidades. Para aprofundar seu relacionamento com elas, crie uma imagem de sua semelhança e pendure-a em seu estúdio ou escritório. Reconheça-as em seus trabalhos e agradeça após uma sessão especialmente longa ou um grande *insight*. Os espíritos inspiradores parecem não precisar de oferendas tanto quanto os outros espíritos – eles apenas querem que você continue sendo criativa.

Espíritos Familiares

Enquanto os guias espirituais e os espíritos guardiões atuam como pais e mentores, orientando e protegendo, os familiares trabalham como se fossem seus melhores amigos. Embora seja difícil obter a ajuda de um espírito guardião

37 *We Take a Look at the Etymology Behind the Word "Genius"*, Collins Dictionary, July 4, 2016, https://www.collinsdictionary.com/word-lovers-blog/new/we-take-a-look-at-the-etymology-behind-the-word-genius,304,HCB.html.

para amaldiçoar alguém, seu familiar estará disposto a ajudar. Ao contrário da crença comum, eles não são espíritos animais ou animais corpóreos. Essa confusão pode ter alguma verdade, porque os espíritos familiares geralmente assumem a forma de um animal ou de um ser humanoide.

Para atrair um familiar, trabalhe dentro de um Círculo de proteção e peça para ele que o beneficie e que deseje o seu bem maior. Espere até sentir uma presença, então converse com ele e construa uma amizade. Vá devagar. Construa confiança e confirme o que ele diz antes de progredir no relacionamento para algo além do superficial. A voz do familiar será similar a sua voz interior, mas um pouco diferente, utilizando palavras, frases e sotaques que não são seus. Você pode vê-lo ou não. Às vezes, ele pode parecer o mesmo espírito, mas usando disfarces diferentes, para se assemelhar mais a você ou parecer mais humano. Quando tiver construído confiança, peça-lhe para mostrar sua forma real.

Espíritos Animais

Vários anos atrás, adotei um gato particularmente maravilhoso. Infelizmente, tive que deixá-lo com minha irmã por um longo período para perseguir um sonho de dança do fogo em todo o país. Mesmo estando a centenas de quilômetros de distância, meu amado gato às vezes aparecia no canto da minha visão, como se estivesse me verificando.

Se você tem um relacionamento próximo com um animal, provavelmente também está conectado a ele no reino espiritual. É bem possível que continuemos conectados com nossos animais de estimação mesmo após a morte deles. Animais de estimação falecidos podem ser invocados em um ritual para ajudar em seu trabalho. Eles também podem proteger sua casa, limpar o local de energia negativa e vigiar o perímetro.

Espíritos da Natureza

Animismo é a crença de que espíritos e inteligência residem em todos os objetos e lugares naturais. A crença em "espíritos da terra" é encontrada na maioria das culturas antigas e também em várias modernas. O termo espíritos da natureza é abrangente e inclui uma ampla variedade de espíritos, como aqueles ligados a objetos naturais (ervas, árvores, flores, cristais, rochas e fungos), elementos (Terra, Fogo, Água e Ar) e ecossistemas inteiros (florestas, desertos, montanhas, oceanos, lagos, riachos e nascentes). Embora esses espíritos sejam obviamente muito diferentes, todos eles foram agrupados sob o termo "espíritos da natureza".

Isso é como chamar humanos, leões, pássaros, cobras, tartarugas, enguias e tubarões de "animais". Funciona tecnicamente e compartilhamos algumas características, mas é uma categoria vasta e cada espécie tem seus pontos fortes, habilidades e ecossistemas diferentes.

Os espíritos da natureza podem ser extremamente tímidos, mas também podem estar abertos para se comunicar com as pessoas. Tenha paciência com eles. Espíritos tímidos provavelmente se abrirão quando souberem que você não é uma ameaça e depois de repetidas oferendas. Eles só trabalharão com você se quiserem, e geralmente apenas em seus termos. De forma alguma deverá tentar coagir um. Esses espíritos podem se tornar trapaceiros e esconderão alegremente seus pertences, azedarão seu leite, farão você tropeçar e que tenha medo de sair de casa. Eles gostam particularmente de pregar peças em pessoas que facilmente ficam furiosas ou confusas, apenas para vê-las ficar com raiva. Pensa-se que eles só pregam peças em quem merece, mas pessoas honestas também podem se encontrar do lado errado de um ataque de espírito da natureza. Isso ocorre, porque nem sempre sabemos como os cruzamos. Se você sofrer quaisquer consequências negativas, reavalie suas práticas e faça algumas mudanças positivas.

Para tentar ganhar o favor dos espíritos da terra, existem alguns métodos diferentes. Expresse respeito e admiração pelo mundo natural sempre que possível por meio de sua expressão energética. Faça oferendas como mel, frutas, álcool ou bolo. Crie um refúgio para insetos, plantas, pássaros e outros animais que habitam seu quintal ou área, mesmo que você só tenha espaço para alguns vasos de flores em sua varanda. Plante diferentes ervas ou outras plantas com as quais deseja trabalhar. Coloque um alimentador de beija-flor ou água fresca para os pássaros. Regue e fertilize suas plantas vivas e evite o uso de pesticidas ou inseticidas. Coloque decorações do lado de fora que os espíritos da natureza possam gostar, como estatuetas, fitas, uma moeda brilhante, pedras bonitas ou sinos. Recolha o lixo em locais naturais. Coloque um objeto natural, como uma erva, uma pinha ou um cristal em exibição proeminente em um altar e admire-o com frequência. Apele aos sentimentos superiores dos espíritos através de suas palavras encantadoras ou de um feitiço.

Depois de ganhar o favor dos espíritos da natureza, você pode pedir pequenos favores a eles. Peça para que sirvam como protetores de sua terra. Para isso, dê-lhes uma oferta particularmente agradável, depois chame-os e peça sua ajuda. Você pode invocá-los em rituais para estarem presentes em seus ritos. Pode trocar energia com eles e pode misturar as energias de diferentes espíritos da natureza para fazer magia. Por exemplo, combine itens como quartzo-rosa, mil-folhas e canela em uma bolsa como um amuleto de amor – isso cria uma sinergia entre esses espíritos. Juntos, eles ajudam você a obter uma vibração harmoniosa específica que pode ajudar com sua magia.

O animismo pode ser usado como uma prática intuitiva principal e também juntamente a outras práticas e sistemas de crenças. Embora não haja certeza de que os espíritos da natureza irão trabalhar com você, vale a pena tentar para colher os benefícios.

Fadas

Se os espíritos da natureza são espíritos da terra, as fadas podem ser consideradas como "espíritos que não são desta terra". Em outras palavras, os espíritos da natureza representam os quatro elementos clássicos Fogo, Ar, Terra e Água, enquanto as fadas incorporam o quinto elemento invisível – o espírito. Como os espíritos da natureza, elas também são onipresentes em todas as culturas. Você pode ter ouvido falar dos *pixies*, *brownies* e *goblins* da Europa; dos *jinn* ou gênios do Oriente Médio; dos elfos islandeses e das ninfas gregas para citar alguns. Seu reino existe ao lado do nosso em um plano espiritual mais elevado.

Muitos dos feéricos são benignos. Se ganhar o favor dos espíritos da natureza, os feéricos provavelmente também serão calorosos com você. Eles podem ser muito generosos com as pessoas que consideram protetores da terra e seus benfeitores. Se os convidar, o feéricos entrarão em seu espaço de vida e coexistirão com você. Monte um altar para eles e deixe oferendas para que o visitem e deixem boas energias.

Esses seres gostam de um espaço limpo, então certifique-se de limpar com frequência, tanto física quanto energeticamente seu ambiente.

No entanto, nem todas as fadas são espíritos gentis. Se você encontrar uma fada trapaceira, use sua intuição para reparar o que fez de errado. Pode ser que tenha que se desculpar ou prestar algum serviço, como limpar o lixo. Existem também fadas malévolas que têm a reputação de punir os outros. Desculpas e reparações também podem ajudar bastante. Se não for um assunto pessoal, a regra geral é não os desafiar. Simplesmente deixe sua energia passar sem interação. Eles têm suas próprias agendas – muitos não querem brincar com os humanos, a menos que uma punição seja justificada.

Invoque as fadas em rituais e práticas. Dê a elas as mesmas oferendas que daria aos espíritos da natureza, ou use sua intuição para sentir quais presentes elas desejam receber de você.

Quando sentir a presença das fadas, fale honestamente e de coração. Elas apreciam um suplicante sincero e podem conceder presentes, incluindo juventude prolongada, beleza, saúde, sorte, habilidades, sabedoria e riqueza. Uma aliança com seu povo pode acelerar o crescimento espiritual e o sucesso.

Espíritos Maliciosos

Nem todos os espíritos são bons, mas, hei, algumas Bruxas gostam disso. Espíritos maliciosos podem fazer maravilhas com feitiços e maldições, se você os aprecia. Eles podem até quebrar maldições e feitiços. No entanto, trabalhar com seres potencialmente maliciosos é um empreendimento sério. Deve ser realizado apenas por praticantes avançados.

Espíritos maliciosos não são difíceis de invocar. Na verdade, qualquer tipo de pensamento vingativo ou negativo atrairá esses seres. Cuidado: existe um conceito de "energia pegajosa" quando se trata de magia prejudicial e trabalho com espíritos maliciosos. Eles podem tornar as pessoas deprimidas ainda mais infelizes. Liberte-se desse tipo de pensamento cedo para impedir que os espíritos drenem sua energia. Mantenha seus pensamentos positivos para não alimentar os demônios. Se sentir insegurança, procure proteção. Faça um feitiço de proteção para a casa ou crie um escudo doméstico. Limpe sua energia e espante o espírito. A última seção deste capítulo terá mais informações sobre como fazer isso.

Neste tempo todo, nunca tive o menor desejo de trabalhar com esses espíritos. Dito isto, cada um na sua. Algumas Bruxas acharão os espíritos maliciosos exatamente do seu agrado. Qualquer pessoa interessada em trabalhar com esses espíritos deve ser excepcional em proteger a si mesma e sua energia. Deve ler muitos livros sobre o assunto e estudar com alguém em quem confiem incondicionalmente.

Ritual: Uma oferenda aos Espíritos da Natureza ou às Fadas

Quando estiver em um ótimo estado de espírito, embale uma oferenda para os seres da natureza (como mel, uma pedra bonita ou ervas aromáticas) e leve para um belo local natural. Quando chegar a uma área de beleza particularmente encantadora, sente-se. Sinta a energia da terra e ressoe com ela, sintonizando sua vibração para combiná-la.

Depois de alguns minutos, você deverá ser capaz de sentir algo novo – a energia dos espíritos invisíveis ali presentes. Isso pode parecer divertido ou algo como felicidade, curiosidade ou admiração. Sorria docemente para mostrar a eles que você não pretende prejudicá-los. Coloque sua oferenda no chão ou na base de uma árvore próxima.

Diga-lhes que em troca de um descanso agradável em seu lindo lugar, você tem uma oferta para eles. Fique um pouco mais, sentindo a energia e aceitando qualquer presente que eles lhe derem. Antes de partir, envie-lhes um pouco de gratidão.

Trabalhando com Espíritos

Todos os espíritos mencionados até então têm a reputação de trabalhar com humanos em um grau ou outro. Esta seção trata de sentir os espíritos, convocá-los, interagir com eles, ter sua proteção e resolver problemas comumente encontrados.

Sentindo Espíritos

Sentir a presença dos espíritos é diferente de sentir os Deuses. Para a maioria das pessoas, os Deuses podem ser sentidos energeticamente, com sua presença. Os espíritos costumam ser mais vagos. Você pode precisar ajustar sua frequência para se conectar com eles. A maioria das pessoas pode ver os espíritos com mais clareza do que os Deuses. Diferentes espíritos aparecem de maneiras diferentes para diferentes pessoas.

Alguns aparecem nos cantos dos olhos, quando você não está olhando na direção deles. Vê-los pode ser descrito como uma combinação de ver com os olhos da mente e com os olhos físicos. Às vezes, espíritos aparecem em nossa presença ou em nossos caminhos e esperam para ver se os notamos. Alguns querem ser vistos, mas outros não. Como mencionado anteriormente, eles podem assumir muitas formas, incluindo silhuetas sombrias, figuras semelhantes a mármore, um ponto de luz, uma pessoa viva, uma forma humana cristalina, um espírito animalesco e muito mais.

Espíritos podem ou não aparecer quando chamados, especialmente os fantasmas. Faz sentido – desistir é uma coisa muito humana. Outros espíritos podem demorar para responder, como, por exemplo, os tímidos espíritos da natureza. A menos que você seja médium, a maioria dos espíritos se comunica de maneira semelhante aos Deuses. Eles podem soar como uma voz em sua cabeça que não parece ser sua própria voz e têm fenômenos semelhantes aos dos Deuses. Você provavelmente achará mais fácil se comunicar com um de seus amados mortos, como seu cachorro ou avó falecidos. Quando estiver trabalhando com espíritos desconhecidos, aproxime-se com respeito e cautela.

Você também pode querer ter algum tipo de proteção, como um feitiço encantado ou um espírito que você tem a certeza de que é seu aliado (como seu espírito guardião ou um ancestral útil).

Quando sentir um espírito com boa energia, diga olá. Pergunte por que eles estão aqui e se eles têm uma mensagem para você. Ouça o que eles têm a dizer. Se eles falarem, avalie as informações. Pesquise as mensagens para confirmação. Se você acredita que o espírito é verdadeiro e gentil, diga a eles as regras de sua casa. Se um espírito não responder, ou se você não gostar de sua energia ou resposta, sinta-se à vontade para bani-lo (veja sobre isso mais adiante neste capítulo).

Convidar ou Invocar Espíritos

Estenda um convite para atrair espíritos dos quais você não precisa de proteção. Um convite é a maneira mais educada de incluir espíritos que podem resistir a serem convocados, porque não desejam estar sob seu domínio. Esta categoria de espíritos inclui espíritos da natureza, ancestrais, guardiões e as fadas.

Uma simples declaração falada em alto e bom som é o melhor convite para invocar esses espíritos amigos. Por exemplo: "Eu invoco os espíritos da terra para estarem comigo. Venha, se quiser, e me ajude com meu ritual de lua cheia". Você pode deixar um convite aberto para que esses espíritos permanecerem em sua casa, não os banindo quando o ritual terminar, dizendo-lhes para "ficar se quiser e sair se precisar". Para que se sintam realmente bem-vindos, crie um altar para eles e deixe oferendas regularmente.

Os iniciantes devem trabalhar apenas com esses espíritos dos quais não precisam de proteção. Esta lista inclui guias espirituais, amados mortos e um familiar que foi testado e provou ser verdadeiro. Dessa forma, eles podem trabalhar com uma equipe do outro lado que está do lado deles. É muito mais fácil se abrir, sentir a presença deles e ouvir as coisas quando não precisa se preocupar se um espírito tem os melhores interesses no coração ou não. Este também é o método perfeito para se acostumar com as energias únicas e comunicações sutis dos espíritos.

Às vezes, um convite não é um ímpeto suficiente para um espírito vir, e você tem que invocar um espírito. Este é o método mais desejável para espíritos neutros, maliciosos ou desconhecidos, incluindo as primeiras interações com um familiar em potencial. É preferível ter vantagem ao trabalhar com esses espíritos desconhecidos. Existem algumas maneiras de invocá-los, a melhor é em um ritual com um Círculo bem construído e protegido. Use uma voz confiante e poderosa: "Eu convoco um espírito que deseja meu bem maior e que trabalhará comigo como meu familiar (ou neste ritual). Venha para o meu Círculo e torne-se conhecido".

Certa vez, para uma magia particularmente grande, convoquei vários espíritos para me ajudar em um ritual. Eu queria um grande impacto, então decidi tentar. Os resultados foram surpreendentes. Para garantir que eu estava protegida e eficaz, lancei um Círculo elemental e então pedi ajuda ao meu guardião. Pronunciei minha Vontade em voz alta e entonada e chamei espíritos voluntários para se juntarem a mim – apenas aqueles espíritos que me ajudariam com minha Vontade e que também desejassem meu bem maior.

Quase imediatamente, senti uma multidão de espíritos comigo na sala. A energia parecia a mesma, como se trinta pessoas estivessem ali, formando um Círculo comigo! Havia alguns espíritos guardiões, feéricos e elementais, mas principalmente, a sala estava cheia de fantasmas de todas as idades, origens e períodos de tempo. Recebi algumas impressões – eles olharam para mim e uns para os outros, prontos para a magia e animados para ajudar, porque meu objetivo estava alinhado com o deles. A princípio, fiquei chocada ao ver quantos espíritos estavam comigo, mas trabalhamos juntos na magia, elevamos a energia a um enorme vórtice e enviamos nossa Vontade ao mundo. Até hoje, aquele ritual foi um dos rituais mais poderosos que já realizei.

Caso pretenda trabalhar com vários espíritos, recite uma declaração de intenção para ajudar a afastar seres maliciosos. Por exemplo, "Apenas espíritos que desejam meu bem maior e trabalharão comigo e com minha Vontade podem estar presentes neste Círculo". Lembre-se de liberar todos os espíritos no final do ritual e realizar um aterramento extra e autocuidado depois. O ideal é limpar a si mesma e ao espaço ritual também.

Envolvendo-se com Espíritos

Depois de convidar ou convocar seus espíritos, envolva-se com eles. Olhe-os nos olhos e diga-lhes por que você os convocou. Nesse ponto, poderá perguntar o nome deles, conversar com eles, pedir ajuda com adivinhação ou pedir que executem uma tarefa para você. Se parecem ser bons espíritos, conte-lhes sobre sua Vontade e seu trabalho. Faça o possível para incitá-los à ação com suas palavras. Deixe-os entusiasmados, contando-lhes por que você está realizando o trabalho, seja por justiça, igualdade ou poder pessoal. Diga a eles porque é uma boa ideia. Tente fazer da sua vontade a vontade deles.

Se aumentar a energia, inclua os espíritos presentes. Isso mudará a experiência em comparação com estar sozinho. É provável que você sinta mais presenças na sala.

Trabalhem juntos para intensificar a energia. Quando atingirem o ápice, liberem-na. Imagine ou visualize todos os seres presentes colaborando para este momento.

Banindo Espíritos

Após um ritual ou trabalho com espíritos, é hora de abrir o Círculo. Agradeça aos espíritos que você convocou e liberte-os. Não dê a eles a opção de ficar por perto: "Eu os libero deste Círculo. Adeus". Depois que todos os espíritos forem liberados, abra seu Círculo e limpe a área energeticamente.

Esta é uma maneira educada de dizer adeus e funcionará para a maioria dos espíritos. No entanto, se você sentir um espírito persistente que o deixa desconfortável, ansiosa, com medo ou nervosa, precisa ser mais firme ao pedir que eles saiam. Ter bons limites com os espíritos é uma obrigação. Peça-lhes com firmeza que saiam banindo-os: "Espíritos, vão embora! Estou banindo você de minha propriedade". Empurre mentalmente para fora qualquer energia indesejada do seu espaço. Imagine o espírito invasor pousando fora da linha de sua propriedade. Limpe a área novamente e queime ervas ou resinas, prestando atenção às janelas, portas e cantos. Limpe-se também para que o espírito não "grude" em você no momento em que sair do local.

Infelizmente, muitas entidades negativas tendem a ser mais rígidas do que a maioria e podem exigir trabalho adicional para realmente desaparecer. Esta pode ser uma razão boa o suficiente para você não querer trabalhar com eles. Se tiver esse problema, faça uma limpeza em toda a casa e tome um banho de sal. Peça aos seus espíritos guardiões para ajudar a mantê-los afastados. Configure alas domésticas mais protetoras. Limpe-se fisicamente, emocionalmente e mentalmente. Limpe sua mente de quaisquer preocupações indevidas. Se precisar de ajuda adicional, peça a um amigo que saiba mais sobre espíritos para ajudá-la em uma limpeza ainda mais profunda. No futuro, pratique ser mais transparente sobre quais espíritos convidar ou convocar para sua prática e lide apenas com espíritos que você mesma possa banir.

Proteção

Existem várias maneiras de proteger sua casa contra intrusões espirituais. A primeira é com suas palavras, ao afirmar que "só poderão estar presentes os espíritos que desejam o meu bem maior". A segunda é construir bem o seu Círculo. Ao lançá-lo, imagine uma bolha protetora em torno de sua casa ou espaço, com quaisquer espíritos indesejados do lado de fora, incapazes de penetrar no limite. Crie frascos de feitiços para proteção ou encante uma ala doméstica para expulsar invasores (ambos abordados no capítulo 4). Peça ao seu animal de estimação para ajudar a remover as entidades negativas da casa.

Polvilhe sal nos parapeitos das janelas e portas. Pode também polvilhar sal nos limites de sua propriedade se não houver água de superfície por perto e se não se importar com um pouco de grama morta. Uma vez por mês mais ou menos, recarregue suas barreiras, frascos e limites para manter a energia fresca.

Problemas Comuns ao Trabalhar com Espíritos

É importante ter bons limites com o mundo espiritual. A maioria dos problemas com espíritos está relacionada à necessidade de uma melhor proteção domiciliar. Quase sempre isso é facilmente resolvido com banimento, limpeza e mais proteção. Mas pode haver momentos em que sua guarda está baixa ou sua proteção não é forte o suficiente.

Espíritos Invasores

Espíritos invasores nunca devem ser bem-vindos. Você não invadiria a casa do seu vizinho às três da manhã para pedir alguma coisa, não é? Isso mostra uma falta de cortesia, mas acontece com os espíritos, no entanto. Certa vez, virei-me na cama e vi o fantasma de um velho parado ali perto. Intuí que ele havia me seguido até em casa desde minha caminhada pelo cemitério no dia anterior. Ele disse que queria minha ajuda com algo. Eu o cortei e o bani de minha casa. Se ele pensasse que poderia entrar na minha casa e perturbar meu sono e estava tudo bem, o que mais poderia fazer? É possível que ele trouxesse amigos e fizesse uma festa, ou talvez até sugasse um pouco da minha energia. Na manhã seguinte, limpei minha casa e coloquei mais algumas barreiras. Estou feliz em dizer que ele não voltou.

Espíritos Malandros

Haverá também momentos em que não fica bem claro se um espírito está lá para o seu bem maior ou não. Os espíritos do malandro dirão qualquer coisa na esperança de poder ficar por perto. Recentemente, encontrei um espírito que me disse ser minha tataravó, sobre quem coincidentemente eu nada sabia. O espírito me contou uma informação que parecia boa demais para ser verdade. Depois de ouvir o que ela tinha a dizer, eu disse que, se a informação fosse verificável, poderíamos conversar novamente e então a bani. Depois de investigar um pouco mais a minha árvore ancestral, descobri que a informação que ela me deu era completamente falsa. Era um espírito trapaceiro, provavelmente tentando encontrar alguém para enganar para que pudesse tirar sua energia. É importante ter um pouco de ceticismo em relação às informações que os espíritos nos dão.

Questione tudo – as coisas que são boas e as coisas que são ruins. Não devemos acreditar em tudo que os espíritos dizem só porque existe uma linha de comunicação aberta. É como um telefone. Qualquer pessoa pode ligar para você e dizer qualquer coisa.

Portais Espirituais

O pior problema que tive foi quando uma amiga convidou espíritos para nossa casa abrindo intencionalmente um portal espiritual em seu quarto. Acho que ela acreditava que isso era uma coisa espiritual a se fazer, mas definitivamente não era. Os portais espirituais são rasgos no tecido do Universo e agem como estações de ônibus. Qualquer espírito pode entrar e sair quando quiser e todos os tipos de espíritos podem passar. Em breve, a casa começará a acumular espíritos que foram banidos de seus antigos lares e procuram um novo lugar para morar.

Percebi pela primeira vez que algo estava errado naquela casa porque eu estava sempre sem energia. Minha alegria de viver havia me deixado e meu humor estava sempre azedo. Comecei a notar sombras à espreita em alguns dos cantos e depois em quase todos os cantos. Eu pensei que era minha imaginação por um tempo, mas quando vi uma figura sombria deitada na minha cama, olhando para mim com um sorriso atrevido, não tive escolha a não ser reconhecer o que estava acontecendo. Tivemos uma infestação de espíritos.

Em certos casos, perceber espíritos por toda parte e sentir-se esgotada ou de mau humor pode indicar que um portal espiritual foi aberto nas proximidades. Seria inteligente lidar com isso imediatamente ou deixar o local até que você ou alguém mais forte possa fechá-lo. Fechar um portal espiritual é um trabalho exaustivo e pode levar várias horas para limpar completamente uma casa, dependendo de seu tamanho. Limpar a casa ajudará por um tempo, pois os espíritos escapam de volta pelo portal, mas logo a limpeza envelhecerá e os espíritos se aventurarão na casa novamente.

Se você quiser tentar fechar um portal, primeiro certifique-se de ter itens de limpeza, como sal e sálvia ou outras ervas queimáveis. Use o que fizer você se sentir fundamentada e poderosa. Para mim, isso significa usar cores mais escuras e carregar hematita, turmalina-negra e granada. Em seguida, identifique onde o portal está localizado. Esta área terá a energia mais baixa de toda a casa. Eles geralmente estão em porões, mas podem estar em qualquer lugar, até mesmo do lado de fora. Você pode ver mais espíritos e sombras nessas áreas também.

Convoque seus espíritos protetores e Divindades. Diga a eles o que quer fazer e peça ajuda. Assim como selar o Círculo ao sair para recuperar algo que esqueceu, é importante selar as "cortinas" de energia que estão abertas. Faça isso usando as mãos para selar o rasgo, começando pela fenda no topo, com uma mão à esquerda e outra à direita. Junte as mãos, sentindo o puxão elástico do tecido. Envie energia de suas mãos para selar ou fundir as camadas. Com os olhos da mente, veja os lados esquerdo e direito se juntando e formando uma saliência onde eles se encontram, como uma crosta. Tudo bem se parecer áspero ou irregular. Vá esticando o tecido e selando até chegar no fundo. Se precisar invocar suas Divindades para obter força extra, faça isso.

Depois de selar o portal desta forma, pode precisar fazer uma pequena pausa neste ponto para aterrar e sacudir qualquer excesso de energia. Quando sentir-se bem, passe novamente as mãos pela crosta, enviando energia. Isso faz com que a costura fique mais forte e achatada. A crosta começará a se parecer com o resto da energia próxima. Passe por toda a crosta com as mãos pelo menos duas vezes, selando e achatando. Assim que a área parecer mais normal, limpe-se e, em seguida, limpe toda a casa, sem pressa e em cada cômodo. Espalhe as ervas queimadas em todos os cantos, em todos os espelhos, em todas as janelas e portas, no teto, no chão e no meio da sala. Não precisa fazer isso com muito cuidado. Polvilhe sal nos cantos de cada cômodo para neutralizar qualquer energia negativa que ali esteja. Fale suas intenções de banimento enquanto limpa.

Depois, aterre-se com comida e um banho de sal, se possível. Se esse tipo de trabalho não parece adequado para você, procure ajuda de alguém mais forte. Não há vergonha em obter ajuda de uma Bruxa mais experiente, você também pode aprender com ela. Lembre-se de presentear essa pessoa com dinheiro ou serviços comerciais pelo tempo e energia dela.

Em casos extremos em que não é possível fechar um portal espiritual, sair pode ser a única opção. Por isso é importante avaliar as contribuições energéticas dos moradores e visitantes. Se eles trouxerem influências potencialmente negativas para o seu espaço, limpe-os depois que eles saírem ou peça-lhes que deixem o caos fora de sua casa.

Possessão Espiritual

A possessão espiritual involuntária é uma ocorrência muito rara que acontece quando uma entidade tem mais poder do que a pessoa possuída e pode influenciar ou assumir o controle de um corpo. Às vezes, isso ocorre sem a consciência da pessoa, como acontece com alguém que está extremamente doente mentalmente.

Médiuns podem se deixar possuir para deixar o espírito falar. Quando isso acontece, o espírito geralmente não tem controle total, mas pode influenciar o humor e os níveis de energia.

Caso acredite que a possessão espiritual involuntária possa estar acontecendo com você ou com um ente querido seu, bana o espírito, depois ancore e limpe. Configure mais proteção em sua casa. Se continuar, procure ajuda externa.

Poltergeist

O fenômeno poltergeist, ou ocorrências psicocinéticas, é ainda mais raro. Eu só vi dois casos. O primeiro na presença de alguém com necessidade de atendimento psiquiátrico e o segundo na presença de uma pessoa extremamente estressada. Os espíritos poltergeist são atraídos por esse tipo de pessoa porque podem se alimentar do caos e da negatividade. Os espíritos poltergeist também podem ser criados quando alguém experimenta um trauma extremo ou um colapso mental e parte de sua alma se rompe. É como uma sombra, mas muito mais intensa por causa da natureza traumática que foi causada. Nesses casos, as erupções de energia são motivadas pelo atrito entre a parte da alma que deseja se reintegrar e a pessoa que não suporta enfrentá-la.

Se você acha que não pode banir um espírito ofensivo com palavras, ervas, sal e seu poder, encontre alguém que possa ajudar. Bruxas, médiuns ou místicos mais fortes podem banir e exorcizar espíritos indesejados. E, claro, não volte a trabalhar com esse tipo de energia.

Aprofundando-se no Trabalho Espiritual

Independentemente de sua escolha de como trabalhar com espíritos, saiba que eles estão sempre presentes. Alguns vêm para ajudar e serem ouvidos, enquanto outros podem não ser tão úteis.

Parte de ser uma boa Bruxa Intuitiva é saber distinguir entre os bons e os maus espíritos. Falar com espíritos e saber banir os maus é uma daquelas artes das Bruxas que se torna mais fácil com a prática.

Se este capítulo despertou seu interesse, consulte livros mais avançados sobre a arte dos espíritos para aprender mais. Tente encontrar um professor que vai ajudar você a entender suas experiências e desenvolver suas habilidades.

Ritual: Trabalhando com Espíritos Benéficos para Proteção

Faça um Círculo e convide seu guia espiritual para estar presente. Quando a energia mudar e você sentir a presença deles, comunique-se e peça proteção. Ouça o que eles têm a dizer sobre o que fazer para proteger sua casa. Agradeça-os e liberte-os. No mesmo Círculo, convide seus mortos amados e repita o processo. Finalmente, convide seu familiar e mais uma vez repita o processo. Feche o Círculo e execute o trabalho que eles pediram para você fazer. Não deixe de fazer o trabalho que eles sugerem. Reflita sobre como suas energias pareciam diferentes.

Da próxima vez que quiser trabalhar com espíritos, convoque todos eles de uma vez. Sinta como é diferente com todos eles ao mesmo tempo. Diga-lhes que você fez o trabalho que eles sugeriram e pergunte com que frequência deve recarregar as medidas de proteção. Este exercício pode ajudar a aprender quais espíritos podem ser chamados, como é a sensação de sua presença e como eles se comunicam. Invoque esses espíritos em outros rituais de acordo com sua intuição.

Lista de Leitura Adicional

GUGGENHEIM, Bill, and Judy Guggenheim. *Hello from Heaven: A New Field of Research—After-Death Communication Confirms That Life and Love Are Eternal.* New York: Bantam Books, 2012.

HALL, Judy. *Principles of Psychic Protection.* New York: Thorsons, 1999.

HUNTER, Devin. *The Witch's Book of Spirits.* Woodbury, MN: Llewellyn Publications, 2017.

Tornando o Mundano em Mágico

Capítulo 8

N*ão há dúvida de que* o mundo mundano nos afeta todos os dias. É ele que determina a nossa liberdade e tempo disponíveis, certas interações necessárias e quanto dinheiro temos no bolso. Os aspectos mundanos da vida, incluindo os lugares onde vivemos e trabalhamos, podem afetar imensamente a nós e nossas frequências energéticas. Podem também influenciar como nos sentimos quando acordamos, chegamos ao trabalho e nos divertimos, bem como quando não estamos mais nesses lugares. Identificar drenos de energia em seu mundo mundano é importante, porque soluções rápidas só irão até certo ponto.

Felizmente, quando trabalhamos com frequências energéticas e praticamos Bruxaria, a realidade popular pode se tornar um pouco distorcida. Assim como experimentei um estado energético mais elevado em minha segunda caminhada no fogo, e tive um resultado completamente diferente, quando limpamos nossos dramas emocionais e estabelecemos uma energia saudável e vibrante em nossa vida, atraímos experiências mais edificantes. Também nos tornamos mais resistentes às "queimaduras" ou partes negativas da vida cotidiana.

Cada um de nós experimenta o mundo de maneira diferente, com ética, necessidades, desejos, reações e energias únicas. De certa forma, você pode até ter a noção de que todos têm suas próprias realidades em miniaturas que se cruzam com as realidades de outras pessoas dentro do mundo mundano. Experimentamos atritos ou problemas quando essas duas realidades se chocam e não se alinham. Este é um processo desconfortável, mas é como o progresso é feito. Esses desafios podem nos tornar mais conscientes do que estamos dispostos a tolerar ou não.

Como Bruxas e Pagãos, percebemos coisas que os outros não percebem e experimentamos o mundo em um nível mais fenomenal. Vemos a árvore dentro da semente e o curador dentro da criança. À medida que praticamos mais e nos tornamos mais mágicos, alguns de nossos problemas podem se transformar em desafios para permanecermos fiéis à nossa intuição. Se pudermos fazer isso, nossos mundos mundanos podem se tornar mais mágicos. A melhor pergunta que poderá fazer a si mesma ao pensar sobre isso não é o quão limitada você é, mas o quanto pode trabalhar com o mundo mundano e a realidade popular para tornar sua vida mais mágica. Este capítulo contém soluções mágicas para problemas mundanos comuns, opções para interagir com outras pessoas e maneiras de transcender a influência da realidade popular. Também oferece algumas maneiras de fazer a diferença. Com um pouco de trabalho, você pode nunca mais olhar para o mundo mundano da mesma maneira.

Mundo Mundano, Casa Mágica

Sua casa deve ser um lugar seguro onde possa descansar, encontrar paz, criar, fazer sua magia e ser verdadeiramente você mesma. Deve proporcionar uma atmosfera que seja um santuário para o corpo, mente e alma. Idealmente, sua casa também deve nutrir sua criatividade e revigorar seu espírito.

Isso pode significar estar repleta de inspiração, desde belos altares até boa música, com recantos confortáveis para descansar e imagens inspiradoras penduradas nas paredes. Ter uma casa assim recarregará seu espírito, permitindo enfrentar o mundo com confiança. Também ajudará a alcançar objetivos e a viver a vida em um nível mais profundo.

Se a sua casa se parece com isso, você está no caminho certo. Continue fazendo o que está fazendo! Mas se sua casa não é tão boa, é hora de investir em você. As pessoas passam mais tempo em casa do que em qualquer outro lugar, então nada melhor que viver em um lugar que apoie você.

Pense em sua casa como uma entidade energética que alimenta seus moradores com a energia que precisam. Que mudanças poderiam ser feitas para deixar sua casa se sentir melhor energeticamente (fisicamente, emocionalmente, mentalmente, e espiritualmente)? Talvez você precise de conforto físico, como um sofá ou uma cama nova, ou uma limpeza profunda e eliminação das coisas de que não precisa mais. Talvez precise de apoio emocional: um companheiro animal pode lhe dar amor e carinho e pode ajudar a fazer com que sua casa realmente pareça um lar. Talvez um impulso na energia mental; uma mesa de computador pode ajudar a trocar ideias com as pessoas pela internet. Ou talvez precise de uma correção espiritual e deva finalmente montar aquele altar em que está pensando. Seja o que for, não precisa gastar muito dinheiro. Algumas das melhores coisas são gratuitas ou reaproveitadas. Procure manifestar aquilo que deseja. Peça o que precisa e veja se alguém está disposto a fazer uma doação, quem sabe.

Se você mora em um bairro com muitos crimes, excesso de lixo e barulho acima da média, ou se seus companheiros de casa são incompatíveis, será necessário mais do que um pequeno *upgrade*. Existem algumas coisas que podem ser feitas para tornar sua casa mais mágica. É possível lançar feitiços de proteção, configurar proteções domésticas e lançar feitiços de camuflagem do lado de fora para fazer as pessoas passarem pela sua residência sem notá-la. Uma Deusa do Lar também pode ser adorada, como Héstia, por exemplo. Assim como fazer um feitiço de paz para o lar, proteger os cômodos da casa, queimar ervas regularmente para limpar a energia negativa e desenhar sigilos nas portas e janelas para afastar maus espíritos.

No entanto, se sentir que algo está errado em sua casa ou vizinhança, essas são apenas "soluções rápidas" para um problema muito mais profundo. Embora possa se sentir confortável dentro da sua casa mágica, eventualmente precisará sair e percorrer essas áreas problemáticas, o que pode afetar você. Limpar constantemente toda essa energia negativa pode drenar seus recursos energéticos. O esforço necessário para regularmente afastar a energia negativa e manter a positiva pode ser desgastante, especialmente se as raízes dos problemas não puderem ser resolvidas.

Se não se sentir em segurança, sair pode ser o melhor. Um pouco de trabalho duro agora pode tornar sua vida mais fácil mais tarde. No entanto, como alguém que viveu nessas condições de tempos em tempos, sei que essas opções nem sempre estão disponíveis. Se for esse o caso, aguente firme e use todas as opções mágicas que tiver até poder sair.

Exercício: Limpe sua Casa

Toda Bruxa deve limpar sua casa regularmente. Adquira algumas ervas para queimar, ou incenso para purificação energética. Começando por uma porta, acenda os materiais. Assim que estiverem em chamas, deixe a fumaça envolver você e depois direcione-a para a porta. Percorra cada sala no sentido anti-horário, garantindo que os cantos, janelas e portas sejam alcançados.

Vá espiralando mais apertado em cada cômodo, certificando-se de limpar tanto o teto quanto o chão. Prossiga para a próxima sala até completar a casa inteira.

Depois, observe a mudança na energia. Sua casa ficará mais relaxada e envolta em magia. Repita essa limpeza profunda sempre que perceber que a energia está desfavorável, ou faça uma limpeza leve em apenas alguns cômodos conforme necessário. Isso é particularmente eficaz após receber um hóspede cuja energia não esteja alinhada com a sua.

Pessoas Mágicas, Trabalhos Mundanos

É fácil pensar que seu trabalho não tem nada a ver com sua vida mágica, mas provavelmente este não é o caso. Muitos de nós temos empregos nos quais nossas habilidades mágicas não estão em nossas descrições de posição, mas mesmo assim usamos nossas habilidades lá. Conheço um médico Pagão que usa sua energia para acalmar as pessoas no momento em que elas mais precisam. Uma de minhas amigas druidas é uma cientista ambiental e vê seu trabalho como se fosse uma administradora da terra. Um amigo meu, que trabalha como maquiador, utiliza um pouco de glamour para se tornar mais atraente aos olhos dos clientes em potencial. Quando eu trabalhava como barista em Seattle, oferecia às pessoas um toque de magia em cada dose de café expresso, algo que seu Eu Superior poderia aceitar ou recusar.

Também é importante perceber que o trabalho que tem agora pode não ser seu para sempre. Um pouco de magia pode ajudar a preencher a lacuna até encontrar o próximo emprego.

Use rituais para aumentar sua concentração, habilidades e autoestima para brilhar com elegibilidade no caso de uma promoção ou entrevista em outro lugar. Tente manifestar o emprego dos seus sonhos fazendo o que ama e se qualificando para aquilo.

Enquanto isso, existem mudanças que podem ser feitas em sua empresa para criar uma identidade ou um convívio melhor? Pense localmente e no quadro geral. Use sua magia para melhorar o local de trabalho e aumentar a moral. Inicie uma coleta seletiva para incentivar seus colegas a pensarem no Planeta. Organize uma campanha de arrecadação de fundos para que as pessoas pensem nos outros em situação pior do que em si mesmas. Suavize a tensão com um colega de trabalho mal-humorado com um feitiço de adoçamento (que você encontrará mais adiante neste capítulo). Existem tantas pequenas ações que você pode realizar, que juntas, elas podem criar um ambiente de trabalho mais inspirador.

Soluções Bruxescas para Problemas Mundanos

O mundo mundano pode nunca ser o mundo ideal que imaginamos. A injustiça e a desigualdade continuarão a ocorrer. As pessoas podem ser descorteses e mesquinhas. Mas isso não significa que deva nos derrubar. Esta seção trata de repensar problemas mundanos e colocá-los em um contexto mágico, onde tudo é possível.

Correções de Baixo Consumo de Energia Versus Correções Mágicas

O mundo mundano lida com muitas frequências de energia vibracional na parte baixa e média do espectro. Como discutimos no capítulo 2, baixo consumo de energia não é ruim – é uma parte necessária da vida. Às vezes, ter pouca energia significa que precisamos de um lanche ou dormir um pouco. Mas há uma versão mais séria de baixa energia, que inclui sentimentos prolongados de inquietação ou exaustão emocional. Nesses casos, você precisará descansar, curar e tomar medidas para elevar sua vibração novamente. Existem duas soluções básicas para isso: uma mundana e uma mágica.

A solução mundana para corrigir frequências de baixa energia é se isolar e se entorpecer com comida, álcool e entretenimento sem sentido. Isso pode ser uma distração agradável por um curto período de tempo, mas apenas dá uma pausa no problema. A causa da baixa vibração geralmente ainda está presente quando despertamos de uma experiência entorpecente. Congelar a dor pode ser uma ladeira escorregadia. Essas ações podem se tornar viciantes e exigir que a dose se torne maior, mais prazerosa ou mais longa. Desconectar continuamente pode perpetuar um ciclo de não lidar com as fontes dos problemas, apenas com os efeitos deles. Isso pode diminuir a consciência energética e criar emoções reprimidas ou sombras.

Uma solução de cura mágica básica para resolver problemas de baixa energia é enxergá-los como oportunidades para promover mudanças positivas na vida. Manter frequências de energia continuamente baixas pode indicar a necessidade de uma revisão energética. Talvez seja hora de deixar para trás o antigo e abraçar novas ideias e experiências.

Pode ser necessário algo ou alguém novo e empolgante em sua vida, ou talvez uma nova possibilidade esteja surgindo. Use sua intuição para criar práticas e rituais mágicos que liberem energias estagnadas, reabasteçam seus níveis de energia emocional e ajudem a romper com esses ciclos não fortalecedores. Experimente se conectar com amigos quando sentir esgotamento emocional ou considere ler um livro sobre autoaperfeiçoamento. Faça terapia. Dê uma caminhada. Busque a sinceridade sobre o que funciona e o que não funciona. Qualquer uma dessas atividades colocará você em uma posição de poder, em vez de apenas desejar escapar de uma situação opressiva. E se não for possível mudar uma situação, tente mudar a forma como ela é vista, pelo menos parte do tempo. Uma mudança de perspectiva pode economizar grandes quantidades de energia emocional.

Janela de Oportunidade

Uma maneira de fazer mudanças positivas em sua vida é procurar uma janela de oportunidade energética. Haverá ocasiões em que nossas ações ou petições serão mais bem recebidas pelo mundo do que em outros momentos. Esses períodos de ouro são conhecidos como "janelas de oportunidade". Procurar esta janela é um conceito avançado de energia em que você espera o momento certo para si e para os outros antes de tomar qualquer atitude. Para usar este conceito, preste atenção à energia disponível. Sinta sua energia e a energia da outra pessoa ou coisa. Se sua energia parecer apressada ou impulsiva, não aja - pelo menos não ainda. Não é o momento certo para contatá-los. Se o seu desejo de agir vem do medo ou de outra emoção negativa, como carência ou ganância, esse pode ser o problema.

Da mesma maneira, se a energia do outro está dizendo "ainda não" ou se sentir algum tipo de bloqueio, então não é o momento certo. É provável que você receba uma resposta melhor se esperar para agir até que pareça certo, em vez de agir por impulso ou no primeiro momento disponível.

Você saberá que é a hora certa porque parecerá fácil e receptivo em ambas as extremidades. A energia pode parecer relaxada, positiva e possivelmente até um pouco animada.

Siga os Fios do Destino

Seguir sua intuição também pode ser como pegar um fio do mundo que leva na direção desejada. Se tiver uma intenção, declare-a em voz alta. Visualize em sua mente quais fios invisíveis estão disponíveis. Meus fios aparecem como fitas vermelhas ou fios pretos na maioria das vezes. Os seus podem ser diferentes. Escolha entre as possibilidades que se apresentam. Se não estiver claro qual usar, sinta a vibração de cada fio e escolha aquele que transmite a energia da direção que deseja seguir.

Use a Magia para Problemas Comuns

Use a magia para tornar sua vida mundana melhor. Se você mora em uma área com poucas vagas de estacionamento e muitos carros, e muitas vezes precisa de uma vaga para estacionar, por que não usar a magia? Você pode criar um feitiço para ajudá-lo, recitar uma invocação ou imaginar um espaço vazio onde gostaria de estacionar. Experimente soluções mágicas para seus problemas mundanos e veja o que funciona. Você pode se surpreender com a eficácia.

Use suas Palavras

Nós, Bruxas, podemos distorcer a realidade e as coisas até certo ponto usando magia, mas isso tem limites. Há momentos em que precisamos estar em nosso poder e usar nossas palavras. No capítulo 3 vimos que as palavras escritas e faladas têm muito mais poder em comparação com nossos pensamentos sozinhos. É importante poder falar sobre o que queremos e o que não queremos, ou o que é justo e o que não é. Para colocar mais poder por trás de suas palavras no intuito de serem ouvidas e compreendidas, use um pouco de entonação vocal. Embora o tom em si não seja necessariamente mágico, pode ajudar a criar limites e a moldar a vida que desejamos, é isso que faz a magia acontecer.

Transmute seus Problemas

Transmutação significa transformar algo para um estado mais iluminado ou elevado. É um truque para resolver problemas menores. Aqui está um exemplo: você poderia ir à terapia e discutir cada problema que já teve, o que aconteceu, por que aconteceu, como se sentiu e o que aquilo significou. Depois de várias horas de análise minuciosa, pode recompor sua história e, com sorte, mudar a forma como se sente a respeito dela. Ou pode simplesmente mudar como se sente em relação ao seu passado. Você pode ver que as pessoas deram o melhor de si e a vida foi difícil para elas, então às vezes fizeram escolhas erradas. Talvez essas pessoas sejam apenas ignorantes ou cruéis por natureza e não se importem com os outros. Também é possível que algum incidente não tenha sido destinado a exatamente prejudicar você pessoalmente.

A transmutação não tem a intenção de dissuadir ninguém da terapia ou menosprezar problemas reais ou situações ruins; pelo contrário, é uma maneira de mudar a forma como você vê os pequenos problemas da vida. Também não é recomendado para pessoas que tendem a verificar e fugir de seus problemas.

Uma falsa transmutação (ou ignorar um problema) pode criar sombras e mais problemas. Além disso, nem todos os problemas precisam ou devem ser transmutados. Alguns precisam ser confrontados e vistos como são antes que seguir em frente seja uma opção.

Economize sua Energia

Escolha suas batalhas. Se você se permite ser acionada e arrastada para a baixa energia emocional em assuntos insignificantes, é hora de perceber que essa reação não ajuda. Não desperdice sua energia frustrando-se com pequenas coisas, como alguém que não está usando a seta ou se esquecendo de agradecer. Se todos nós ficássemos frustrados com todas as pequenas coisas, teríamos pouca energia para melhorar a nós e ao mundo. Em vez de reagir a cada pequeno deslize, economize sua energia para coisas mais importantes, como as pessoas com as quais se importa, por exemplo.

Não se Esqueça das Tarefas Físicas

Nem sempre passaremos nossa vida em rituais e meditações felizes. Ainda precisamos lavar a louça, ganhar dinheiro e pagar as contas. Esperar o contrário é viver uma vida que pode desmoronar rapidamente em tragédia. Veja as tarefas como os benefícios de viver uma vida espiritual e não a ruína de sua existência. Uma razão para seguir em frente e fazer essas tarefas físicas é que a energia negativa tende a se acumular em torno da desordem e da bagunça. Pilhas de louças sujas na pia podem fazer você se encolher sempre que pensar em lavá-las. Adiar continuamente essa tarefa fará com que você se encolha várias vezes ao dia, o que aumenta a sensação de evitação. Outro motivo para deixar as coisas arrumadas é que, quando concluímos tarefas físicas, ficamos livres para o que vier a seguir. Louças lavadas e uma cozinha limpa podem abrir caminho para mais coisas boas acontecerem, como receber amigos para jantar ou assar biscoitos com seus entes queridos.

Passatempos Mágicos

Usar Bruxaria Intuitiva em suas saídas criativas pode ser extremamente gratificante. Coloque intenção e premeditação no processo criativo antes de começar. Que magia você pode criar? Como você quer que as pessoas se sintam? Ao criar e planejar, sinta a magia ganhar vida. Siga-a e veja para onde ela leva você. Deixe sua espiritualidade aflorar e evocar humores criativos.

Às vezes, meu grupo de dança do fogo invoca uma Deusa antes de se apresentar. A Divindade que convidamos muda a cada apresentação e é sempre apropriada para o local, tema e nossas emoções no momento. Canalizamos sua energia e pedimos que sua expressão Divina flua através de nós quando nos apresentamos. Isso nos ajuda a alcançar aqueles níveis mais elevados e transcendentes de desempenho. Você também pode canalizar Divindades ou energia ao tricotar, pintar, criar objetos, cozinhar, escrever músicas ou fazer qualquer outro hobby. Simplesmente canalize o espírito ou Divindade que ama enquanto faz seu ato criativo.

Você pode infundir sua espiritualidade em seus hobbies de várias maneiras, uma delas é usar materiais mágicos em sua arte. Pode carregar seus pincéis para criar belas obras de arte, usar Água da Lua para suas pinturas em aquarela ou escrever uma música durante um eclipse. A lista é quase interminável.

Outra magia intuitiva que funciona bem como hobby é criar um altar para seu projeto ou habilidade criativa. Use sua intuição para selecionar itens que inspirem ou se relacionem com seu trabalho. Por exemplo, uma pessoa que gosta de dançar pode colocar imagens de dançarinos como inspiração, além de materiais usados na dança, como sapatos específicos ou qualquer coisa que os inspire a levar sua arte um passo adiante, como uma pintura de uma Divindade ou um pássaro voando. Potes de feitiço podem ser usados para criatividade, tanto grandes quanto pequenos objetos podem ajudar a chegar a esse ponto. Inclua todos os itens relacionados ao seu espírito inspirador também. Faça check-in neste altar e mostre a eles seu progresso por meio de uma prática ou ritual mágico. Você pode fazer oferendas ou iniciar um diálogo com o espírito do seu hobby. Converse com ele, compartilhe seus desejos e ouça suas orientações. Sempre que você se conecta com o aspecto espiritual do seu hobby, suas realizações costumam se multiplicar.

Magia do Tempo

A magia do tempo é a arte de manipular e trabalhar com correntes de ar e umidade. Existem maneiras diferentes de trabalhar com o clima. Algumas Bruxas do Tempo podem obter energia de fontes atmosféricas poderosas em uma prática conhecida como "magia do clima de absorção". Por exemplo, elas retiram energia de uma leve nevasca, de uma forte tempestade, de ventos fortes ou do sol quente. É como usar a energia da terra. Para absorver a energia do clima, esteja no momento presente e experimente plenamente as condições atmosféricas. Sinta a umidade do ar (ou a falta dela), o som, o vento e a intensidade da energia. Desenhe-os em si mesma e sinta a energia deles fluindo através de você. Se possível, quando o tempo estiver bom, faça um ritual elevando-o até atingir o ápice no pico do clima. Durante uma tempestade, você pode contar os segundos entre o relâmpago e o trovão até estar no meio dela.

No entanto, sempre tome cuidado com os raios, não fique ao ar livre durante esses momentos. A magia da tempestade deve sempre ser praticada em um espaço seguro. No auge do clima, absorva a energia e direcione-a para seus objetivos. Libere qualquer excesso de energia colocando as mãos na terra ou use outros métodos. Se não houver pico no clima, aumente a energia usando seu próprio método.

A magia direcional do tempo envolve a modificação do clima. Essa magia tem limitações, pois só podemos trabalhar com o clima disponível. Por exemplo, você não poderá criar uma brisa tropical em uma tundra congelada, porque as condições teriam que mudar muito. As Bruxas do Tempo respeitam a realidade das condições atuais e sabem que não podem controlar todo o clima. Um ditado comum das Bruxas do Tempo é "às vezes, só tem que chover". Existem, no entanto, maneiras de trabalhar com o que está presente. É bastante emocionante e pode ajudar quando precisamos de um determinado tipo de clima, como para um casamento ao ar livre, por exemplo.

Para realizar a magia direcional do clima, primeiro considere o tempo. Digamos que queira que esteja limpo e sem chuva na noite de sexta-feira para um evento ao ar livre. No entanto, olhando para o radar, ficou claro que há previsão de chuva para esse horário. Você pode realizar magia do clima para fazer chover na sexta-feira de manhã na tentativa de esgotar o sistema.

Pedir para chover na quinta à noite pode ser muito cedo e a chuva pode voltar a se precipitar na sexta-feira à noite. O tempo é importante porque o movimento de nuvens e umidade precisa acontecer nos momentos e lugares certos.

Depois de determinar o momento adequado, verifique de que direção o clima está vindo. Isso pode ser facilmente visto olhando para um mapa de radar meteorológico ou sentindo para que lado o vento está soprando. Enfrente o vento para realizar sua magia.

Os magos direcionais trabalham comumente de algumas maneiras. A primeira é empurrando bolsões de ar. Por exemplo, uma tempestade vinda do Oeste pode ser empurrada para o Norte ou para o Sul com uma rajada de energia. As nuvens também podem ser separadas enviando energia quente para cima e para fora. Isso pode ser mais difícil de manter, porém, pode ser uma medida temporária. As Bruxas do Tempo também podem criar um escudo para proteger uma área ou fazer nuvens caírem de ambos os lados, como um guarda-chuva. Um escudo aerodinâmico é a melhor solução para isso, com uma ponta voltada para o tempo que se aproxima e um corpo que se alarga como uma pipa para cobrir a área que precisa de proteção. Os escudos podem precisar ser bastante longos para cobrir uma área maior e precisam ser colocados na altura certa no céu, às vezes com o ponto contra o vento baixo.

Outra prática da Bruxaria do Tempo é acelerar os ventos, puxando-os em sua direção. Por exemplo, se você quer sol e está chovendo, pode puxar o bolsão de ar chuvoso para fazer chover mais forte na intenção de fazer a chuva passar mais cedo.

O Mundo Mágico

Nós, humanos, somos uma única raça respirando o mesmo ar e compartilhando um pequeno planeta verde e azul que gira em um vasto Universo. Nossos corpos são compostos de moléculas que já foram um dia cervos selvagens, peixes primordiais, água do fundo do oceano, lava derretida, respiração de um milhão de criaturas, pássaros, outras pessoas, poeira, asteroides, lágrimas e estrelas. Antes disso, essas moléculas vinham de todo o mundo e do espaço sideral, desde o início dos tempos. Todo ser humano é composto por essa magia.

Somos todos parentes, compartilhando os mesmos primeiros ancestrais. Nossos antepassadas subsequentes, de alguma forma, sobreviveram aos tempos antigos de ocupação na selva, vida nômade tribal, antiga adoração Pagã e estilos de vida agrícolas, guerras santas, domínio feudal, os horrores da colonização e os rápidos desenvolvimentos dos últimos dois séculos. Nos dias atuais, há mais possibilidades do que nunca para ter igualdade e respeito para todos, mas ainda temos um longo caminho a percorrer. Esta seção explora várias maneiras pelas quais podemos tornar o mundo um lugar mais mágico.

Gaste Dinheiro nos Lugares Certos

Nosso dinheiro pode fazer uma enorme diferença no mundo. Sempre que possível, compre de pequenas empresas locais, vendedores de comércio justo, empresas orgânicas, artistas independentes e vendedores Pagãos ou Bruxos. Dessa forma, mais dinheiro volta para a comunidade, muito mais do que quando você gasta em uma megaloja. Esse movimento incentiva artistas locais a desenvolverem suas habilidades e criarem peças de arte mágicas. Você verá mais fornecedores locais e terá a oportunidade de comprar algo verdadeiramente único e pode até se tornar um dos artistas ou fornecedores locais algum dia. Com itens comercializados de maneira justa, as pessoas em outros países também teriam um padrão de vida melhor.

No final, você quer se sentir bem com suas compras. É intuitivamente melhor apoiar produtos de comércio justo, orgânicos e locais. Como nossos sentimentos governam nossa vida, vale a pena o dinheiro extra.

Gaste dinheiro em experiências que ajudam você a crescer, em vez de adquirir simples bens materiais. Por exemplo, se você sempre amou Odin, por que não viajar para as terras onde o Deus era venerado e fazer uma oferenda a ele? A experiência é um professor valioso, porque nos abre de maneiras que não podemos prever.

Saia em Defesa do Meio Ambiente

A desconexão do mundo natural e da comunidade tem sido associada a crises ecológicas e à desconexão consigo mesmo[38]. Conectar-se à terra é uma parte básica da Bruxaria Intuitiva, mas não podemos parar por aí. O ambiente deve estar na mente de todos, especialmente para aqueles que trabalham regularmente com a energia da terra. Sempre que desligamos uma luz ou combinamos tarefas, reduzimos o consumo de energia.

38 James Endredy, Ecoshamanism: Sacred Practices of Unity, Power, and Earth Healing (Woodbury, MN: Llewellyn Publications, 2005), 22-23.

Recicle, reduza o desperdício e o consumo de energia sempre que possível. Isso é especialmente importante, porque a mudança climática irreversível está surgindo no horizonte. Faça do ambiente uma parte de sua prática e estilo de vida.

Compre itens sustentáveis e em locais que são cultivados na estação. Isso pode reduzir grandes quantidades de dióxido de carbono gerado a partir de viagens aéreas.

Você também pode considerar cultivar sua própria comida, comprar produtos orgânicos e comer refeições vegetarianas ou veganas com mais frequência. Como os animais são uma das maiores fontes de gases de efeito estufa, reduzir a quantidade de produtos de origem animal que consome reduz muito sua pegada de carbono pessoal. Além disso, comer de forma mais limpa e viver com leveza na terra parece melhor intuitivamente.

Também temos que ter cuidado para não poluir nossa magia. "Não deixe rastros" é um bom guia, ou, melhor ainda, "deixe um lugar melhor do que o encontrou recolhendo o lixo". De vez em quando, ouço falar de Bruxas que aconselham outras pessoas a jogarem potes de feitiços em um rio ou córrego ou enterrá-los perto de água corrente. Algumas Bruxas também fazem oferendas ou lançam feitiços na forma de um balão solto ou de uma vela acesa deixada na floresta. Outras empilham pedras de rio em torres maciças. Todas essas práticas podem ter implicações negativas. Deixar uma vela acesa na floresta pode fazer com que toda a floresta pegue fogo. O empilhamento de rochas pode mudar o curso do rio e acabar com ecossistemas sensíveis e espécies animais como a salamandra das cavernas, por exemplo. Sua oferta ou método de descarte pode ser considerado lixo, pode prejudicar um ecossistema ou pode machucar alguém que pisou nele. Um animal pode consumir sua oferenda e ficar doente. Se você deixar para trás itens tóxicos ou inúteis, isso pode fazer com que os espíritos da natureza daquela área percebam. Se acharem que é um desrespeito com a terra, poderão e vão trabalhar contra o que foi feito, amaldiçoando tanto você quanto o trabalho até acharem que pagou o que devia.

Ferir o meio ambiente nunca deve coincidir com sua magia. Aqui estão algumas dicas para tornar sua Bruxaria Intuitiva um pouco mais ecológica.

- Se precisar deixar algo para trás na natureza, como uma oferenda ou um pote de feitiço, use objetos completamente naturais para não sujar ou prejudicar um ecossistema. Um exemplo disso seria um pote de feitiço criado a partir de uma abóbora oca ou de uma maçã orgânica sem caroço.

* Use ingredientes não nocivos. Não deixe sal, madeira tratada, metal ou objetos pintados na natureza. Eles podem liberar contaminantes no meio ambiente e prejudicar o ecossistema. Desenhe um sigilo com giz ou óleo de qualidade alimentar em oposição à tinta, que geralmente contém produtos químicos orgânicos voláteis.
* Use ingredientes nativos, não processados e comestíveis, apenas no caso de um animal comer sua oferta. Deixe sua oferenda ser um presente nutritivo em vez da causa de uma dor de barriga ou veneno. Uma regra geral é incluir apenas ingredientes que você pode fazer sozinha na natureza. Por exemplo, não deixe uma lanchonete com conservantes, farinha branca e xarope de milho como oferta. Em vez disso, deixe uma maçã orgânica. Você pode combinar aveia, amêndoas, sementes de linho e leite de amêndoa e fazer um pequeno bolo com isso. Evite usar alérgenos comuns, como trigo, chocolate ou leite. Tanto a sua consciência quanto o animal que consumir agradecerão.
* Em vez de deixar uma oferenda física, ofereça energia. Você pode cantar, dançar, meditar ou ler poesia. Essas oferendas são gratuitas e exigem pouco ou nenhum preparo.

Conheça seus Direitos

Informe-se sobre as vertentes religiosas do seu país e conheça seus direitos. O país em que vivo, os Estados Unidos da América, foi fundado no conceito de liberdade religiosa. É uma parte essencial da Primeira Emenda da nossa constituição. Isso significa que nós, como Bruxas e Pagãos, temos os mesmos direitos que qualquer outra religião de organizar, adorar, discutir e fazer circular publicações. Podemos ter nossas próprias igrejas, criar filhos, ocupar cargos e ser bons funcionários – mesmo que nossas religiões não correspondam à da maioria do país. Em suma, a discriminação religiosa contra Pagãos e Bruxas é ilegal.

A Primeira Emenda também defende a liberdade de religião. A oração e a religião não podem ser obrigatórias ou promovidas em escolas públicas ou outros locais governamentais, como um tribunal ou a Casa Branca. Se você acredita que foi discriminada ou se alguém está forçando alguma religião em um fórum público nos Estados Unidos da América, a Lady Liberty League pode ajudar. Baseado na sede do Circle Sanctuary, em Wisconsin, eles ajudam as pessoas que estão lidando com essas questões. Lá tem advogados que podem interpretar as leis e fornecer aconselhamento em questões legais.

Outros grupos que podem ajudar incluem a American Civil Liberties Union local, os Americans United for the Separation of Church and State e o Covenant of the Goddess. Se você não mora nos Estados Unidos, verifique on-line as informações e recursos locais aprovados.

Faça a Diferença

Um só indivíduo pode fazer a diferença todos os dias. Ele pode influenciar outras pessoas, que podem inspirar mais pessoas, criando um movimento de muitas pessoas. Quando praticamos a interseccionalidade e nos capacitamos para falar contra a injustiça, o mundo muda para melhor. Só um pouco, mas já faz diferença. Ter a coragem de fazer uma coisa boa pode funcionar como um efeito dominó. Quanto mais defendemos a igualdade e os direitos humanos, ouvimos os marginalizados, falamos, votamos, consumimos com sabedoria e assim por diante, melhor o mundo se torna.

Curando o Mundo

Algumas pessoas pensam que a melhor coisa que você pode fazer para o avanço da humanidade é promover seu próprio desenvolvimento espiritual. Melhorar a si mesmo pode melhorar o mundo todo. Isso ocorre porque nossa energia se espalha, mudando aqueles que encontramos e elevando-os. Nunca subestime o impacto que sua bondade e consciência podem ter sobre os outros. No entanto, não para por aí.

Muitas culturas também acreditam que podemos curar alguns dos problemas que a humanidade causou com nossa consciência e trabalho energético. Uma prática intuitiva de cura global pode mudar o mundo, especialmente quando combinada com certas ações. Se você deseja participar da elevação da consciência do mundo, crie uma meditação ou uma prática ou ritual intuitivo. Envie energia pacífica para áreas do mundo que precisam dela. Use sua energia para ajudar as pessoas a encontrarem a luz da consciência e da bondade. Envie energia de apoio com a missão de que possa ser recebida por qualquer pessoa com um bom coração de quem precisa. E sempre apoie ações espirituais com ações no mundo real, como votar, assinar petições, ser uma voz pela igualdade e muito mais, se possível. Seu trabalho pode ser benéfico para curar o mundo.

Conexões Mundiais

Em todo o mundo, Bruxas e Pagãos têm Círculos, rituais e práticas espirituais, especialmente na lua cheia, na lua escura e nos Sabbats solares. Uma vez nesses espaços espirituais, gosto de pensar que estamos conectados de alguma forma, como se estivéssemos sintonizando as mesmas frequências mais elevadas. Somos como aranhas em uma vasta teia de círculos em todo o mundo. É possível que possamos sentir as vibrações uns dos outros ou compartilhar pequenas quantidades de energia em uma espécie de simbiose invisível, inspirando e elevando a todos. Podemos manter nossos Círculos pequenos ou, se desejarmos, podemos estender nossas conexões para longe.

Da próxima vez que estiver em um ritual, estenda-se além do Círculo para ver se há outras Bruxas amigas fazendo um trabalho semelhante. Se houver, faça uma pequena conexão para apoiá-las. Caso sinta resistência em compartilhar energia, desligue-se e siga em frente (veja página 227). Se sentir que alguém lá fora é especialmente amigável, pratique escadas de energia. Tenha cuidado para não absorver mais energia do que aquela que você dá.

Percepções Intuitivas

Intuição e Ativismo Mágico

Michael M. Hughes

Combinar magia e ativismo quase sempre requer o uso concentrado da intuição. Por quê? Porque os rituais ativistas não são encontrados em coleções de livros de feitiços. Afinal, onde você pode procurar um feitiço para impedir que um oleoduto seja construído em uma terra sagrada? Ou um ritual para ajudar seu candidato progressista local a vencer em uma eleição apertada? Você não pode. Ao contrário dos feitiços de amor, dinheiro ou saúde, você terá que fazer isso sozinha quando se trata de criar feitiços para objetivos sociais ou políticos específicos.

Claro, antes de prosseguir, sua magia deve fazer parte de uma abordagem mais ampla e coordenada para atingir seu objetivo – isso significa escrever cartas e e-mails, fazer ligações, comparecer a reuniões públicas e todas as outras ações não mágicas. A magia é apenas um instrumento em seu kit de ferramentas. Use todos eles!

Veja um exemplo simples: uma Bruxa ativista descobre que um estuário local será pavimentado para construir um shopping center. Agora, se você folhear qualquer livro de feitiços, é improvável que encontre um intitulado "Feitiço para impedir que um shopping center seja construído em um estuário protegido". Que tal dar uma olhada nas listas de correspondências mágicas? Não. É aí que sua intuição é absolutamente necessária.

Mas como criar um feitiço específico para esse propósito? Primeiro, concentre-se em seu objetivo: proteger o estuário e impedir a construção. Mas o que parece ser mais imediato e crítico – a proteção geral para a água, flora e fauna ou parar as escavadeiras? O que sua intuição lhe diz? Em muitos casos de ativismo mágico, o perigo é iminente e a magia precisa ser principalmente de resistência e defesa, em vez de proteção de longo prazo.

Supondo que a situação seja crítica e seu desejo seja impedir a destruição imediata da área, talvez você decida realizar um feitiço de amarração no empreendedor. O que representa a empresa para você? Eles têm um nome? Têm uma logomarca? Imprimir o logotipo deles fornece um vínculo com o qual você pode trabalhar. Existe uma cor associada à marca deles?

Seria interessante usar uma vela dessa cor, talvez acompanhada de uma vela verde ou azul para representar o estuário.

Você usa o Tarô? Qual carta provavelmente representaria o estuário? A Estrela, com uma mulher despejando água e um pássaro ao fundo parece ideal. Para uma ligação mágica com o estuário, você pode visitá-lo e pegar um pouco de solo? Talvez possa encontrar uma pena de um pássaro nativo – isso seria um poderoso vínculo energético com a área, assim como uma pedra, um junco ou um recipiente com água.

Depois de identificar seu objetivo e reunir os componentes de seu feitiço, é hora de elaborar as palavras. Essa é outra maneira de canalizar poderosamente sua intuição. Você prefere feitiços que rimam? Associe livremente e capture sua intenção em palavras, depois as diga em voz alta. Como isso ressoa? Parece mágico? Aperfeiçoe-o até que pareça o mais perfeito possível.

Quais ações você realizará durante o ritual? Queimar o logotipo da empresa parece apropriado ou amarrá-lo com linha parece mais eficaz? Existem componentes do feitiço que você poderia colocar no local do estuário como um ímpeto energético adicional? Se você ficar presa, use um pêndulo, o Tarô ou outra ferramenta de adivinhação para aprimorar seu processo intuitivo. Obviamente, não há respostas concretas, pois cada ritual para ativismo mágico será diferente. O denominador comum, no entanto, é a sua própria intuição, que, devidamente canalizada, guiará você para uma magia tão poderosa e personalizada que sempre será mais eficaz do que qualquer feitiço que possa encontrar em um livro.

Magia Diária

Todos os dias, quando acordamos, temos a opção de voltar a dormir ou de levantar e usar nossa energia para fazer o bem por si mesma e pelo mundo. Escolher despertar neste mundo moderno significa nos educarmos sobre como podemos melhorar nossa própria vida e a vida de todos os outros no Planeta. Também significa praticar. Às vezes, você usará sua centelha interior para ancorar, limpar e recarregar, ou talvez use atalhos de Bruxa para tornar a vida um pouco mais fácil. Ou ainda pode usar seu fogo interior para escrever um e-mail para um congressista ou participar de um protesto.

Escolher viver uma vida mágica em um mundo mundano pode significar que temos mais oportunidades do que a maioria das outras pessoas para fazer a diferença. Só não se esqueça de que também há magia no autocuidado. Atividades como tomar um banho relaxante ou recarregar-se com a meditação ajudam muito a fazer com que você se levante da cama no dia seguinte.

Lista de Leitura Adicional

BLAKE, Deborah. *Everyday Witchcraft: Making Time for Spirit in a Too-Busy World.* Woodbury, MN: Llewellyn Publications, 2015.

EILERS, Dana D. *Pagans and the Law: Understand Your Rights.* Franklin Lakes, NJ: New Page, 2003.

HUGHES, Michael M. *Magic for the Resistance: Rituals and Spells for Change.* Woodbury, MN: Llewellyn Publications, 2018.

MURPHY-HISCOCK, Arin. *The House Witch: Your Complete Guide to Creating a Magical Space with Rituals and Spells for Hearth and Home.* New York: Adams Media, 2018.

Trabalhando com as Energias de Outras Pessoas

Capítulo 9

***A**lgumas pessoas têm aversão a trabalhar com energias alheias* e preferem manter sua energia para si mesmas. Se você é uma dessas pessoas, talvez queira repensar sua posição. Ninguém é um lobo solitário. Tudo o que você faz, mágico ou mundano, afeta outras pessoas até certo ponto. Por exemplo, escolher sair para almoçar em um café significa que você terá uma experiência muito diferente de comer em casa ou em uma mesa de jantar. O feitiço de glamour usado para uma entrevista pode parecer que era apenas para você, mas afetou todos os que o entrevistaram e, caso tenha conseguido o emprego, todos os outros candidatos que não usaram o mesmo recurso também foram afetados. Sua magia sempre afeta outras pessoas, mesmo que seja apenas para você, porque a magia não existe no vácuo. Tudo realmente está conectado.

As interações com outras pessoas podem ser maravilhosas ou podem despertar sentimentos de necessidade de proteção. Suas interações podem até mesmo provocar um desejo de prejudicar alguém com um feitiço ou maldição.

Todos esses tipos de magia vão além de nós para trabalhar com as energias de outras pessoas. Esta seção contém informações sobre esses aspectos, bem como algumas éticas a serem ponderadas. Meu conselho é ler este capítulo e pensar sobre o que realmente é sua ética. No final, devemos fazer apenas as magias com as quais nos sentimos confortáveis.

Ética ao Trabalhar com as Energias de Outras Pessoas

Onde está sua ética quando se trata de trabalhar com a energia de outra pessoa? Você acha que não há problema em realizar magia para alguém sempre que sentir vontade? Consentimento é um conceito importante, não apenas nos domínios interpessoais, mas também nos mágicos. Algumas Bruxas, particularmente as Wiccanianas, seguem a regra tríplice. Isso afirma que tudo o que é colocado no mundo retornará triplicado e, como tal, elas acreditam na máxima "sem ninguém prejudicar, faça o que desejar". Esses conceitos são creditados a Gerald Gardner, o fundador da Wicca Moderna. No entanto, a regra tríplice não satisfaz os entendimentos modernos de ética, porque boas intenções não podem ser interpretadas como tal por alguém que não consente com suas ações.

Quando eu era uma Bruxa muito jovem, decidi curar meu namorado. Foi logo depois da festa de aniversário dele e estávamos aconchegados no meu futon. Eu tinha as melhores intenções – queria curá-lo para que ele pudesse liberar os bloqueios energéticos em sua aura. Sem perguntar se estava tudo bem, entrei em estado de transe e realizei um trabalho energético nele, removendo a energia negativa que estava alojada em sua aura. Após cerca de vinte minutos desse trabalho energético, saí do meu estado de transe e olhei para ele. Havia adormecido. Depois de alguns minutos, ele acordou, pulou da cama e começou a andar pelo quarto enquanto segurava a cabeça, extremamente desorientado, sem entender como tinha adormecido ou por que se sentia tão estranho.

Tentei acalmá-lo, contando o que tinha feito, mas ele não se sentiu nem um pouco melhor. Fiquei chocada – pensei que curá-lo o faria se sentir incrível. Em vez disso, parecia que eu havia causado mais trauma a ele do que antes.

Após aquela noite, resolvi nunca mais curar ninguém sem sua permissão. Também não oro pelas pessoas sem a permissão delas. Feitiços de amor são outra área em que não faço magia para uma pessoa em particular. Mesmo se você tiver a melhor das intenções, fazer magia para alguém sem o consentimento dela pode colocá-la em uma posição ética difícil. Com isso dito, também há momentos em que os padrões éticos já foram quebrados, então, lutar é a única coisa certa a fazer.

Muitas Bruxas acham que está dentro de seu alcance realizar magia para outras pessoas, não importa o que. Tem um colega de trabalho desagradável que está inventando boatos a seu respeito? E se você pudesse torná-lo mais gentil polvilhando açúcar em seu escritório? Bem-vinda ao tentador território das magias neutras e defensivas, onde suas melhores intenções encontram seu poder de mudar o mundo. Questione-se, é melhor tentar mudar as outras pessoas e dobrá-las à sua vontade ou simplesmente deixá-las em paz. A escolha é sua. Se a ideia de mexer com a energia de outra pessoa deixa você desconfortável, não faça isso. No entanto, se isso faz você se sentir fortalecida ou como se pudesse mudar sua vida para melhor, talvez queira tentar.

Quando se trata de pessoas que estão definitivamente erradas em grande escala – aquelas que ferem os outros, mentem, poluem, abusam e assim por diante – algumas Bruxas praticam magia perniciosa ou magia realizada com intenções e objetivos diretos para prejudicar o outro. Essas Bruxas resolvem o problema com as próprias mãos e lutam em vez de deixar as pessoas se safarem. Não há boas intenções aqui, apenas poder e justiça. Elas acreditam que é seu dever revidar e praticar magia de resistência. Se podemos usar a magia para tornar nossa vida melhor e isso torna o mundo melhor, por que não? Afinal, pessoas cruéis abusam de seu poder todos os dias. Por que não deveríamos usar nosso próprio poder para equilibrar a balança? A justiça não precisa ser feita por um juiz e um tribunal, pode ser distribuída por alguém que não tem outro recurso além de sua própria magia.

A decisão de usar magia perniciosa é pessoal. É um ofício avançado e uma decisão que não deve ser tomada de ânimo leve. Há momentos em que xingar pode ser a única coisa certa a fazer, especialmente em momentos de grande desvantagem ou injustiça, e quando todas as outras opções falharam. Nessas horas, a defesa mágica pode ser a única maneira de equilibrar as coisas. Cada Bruxa Intuitiva deve decidir por conta própria se deseja trilhar o caminho nocivo. E a menos que tenhamos pisado em seus sapatos e seguido seus caminhos, é injusto julgá-las por praticá-lo.

No entanto, devemos ter cuidado quando nossos pensamentos seguem nessa direção nociva. Pode ser uma ladeira escorregadia. Você amaldiçoaria alguém que lhe roubou dinheiro sabendo que é um sem-teto? Ou amaldiçoaria os companheiros dele, simplesmente porque vivem com essa pessoa? Se não, onde você traça essa linha?

Antes de experimentar magia neutra, defensiva ou prejudicial, você deve ser um Bruxo ou Bruxa competente com pelo menos habilidades intermediárias. É somente quando sua boa magia funciona que você pode ter a certeza de que obterá um resultado previsível com qualquer coisa, exceto magia positiva. É bom sempre estar ciente de todos os resultados possíveis antes de iniciar qualquer trabalho desse tipo. Isso inclui a possibilidade de que seu trabalho possa vincular você a essas pessoas (ou entidades). Parte da energia delas pode "grudar" em você. Isso é particularmente irônico se estiver tentando removê-las de sua vida. Outro problema é o contragolpe mágico: receber a mesma magia sem querer. Isso pode ser bom se for um feitiço para adoçar, mas e se for uma maldição? Manter sua virtude pode ajudar a reduzir esse risco, mas apenas até certo ponto. Outro problema é encontrar um alvo protegido. Nesse caso, é possível que sua magia não os alcance. Também há a possibilidade de prejudicar alguém e sentir culpa. Você consegue viver com isso? Como uma Bruxa Intuitiva, cabe a você seguir sua intuição sobre o que fazer e até que ponto explorar territórios neutros, defensivos e nocivos.

Magia Positiva

De um modo geral, a maioria dos praticantes de magia positiva segue a regra tríplice e se autodenominam "trabalhadores da luz". Embora este termo seja antiquado, ele descreve o tipo de pessoa que não quer mexer com magia defensiva ou prejudicial. Esta Bruxa escolhe abençoar quando outros amaldiçoam. Ela sempre trabalha com o consentimento dos outros e nunca precisa se preocupar se estão fazendo a coisa certa ou não. Esta seção fornece alguns exemplos de magias positivas que você pode praticar; no entanto, se o consentimento for violado, essas magias podem facilmente ser vistas como neutras, prejudiciais ou nocivas.

Magia do Amor

A magia do amor é provavelmente uma das formas mais antigas de magia existentes. O desejo de estar com o outro é quase universal. Como mencionamos anteriormente, a magia do amor é um daqueles reinos que precisam ser examinados com ética em mente. Realizar um feitiço para uma pessoa específica sem seu consentimento não é uma boa ideia para praticantes de magia positivas. No entanto, é ético realizar a magia do amor para uma pessoa com uma lista de qualidades que você deseja. Se a sua magia aleatória funcionar na pessoa que é a sua paixão, ótimo! Se não, deixe seus olhos se abrirem para a possibilidade de uma parceria melhor do que jamais poderia ter previsto. Afinal, você é uma Bruxa poderosa que está lançando um feitiço. Por que sua magia não funcionaria?

Vamos pôr ordem nas coisas – primeiro é importante ser extremamente objetiva sobre sua Vontade. Você quer ter um relacionamento divertido e casual ou quer algo mais sério? Como vai querer se sentir quando estiver no relacionamento? Como essa pessoa se sentirá em relação a você? É uma ótima ideia anotar todas as suas ideias e relê-las para esclarecer o que está pedindo. Assim como na seção de manifestação no capítulo 3, faça do seu testemunho algo que não seja muito restritivo e nem muito amplo. É bom ter ideias específicas em mente. Além de sua atração pela pessoa, as melhores listas são feitas de qualidades, e não de hobbies ou características específicas.

Quando eu estava solteira e procurava o amor, tinha a intenção de ter um relacionamento romântico e amoroso. Baseei minha magia do amor em meus modelos românticos, Gomez e Mortícia Addams. Tudo o que eles faziam gotejava amor, compreensão e respeito intensos e profundos. Para minha alegria, encontrei um parceiro que me adorou e me encheu de carinho e amor igual ao deles. No entanto, depois de um tempo, percebi que deveria ter sido mais específica. Eu nunca sonhei que seria "Gomez" no relacionamento! Funciona para nós, porém, e até hoje sou casada e feliz.

A magia do amor pode ser realizada usando Magia Intuitiva Simples. Você pode fazer magia com velas de uma determinada cor que faça você se sentir atraente. Que tal um pote de feitiço feito com suas correspondências pessoais e seu testemunho escrito em um pedaço de papel? Ou talvez prefira encantar um amuleto para atrair a pessoa certa e usá-lo perto de seu corpo até encontrar a companhia perfeita. Você também pode usar um manto mágico com a intenção de atrair seu novo amor. Use sua intuição sobre qualquer magia que funcione para você. As correspondências pessoais que usar devem fazer você se sentir do jeito que deseja quando está amando. Para mim funciona canela, rosa, hibisco, chocolate e sândalo, entre outros, mas para você podem ser diferentes.

A magia do amor-próprio é uma das melhores e mais transformadoras do mundo. Eu encorajo você fortemente a mergulhar nesses reinos profundos antes de tentar a magia do amor por outra pessoa. Se você já lutou contra a autoaversão, experimente a magia do amor-próprio usando qualquer uma das magias intuitivas simples mencionadas anteriormente, ou a magia do espelho do amor-próprio no capítulo 10. A magia do amor-próprio é totalmente ética e positiva e pode mudar seu mundo para melhor, possivelmente para o resto de sua vida. Amar a si mesma costuma ser a chave para encontrar um amor verdadeiro e duradouro com outra pessoa.

Escadas de Energia

Quando duas pessoas confiam uma na outra, têm poucos limites e se dão amor e apoio, elas podem experimentar o que chamo de "escada de energia". Essa é uma prática mágica que acontece quando uma pessoa dá energia para a outra, que a aceita. Essa energia eleva a pessoa receptora, que então devolve a energia para a primeira pessoa. Ambos são elevados pela experiência através do apoio mútuo. Vibrações mais elevadas de energia espiritual fluem livremente entre eles, permitindo a objetividade e que as realizações aconteçam. A escada de energia pode elevar cada pessoa um degrau, de modo que cada um se sinta ligeiramente elevado. Ou uma escada de energia pode elevar as duas pessoas a vários degraus, fazendo-as sentir como se tivessem alcançado uma frequência sublime. Isso é mais comumente visto em amizades muito boas.

Essas escadas de energia também são comuns em parcerias românticas. A excitação e o sexo entre parceiros generosos circulam a energia sensual, permitindo que cada pessoa suba os degraus da escada. Cada um dá ao outro, elevando seus níveis de energia cada vez mais alto, até o êxtase.

Escadas de energia também podem ser usadas em apresentações criativas. Muitos artistas performáticos, incluindo músicos, atores, dançarinos e palestrantes usam essa técnica em um grau ou outro. Você provavelmente já percebeu como alguns dos melhores artistas interagem com seu público, como se estivessem cavalgando na energia comunitária. Eles pegam energia da multidão, que a está dando livremente, usam-na para se fortalecer, interpretam a energia de acordo com sua própria vibração e energia única e a liberam de volta para a multidão. Se você já experimentou isso, provavelmente sentiu uma energia íntima, edificante e escaldante. O ciclo continua, acumulando energia na multidão, que mais uma vez alimenta o artista.

Você não precisa descer conscientemente das alturas experimentadas nas escadas de energia. Sua energia eventualmente se dissipará ou se estabelecerá em um estado mais baixo. Além disso, embora o consentimento nem sempre seja expresso com escadas de energia, se alguém não quiser ser atraído para essa situação, pode recusar a energia oferecida. Nesses casos, a escada nunca alcançaria o próximo degrau.

As escadas de energia podem ser usadas ao trabalhar com os Deuses e os espíritos. Compartilhar energia é uma maneira ideal de comungar com eles. Muitas vezes, os Deuses devolvem seu presente com um pouco de sua própria energia. Às vezes, recebo tanto deles que fico extasiada de felicidade.

Esses tipos de experiências com os Deuses e espíritos podem transformar uma crença cega em experiência direta, gnose pessoal, relacionamento e possivelmente até sabedoria.

Relacionamentos com Animais

Um dos meus gatos sabe quando estou doente ou com pouca energia. É a fêmea, ela se aconchega ao meu lado, ronronando alto, olha para mim com seus sábios olhos verdes e sempre faz eu me sentir melhor.

Meu outro gato gosta de estar perto de mim sempre que escrevo. Se me sinto bloqueada, interagimos por um minuto e depois me sinto mais inspirada para continuar trabalhando. Meus gatos e eu trocamos energia com frequência, mas nesses momentos, sinto como se eles estivessem tentando me dar energia extra. Os animais são sábios além de nossa compreensão e, provavelmente, estão mais conscientes das trocas energéticas do que nós. Da próxima vez que se sentir pra baixo e seu animal de estimação se aproximar de você com muita energia, tente aceitar um pouco do alento deles. Agradeça e retorne a energia para eles em uma escada de energia com carícias, brincadeiras, toques e sua comida favorita. Não recomendo tirar muita energia de seus animais ou fazer isso com muita frequência. Mesmo que eu acredite que os animais têm a capacidade de nos bloquear antes que tiremos muita energia deles, ainda assim não devemos abusar do relacionamento.

A Arte da Cura

A cura é uma parte necessária de estar vivo. Todos nós somos arranhados e quebrados de vez em quando, seja no plano físico, emocional, mental ou espiritual. É importante saber como nos acalmar, praticar o autocuidado e nos curar. No entanto, haverá momentos em que simplesmente não poderemos nos curar sozinhas, e a ajuda de outra pessoa contará muito. As interações de cura são muito íntimas. Um curador ético sempre buscará consentimento para trabalhar naqueles que cura. Se, por algum motivo, eles não conseguirem obter uma resposta - por exemplo, se alguém estiver em coma –, eles podem oferecer energia de cura como um presente que o Eu Superior da pessoa pode aceitar ou recusar.

Um curador intuitivo pode sentir as necessidades da pessoa e pode combinar suas especialidades de cura para dar a elas o que precisam. Ele também pode sentir se realmente deve curar a pessoa ou recusar.

O curador pode optar por ajudar a curar uma área ferida e não outra, devido à gravidade da ferida ou às suas próprias habilidades e limitações. Eles também podem preferir mostrar à pessoa ferida como se curar por meio da meditação e do trabalho energético. Como diz o ditado, "dê um peixe a uma pessoa e ela comerá por um dia. Ensine uma pessoa a pescar e ela comerá até os últimos dias".

Curandeiros intuitivos geralmente são certificados em vários tipos de cura, incluindo reiki, massagem, imersão sonora, naturopatia, hipnose, cura com óleos essenciais, cura energética intuitiva e muitos outros. Se quiser aprender mais sobre as artes de cura, pesquise os tipos e métodos e escolha aquele que melhor se adapta ao seu temperamento.

Percepções Intuitivas

Cura Intuitiva

Shringara Hasya

Em minha prática de cura, confio muito nas forças intuitivas para guiar o processo. Existem muitas maneiras pelas quais nossos sentidos intuitivos podem se apresentar. Todos nós temos clarissensibilidades, ou sentidos intuitivos, também conhecidos como *clairs*, que incluem a claricognição (conhecimento intuitivo), a clarividência (visão intuitiva), a clariaudiência (audição intuitiva), a clairsentença (sentimento intuitivo ou empatia), a clairsalience (cheiro intuitivo), a clairgustance (gosto intuitivo) e a claritangência (conhecimento intuitivo ao tocar um objeto ou pessoa). Essas *clairs* aparecem para cada indivíduo de maneiras únicas, e pode-se descobrir que algumas são mais fortes do que outras.

Durante uma sessão com um cliente, minhas *clairs* mais fortes me ajudam, dando-me um conhecimento muito claro sobre a pessoa e as questões apresentadas que eu não poderia saber de outra forma. Frequentemente recebo visões, de natureza simbólica, que têm grande significado para meus clientes. Imagens mais concretas de eventos presentes e/ou passados, pessoas, lugares e muito mais revelarão informações importantes para mim sobre a pessoa com quem estou trabalhando.

Visões de espíritos prestativos, ancestrais e entes queridos que partiram aparecem em uma consulta ou sessão de cura para oferecer uma mensagem ou dar orientação sobre as melhores maneiras de ajudar meu cliente em seu processo de cura. Como empata, geralmente posso sentir o que está acontecendo emocional, física, mental e espiritualmente com os outros sem que eles tenham que comunicar isso em palavras. As mensagens chegam a mim na hora do sonho, durante a meditação, e em estados de transe, ou às vezes, inesperadamente, deixam pistas, lembretes e conselhos para mim ou para outra pessoa. Todos nós temos essas *clairs* em graus variados e frequentemente as usamos sem estarmos cientes.

Um pressentimento, saber que uma pessoa em particular está prestes a enviar uma mensagem de texto ou ligar, uma apreensão sobre alguém ou algo e um sonho de um amigo há muito perdido que chega até você do nada são exemplos. Faço um convite para que você se sintonize e se pergunte quais são suas *clairs* mais fortes. Brinque de aumentá-las ou diminuí-las, como um botão de volume.

Há momentos em que será necessário, para sua própria proteção, diminuir o tom dessas clarividências. Elas são bastante úteis para nós, não apenas em nossas práticas espirituais, curativas e cerimoniais, mas também em nosso cotidiano.

Magias Defensivas e Neutras

Nem todo mundo terá nossos melhores interesses no coração. Vampiros e pessoas com motivos egoístas adoram sugar nossas energias e tirar vantagem das pessoas que as permitem. Quando nos deparamos com esses tipos de pessoas, temos a capacidade de usar nossos poderes para proteger a nós e a nossos entes queridos. Aprender a arte da magia defensiva garante que não fiquemos vulneráveis a seus ataques.

Conforme mencionado anteriormente neste capítulo, sempre que possível, use suas palavras para mudar a situação, Geralmente é melhor o ataque primário. Por exemplo, se quiser que alguém deixe você em paz, diga que não tem interesse em ser seu amigo ou que não pode conversar. Essa forma direta de comunicação costuma funcionar. No entanto, pode haver momentos em que a comunicação direta não parece apropriada ou segura.

Quando há uma dinâmica de poder a seu favor ou uma ameaça de violência, um simples pedido pode agravar uma situação já negativa.

É aqui que a magia pode ajudar. Por milênios, as pessoas recorreram à magia para ajudá-las a encontrar sua força e mudar suas realidades. A magia defensiva existe porque muitas pessoas ficaram sem poder devido a uma sociedade restritiva e suas circunstâncias. Esta seção contém algumas das melhores artes mágicas defensivas e as formas de praticá-las. Elas também são chamadas de "magias neutras", porque podem ir em qualquer direção dependendo de suas intenções e ações.

Feitiços para Adoçar

Se você deseja melhorar um relacionamento, os feitiços de adoçamento podem fazer maravilhas. É uma maneira mágica de transformar um relacionamento amargo em algo mais agradável. Esses encantamentos geralmente assumem a forma de um pote de feitiço. Use uma substância doce como mel, melaço ou açúcar enquanto pensa na outra pessoa. Inclua itens como uma foto, seu nome ou algo que represente sua energia geral com uma substância doce escolhida intuitivamente em um ritual.

Magia com Bonecos

Uma *poppet*, também conhecida como "boneca ritual", é uma figura que representa uma pessoa. Ao contrário de uma boneca comum usada como brinquedo, a *poppet* é utilizada em práticas mágicas ou rituais. É um tipo de magia pré-histórica que remonta ao antigo Egito e à Grécia, e possivelmente até mais cedo. Os bonecos são semelhantes aos potes de feitiços, porque você pode criá-los a partir de materiais que tem à mão, incluindo paus, palitos de dente, arame, tecido, fios, cordões, ervas, grama e outros testemunhos pessoais, como cabelos ou unhas. Se faltarem ingredientes pessoais da pessoa que você deseja representar, use algo que se assemelhe a ela. Transforme esses itens em uma boneca ou boneco e use sua intuição sobre o que fazer a seguir. Esses bonecos podem ser usados para uma infinidade de propósitos, incluindo romance, proteção, banimento, para enfeitiçar, amaldiçoar e curar.

Use sua intuição para fazer com que o boneco realize o que você deseja que a pessoa faça. A magia com bonecos pode ser benéfica, mas também pode ser utilizada de forma maligna, como em maldições ou pragas.

Eu cresci com "bonecas preocupadas" e aprendi a usá-las para liberar meus medos e me sentir mais protegida. A magia com bonecos pode até ter ajudado no meu primeiro relacionamento oficial no ensino fundamental. Todos os dias, depois da escola, eu movia uma estatueta de cavaleiro que representava um garoto de quem eu gostava cada vez mais perto de uma estatueta de uma mulher parecida comigo. No dia em que nossas mãos se tocaram, perguntei se ele seria meu namorado e ele disse que sim. Embora nosso relacionamento nunca tenha decolado porque éramos jovens e tímidos, os resultados da magia foram emocionantes.

Feitiço de Congelamento

Deseja parar alguém em seu caminho? Precisa que alguém se torne mais distante? Reúna algumas correspondências que representem seu alvo, anote o nome dele, fale em voz alta suas intenções enquanto as mistura em um saco e depois coloque no freezer. Uma alternativa é despejar as correspondências em um recipiente que não estilhace, adicionar água, recitar o feitiço novamente com mais energia e congelá-lo em um bloco de gelo. Deixe no freezer pelo tempo desejado para manter essa pessoa ou ação congelada.

Pegue sua Energia de Volta

Algumas pessoas são vampiros de energia. Não há outra maneira de dizer isso. Consciente ou inconscientemente, essas pessoas extraem energia de suas interações com outras pessoas. Mesmo a melhor das defesas pode ser vulnerável a um atacante habilidoso. Felizmente, você pode recuperar sua energia. A primeira vez que tentei recuperar minha energia foi quando alguém literalmente não me deixou sair de um banco.

No começo, a mulher que estava conversando comigo sobre o cachecol que eu tricotei parecia legal. Mas notei que ela tinha altos níveis de energia emocional e espiritual, o que não era apropriado para o lugar. Fiz uma conversa educada e tentei ir embora. Ela insistiu em fazer mais perguntas e continuar a conversa, tocando meu cachecol e virando-o sem perguntar se podia tocar em minha roupa. Senti-me enfraquecer e senti uma parte da minha energia me deixar. Como prestei atenção à minha energia, tive consciência do que estava acontecendo e fiquei indignada, mesmo em meu estado de baixa energia. Com os olhos da mente, "vi" meu braço se estender na direção dela e, então, agarrei um punhado de sua energia e puxei-a de volta para minha aura. Imediatamente me senti melhor – foi tão revigorante quanto tirar uma soneca e tomar uma dose de café expresso. De repente, a mulher se despediu e foi embora.

Não tenho certeza se essa mulher era uma vampira de energia de propósito. É possível que ela não soubesse, ou talvez ela só quisesse trocar energia comigo. Porém, seu método não foi consensual, então considero que ela está errada. Lembre-se, sempre cabe a você decidir se deseja trocar energia com alguém e se permite que alguém toque em você e em suas roupas, joias ou cabelos. Se alguém tira sua energia, cabe a você decidir se quer pegar de volta o que é seu.

Da próxima vez que alguém tirar energia de você, imagine-se estendendo a mão e tirando um pedaço de energia dessa pessoa. Tente levar apenas tanta energia quanto o que foi tirado de você. Uma vez que a tenha em seu campo energético, mude a vibração para que ela vibre na sua frequência e não carregue nenhuma ressonância da outra pessoa.

Cortar Cordões

Quando cortamos cordões energéticos com alguém, desconectamo-nos de sua energia. É como encerrar uma ligação você não está mais "ouvindo" a energia deles. Esses cordões podem ser cortados com a intenção de que a desconexão dure apenas por um curto período de tempo, como com seus amigos íntimos, quando você deseja praticar o isolamento para uma meditação. Ou você pode desejar cortar alguém para sempre.

Cortar cordões é muito simples, mas existem vários métodos diferentes para fazer isso, e cada um parece ter o seu preferido. Você pode simplesmente imaginar os cordões entre você e qualquer outra pessoa se partindo e se afastando. Outra opção é visualizar uma faca cortando esses laços.

Isso pode ser divertido, pois você pode experimentar diferentes facas imaginárias. Que tal usar um canivete, uma faca de açougueiro ou uma katana? Energias diferentes podem exigir facas diferentes. Uma de minhas amigas usa os dedos como tesouras para cortar fisicamente e energeticamente os cordões.

Na maioria das vezes, uso minha mão para cortar os cordões, fingindo que a ponta da palma da minha mão é uma lâmina superafiada.

Mantenha uma emoção neutra ou positiva sobre você quando for cortar. Cortes com raiva tendem a fazer o cordão de energia voltar de forma sorrateira. Cuidado com os cordões que tendem a se reformar assim que você os corta. Se isso acontecer, imagine amarrar os cordões à terra ou dar o cordão cortado a um Deus, um guia espiritual ou espírito ancestral e peça a ajuda deles.

Cortar os cordões negativos corrige os desequilíbrios energéticos e recarrega as baterias da sua alma. Também é uma ótima maneira de realmente encerrar as conexões com os relacionamentos para que você possa seguir em frente com sua vida.

Amarração

O ato de "amarrar" é uma magia defensiva usada para impedir que alguém cause danos ou para impedir a pessoa de agir. Também pode ser usado para impedir alguém de falar. É uma forma de magia defensiva que pode ajudar restringindo as atividades dos outros.

Para amarrar alguém, faça um Círculo para conter toda a energia que irá levantar. Entre na mentalidade – liste todas as atrocidades da pessoa e despeje sua raiva no Círculo. Aumente a energia. Quando a energia atingir um pico, fale em voz alta como você deseja que eles sejam amarrados enquanto enrola barbante, linha ou um pano em torno de algo que representa o alvo. Use o nome e o sobrenome da pessoa. Por exemplo, "Eu impeço Felice Gregor de me fazer mal" ou "Eu impeço Raphael Moss de falar sobre mim". Qualquer variação pode ser usada para reforçar o feitiço.

Uma ligação pode ocorrer em um espectro de intenções e objetivos, mas basicamente auxilia na prevenção da ação. Essa não é necessariamente uma magia perniciosa, a menos que seja extremamente restritiva, como impedir que alguém use seu corpo.

Nesses casos, é mais um feitiço. Qualquer fase da lua serve para ligações, mas alguns preferem usar a crescente minguante.

Ritual: Cortando Cordões Negativos e Chamando de Volta a Energia

Use um agente de limpeza, como sálvia ou outras ervas queimáveis, para limpar a si mesma e a sua área de ritual. Coloque os seguintes itens perto de seu espaço ritual ou altar: uma vela (qualquer cor que aumente sua vibração energética); um isqueiro; uma pedra de aterramento (como hematita ou pirita); um Athame (opcional); um diário e uma caneta.

Centralize e alinhe. Faça um círculo com seus espíritos ou Divindades habituais. Quando estiver entre os mundos, acenda a vela. Diga ou pense: "Eu acendo esta vela para mim - todo o meu ser. Que seu fogo limpe todas as impurezas em mim e neste Círculo". Segure a pedra de aterramento na palma da mão e feche os olhos. Examine mentalmente seu corpo, reconhecendo e liberando qualquer energia apertada e quaisquer pensamentos que surgirem. Você provavelmente tem uma ideia da pessoa cuja energia gostaria de não estar mais conectada. Se não, apenas observe o que surge ao fazer esta prática.

Com o olho da sua mente, visualize onde estão os cordões que conectam seu corpo a outra pessoa ou a essa energia negativa. Comece pela cabeça, desça pelos ombros e peito, siga pelos braços, pela barriga e costas, pelo tronco, traseiro e pernas, até chegar em seus dedos dos pés. Reserve um momento para sentir sua energia e seu corpo. Em uma escala de zero a dez (zero sendo exausto e dez transbordando de alegria e amor), qual é o seu número? Faça algumas respirações profundas e fortes. Elas devem ser audíveis e fortes, mas não rápidas o suficiente para deixá-la zonza. Aumente sua energia pelo menos dois números acima. Grite ou pense: "Eu chamo de volta minha energia! Eu chamo de volta meu poder! Eu me limpo das expectativas dos outros. Eu cortei os cordões que me prendem a __________".

Segure seu Athame ou imagine que está segurando uma faca. Mentalmente ou fisicamente, corte todos os cordões energéticos negativos que conectam você a outras pessoas. Mantenha sua energia neutra. Com cada cordão quebrado, imagine que você o está amarrando em algum lugar no fundo da terra, ou dê o cordão cortado a uma Divindade ou espírito para cuidar dele. Se os cordões se reformarem novamente, peça ajuda à sua Divindade ou espírito para cortá-los e corte novamente com maior atenção à energia. Se ajudar, repita a frase do parágrafo anterior.

(Opcional: se quiser retirar sua energia da outra pessoa, imagine a energia voltando para você, ou imagine-se agarrando-a com as mãos e colocando-a de volta em seu campo energético. Pegue apenas a quantidade de energia que foi retirada de você.

Uma vez que tenha assegurado a energia, mantenha-a em seu corpo e campo energético, mudando-a para que ela ressoe em sua frequência. Respire fortemente novamente. Mantenha a energia intacta e perto de você pelo tempo que puder. Integre-a em seu corpo, equilibre seus chakras e sinta-o elevando você.)

Após cortar todos os cordões negativos, reflita sobre como cada interação envolve energia. O que você tem permitido entrar em seu campo energético? Quem você estava deixando roubar sua energia? Anote em um diário como se sentia em relação a isso. Faça um pacto consigo mesma de que, daqui para frente, irá se afastar dessas pessoas e situações o máximo possível. Você só se envolverá com elas conforme seu próprio critério.

Quando terminar de registrar no diário, diga ou pense: "Sou responsável por minhas interações energéticas. Eu controlo minhas interações e energia". Respire profundamente novamente e comece a se curar. Coloque as mãos no coração, nas têmporas ou em qualquer outro lugar que sua intuição a guiar. Dê a si mesma todo o amor e atenção que deu aos outros. Sinta sua energia começar a se expandir e relaxar ainda mais seu corpo. Esse sentimento expansivo e fácil é o que você deve procurar na vida. É a pista de que está no caminho certo. Faça uma lista de pessoas que fazem você se sentir maior, melhor, mais inspirada. Comprometa-se a vê-los com mais frequência.

Nos próximos dias, fique extremamente atenta à sua energia e corte todos os cordões energéticos que insistirem em se formar novamente. Esteja alerta quando se sentir com pouca energia e quais interações levaram a isso. Mova-se em direção a sentimentos expansivos sempre que possível.

Magia Prejudicial

A magia prejudicial, ou magia destinada a prejudicar outras pessoas, pode ser dividida em duas categorias: maldições e *hexes* (encantamentos). As maldições são definidas como qualquer tentativa séria de prejudicar alguém fisicamente, emocionalmente, mentalmente ou espiritualmente. Os *hexes* são mais suaves – eles não causam tanto dano e não duram tanto tempo. Podem ser vistos como incidentes irritantes, pequenos aborrecimentos ou brincadeiras.

A maioria das Bruxas concorda que não devemos praticar magia mesquinha (maldição sem causa) ou distribuir uma punição maior do que a adequada ao crime. Essas práticas vão além do que é justo e colocam você em um território malicioso. Ser abertamente cruel não é uma coisa boa na vida mundana ou na vida de uma Bruxa. Esse tipo de magia pode causar problemas com alguns dos seus guias espirituais ou Deuses.

Eles podem decidir que não desejam participar desse tipo de magia e podem se afastar de você. Espíritos maliciosos, cuja energia pegajosa pode ser difícil de afastar, também podem ser atraídos por você. Se sentir que está tudo bem com as incertezas da magia perniciosa e se sentir positiva em ser uma portadora do poder da justiça, prossiga com cautela. Comece com pequenos experimentos. Observe o que funciona e o que não funciona em seu Livro das Sombras. Tente trabalhar com Divindades e espíritos vingativos. Se, ao final de um ritual de magia perniciosa, você sentir qualquer tipo de energia negativa ou entidades ainda por perto, bana-as. Antes de realizar qualquer magia perniciosa adicional, reavalie seus rituais e os resultados e ajuste-os para refinar sua abordagem.

Conversa Interna Negativa

Antes de discutir a prática da magia prejudicial em outras pessoas, vamos falar sobre o "Caldeirão gigante na sala de jantar" – muitas de nós praticamos magia prejudicial sem querer em nós mesmas. Quando nos envolvemos em uma conversa interna negativa, acabamos nos insultando e lançando feitiços sobre nós mesmas. Por exemplo, dizer coisas como "eu sou tão estúpida" altera nossa energia e nos faz acreditar nisso. A partir de então, agiremos de maneira estúpida, bloqueando energias e oportunidades superiores; experimentamos o mundo de uma visão mais limitada e seremos queimadas quando caminharmos sobre brasas, porque nossa crença em nós mesmas é baixa. A conversa interna negativa também pode atrair seres maliciosos que se alimentam desse tipo de energia e podem encorajar mais esse tipo de comportamento. Esteja sempre ciente de suas intenções e do poder de suas palavras. Corte a autocrítica negativa e substitua-a por palavras positivas ou neutras. Mesmo dizer algo como "Estou fazendo o meu melhor" é muito melhor do que "Eu sou tão estúpida".

Sem Brincadeira

Como Bruxas, nossas palavras são tão poderosas que podem fazer com que as coisas aconteçam, mesmo que estejamos apenas brincando. O melhor exemplo que consigo pensar é a primeira vez que prejudiquei alguém, o que foi um acidente. Meu namorado do ensino médio estava tendo problemas com seu rival no basquete, que não parava de marcar pontos. Ele me pediu para quebrar a perna de seu rival com minha "mágica". Eu ri, mas disse que sim e não pensei nisso novamente. No dia seguinte, enquanto jogavam basquete, o rival caiu e, imagine só, quebrou a perna. Eu estava atormentada pela culpa.

Na verdade, eu não tinha a intenção de machucá-lo. Eu não tinha feito nada além de aceitar, pura brincadeira. No entanto, minha aceitação do funesto pedido permitiu que a maldição acontecesse. Para mim, isso ilustra o quanto a magia quer trabalhar conosco e está apenas esperando que digamos as palavras para agir.

Maldições e Feitiços

Para amaldiçoar ou enfeitiçar, lance um Círculo de proteção para confinar a energia. Despeje suas emoções e energia no Círculo e diga o nome e os crimes do alvo. Uma vez que uma quantidade suficiente de energia é levantada, há várias coisas que podem ser feitas. Você pode invocar seus Deuses ou espíritos e pedir-lhes que prejudiquem a pessoa de alguma forma. Seja específica para que os Deuses ou espíritos não se deixem levar. Você pode solicitar que essa pessoa seja prejudicada mentalmente, emocionalmente, fisicamente ou espiritualmente. Pode até fazer uma ressalva e dizer: "Prejudique-os tanto quanto eles prejudicaram os outros, e não mais", em uma tentativa de equilibrar a balança e não a deixar cair além do que é justo.

Outras possibilidades incluem chamar o nome da pessoa e direcionar energia negativa para ela. Você pode reunir materiais que os representem, como uma peça de roupa pertencente a eles, um boneco ou uma imagem, e danificar os materiais com uma ação mágica. Essas ações podem incluir rasgar, queimar, pisar, socar, esbofetear, esfaquear (não com seu Athame – mantenha-o apenas para trabalhos neutros ou positivos), afogamento, congelamento, desmembramento ou qualquer outra coisa que você considere apropriada. Use sua intuição para encontrar uma maneira de feri-los da maneira mais eficaz. Qualquer coisa que crie uma reversão na dinâmica de poder é a energia que você quer. Quando pronunciar sua maldição, diga-lhes por que está com raiva. Por exemplo, "Eu o amaldiçoo, Keno Xercea, por abusar do meu amigo. Eu o amaldiçoo a uma vida inteira de impotência! Que você nunca mais experimente a excitação!"

Para ser sincera, esta é uma das minhas maldições favoritas, mas não deve ser distribuída de qualquer maneira.

Você pode também invocar espíritos malévolos contra eles para fazer o seu trabalho. Essa prática é reservada apenas para Bruxas experientes em magia prejudicial, que possuem habilidade para trabalhar com tais entidades. Apenas espíritos que podem ser controlados devem ser convocados e seus objetivos devem ser claros. Deixar de seguir esse conselho pode fazer com que eles causem mais danos do que deseja e também pode permitir que eles fiquem ao seu redor e criem o caos em sua vida.

Tenha cuidado com espíritos maléficos e, como discutimos no capítulo 6, convoque apenas o que você pode banir.

Considere usar uma data de validade em sua magia. Talvez seu feitiço dure apenas um dia. Talvez dure uma temporada ou um ano. Ou talvez a maldição só pare de funcionar quando o alvo fizer algo bom, como pedir desculpas ou devolver o dinheiro que roubou. Construa a energia com sua emoção – coloque toda a sua raiva, frustração, tristeza, ódio e muito mais no Círculo. Despeje seus pensamentos e energias negativas. Quando a energia atingir o pico, libere-a para o mundo com uma última diretiva e envie-a para o seu alvo. Quando a energia for enviada, agradeça e abra seu Círculo.

Queime incenso, resinas ou ervas para limpar a área. Um banho de sal também pode ser uma boa ideia para limpar sua aura. Siga os cuidados pós-ritual apropriados, incluindo aterramento com comida e repouso.

Se você deseja cancelar um feitiço, precisará recriar o mesmo Círculo inicial, com os mesmos espíritos e Deuses. Em vez de incitar sua raiva, chame de volta a maldição do alvo para um objeto inanimado, como um pedaço de madeira: "Eu chamo de volta minha maldição de Hester Yates. Ela se desculpou e aprendeu a lição. Eu cancelo minha maldição por sua saúde debilitada. Que a maldição flua para longe dela e para este objeto". Repita isso várias vezes até que energia suficiente seja levantada. Quando tiver canalizado a energia para o objeto, abra o Círculo e queime o objeto, transformando-o. Limpe a área do ritual e a si mesma duas vezes.

Existem vários outros livros que têm muito mais informações sobre o complicado funcionamento da magia prejudicial. Se optar por se aventurar nesta parte da floresta, aconselho a lê-los para outras perspectivas e métodos. Veja a lista de leitura adicional na próxima página.

Seja uma Bruxa do seu Jeito

O mundo é mágico e mundano, e estamos todos conectados a ele. Você é apenas uma Bruxa positiva ou uma praticante de todos os tipos de magia? Cabe a você decidir intuitivamente de que maneira vai interagir com o mundo mundano, energeticamente falando. O maior desafio pode ser permanecer espiritual diante da realidade popular e suas interações. Seria fácil permanecer inerte pela vida, mas esse não é o seu caminho.

Você foi encarregada de estar ciente da energia e enfrentar o desafio de viver uma vida mágica à sua maneira maravilhosa.

Lista de Leitura Adicional

BOGAN, Chas. *Secrets of Conjure: Unlocking the Mysteries of American Folk Magic*. Woodbury, MN: Llewellyn Publications, 2018.

MILLER, Jason. *Protection and Reversal Magic: A Witch's Defense Manual*. Pompton Plains, NJ: Career Press, 2006.

PENCZAK, Christopher. *Witch's Heart: The Magic of Perfect Love and Perfect Trust*. Woodbury, MN: Llewellyn Publications, 2011

WINTERFIELD, Gordon. *Magickal Attack: Silence, Bind, and Crush Your Enemies with the Art of Occult Warfare*. Self-published, Amazon Digital Services, 2015.

Magia Avançada e Trabalho com Energia

Capítulo 10

Q*uando lideramos de forma equilibrada* nossa vida e praticamos magia profundamente energética, podemos facilmente acessar frequências mais altas. Nossa magia começa a se tornar muito mais eficaz e nos dá experiências mais emocionantes. Percebemos que temos o poder de criar experiências de energia superior sempre que pudermos sustentá-las, portanto, as criamos com mais frequência. É como se um portal se abrisse para nós, com mais possibilidades do que tínhamos antes naqueles níveis inferiores. Leva apenas tempo, energia, consciência, conhecimento e prática.

Este capítulo trata de assumir a magnitude de seu poder, elevar sua prática e trabalhar com energias superiores. Vamos nos aprofundar nos diferentes estados de transe, técnicas poderosas para aumentar a energia e também compartilhar algumas dicas e truques para trabalhos mágicos avançados. Os métodos deste capítulo podem ser usados de acordo com sua intuição. Como em todo trabalho mágico intenso, certifique-se de ancorar e recarregar seu corpo físico depois.

Estados de Transe

A chave para rituais avançados, magia e sabedoria sobrenatural é o cultivo de um bom estado de transe. Os estados de transe acontecem quando controlamos nossa energia física, emocional e mental e elevamos nossa frequência de energia espiritual. Elevar a energia espiritual através de estados de transe é diferente dos outros métodos de aumentar a energia espiritual apresentados neste livro. Você pode pensar nos estados de transe como sintonizações refinadas do corpo, mente, campo energético e espírito. Para a maioria das pessoas, eles são mais difíceis de alcançar e manter por um período prolongado de tempo. Isso os torna uma arte mais avançada.

Além disso, alguns dos estados de transe são mais meditativos do que as outras práticas apresentadas até agora, o que os torna melhores para viagens introspectivas e praticantes solitários.

Existem vários níveis de consciência (ou ondas cerebrais), cada um com suas próprias frequências.

- As ondas *beta* são ondas cerebrais regulares e cotidianas que experimentamos na vida desperta e em nossas mentalidades racionais. Esta não é uma das ondas cerebrais do transe, mas, sim, a frequência que rege as atividades de energia média e as funções diárias básicas. O guardião, ou ego, monitora e regula essas ondas. Eles suportam boa energia mental.
- As ondas cerebrais *gama* têm uma frequência mais alta que as ondas *beta* e são indicativas de um estado de transe e de energias espirituais e mentais mais elevados. As ondas *gama* ocorrem quando temos momentos espirituais, transes extáticos, união com os Deuses, revelações, fluência nos fluxos da vida e ascensão da Kundalini. Isso pode ser experimentado ao dançar, em um ritual ou durante a meditação. Quando sentimos essas ondas, experimentamos uma conexão mais profunda com o Divino. Também experimentamos inspirações e insights profundos sobre nossa vida.
- As ondas cerebrais *alfa* são mais lentas que as ondas *beta*. Experimentamos essas ondas cerebrais de transe suave em relaxamento profundo, como um estado meditativo leve, um transe leve ou um devaneio. As ondas *alfa* podem ser onde a imaginação e a intuição são encontradas. Quando o guardião mental está ausente, as ondas *alfa* surgem naturalmente. As frequências mais lentas nas ondas *alfa* (e nas ondas *teta*) podem facilitar a passagem de uma energia espiritual mais elevada.

* As ondas *teta* são ainda mais lentas e surgem durante períodos de meditação profunda, transe profundo e sono leve. Este é o estado em que podemos experimentar sonhos e movimentos rápidos dos olhos. O estado *teta* é não verbal. Ele se comunica em sentimentos e representações visuais ou simbólicas. O subconsciente está desperto neste estado, assim como nossa programação subconsciente. Este estado pode fazer você sentir como se estivesse girando ou rotacionando, mesmo que esteja parado. Isso pode ser devido ao contato com nosso eu energético, ou talvez seja devido aos chakras sendo energizados.
* As ondas delta são as ondas cerebrais mais lentas. Elas ocorrem no sono profundo e sem sonhos e, ocasionalmente, também em nossas meditações mais profundas. Essas ondas estão presentes como nossa mente inconsciente, nossas memórias reprimidas, nossas sombras e aquilo que não podemos ver.

Nosso cérebro é incrível – ele pode sustentar vários comprimentos de onda simultaneamente. Isso explica como podemos experimentar diferentes frequências e estados energéticos ao mesmo tempo.

Por exemplo, podemos ter altas frequências energéticas emocionais e espirituais, enquanto enfrentamos baixa energia física e mental. Isso torna nossa energia complexa, como um quebra-cabeça tridimensional. Com a prática, você pode usar seu conhecimento sobre as diferentes ondas cerebrais para se colocar no estado de transe certo para sua Bruxaria Intuitiva pessoal.

As pessoas que praticam magia com frequência, ou aquelas que meditam, serão capazes de provocar estados de transe de onda *gama, alfa* e *teta* facilmente e mantê-los. Se você ainda não é adepto disso, continue tentando. Quanto mais é praticado, mais fácil se torna percorrer esse caminho neural no cérebro e mais longe você chega a cada vez. Registre suas percepções do seu trabalho de transe em seu Livro das Sombras antes que seu estado alterado desapareça.

Meditação: Estados de Transe Cerebral com Ondas Alfa e Teta

Fique em uma posição confortável e respire profundamente. Sinta sua energia mental começar a desacelerar – bem devagar. Transite das ondas *beta* para ondas *alfa* que são mais lentas. Continue respirando profunda e pausadamente até atingir um estado relaxado.

Sinta esse estado, explorando o quão ativo você se sente em seu corpo, emoções, mente e espírito. Se algum pensamento surgir, deixe-o passar. Se puder identificar uma frequência que pareça o estado *alfa*, navegue nessas ondas. Mantenha o estado por alguns minutos sem adormecer.

Quando estiver pronta, respire fundo e reduza conscientemente suas ondas cerebrais para uma frequência ainda mais lenta, para as ondas *teta*. Permita-se entrar em um transe mais profundo. Sinta-se mergulhando mais fundo em sua mente ou corpo, como se estivesse se desassociando do seu corpo. A realidade pode parecer um pouco mais distante, mas ao mesmo tempo, você deve sentir uma conexão mais forte com sua energia espiritual. Se sentir uma sensação de giro ou rotação, deixe acontecer. Brinque com respirações profundas ou superficiais e sinta como isso afeta a sensação de girar. Aproveite essa sensação e mantenha o estado de transe sem adormecer por alguns minutos.

Saia do estado de transe, quando estiver pronta. Continue respirando profundamente e com força. Sinta suas ondas cerebrais aumentarem de frequência até que experimente as ondas *beta* normais novamente. Concentre-se e ancore-se fazendo um lanche ou sentindo a energia da terra. Registre suas experiências em seu Livro das Sombras.

O estado de transe da onda *teta* é a base para a maior parte do trabalho deste capítulo. Pratique entrar nesse estado de transe regularmente. Com o tempo, você será capaz de manter o estado enquanto usa simultaneamente sua energia mental para se concentrar em objetivos meditativos ou mágicos.

Exercícios para Aumentar a Energia

Artistas praticam suas habilidades para dominá-las e se tornarem proficientes, e você também deveria. Sem prática, nenhum de nós progrediria além dos nossos estágios iniciais. Certamente não dominaríamos nada. Repetir algo até que pareça natural nos torna praticantes mais competentes. Cada repetição faz com que o ato pareça mais fácil, até que estejamos lançando um Círculo sólido todas as vezes, pregando a invocação e realmente trazendo a energia superior para dentro de nós. A arte de mudar a energia de alguém por capricho é uma valiosa habilidade da Bruxa. Esses exercícios ajudarão você a treinar suas habilidades de atenção plena. Bruxaria.

Exercício: Prática para Aumentar a Energia

Sente-se em um lugar tranquilo e seguro e fique confortável. Sinta sua energia; complete a Grade de Energia, se desejar. Pense como está sua energia em uma escala de um a dez, sendo UM o mais baixo possível antes de dormir e DEZ um estado exuberante e feliz.

Sinta a energia em qualquer número em que estiver. Sintonize-se com as vibrações internas. Se ainda não estiver satisfeita, imagine como seria estar em um nível nove ou dez. Experimente a vibração dessa energia deixe a iluminar seu corpo e sua mente.

Use sua respiração, postura, músculos e pensamentos para se alinhar com este estado. Sinta sua vibração mudar em todos os níveis energéticos, tornando-a mais brilhante e feliz. Mantenha este estado por um minuto inteiro, contando até sessenta. Se fechar os olhos ajudar, faça isso. Após um minuto, libere o excesso de energia e volte para qualquer nível que seja natural para você neste momento. Respire profundamente algumas vezes para se limpar. O mundo parece diferente agora? Observe como e por quê. Se já usou a grade de energia antes, complete-a novamente para ver como sua energia mudou.

Se estiver se sentindo bem para continuar com este exercício, respire fundo e aumente sua energia para dez – ou, se conseguiu isso da última vez, eleve-a para doze. Realinhe, desloque tudo o que precisa para se mover energeticamente. Respire fundo e deixe sua respiração ajudá-la a voar acima do que pensou ser possível. Flutue nos éteres, sentindo-os, sem esforço e magia. Conecte-se ao Divino através do seu chakra coronário. Deixe-o derramar luz cristalina em você. Mantenha esse estado superior por trinta segundos. Conte até trinta e feche os olhos, se isso ajudar. Mantenha a energia. Quando estiver pronta, volte para nove, depois deixe-se cair de volta para um nível de energia natural. Observe o que há de diferente após este exercício. Complete a grade de energia novamente e veja onde você mudou.

Essa lição pretende ensinar que as escalas do que acreditamos ser possível podem ser transcendidas. Repita esse exercício de aumento de energia e trabalhe para manter as frequências de energia mais altas por períodos de tempo mais longos. Você também pode treinar para cair para uma frequência mais baixa, se assim o desejar.

Exercício: Energia Fechada e Aberta

Este exercício é sobre abrir e fechar suas "válvulas energéticas", por assim dizer. Deve ser executado quando estiver se sentindo com uma energia estável, de nível médio.

Sente-se em um lugar tranquilo e seguro e fique confortável. Para se fechar, respire profundamente e desligue conscientemente sua consciência energética sobre todos e tudo ao seu redor. Isso inclui desconectar-se de parceiros, animais de estimação, amigos e pessoas em todo o mundo – todos. Se ajudar, imagine cordões sendo cortados, vista uma capa energética protetora, veja suas válvulas se fechando ou finja que está em um tanque de privação sensorial. Use qualquer imagem que funcione para você. Fisicamente, sinta-se como se estivesse em seu corpo e sentindo apenas seus sentidos. Seus sentidos físicos devem parar onde seu corpo para, como se estivesse envolta em uma concha e não pudesse tocar em nada fora de seu próprio corpo. Emocionalmente, você só deve sentir suas próprias emoções.

Mentalmente, deve pensar apenas em si mesma ou, melhor ainda, não ter nenhum pensamento. Uma vez que tiver realmente experimentando apenas a sua própria energia, mantenha-a por um minuto ou mais. Se pensar em mais alguém, pegue a roda metafórica e dirija-se de volta ao seu próprio corpo e pensamentos. Medite neste estado fechado.

Volte ao mundo imaginando que está se reconectando apenas com suas pessoas favoritas. Tente alcançar um estado intermediário entre o fechado e o aberto. Mantenha sua energia em estado de neutralidade, deixando entrar o que há de bom e afastando as más energias.

Mantenha esse estado parcialmente fechado e parcialmente aberto por um ou dois minutos. Não se conecte com ninguém que não seja uma de suas pessoas favoritas.

A seguir, praticaremos a conexão com tudo. Libere todas as proteções fechadas. Sinta-se aberta para receber energia de todos os seus amigos e do mundo ao seu redor, sem limites. Sinta tudo! Imagine cordões energéticos correndo de você para seus entes queridos. Sinta suas válvulas energéticas abertas e fluindo de você externamente para dentro do seu interior, ou imagine-se sendo abraçada. Fisicamente, você pode se sentir um pouco "fora do seu corpo". Emocionalmente, pode sentir os sentimentos ou desejos dos outros. É provável que sinta coisas sobre eles também. Mentalmente, você pode ser levada a pensar sobre outras pessoas e como são suas vidas. Sinta-se aberta ao fluxo e à conexão da vida.

Mantenha essa abertura por pelo menos um minuto, meditando nas diferentes ondas de energia que surgem, se desejar. Quando terminar, retorne a um estado neutro meio aberto, meio fechado.

Da próxima vez que estiver em um ambiente social e sentir vontade de "desligar", experimente o estado meio fechado ou o modo fechado. Da mesma forma, quando quiser se sentir aberta, use o método de abertura.

Pode ser útil praticar o exercício que é mais oposto a você. Por exemplo, como empata, preciso praticar mais o fechamento para poder entrar em contato com meus próprios pensamentos e sentimentos. Alguém que é naturalmente fechado deve praticar ser mais aberto.

Ao realizar essas mudanças de energia, você pode se acostumar com as alterações em seus ambientes e responder com maior integridade. Isso também ajudará a não se sentir obrigada a participar de interações energéticas que não a inspiram.

Exercício: Ficando em Média Energia

Da próxima vez que precisar ir ao trabalho, ao supermercado ou a algum outro lugar de energia média, canalize apenas essa energia. Pegue a onda da normalidade. Trabalhe para manter essa energia calma e produtiva. Se surgir algo diferente da energia média, acalme-se ou relaxe na energia média novamente. Diga a si mesma que gastará tempo com essa emoção quando estiver fora desse lugar.

Isso ajuda a realizar suas intenções e objetivos? Ajuda a se concentrar na tarefa em questão? Para algumas pessoas, esta será uma tarefa fácil. Outras precisarão trabalhar melhor isso.

Esteja Consciente

O objetivo desses exercícios é acessar e manter esses vários estados de energia para nos mantermos alertas. Quando praticamos mudar nossas engrenagens internas em particular, eventualmente conseguimos fazer isso em público e entre outras pessoas com mais facilidade. Esta prática também nos permite explorar mudanças energéticas sem nos cansarmos muito em um ambiente desconhecido. Com o tempo, poderá acessar a energia necessária sempre que precisar. Você se tornará uma Bruxa mais forte, capaz de se conectar com a energia espiritual durante um ritual ou de se movimentar em locais movimentados sem experimentar uma queda de energia.

Exercícios para Lançar Círculos

Sempre posso dizer o quão bem-sucedidos serão meus rituais pela força do Círculo que lanço. Lançar um Círculo é essencial para o sucesso do ritual. É hora de reavaliar seus métodos atuais. Você está feliz com o espaço de seus Círculos? Parece haver pontos vazios? Considere quanta energia está colocando em seus Círculos e quanta energia a mais poderia usar para criar Círculos mais fortes. Este exercício nos ajuda a flexionar e fortalecer os músculos energéticos dentro e fora de nós.

Exercício: Lançando Círculos

Centralize-se e aumente sua energia para criar um estado de alta energia espiritual. Lance um Círculo, usando todas as suas imagens e energia. Empurre a energia para fora de você, sentindo-a tomar a forma de um Círculo sólido. Mantenha a energia do Círculo por um minuto inteiro, sem deixá-lo tremer. Quando o Círculo começar a se dissipar, abra-o conscientemente. Faça uma pausa e permita que a energia se limpe por alguns minutos. Limpe o espaço se necessário, ou se conecte à terra com um pouco de comida.

Depois de alguns minutos, faça outro Círculo, trabalhando com ainda mais energia do que antes. Use tudo o que tiver. Mantenha a energia do Círculo por um longo período de tempo. Liberte-a antes que ela se desfaça.

Se desejar, pode lançar outro Círculo ainda mais forte. Pare o exercício antes de ficar completamente exausta. Descanse e reabasteça sua energia com comida e bebida.

Experimente este exercício novamente em breve. Repita até que as ações de conjuração pareçam naturais e o Círculo pareça sólido. Depois de um tempo, poderá sentir como se algo "clicasse" dentro de você. Quando isso acontecer, uma maior consciência do Círculo ou uma sensação de conclusão após lançá-lo será percebida. Não se surpreenda se melhorar essa técnica depois de dormir.

O sono tem um jeito de nos deixar dominar as coisas, como se estivéssemos praticando em nossos sonhos.

Frequências de Energia Superior

A habilidade de aumentar a energia é uma das características definidoras de um praticante avançado. Uma boa Bruxa pode provocar magia, arrepiar os cabelos dos braços das pessoas e invocar a presença dos Deuses.

Esta lista de técnicas para aumentar a energia durante a prática e os rituais não garante arrepios, mas fornece alguns insights e opções. Essas práticas podem influenciar a intensidade da magia em um grau ou outro. Antes de realizar qualquer uma dessas ações, certifique-se de ter se purificado física e mentalmente e estar alinhada e pronta para o trabalho espiritual.

Elevando os Ventos do Outromundo

Uma das minhas maneiras favoritas de aumentar a energia é uma prática que chamo de "elevar os Ventos do Outromundo". É uma das melhores maneiras de entrar em contato com a energia espiritual, equilibrar os chakras e, ao mesmo tempo, aterrar e elevar sua energia.

Essa prática pode limpar você energeticamente antes do ritual, pode aumentar a energia durante o ritual e também pode atuar como um farol para atrair tudo o que você está manifestando.

Comece com os braços ao lado do corpo. Esvazie seus pulmões. Concentre-se no Submundo abaixo de você – o mundo abaixo do mundo. Flexione as mãos em punhos e puxe essa energia para cima, das profundezas da Terra, enquanto começa a inalar. Deixe os braços se estenderem para os lados, mantendo-os longos, como se fosse traçar um Círculo ao seu redor. Sinta a energia subir pelo corpo e chegar ao coração quando os braços estiverem em forma de T. Continue a erguer os braços mais alto. Quando os músculos do ombro começarem a flexionar, incline a cabeça para trás e olhe para o céu. À medida que sua respiração atinge o pico, levante os braços diretamente acima da cabeça. Prenda a respiração enquanto se conecta com o Mundo Superior, uma estrela ou uma Divindade. Expire, liberando a energia para o mundo enquanto seus braços traçam lentamente o Círculo de volta para baixo. Se você não é capaz de fazer isso fisicamente, imagine fazê-lo mentalmente. Idealmente, isso levará uma longa inspiração e expiração, mas a princípio, pode levar várias. Siga a energia fazendo o que quer que ajude a senti-la subindo, atravessando e saindo de seu corpo. Fortaleça suas conexões com o Submundo e o Mundo Superior.

Esta prática surgiu espontaneamente para mim. A primeira vez que fiz isso, estava andando sozinha em uma floresta invernal, sem vivalma à vista. No auge da minha respiração, conectei-me com a presença de Ártemis, Deusa virgem caçadora das florestas. Senti sua energia fluir pelo meu corpo. Quando liberei a energia para o mundo, parei. Um bando de cervos correu pelo caminho, direto para mim. Eu congelei, observando-os com admiração. Quando estavam a poucos metros à minha frente, eles pularam do caminho principal e entraram na floresta, seguindo suas próprias trilhas.

Essa prática me ajudou a aumentar minha própria energia e também a me conectar com Ártemis. Ela me deu a experiência de sua energia selvagem através do cervo. Sempre que elevo os ventos sobrenaturais, geralmente experimento um zumbido energético que dura algum tempo. É sempre uma boa maneira de aumentar a energia.

Combinando Magias

Uma maneira simples de aumentar a energia de sua magia é fazer dois ou três atos mágicos em vez de apenas um. Quando as práticas mágicas são misturadas, aumenta a energia em um nível exponencial.

Existem duas maneiras de combinar magias. A primeira é sequencial, ou uma após a outra. Isso é gentil e tem um certo fluxo. Aumenta a energia, passo a passo. Exemplos de magias sequenciais podem ser tomar um banho mágico e, em seguida, realizar a magia com velas; ou ioga seguida de meditação ou jornada xamânica; ou uma bênção doméstica e criação de uma ala de proteção doméstica.

O segundo método de magias combinadas é simultâneo, ou práticas que acontecem ao mesmo tempo. Magias simultâneas são formas intensas de colocar você rapidamente em um estado elevado ou manter esse estado. Exemplos disso podem incluir transe e alguma forma de adivinhação, como escrita automática; dança extática enquanto desenha sigilos no ar; ou cantar e meditar enquanto visualiza uma carga áurica colorida.

Para incorporar magias em camadas em seus rituais intuitivos, considere suas necessidades. Sinta a energia pretendida e combine magias usando sua intuição. Por exemplo, se você deseja se sentir mais em paz e relaxada, use magias sequenciais que acalmam, como um banho de sal e um pote de feitiço para mais serenidade. Quando combinamos magias, concentramos e imbuímos um significado mais profundo nelas. Ao final de um ritual de magia combinada, o cuidado pós-ritual é especialmente importante, pois o potencial de exaustão aumenta drasticamente. Aterre-se e centralize-se. Não deixe de se hidratar e comer uma boa alimentação para repor o que gastou. Talvez até coma duas porções.

Use Instrumentos e Materiais Carregados de Energia

Você pode usar qualquer instrumento ou material antigo para seu ritual, mas sua magia provavelmente será mais forte se usar água energizada, cristais carregados, uma vela dedicada à magia que deseja realizar, um altar que armazena energia há muito tempo e instrumentos que foram carregados com suas intenções. Com o significado mais profundo inerente a todos esses itens, você pode criar com um maior potencial de energia, o que permite aumentar a energia com mais facilidade. Da mesma forma, poderá encantar um artefato ou amuleto com o propósito específico de ser um canal de limpeza ou aumentar a energia mágica em um ritual. Toda vez que for usá-lo, usará a intenção original e exercerá um poder maior. Este conceito foi abordado no capítulo 4 e só precisa ser ajustado para seus propósitos.

Trabalho de Respiração Mais Avançado

Um trabalho de respiração adicional pode ser realizado para colocar sua mente em um estado mais elevado. Preste atenção à conexão entre o fluxo de sua respiração e seu estado de energia. Experimente uma respiração mais lenta, uniforme e rápida. O que cada uma delas faz com você?

Os iogues têm várias técnicas de respiração que criam estados mentais superiores. Isso inclui a respiração brilhante do crânio, a respiração rítmica e, minha favorita, a respiração alternada das narinas. Para tentar este exercício de respiração, feche a narina direita e expire pela esquerda até que seus pulmões estejam vazios. Inspire pela esquerda até encher os pulmões, depois feche a narina esquerda e expire completamente pela direita. Inspire profundamente pela narina direita, feche a narina direita e comece de novo. Parece extraordinariamente fácil e simplista, mas essa técnica de respiração pode elevar seu estado energético em vários níveis.

Se estiver interessada em aprender mais sobre os exercícios de respiração iogue, procure livros ou vídeos para obter informações próximas à fonte, ver o processo e aprender mais sobre as origens culturais.

Sexo e Sensualidade

A excitação é um estado intensamente mágico. A estimulação geralmente indica um estado energético físico, emocional e mental mais elevado. Às vezes, pode até criar um estado espiritual mais avançado. Quando a excitação se manifesta em atividade sexual, nossas energias podem ser elevadas a um grau ainda maior.

Usar a magia da sensualidade (ou magia sexual) com um parceiro, vários parceiros ou sozinha, pode ser uma experiência incrivelmente profunda e gratificante. Essa magia pode ser utilizada como uma preparação e limpeza antes do ritual, para purificá-la de quaisquer energias que deseja liberar e alinhar, como uma prática mágica em si ou como parte de um ritual.

Para participar dessa maneira envolvente de aumentar a energia com os outros, primeiro seja clara sobre o consentimento. Falar sobre consentimento é algo sensual e respeitoso. O que você deseja fazer? Quais são seus limites ou restrições? E os limites ou restrições do outro? Sempre comunique isso claramente com novos parceiros e com os já existentes, a menos que haja um entendimento claro. Sempre expresse consentimento antes de qualquer estado de embriaguez e novamente antes de qualquer ato sexual.

Você também tem o direito de interromper o que quer que esteja acontecendo a qualquer momento, apenas dizendo isso. O consentimento é a base para qualquer magia sexual. Não pule esta etapa.

Em seguida, considere suas intenções e objetivos. Você deseja compartilhar energia, cultivar sentimentos de amor, aproximar-se de seu(s) parceiro(s), enviar energia para um objetivo, curar a si mesma, ou usar a energia para qualquer outra finalidade? Não precisa lançar um Círculo para a magia sexual – o raio de influência é o corpo ou os corpos em jogo. Eles podem conter e liberar bem as energias elevadas suficientemente sem precisar de um Círculo.

Assim como as práticas e rituais mágicos, as atividades sexuais têm começo, meio e fim. Esteja consciente da energia no início ou na introdução da energia sexual (preliminares). Deleite-se com o acúmulo e aumento de energia durante o ato. Veja se você pode usar todas as energias disponíveis para se elevar a um estado superior. Regozije-se com o clímax ou liberação de energia. Use o poder de seu(s) orgasmo(s) ou clímax para enviar energia para quaisquer intenções ou objetivos que definir. Depois, aproveite o brilho, meditando, compartilhando energia ou comungando com seu(s) ente(s) querido(s).

Um Pouco de Dor

O prazer não é a única maneira de mudar sua vibração energética para um nível superior. Sensações levemente dolorosas também podem ser usadas. Isso pode incluir estímulos como pressionar as unhas nas palmas das mãos ou tocar brevemente uma chama. Um pouco de dor desperta partes primordiais de nós e nos deixa mais alertas. Até mesmo pensar na dor pode fazer com que sua energia aumente. No entanto, esse caminho deve ser levado muito a sério. Não recomendo causar danos reais a si mesma na forma de queimaduras, hematomas, perfurações, cortes ou qualquer outro ferimento autoinfligido. Sempre erre por excesso de cautela ao usar estímulos não prazerosos.

Pense como seus Deuses

Adicione práticas específicas da Divindade para aprimorar sua conexão com elas e sua energia. Se você sabe que Dionísio adora dançar, dance. Se adora Hécate, faça uma oferenda em um local liminar. Faça um ritual na praia para homenagear Afrodite. Ou faça amor para celebrar Pan. Vá para os lugares onde eles estão. Faça o que eles fazem. Pense como eles pensam.

Use mais Chakras

No capítulo 2, discutimos os chakras que residem em nossos corpos, mas existem outros pontos energéticos fora de nossos corpos. O chakra da Terra está localizado muito abaixo de nós, no coração da Terra. É o núcleo denso e derretido do Planeta. Pense nisso como um lugar profundamente fundamentado e centrado que conecta todos os habitantes e ecossistemas da Terra no Submundo. Para se conectar com ele, alinhe seus chakras e visualize um cordão de cor escura viajando de seu chakra inferior até o centro da Terra. Conectar-se com este chakra pode lhe proporcionar uma sabedoria terrena profunda e fundamentada.

O Chakra da Estrela existe muito acima de nossas cabeças, conectando todos os habitantes da Terra a um plano espiritual nos mundos superiores. Sua energia parece radiante, transcendente, iluminada sem esforço e edificante. Para se conectar com ele, alinhe seus chakras e sinta um cordão de cor clara saindo de seu Chakra da Coroa que a conecta com o centro do cosmos.

Direcionar a atenção para esses dois outros chakras ao mesmo tempo pode trazer uma alinhamento místico e transcendental. Isso pode ajudar a elevar uma energia vibracional superior e única.

Sigilos Áuricos

Uma das minhas coisas favoritas a fazer quando estou em um estado energético espiritual superior é desenhar sigilos em meu campo energético mais amplo, ou aura. Se você tiver um espelho grande o suficiente, poderá criar uma visualização poderosa e posicionar perfeitamente seus sigilos ou símbolos mágicos. Olhe para si mesma no espelho e entre em estado de transe.

Com um bastão de incenso aceso ou um dedo embebido em óleo, desenhe sigilos em sua aura ao redor de sua cabeça e ombros. Vá devagar, sentindo o significado de cada curva e linha do símbolo.

Se possível, veja-os brilhando com poder. Mantenha a visão deles em sua aura por pelo menos um minuto, depois libere a visão, ancore e centralize. Sempre que os sigilos em sua aura parecerem baixos, recarregue-os enviando-lhes energia e visualizando-os brilhando novamente.

Recarregue ou Reative a Magia

Recarregar ou reativar um objeto encantado pode ser uma maneira rápida de reformular ou estimular sua intenção original. Isso pode ativar suas intenções ou objetivos novamente e dar a você mais ímpeto para alcançá-los. Um exemplo de recarga de magia pode ser dedicar uma vela ao pote de feitiço e acendê-la em cima do pote. Você também pode agitar o pote, adicionar coisas novas a ele ou exibi-lo em seu altar em um local de destaque.

Cartas de Tarô também podem ser tiradas para seu trabalho original. Se os resultados não forem satisfatórios, você pode querer refazer o feitiço ou magia completamente usando os mesmos materiais.

Rituais e Feitiços Longos

A magia não precisa terminar quando o Círculo é aberto. Um feitiço ou ritual pode durar dias, semanas, meses ou até mais. Pode ser uma forma intensa de insistir energicamente em fazer algo acontecer. Concentrando a magia desta forma, o feitiço torna-se mais forte, amplia sua força de vontade original e pode causar um grande impacto em seus objetivos.

Comece um ritual longo com algum impacto. Você pode querer usar um evento importante, como uma lua nova, um eclipse ou um Solstício de Inverno. Qualquer que seja a data que usar, certifique-se de levantar muita energia para ela. Você também pode querer considerar a criação de um altar especial apenas para este trabalho. Afinal, se vai durar mais do que alguns dias, vale a pena incorporá-lo à sua decoração.

Todos os dias, depois de lançar o feitiço, faça algo para adicionar energia a ele. Talvez você recarregue um pote de feitiço sacudindo-o e recitando o feitiço original, ou talvez acenda velas no altar. Talvez você desenhe uma runa todos os dias para estudar como pode atingir a meta naquele dia, ou coloque frutas ou biscoitos no altar. Essas atividades podem ser incorporadas às suas práticas matinais ou noturnas. Isso ajuda a garantir que você não as esqueça. O importante é continuar construindo energia em direção ao seu objetivo.

Após qualquer sucesso, não importa quão pequeno seja, compre ou adquira algo novo para o altar. Bons itens para pequenos sucessos incluem flores, novas velas ou novos incensos.

Isso ajuda a reconhecer o trabalho de forma física e expressar sua gratidão. Quando seu objetivo a longo prazo for finalmente alcançado, é hora de comemorar. Ofertas e gratidão são especialmente importantes neste momento. Compre algo realmente especial, como uma estátua personalizada, uma estampa de *batik*, uma garrafa de espumante ou um novo item de altar. Considere oferecer um banquete ou uma festa antes de desfazer o altar. Você pode querer desfazer o altar como parte de um ritual, talvez em uma lua crescente minguante. Esta também deve ser uma ocasião importante, embora não precise ser em uma data especial.

Faça Magia com mais Frequência

Outra maneira de acessar energia superior é realizar trabalhos espirituais com mais frequência. Quanto mais praticamos a magia, mais energia mágica conseguimos manejar, o que nos permite realizar ainda mais trabalhos futuros. É um conceito espiralado que nos aproxima de nos tornarmos nossas versões mais iluminadas e poderosas.

Saia ao Ar Livre e Entre na Natureza

Às vezes pode ser tentador ficar dentro de casa, especialmente quando está extremamente frio ou quente, ou se você é uma pessoa caseira. Mas eventos mágicos estão esperando por você fora de sua zona de conforto. Agasalhar-se para uma caminhada de inverno com neve ou escapar para uma noite quente de verão é uma das coisas mais mágicas que você pode fazer. Este é um momento em que muitas pessoas podem não estar por perto e podemos sentir mais claramente os espíritos da terra. Podemos encontrar objetos mágicos, perceber diferentes energias e observar mais de perto os ciclos da natureza.

Estar mais em contato com a natureza também pode ajudar a entender seus próprios ciclos internos. Para saber mais sobre caminhadas mágicas, consulte a seção do capítulo 12 chamada "Caminhadas da Bruxa Intuitiva".

Compare seu Trabalho Espiritual com o de Outras Pessoas

Pesquise como as outras pessoas trabalham. Vá a reuniões Pagãs ou encontros de Bruxas e participe dos rituais de outras pessoas. Como as práticas e rituais deles são diferentes das suas? Da próxima vez que praticar ou tiver um ritual, use os métodos que aprendeu para ver se funcionam melhor que os seus.

Provavelmente irá descobrir que há uma enorme diferença na energia que pode comandar e aumentar. Siga o que achar melhor. Da mesma forma, experimente diferentes atividades para tentar ter uma prática diária mais significativa. Use o que for melhor para ajudar a incorporar propósito e magia em sua vida cotidiana e nos intervalos entre os rituais.

Projeção Astral

A projeção astral é quando a alma deixa o corpo para viajar para outros reinos. Esclarecendo melhor, não se trata de meditação ou visualização ou qualquer outro transe mental. É uma separação real do físico e do espiritual, e é um raro talento de Bruxa que pode levar anos ou até décadas para dominar. Algumas pessoas são naturais nisso e o fazem desde crianças; para os outros, pode nunca acontecer, ou calhar de acontecer apenas por acidente. Devido a sua raridade entre a população em geral, as histórias sobre projeção astral podem parecer estranhas para pessoas que nunca experimentaram isso antes. No entanto, a projeção astral é real. Com o insight e a prática corretos, você também poderá separar sua alma de seu corpo para viajar pelos reinos astrais.

Antes de começar, peça ajuda e proteção ao seu guia espiritual ou a uma Divindade. Depois de sentir que tem uma resposta afirmativa, pode começar. Ajuda conversar com seu guardião mental, ou ego, sobre o processo. Deixe-os saber que você está protegida por seu guia espiritual ou uma Divindade e que retornará ao seu corpo se se sentir insegura.

Entre em um estado de transe com um baixo nível de energia física, emocional e mental. Sua energia espiritual deve ser alta, mas não perturbadora. A partir deste ponto, existem vários métodos para tentar separar seu corpo etérico do corpo físico. Você pode imaginar que os dedos dos pés e a cabeça estão ficando mais longos. Ative seu corpo etérico através de vibrações. Imagine-se sentada na cama e depois pulando em direção ao teto. Imagine que você está escalando uma corda. Experimente diferentes técnicas e durante diferentes horas do dia para ver o que funciona para você.

Para mim, a projeção astral é como um deslizamento do corpo e uma sensação de flutuação, quase como se eu estivesse adormecendo. Quando estiver nesse estado, abra os olhos. Você deve ser capaz de ver seu quarto de um ângulo diferente de onde estiver deitada. Por exemplo, o teto, ou uma parede, pode estar mais próximo. No reino astral, os pensamentos controlam suas ações. Eles também agem como sua voz para outros espíritos. Com um pensamento, gire para poder ver seu corpo em repouso.

Se esta for uma projeção verdadeira, você não conseguirá sentir seu corpo de forma alguma, e tudo bem. Seu corpo continuará a descansar sem sua ajuda. Se conseguir girar no reino astral, poderá ficar parada pensando: "Estou parada". É aqui que a prática com meditação focada e magia no estado de ondas cerebrais *teta* pode ser muito útil.

Assim que tiver a certeza de que está no reino astral, olhe ao redor. Você pode ver um cordão de prata conectando-a ao seu corpo. Quer veja o cordão ou não, a conexão entre seu espírito e seu corpo existe.

Você pode ver o seu espírito guardião ou seu familiar na sala. Nesse caso, poderá conversar com eles comunicando-se por meio de pensamentos. Se não vir nenhum espírito, chame um com quem você trabalha regularmente. Mesmo uma breve conversa com eles pode revelar muitas informações úteis.

Você também pode fazer uma jornada fora de seu local de descanso, desejando estar do lado de fora. Explore as energias externas e observe. Espíritos da natureza e outras ocorrências estranhas podem ocorrer. Se desejar ver uma determinada pessoa, pense nela e deseje estar com ela. A lua cheia é um momento comum para se projetar astralmente, é onde as Bruxas se encontram no reino astral. Isso pode ser devido à dupla atração da lua e do sol, que também pode estender nossas próprias energias para fora. Se tiver um amigo espiritual, tente se encontrar no plano astral em uma data e horário específicos.

Se sentir que não está segura – por exemplo, se encontrar um espírito com energia negativa – chame seu protetor. Você pode entrar em seu corpo novamente pensando nele ou desejando fazê-lo.

Acima de tudo, tente não entrar em pânico quando estiver no reino astral. Fazer isso pode criar paralisia do sono ou incapacidade de mover seu corpo. Isso pode acontecer quando seu espírito ainda está no reino astral ou quando seu espírito está presente em seu corpo. A paralisia do sono pode ser assustadora, porque parece que você não consegue se mover, falar ou fazer qualquer coisa. Se experimentar uma situação assim, faça o possível para relaxar. Isso só pode ser resolvido entregando-se completamente ao processo. Entre em um estado de transe de ondas cerebrais *teta* para acelerar o retorno ao seu corpo e recuperar a capacidade.

Algumas das minhas ocorrências mais espirituais vieram da projeção astral, então eu recomendo tentar. Embora possa levar uma vida inteira para dominar, vale a pena tentar. Mantenha um registro de suas tentativas de viajar astralmente em seu Livro das Sombras para que possa ver o que funciona e o que não funciona. Você também pode consultar as informações que obteve em suas viagens mais tarde.

Práticas Extáticas

Não podemos falar sobre energias superiores sem mencionar as práticas extáticas. Definidas como práticas antigas ou modernas, essas práticas aquietam o guardião mental e promovem experiências extremamente prazerosas. Os praticantes extáticos cultivam um estado de transe enraizado no prazer e geralmente também no movimento. Se o transe for forte o suficiente, os praticantes podem "se perder" ou talvez apenas perder o guardião que regula a atividade cotidiana. Eles experimentam energias vibratórias mais elevadas, especificamente nos estados emocionais e espirituais. Às vezes, isso pode ser causado pelo esgotamento físico ou mental.

Os estados de êxtase podem ser provocados dançando durante horas ou até à exaustão, trabalhando a respiração, cantando, desfrutando de boa comida e bebida (possivelmente ao ponto da intoxicação), praticando sexo tântrico ou algum outro estilo de atividade sexual intensa, ou o usando enteógenos ou outras substâncias que alteram a mente, para citar alguns. Um ritual não é necessário para experimentar o êxtase. Você só precisa de disposição para se soltar e de um método para ajudá-la a alcançar os reinos extáticos. Siga sua felicidade.

Espelho Mágico

Quando se olha no espelho, o que você faz? Confere seus dentes para ver se tem comida presa entre eles? Fica obcecada com pequenas imperfeições, como uma mancha que ninguém mais vê além de você? Tudo o que fazemos quando olhamos no espelho pela primeira vez é conhecido como "programação automática". Normalmente, é uma ação baseada no medo que adotamos para nos proteger de parecer maus para os outros. Para praticar a magia do espelho, você deve fazer uma mudança consciente dessas reações instintivas baseadas no medo de sua imagem para uma resposta mais verdadeira e baseada no amor ao seu reflexo e à sua própria energia. A magia do espelho é uma ótima prática, especialmente se você tiver problemas de autoimagem.

Seu reflexo é um produto da luz (ou ausência dela), do calor ou da cor da luz, do ângulo em que você inclina a cabeça, da qualidade do espelho e da emoção e energia que você possui. Os espelhos refletem nossa energia de volta para nós. Se pudermos nos conectar com essa energia, podemos criar magia.

Programe seu Espelho

É fácil programar um espelho para apoiar sua magia e refletir seu poder de volta para você. Programei muitos espelhos em minha casa, e eles não apenas fazem a casa parecer maior, como também mantêm a energia mágica do ambiente em um estado mais elevado. Se quiser programar um espelho, lave a poeira dele usando água energizada, se possível. Limpe a superfície espalhando ervas ardentes ou incenso sobre a superfície. Entre em um estado de transe e toque o espelho levemente com as duas mãos. Recite sua intenção para o espelho. Se sua intenção é ter mais confiança, você pode dizer algo como: "Espelho, estou aqui para despertá-lo. Que você me mostre meu eu mais forte e mais elevado. Mostre-me o potencial e a graça que tenho dentro de mim. O fogo que queima em meu coração e alma. A luz que brilha em meus olhos. Mostre-me o meu eu mais confiante, mais radiante, para que eu possa carregá-lo para o mundo". Mova suas mãos pela superfície para selar a magia, talvez encontrando uma bela dança simétrica. Antes de partir, veja se como gostaria de ser, com maior confiança ou seja qual for a sua intenção.

Se quiser levar a magia do espelho com você, programe um espelho de bolso ou outro espelho pequeno, do tipo que vem com a maquiagem (caso você o use). Usar esses objetos quase onipresentes é a maneira perfeita de redefinir sua energia de maneira relativamente despercebida em público. Quando estiver fora de casa, dê uma olhada no espelho e veja a si mesma com a magia pretendida. Basta um olhar e você reativou o espelho. Caso use muito esse espelho fora de casa, limpe-o de vez em quando e redefina a intenção.

Escadas de Energia de Amor-Próprio

O amor-próprio é uma das magias mais poderosas que existem. Esta é a mágica perfeita para ser seu próprio amigo e estender a si mesma o mesmo respeito que estenderia a um amigo. Não um sentimento indisciplinado ou narcisista, mas, sim, um amor caloroso e solidário que acalma a mente.

Olhe para o seu reflexo no espelho. Interrompa qualquer programação automática que possa surgir e olhe suavemente para o seu rosto. Observe o que você mais admira em si mesma – talvez você tenha bochechas ou olhos bonitos. Sorria gentilmente para si mesma enquanto pratica a autoaceitação e o amor radicais. Olhe além da superfície da sua pele e realce a beleza da sua alma. Respire amor por si mesma. Ao expirar, ofereça amor ao seu reflexo. Receba-o de volta a cada inspiração, puxando o amor para você. Repita. Crie uma escada de energia entre você e seu reflexo. Conecte-se ao seu próprio chakra do coração e sinta o amor. Deixe a troca se intensificar.

Dê a si mesma um elogio. Diga ao seu reflexo algo como: "Eu te amo. Amo demais seu cabelo e seu sorriso. Eu me importo com seus sentimentos. Você é magnífica para mim". Diga quaisquer outras afirmações poderosas e aceite essas declarações com graça e facilidade.

Diga a si mesma obrigada e seja sincera. Esse tipo de espelho mágico pode ser usado para autocura. É uma ótima maneira de remover bloqueios energéticos, cultivar o amor por nossas imperfeições e estar presente no momento. Se essa prática a deixa desconfortável, imagine que você está dizendo essas palavras gentis e verdadeiras para o seu Eu Superior. Saiba que eles veem você dessa forma, certamente. Ou finja que está dizendo essas coisas para sua melhor amiga ou que ela está dizendo isso para você. Com o tempo, ficará mais fácil aceitar o amor por si mesma. É realmente mágico ter verdadeira compaixão por quem somos.

Encantando seu Reflexo

A magia do espelho pode ser usada para encantar nossas aparências através do glamour. Para se encantar, entre em um estado de transe e fixe o olhar em seu reflexo. Incline a cabeça de maneiras diferentes até se ver sob uma nova luz. Veja-se como uma pessoa bonita. Aumente o charme. Coloque estrelas em seus olhos até vê-las brilhar em seu reflexo. Use sua Vontade para mudar um pouco sua aparência. Veja-se como uma série de coisas – mais jovem, mais velha, mais desejável e assim por diante.

Como mantos e coroas energéticas, encantamento e glamour requerem foco e energia para serem mantidos. É melhor usá-los por curtos períodos de tempo, como uma apresentação, uma palestra ou uma sessão de fotos.

Visões

Aproxime-se do espelho – bem perto. Fique de pé até que seu nariz esteja quase tocando o espelho, mas longe o suficiente para que não tenha visão dupla. Olhe profundamente em seus olhos e entre em estado de transe. Deixe seus olhos se tornarem portais para o Outromundo. Permita que o mundo ao seu redor se dissolva no nada. Você pode se ver como olhos sem rosto. Vá mais fundo no transe. Você consegue se ver com um rosto ou roupas diferentes, ou em um ambiente estranho? Estas podem ser visões de vidas passadas. Você também pode se ver como seu verdadeiro eu, como energia pura, como alguma outra entidade mágica ou como *otherkin*[39].

39 N.T.: *Otherkin* é um termo usado por algumas pessoas para descrever uma identidade que se identifica como sendo de outra espécie, muitas vezes associada ao folclore ou criaturas míticas, como elfos, fadas, ou até mesmo animais míticos como dragões.

Sintonização com Energias Superiores

Cada prática intuitiva e ritual que você realiza aumenta sua consciência, habilidades e poder. Com a prática regular, a energia que você comanda nos rituais estará disponível sempre que precisar, inclusive em sua vida diária. Estados mais elevados de energia podem ajudar a aumentar sua magia e canalizar o que você deseja.

A prática de magias de energia superior pode ser difícil, mas vale a pena, porque aprofunda imensamente suas habilidades intuitivas de Bruxaria e sua vida. É possível que seus métodos mágicos sejam diferentes do que está neste capítulo. Ele não pretende ser um resumo de todos os métodos possíveis, mas, sim, um trampolim para ajudá-lo a ver o que está disponível e reavaliar sua prática. Use sua intuição para explorar outras maneiras de aumentar a energia. Como sempre, use o que funciona para você.

Lista de Leitura Adicional

MUELLER, Mickie. *The Witch's Mirror.* Woodbury, MN: Llewellyn Publications, 2016.

PARMA, Gede. *Ecstatic Witchcraft: Magick, Philosophy, and Trance in the Shamanic Craft.* Woodbury, MN: Llewellyn Publications, 2012.

ROMAN, Sanaya. *Spiritual Growth: Being Your Higher Self.* Tiburon, CA: H. J. Kramer, 1989.

Olhando Para o Vazio

Capítulo 11

E*nquanto caminha pela* floresta antiga, você se depara com um lago negro cintilante que se estende até onde seus olhos podem ver. Depois de mais alguns passos, você vê ondas negras batendo preguiçosamente contra uma praia de areia perfeita. Está mais escuro aqui e, depois de um tempo, você percebe que é permanentemente noite. Poças de água escura estão na praia, refletindo uma lua em forma de ovo que paira sobre a água. Com o som contínuo das ondas suaves, você começa a se sentir em transe. Seus olhos se ajustam à escuridão e à sua beleza única. Você poderia voltar para a floresta, onde a luz do sol brilha através das folhas, mas este mundo é maravilhoso à sua maneira. Você sente que poderia encarar as místicas águas negras. Algo se aproxima da margem. O que é?

Olhar para o vazio é aprender a ver no escuro. O vazio é um termo destinado a conter os mistérios insondáveis da Bruxaria avançada. Se você nunca olhou para o vazio de sua própria existência, talvez seja hora de se aventurar no desconhecido. Este capítulo irá guiá-la através de várias práticas para encontrar o vazio, tanto dentro quanto fora. Seus tópicos incluem Bruxaria dos sonhos, trabalho com as sombras, jornada para outros mundos, segunda visão e muito mais. Não se trata de ser um mapa abrangente, mas, sim, um vislumbre das várias paragens ao longo da margem. Use seus poderes intuitivos para decidir onde ficará por mais tempo.

Nossas Perspectivas Humanas Limitadas

Como mencionado no capítulo 2, nós, humanos, temos uma gama limitada de experiências com o mundo. Encontramos um pequeno instantâneo de como é a Terra com nosso alcance visual estreito, capacidade auditiva, sensibilidade a cheiros e sabores, aptidão em detectar mudanças na pressão e peso do ar e muito mais. Por exemplo, ruídos de alta frequência causam dor nos ouvidos de um cachorro, mas para nós, não tem um som específico. Visualmente, não podemos testemunhar uma planta trocando gases com o ar ao seu redor, mas isso não torna a fotossíntese menos real. Embora possamos não ser capazes de ver cores além do arco-íris ou detectar níveis mínimos de produtos químicos no ar, nossos corpos etéreos e sobrenaturais podem. Aceitar que há mais por aí do que vemos ou sabemos é o primeiro passo para entender os mistérios.

Bruxaria dos Sonhos

Os sonhos carregam significados simbólicos pessoais e culturais profundos. Durante o sono, nossas mentes conscientes se aquietam e o universo dos sonhos se desdobra. Eles revelam aspectos que podemos ter perdido na vigília, auxiliando-nos a processar eventos para um entendimento mais profundo. Nos sonhos, também nos tornamos receptivos aos espíritos, que podem se comunicar conosco de forma mais fluída, já que neste estado somos feitos de pensamento e energia, tal como eles.

Muitas pessoas desconsideram seus sonhos, propositalmente ou acidentalmente, em uma tentativa apressada de começar seus dias. Elas estão perdendo uma fonte de sabedoria. Sintonizar nossos sonhos pode nos ajudar a abrir nossa mente e experimentar mais do que poderíamos na vida desperta. Se você deseja olhar para o vazio que é o mundo dos sonhos, mantenha uma caneta ou lápis e um diário ao lado da cama para registrar seus sonhos assim que acordar. Aqui estão algumas maneiras de trabalhar com seus sonhos para garantir que a magia não se esvaia com a luz do amanhecer.

Interpretando Sonhos Intuitivamente

É importante aprender a interpretar os sonhos corretamente para que você possa obter a sabedoria que eles transmitem. Os livros de sonhos geralmente não têm as respostas certas para todos, porque as pessoas são muito diferentes. Os significados geralmente não são pessoalmente relevantes.

No entanto, você pode usar sua intuição para interpretar objetos e pessoas no sonho. Por exemplo, digamos que sonhei que estava na minha sala de aula do ensino fundamental e encontrei uma cobra na minha carteira. Um livro de sonhos diria algo sobre como estar na escola primária significa um sentimento de imaturidade, a mesa significa uma carreira e a cobra significa medo ou transformação. O resultado do livro dos sonhos diria que tenho medo de me sentir imaturo em meu trabalho. Isso não é algo que eu experiencio.

Por outro lado, o método junguiano intuitivo nos encoraja a considerar como nos sentimos em relação aos objetos dos nossos sonhos. Nesse caso, os objetos são a sala de aula do ensino fundamental, a carteira e a cobra. Para mim, minha antiga sala de aula representa a alegria de aprender. A escrivaninha representa organização, algo para o qual tenho uma tendência natural. As cobras são um dos meus animais favoritos e, para mim, representam sabedoria, mistério e graça. E assim, a interpretação intuitiva do sonho é que descubro sabedoria, mistério e graça quando aprendo as coisas e as organizo. É uma interpretação muito mais pessoal e muito mais relevante.

Sonho Lúcido

Os sonhos lúcidos acontecem quando percebemos que estamos sonhando e temos o poder de controlar nossos sonhos, até certo ponto. Há várias coisas que você pode fazer em sonhos lúcidos que não pode fazer na vida real. Você pode optar por ver alguém especial, como um ente querido falecido, uma Divindade ou alguém com quem precisa se comunicar. Você pode ir a lugares onde nunca esteve antes ou revisitar lugares que já visitou. Pode decidir voar ou flutuar, fazer mágica ou ter uma experiência sexual. A lista de coisas que pode escolher fazer em seus sonhos é quase infinita.

Incitar sonhos lúcidos é uma prática especialmente gratificante, porque podemos receber respostas e resoluções para problemas que não são alcançáveis em nossa vida diária. Quando dormimos, nosso cérebro direito simbólico quer trabalhar nas coisas. Podemos muito bem ficar presentes e criar as circunstâncias que desejamos que ocorram.

Existem dois métodos básicos de sonho lúcido. A primeira envolve a criação de uma expectativa antes de dormir. Para fazer isso, primeiro pense em sua típica paisagem onírica. Que emoções são trazidas à tona? Quem ou quais locais de sonho parecem ser recorrentes? Com o que você quer sonhar? Por exemplo, se você deseja passar um tempo com um ente querido falecido, pense em sua essência, imagem, cheiro e tom de voz. Crie um símbolo para visualizar enquanto ainda se envolve totalmente com a essência dessa pessoa ou ideia ao adormecer.

Pode ser algo simples, como uma letra ou um número. Esta é uma maneira sutil de entrar no subconsciente pela porta dos fundos e pode levá-la ao que você deseja. A outra maneira de incitar um sonho lúcido é quando você está no sonho. Uma boa maneira de fazer isso é estar presente no dia a dia e perceber as coisas.

Essa ação será repetida em seus sonhos quando você procurar por aberrações surreais ou coisas estranhas demais para serem reais. Tente acender as luzes ou ler algumas palavras. Se você acha que não consegue fazer essas atividades cotidianas com facilidade, certamente estará em um sonho. Assuma o controle desse momento para buscar o que procura. Normalmente, um simples pensamento do item ou pessoa os trará até você. Se tiver um objetivo específico em mente, pode realizar qualquer tipo de magia, incluindo manifestação, magia sexual ou cura.

Você pode falar com seu guia espiritual, os Deuses ou uma pessoa em particular. Se não tiver nada mais, pode ter superpoderes em seu sonho. Você poderia experimentar qualquer coisa. Como signo de Ar, costumo flutuar e voar muito. Eu até realizei uma experiência fora do corpo enquanto dormia. O subconsciente e o cérebro direito estão dispostos a trabalhar conosco todas as noites. Só precisamos prestar atenção e aproveitar o momento.

Iniciação dos Sonhos

Você pode usar os sonhos para interagir com espíritos, bem como com partes poderosas e sábias de si mesma, especialmente quando se sente fraca e sem poder. Nunca vou esquecer a vez em que encontrei Baba Yaga em um sonho. Uma velha mítica de culturas eslavas que vive em uma cabana empoleirada sobre enormes pernas de frango. Alguns a veem como uma anciã sábia que ajuda as pessoas em tempos difíceis. Ela também é conhecida por ser uma trapaceira, como visto nas histórias em que cria tarefas assustadoras para as crianças que a perturbam. Baba Yaga é vista por alguns como uma Bruxa da Morte assustadora que tem uma cerca feita com os ossos e cabeças das pessoas que ela matou.

A primeira vez que sonhei com Baba Yaga, estava passando por uma fase difícil da vida. No meu sonho, comecei a escalar um tronco grosso e antigo de árvore. Não sabia para onde estava indo, mas continuei subindo instintivamente. Meus sapatos agarraram a casca áspera e desgrenhada enquanto eu subia, subia e subia. Finalmente, cheguei à base de uma casa em cima de uma árvore. Abrindo um alçapão, subi e entrei na casa na árvore com uma lareira de um lado.

Uma velha vestida de cinza diante de uma lareira incandescente franziu a testa para mim. Seu rosto era enrugado e acinzentado, com verrugas e marcas de varíola. Ela mexeu um Caldeirão sobre o fogo.

Eu soube instantaneamente que ela era Baba Yaga, mas não tive medo. O que mais eu tinha a perder? Eu me arrastei em direção a sua pequena mesa de cozinha e desabei em uma cadeira. Um sentimento de rendição tomou conta de mim, como se finalmente estivesse sentindo a gravidade da minha situação ruim e como me sentia presa. Apesar do olhar feroz de Baba Yaga e de todas as coisas assustadoras que eu tinha ouvido sobre ela, eu não queria nada além de abraçá-la e chorar em seus braços.

"Então." Baba Yaga me avaliou com olhos afiados e encobertos. "Você quer ser uma Bruxa."

Eu assenti com a cabeça, experimentando uma ressonância profunda em meu coração. Era como se ela tivesse lido a verdade escrita em minha alma, só que eu não sabia que estava lá até ela dizer. Eu queria possuir meu próprio poder em vez de entregá-lo aos outros. Eu queria ser mais forte.

Ela se afastou de mim. Por um momento, eu não tinha certeza sobre o meu destino. *Ela ia me ferver viva?*

Baba Yaga colocou algo do Caldeirão em uma tigela de madeira. Ela mancou em minha direção e colocou a tigela em minhas mãos. "Coma."

Engoli um bocado de sopa de batata saudável. Estava delicioso, mas eu estava tão triste que mal conseguia comer. Era tudo que eu podia fazer para não chorar na sopa.

Baba Yaga semicerrou os olhos para mim. "Sabe, é um caminho difícil."

Assenti com a cabeça. "Eu sei."

Ela suspirou e caminhou de volta para sua lareira. "Bem, então vamos começar."

Não me lembro de nada que aconteceu depois disso. Quando acordei, fiquei emocionada. Eu me senti mais livre e poderosa do que há muito tempo. Baba Yaga me colocou sob sua proteção! Eu senti como se tivesse acabado de ser iniciada. Fiquei muito honrada por ela ter me aceito como assistente.

Cinco ou seis anos depois, voltei a sonhar com ela. Minha vida havia se acalmado e as coisas agora pareciam boas. As decisões que tomei foram mais sábias e fundamentadas. Elas vieram de um lugar de autossegurança em vez de um sentimento de impotência. No meu sonho, subi facilmente no largo tronco da árvore. Meus pés sabiam onde pisar, como se tivessem pisado nestes mesmos lugares centenas de vezes. Abri o alçapão da casa na árvore com o coração leve, sentindo como se estivesse voltando para casa.

Baba Yaga sorriu gentilmente para mim da lareira. "Você está pronta para ficar sozinha agora. Não precisa mais de mim."

Assenti com a cabeça. Eu queria ficar mais tempo. Queria voltar para sua casa na árvore excêntrica de novo e de novo. Pior de tudo, eu não me lembrava de nenhuma das lições que ela me ensinou.

Sabiamente, ela assentiu. "Você está pronta."

Ela me mandou sair de sua cabana naquele dia. Lamento dizer que não voltei desde então. Acho que não precisei. Às vezes me pergunto que lições ela me ensinou naqueles sonhos que esqueci. Talvez eu as tenha absorvido sem me lembrar delas. A diferença em minha vida entre o primeiro sonho e o segundo é espantosa. Cresci em confiança, espiritualidade, maturidade e muito mais. Embora eu já tenha tido outras iniciações de sonho antes, esta é a minha favorita. Baba Yaga e eu ainda temos uma conexão. Eu a valorizo muito por me ajudar no meu momento de necessidade.

Exercício: Iniciação dos Sonhos

Antes de dormir, defina a expectativa de que receberá uma iniciação de sonho.

Crie um símbolo para ele e medite sobre sua essência, sentindo todos os seus aspectos ao adormecer.

Quando estiver em sonhos, procure este símbolo e a pessoa que lhe dará uma iniciação.

Assim que acordar, anote tudo o que conseguir lembrar.

Se você não recebeu uma iniciação ou não se lembra dela, pergunte novamente até recebê-la.

Percepções Intuitivas

Segunda Visão

Lisa Bland

Aqui na minha província natal da Nova Escócia, com raízes rurais e marítimas, muitas pessoas simplesmente se referem a um dom de visões como "a visão". Esse uso do Terceiro Olho é intuitivo e repleto de um conhecimento profundo que nem sempre pode ser explicado.

A segunda visão é o uso dos sentidos psíquicos e do Terceiro Olho para sentir e ver além do mundo físico diante de nós. Visões podem surgir como flashes intuitivos antes que algo aconteça, como premonições, ou podem ser coisas que não existem ou nunca existiram fisicamente em nosso mundo, como presságios (sinais que alertam sobre uma morte iminente), fantasmas e o reino etéreo. Como Bruxas, podemos acessar essa visão e experimentar visões para aprimorar nossa magia.

Existem muitas maneiras de explorar esse aspecto intuitivo de nossa magia. Vou destacar um ritual simples que você pode realizar para permitir que a mente psíquica se abra para visões.

Traga consigo uma pedra ou cristal para se aterrar, uma oferenda ecológica (sementes para pássaros, frutas nativas da sua região, tabaco natural, etc.), um assento confortável ou cobertor para sentar, um diário e uma caneta. Encontre algum lugar na natureza onde não será perturbada; um espaço confortável perto de uma árvore ou riacho é perfeito. Crie um espaço sagrado de maneira apropriada para sua prática. Fique confortável e relaxe em um estado de transe.

Esteja atenta ao seu redor, mas totalmente relaxada, com um olhar tranquilo. Chame todos os guias com quem deseja trabalhar e peça-lhes que apoiem e ajudem neste trabalho para o seu bem maior.

Fale, entoe ou cante: "Eu invoco minha segunda visão; Eu honro minha segunda visão; Eu vejo através da minha segunda visão". Repita isso até perder o foco. Se parecer estranho ou desconfortável para você, significa que está indo na direção certa. Abrir a segunda visão pode ser desafiador quando nunca tentou antes, e pode exigir esforço para entrar na mentalidade mágica em que funcionará.

Olhe lentamente ao redor do ambiente sem julgamento, medo ou dúvida. Com seu olhar suavizado, observe o que está além de sua visão física. Reflita sobre o que isso pode significar e registre em seu diário. Após o exercício, você pode revisar sua escrita, então tente apenas permitir que a experiência aconteça sem dúvidas ou julgamentos.

Continue este exercício até sentir que sua segunda visão está ficando cansada, assim como nossos olhos físicos.

Termine seu ritual com uma oferenda de gratidão aos seus guias e aos espíritos da terra. Feche seu espaço sagrado da maneira que for apropriada para sua prática. Aterre-se segurando sua pedra e tocando a terra.

Adivinhação

A adivinhação é uma forma de olhar para o vazio e ler o que está flutuando nos éteres. Pode dizer a verdade ou informações sobre o passado, presente ou futuro. É uma das habilidades mais comuns das Bruxas e, na minha opinião, uma das mais valiosas. Pode ser uma maneira poderosa de discernir as possibilidades disponíveis. Se você já recebeu uma leitura de adivinhação ruim, é possível que o leitor não tenha se conectado com sua energia. Aprender a adivinhar sozinha pode contornar esse problema e até produzir leituras melhores. Antes de realizar qualquer trabalho de adivinhação, faça uma limpeza leve, centralize e alinhe. Entre em estado de transe se parecer certo.

Cartas de Tarô, Runas e Oráculos

Leio Tarô desde que recebi meu primeiro baralho de minha mãe aos onze anos. No começo, fiz exatamente o que os guias me diziam para fazer. No entanto, minhas respostas sempre pareciam mais aleatórias do que significativas. Depois que aprendi a usar a intuição com eles, meus insights aumentaram significativamente. Esta seção contém algumas dicas e truques para usar a intuição com cartas de Tarô, Runas e Oráculos.

Comece escolhendo intuitivamente qual baralho ou runas usar para sua leitura. Cada método possui uma qualidade única de energia e se relaciona com você de maneiras diferentes. Talvez se sinta atraída por um ou outro, ou pode sentir que alguém tem a resposta certa para você.

Minha maneira favorita de selecionar uma carta ou uma runa é usando o toque intuitivo. Desempacote as cartas ou runas e embaralhe-as ou misture-as até que se sinta bem. A energia deve parecer misturada e como se sua energia estivesse espalhada por elas. Se possível, coloque-as no chão viradas para baixo e mova-as com as mãos.

Eu gosto de embaralhá-las dessa maneira até tocar cada uma delas pelo menos uma vez. Nesse ponto, você pode reuni-las novamente ou deixá-las como estão. Antes de tirar uma carta ou uma runa, considere qual pergunta fará. Faça apenas uma pergunta por vez para evitar confusão. Para selecionar uma carta ou uma runa com base no toque intuitivo, faça sua pergunta e passe sua mão receptiva, ou não dominante, sobre elas pelo menos uma vez antes de escolher uma área para se concentrar mais. Use os dedos para tocá-las. Com a ponta dos dedos ou a palma da mão, sinta qual carta ou runa parece certa e retire-a da mesa. Pode ajudar se você desviar o olhar enquanto faz isso. Uma carta escolhida pelo toque intuitivo pode estar relacionada à intuição, às emoções ou ao corpo.

Uma abordagem semelhante para selecionar intuitivamente uma carta ou runa pode ser feita usando um método visual, visão intuitiva. Espalhe as cartas ou runas de maneira semelhante e faça uma pergunta. Olhe para as cartas com um olhar afetuoso e com o Terceiro Olho aberto. Deixe seu olhar passar por todas as cartas pelo menos uma vez. Veja se alguma carta está tentando chamar sua atenção. Ela pode parecer diferente das outras, aparentar brilhar ou se destacar por algum outro motivo. Escolha a carta que parecer mais visualmente atraente. Uma carta escolhida com visão intuitiva pode representar energia mental, espiritual e psíquica.

Outra leitura intuitiva é a "mensagem do espírito", que ocorre quando uma carta ou runa salta do baralho ou vira inesperadamente. Isso pode acontecer quando você as embaralha ou quando passa a mão sobre elas enquanto estão no chão ou em uma mesa. Se alguma delas saltar ou virar de lado, pare e olhe com atenção. Geralmente são mensagens dos espíritos, dos Deuses ou do seu subconsciente.

Eu uso o Tarô intuitivo todos os dias. Depois de escolher algumas cartas, deixo-as fora o dia inteiro para que eu possa retornar a elas se precisar de mais informações ou para consultá-las mais tarde naquele dia. Na manhã seguinte, olho para as cartas e penso sobre como aquela energia se manifestou. Essa prática me ajuda a avaliar intuitivamente exatamente o que as cartas significam para mim pessoalmente.

À medida que ganha conhecimento sobre o que cada uma das cartas ou runas significa para você, anote seus significados pessoais em seu Livro das Sombras. Você também pode querer considerar ter pelo menos dois decks ou conjuntos de runas. Dessa forma, pode usar um para uso diário e outro para rituais. Isso permite que você deixe uma carta ou peça em seu altar sem ficar com um baralho ou kit incompleto.

Pêndulos

Um pêndulo é um objeto leve, como um cristal, ou um amuleto preso a uma corrente curta que fica pendurada no campo de energia de alguém. Um colar pode ser usado como pêndulo se for removido do pescoço e a corrente ou cordão for enrolado no dedo para torná-lo mais curto.

Pêndulos podem ser usados para se comunicar com o subconsciente intuitivo ou com um espírito. Os pêndulos "leem" nossa energia diferente de qualquer outra forma de adivinhação, pois imitam nossas frequências energéticas com suas oscilações. Vários guias aconselham você a dizer ao pêndulo qual é o SIM e o NÃO, mas descobri que a melhor prática é ouvi-lo. Isso ocorre, porque diferentes espíritos e diferentes pêndulos têm diferentes formas de se comunicar.

Para usar um pêndulo, balance-o em seu campo energético. Acho que isso é melhor realizado acima da minha cabeça ou na frente da minha garganta ou peito. Centralize sua energia e alinhe seus chakras. Comece fazendo perguntas com respostas simples de sim ou não, como seu nome e idade. Faça algumas perguntas com respostas "sim" antes de passar para as perguntas com respostas "não". Isso o ajudará a esclarecer em que direção o pêndulo oscila para as diferentes respostas, sem que ele fique muito instável no início. Depois de estabelecer as instruções, continue fazendo perguntas para as quais você não sabe a resposta. Se a oscilação do pêndulo for confusa, seja paciente e faça perguntas esclarecedoras. Use sua intuição para fazer as perguntas certas e saber quando se aprofundar.

Livro Adivinhação

Uma das minhas maneiras favoritas de adivinhação é através dos livros. Sem olhar, selecione um livro de uma estante. Folheie as páginas até que pareça certo e, em seguida, abra-o. Ainda mantendo os olhos desviados, passe o dedo pela página, novamente até que pareça certo, e pare. Comece a ler onde está o seu dedo. Embora essas respostas geralmente sejam bastante aleatórias, elas podem ser muito perspicazes. Houve momentos em que a mensagem era a verdade absoluta e exatamente o que eu precisava saber. Uma alternativa para ler onde seu dedo pousa é começar a ler no início de uma frase ou parágrafo.

Vidência

A vidência é um dos talentos da Bruxaria mais difíceis de dominar, mas uma pessoa muito visual provavelmente encontrará uma boa base aqui. Entre em transe e suavize seu olhar, de modo a olhar tanto para o objeto quanto para dentro dele. Os melhores objetos para vidência são um espelho negro, uma poça de água, uma tela de televisão cheia de estática, uma bola de cristal, uma chama ou um cristal que tenha alguma claridade e alguma opacidade. Aproxime-se e deixe seus olhos embaçarem um pouco.

Deixe as formas surgirem, como se estivesse assistindo a um sonho. Você pode até ver uma história acontecer. Use sua intuição para interpretar o que vê. Um transe profundo e prática são ferramentas essenciais para este trabalho.

Adivinhação do Fogo

Se você gosta de fogo ou velas, pode praticar a adivinhação do fogo. Acenda uma fogueira ou uma vela. Preste atenção ao piscar da chama até sentir que tem uma leitura estável normal para o fogo. Alinhe-se com a vela ou o fogo por um momento e peça sinais em resposta às suas perguntas.

À medida que faz perguntas, o fogo pode permanecer estável, piscar, tremeluzir, aumentar, diminuir, soprar fumaça em seu rosto ou até estalar. Use sua intuição para desenhar respostas.

Trabalhando com as Sombras

Curar sua sombra é uma das coisas mais valiosas que pode fazer, mas não é um trabalho fácil. Mesmo que seja desconfortável, todos devemos enfrentar nossa sombra e ver as coisas que não queremos ver.

Esta próxima seção trata de tudo, desde a criação da sombra, como enfrentá-la e ouvir o que ela tem a dizer, até a cura e a reintegração de si mesma. Continue lendo com coragem e saiba que este trabalho irá integrá-la a um ser mais completo e presente.

Criando a Sombra

Criamos o que é conhecido como "Eu sombrio" sempre que ignoramos sentimentos de desconforto ou nossa intuição. Fingir que algo não está realmente acontecendo e ignorar sentimentos desconfortáveis é uma maneira comum de lidar com situações difíceis. Facilita a vida no momento, mas não é o ideal. Quando nos fragmentamos, uma parte de nós se sente melhor no momento, mas nossa sombra sente todo o mal-estar com o qual não conseguimos lidar. A sombra vê os desserviços que não queremos ver. Ela ouve todas as palavras que desejamos esquecer. Sente a mágoa e a dor que não conseguimos tolerar. Cegas para os aspectos negativos de nossa vida, o resto de nós pode continuar trabalhando e sobrevivendo com uma situação ruim.

Quer seja intencional ou não, quando isso acontece, abrimos mão de um pedaço de nossa alma e intuição para nos sentirmos entorpecidas. Com um Eu sombrio, é mais fácil tolerar situações abusivas, estar perto de pessoas que levam vantagem e morar em um bairro inseguro.

Carregamos nosso Eu sombrio como um fardo pesado e invisível. Não suportamos olhar para eles, porque isso significaria reconhecer o fato de que passamos por alguma dor e merecemos algo melhor. Significaria admitir a verdade, que mentimos para nós mesmas e dizemos que estávamos bem quando não estávamos. Olhar para a sombra significa encarar o fato de que nosso Eu ferido merece ser visto, ouvido e respeitado. Significa que mudanças e curas precisam acontecer, e isso dá trabalho. O trabalho e a comunicação são assustadores para a pessoa amedrontada que criou a sombra.

Se não formos cuidadosas, ou se vivermos em um ambiente extremamente repressivo, continuaremos nos entregando cada vez mais, criando sombras a torto e a direito, até que reste apenas uma lasca de nós mesmas. Quando isso acontecer, nos sentiremos totalmente perdidas.

Nossas sombras se juntarão tanto ao nosso redor que será como se estivéssemos usando antolhos e só vendo o que está bem na nossa frente. O mero ato de carregar nossas sombras será tão exaustivo, que parecerá que estamos caminhando na água.

Ouvindo e Enfrentando a Sombra

Como Bruxas Intuitivas, nosso caminho é ver as coisas como elas são, assumir nosso poder e começar a trabalhar para promover mudanças. Não é nosso caminho ceder à realidade popular, na qual apenas alguns poucos têm poder. Temos habilidades e sabedoria.

Como a sombra não é algo que podemos ver facilmente, temos que fazer um esforço imenso para voltar nossos olhos para dentro e então vê-la. Temos que olhar para os nossos sonhos e para o vazio. Temos que estar em nossos corpos e sentir o desconforto. Temos que estar cientes das correntes energéticas que criaram a sombra e que a estão perpetuando. Houve um momento em que você abriu mão de sua autoridade ou alguém a tomou? Você ignorou seus sentimentos ou negou o que aconteceu?

Entre nesse momento com um olhar afetuoso e tranquilo e uma mente em transe. Veja o que não queria ver. Ouça as palavras que foram ditas. Senta a dor. Reviva o momento em detalhes para que possa reconhecê-lo completamente, na esperança de superá-lo. Enfrente sua sombra linda e corajosamente e faça perguntas: "Por que nos sentimos desconfortáveis? Ao que sobrevivemos que foi injusto? Por que nos sentimos inseguras? Por que nos escondemos?

Ouça as respostas para chegar à raiz dos problemas. Outra maneira de entrar em contato com o mistério de nossas sombras é através da escrita em transe, que às vezes é chamada de "escrita automática". Para esta prática, induza um transe que faça sua mente se sentir aberta.

Toque no ponto dolorido das emoções e comece a escrever. Você pode escrever sobre tudo e qualquer coisa. Pode ser uma limpeza emocional ou uma exploração de memórias. Escreva todas as verdades que precisam ser expostas para trazê-las à luz. Retire-as de sua mente e as coloque no papel. Peça à sombra para reconhecer o que aconteceu. Comece a escrever e afaste-se mentalmente do processo, mantendo a ferramenta de escrita funcionando. Quando se sentir cansada, volte à realidade e leia o que escreveu.

Utilize essas artes intuitivas para explorar seu lado sombrio e proporcionar uma saída para suas emoções ocultas, em vez de simplesmente ignorá-las. Isso será especialmente útil para pessoas que não são muito verbais. Seja o que for que surgir, testemunhe com compreensão compassiva e um coração aberto.

Exercício: Ouvindo sua Sombra

Quais áreas malignas da sua energia você tem ignorado? Existe alguma situação causando conflito onde você ignorou sua intuição? Reflita sobre isso e, se possível, escreva ou desenhe a respeito. Traga esse sentimento oculto para a luz da sua consciência. Pergunte à sua sombra como ela foi criada e por quê. Ouça as respostas.

Curando o seu Eu Sombrio

Sua ferida emocional e sua sombra podem não ter sido causadas por você, mas cabe a você buscar a cura e se tornar inteira. Você é a única pessoa que pode iniciar esse processo de cura. Esta é a melhor coisa que pode fazer para si mesma e, agora que conhece a causa da sua sombra, você pode começar a curá-la. Abrace sua sombra e aceite energicamente o pedaço que falta de você de volta à sua alma. Segure-a perto e mude a vibração de falta ou medo para algo mais poderoso. Aceite quaisquer sentimentos ou emoções que surgirem. Você também pode precisar aceitar outras coisas, como a verdade de uma situação, sua capacidade de recuperar seu poder, a necessidade de se amar mais ou o fato de que as coisas precisam mudar para que você se sinta bem. Use sua intuição para fazer mudanças e corrigir a situação. Tome medidas para corrigir a causa do problema (se aplicável), para que a experiência de abalar a alma não se repita. Equipe-se com mais habilidades em todos os reinos energéticos – fisicamente, emocionalmente, mentalmente e espiritualmente. Medite na totalidade, mantendo a sombra próxima e mudando a vibração até pulsar como uma só energia. Encontre sua força. Obtenha ajuda de curandeiros se eles forem simpáticos. Faça o trabalho bom e árduo. Quanto mais praticar, mais fácil ficará.

Uma alma reintegrada pode ser pensada como uma estátua quebrada que é reparada com costuras de ouro, como na tradição japonesa *kintsugi*. Todos nós já fomos destruídos em um ponto ou outro. As veias douradas que correm por nossas antigas rachaduras indicam que há uma maior força, integridade e valor em comparação com o que existia antes. Você ainda pode sentir os lugares em seu corpo que estavam rachados, mas depois do exercício de cura pela sombra, provavelmente terá menos vontade de se quebrar novamente.

Descanse e encontre a paz dentro de si. Não há necessidade de continuar lutando consigo mesma ou contra os mesmos desafios. Se surgir uma situação semelhante, você será uma pessoa diferente e ficará mais forte por tê-la enfrentado. Sua capacidade de contornar problemas também será mais forte.

O trabalho com a sombra nem sempre é uma sessão única, e tudo bem. Você pode ter que se sentar com essas emoções desconfortáveis novamente para reprocessá-las e se reintegrar. Alguns de nós precisam quebrar várias vezes para realmente curar nossas estruturas fundamentalmente despedaçadas. Podemos quebrar e ser reparados em ouro várias vezes antes de percebermos nosso verdadeiro valor – valemos todo o nosso peso em ouro e ainda mais.

Muitas pessoas acham valioso trabalhar com um psicólogo, xamã ou algum outro guia ao fazer o trabalho com a sombra. Encontre alguém que possa ajudá-la a ver onde errou, como recuperar as partes perdidas de si mesma e como evitar isso no futuro.

Trabalhe para recuperar seu poder desenvolvendo intuitivamente práticas e rituais para apoiá-la em sua jornada.

Exercício: Integrando sua Sombra

Depois de ouvir a sombra, reconheça suas emoções. Abrace-as e aceite energicamente o pedaço que falta de você de volta à sua alma. Segure-o perto e mude a vibração de falta ou medo para algo mais poderoso. Escreva três maneiras de melhorar a situação. Publique a lista em algum lugar que você verá todos os dias e faça as mudanças em sua vida.

Os Outros Mundos

No fundo da velha floresta selvagem está uma árvore antiga com uma miríade de ramos que tocam as nuvens. A árvore parece um ser gentil, sábio e poderoso. Em sua presença, você se sente completamente consciente do momento presente e está em sintonia com sua própria energia em todos os níveis. Abaixo de seus pés, você sente os estrondos de algo primitivo. Parece terrestre, animalesco, pesado, emocional e significativo. Você sabe intuitivamente que espíritos de baixa frequência, como familiares, animalescos, elementais e outros espíritos, caminham por esses reinos. Acima, além dos galhos e folhas, você sente algo leve, místico e elevado. Com sua segunda visão, você capta vislumbres de espíritos de alta frequência voando e brincando naquele mundo brilhante e magnífico.

Claro, esta não é uma árvore normal. É a Árvore do Mundo. Muitas culturas Pagãs de todo o mundo têm mitos ou lendas antigas sobre a árvore, incluindo nórdicos, finlandeses, alemães, eslavos, turcos, mongóis, iorubanos, algumas tribos nativas americanas, religiões siberianas, bálticas, maias, astecas, chinesas e hindus, para citar algumas. É um conceito quase universal, assim como as pessoas que viajam para outros mundos através da árvore.

Muitas culturas ensinam que a árvore representa os três níveis de nossa existência ou consciência e as energias que existem ali. Nosso mundo desperto, no meio, é o menos consciente, mas combina todos os três aspectos em algum grau (Superior, Médio e Inferior). Árvore do Mundo demonstra a interconexão holística de nossos corpos, emoções, mente e espírito. Quaisquer problemas ou exaltações são refletidos em todos os Três Mundos. Essa consciência multinível é repetida na frase "como acima, assim abaixo", que é comum em muitos Círculos Pagãos.

Visite os outros mundos através da meditação para curar e explorar aspectos de si mesma e diferentes energias. Você também pode se comunicar com todos os tipos de espíritos em cada um dos reinos. Fadas, fantasmas, elementais, espíritos da natureza e muito mais podem ser encontrados em cada um desses lugares mágicos.

Se você deseja viajar para o Submundo, sintonize-se com as lentas e profundas ondas *teta* que existem perto do limite do sono. Se quiser ver o Mundo Superior, eleve sua mente e canalize ondas *gama* brilhantes e de alta frequência. Quando estiver em estado de transe, veja-se diante da Árvore do Mundo. Procure uma entrada. Pode aparecer como uma porta, uma rachadura no tronco ou uma entrada, ou uma elevação oca em suas raízes. Entre na árvore. O interior pode parecer um grande salão ou uma simples sala redonda. Procure por um método para alcançar o nível acima ou abaixo.

Pode ser uma escada, uma corda, uma videira, um caule de planta ou até mesmo um rastro de fumaça. Para acessar o Submundo, desça até chegar nas profundezas da Terra. O Submundo geralmente se apresenta como uma versão mais escura da Terra, com árvores antigas. Ele é iluminado tenuamente, como se apenas pela luz da lua. Tudo aparece em sua forma mais crua aqui. É um lugar útil para visitar, para ver as coisas como elas realmente são e para a cura emocional e física.

Uma tradição com a qual estudei me orientou a cumprimentar um animal no Submundo. Este animal atuou como guia, ajudando-me a curar meu corpo. Juntos, removemos a energia negativa que estava presa em uma forma duplicada de mim mesma, deitada no chão. Retiramos punhados de algo que pareciam insetos e sujeira do meu corpo. Após a remoção de todos os materiais estranhos, direcionamos luz para minha forma duplicada e realinhamos meus chakras. Foi uma cura poderosa e eficaz, especialmente para questões físicas e emocionais.

No Submundo, você pode ver criaturas ou espíritos de vibração inferior, que não são necessariamente ruins. Pergunte se eles têm uma mensagem para você. Se desejar, você pode comungar com eles e aprender com sua sabedoria. Quando estiver pronta para sair, viaje de volta pela mesma entrada e suba pelo mesmo caminho que desceu.

Para experimentar o Mundo Superior de dentro da árvore, viaje para cima. Sinta sua frequência aumentar e torne-se mais feliz. Pode haver uma barreira que você tenha que romper para entrar neste reino. Empurre-a e encontre-se em um lugar de luz e maravilha. O Mundo Superior parece diferente para pessoas diferentes, mas é sempre brilhantemente iluminado. As energias dominantes são bem-aventurança e sabedoria. Aqui você pode experimentar a ativação dos chakras superiores, insights espirituais, inspiração e clareza. Pode interagir com espíritos de nível superior, que podem aparecer como fadas, pontos de luz, seres cristalinos e outros seres de nível superior. Você pode falar com eles ou alinhar-se com a energia para curar-se emocional, mental ou espiritualmente. Retorne da mesma maneira que entrou.

Ao viajar pelos outros mundos, use sua intuição para determinar como pode curar e com quais espíritos falar. Você pode querer registrar o que aconteceu em seu Livro das Sombras para poder pesquisar depois.

Se estiver interessada em aprender mais sobre tipos específicos de xamanismo, defendo que aprenda com pessoas que são da fonte; caso contrário, aprenda com as pessoas o mais próximo possível da fonte. Isso lhe dará uma sabedoria mais autêntica e também estenderá o respeito às culturas de onde o conhecimento veio.

Ritual: Três Círculos Sobrenaturais

Até agora, trabalhamos com energia espiritual no plano médio do mundo. Esses Círculos serão lançados primeiro com as energias do Submundo, depois com as energias do Mundo Superior e, finalmente, todos os Três Mundos de uma vez.

Círculo do Submundo: com respirações profundas, entre em estado de transe *teta*. Lance um Círculo usando as energias do Submundo. Como você se sente? Caminhe e sinta a energia no Círculo. Observe como é diferente da energia em seu Círculo habitual. Pense em que tipo de trabalho esse tipo de Círculo seria mais adequado. Quando tiver adquirido algum conhecimento sobre o Círculo do Submundo, libere-o da mesma maneira que foi lançado.

Círculo do Mundo Superior: entre em estado de transe *gama* e lance um Círculo para o Mundo Superior. Inspire a energia e sinta as vibrações. Como ele é? O que você está inclinada a fazer neste tipo de Círculo? Quando tiver obtido alguma percepção sobre o Mundo Superior, libere o Círculo da mesma maneira que foi lançado.

Círculo dos Três Mundos: respire fundo e realinhe-se em estado de transe *teta*. Faça um Círculo com as energias do Submundo. Quando sentir que a energia do Submundo está presente, eleve conscientemente suas ondas cerebrais para uma mentalidade normal (ondas *beta*) e lance um Círculo para o Mundo Intermediário. Respire fundo outra vez e canalize um estado de onda *gama*. Lance um Círculo para o Mundo Superior. Esse tipo de Círculo pode parecer como se as energias estivessem em camadas ou empilhadas umas sobre as outras.

Você pode sentir uma onda mágica de corpo inteiro. Quando sentir todos os três níveis presentes, respire fundo novamente e pense em que tipo de magia seria mais beneficiada por essas energias.

Quando estiver pronta, ou se começar a se sentir zonza ou sobrecarregada, abra os Círculos da maneira como foram feitos, começando com o Mundo Superior, continuando pelo Mundo Intermediário e, finalmente, liberando o Submundo. Aterre e centralize depois.

Escreva em seu Livro das Sombras como cada um desses Círculos parece diferente e quais práticas você acha que seriam mais benéficas para esses tipos de energia. Use esses Círculos sobrenaturais para rituais e magias compatíveis. Esta última prática, com os três Círculos, pode ser difícil de dominar no início, mas com o tempo ficará mais fácil canalizar todas as energias.

Momentos Psíquicos e Empáticos

Experiências psíquicas e empáticas são muitas vezes efeitos colaterais de ter uma frequência de energia espiritual mais elevada. Isso ocorre porque, quando estamos conectados às energias ao nosso redor, as informações e emoções podem fluir mais livremente. Esses momentos psíquicos e empáticos podem ser um sinal de uma espiritualidade florescente e, no ambiente certo, podem parecer emocionantes. Ou, dependendo da energia ou da informação recebida, podem parecer opressores ou perturbadores.

Se você tiver essas habilidades, terá o poder de escolher entre interagir com elas ou desligar suas conexões. Assuma o controle de suas reações. Use sua intuição sobre a energia disponível para decidir quando olhar mais profundamente em algo e quando se afastar. Caso sinta-se sobrecarregada, saiba que não precisa reagir a essas experiências. Sentir a dor de outra pessoa não é necessariamente um sinal de que deva falar com ela sobre isso – a pessoa que a está enviando pode ter apenas uma energia forte e dominadora que você está captando. Reúna a força e a capacidade de dizer não e feche suas válvulas energéticas. Faça isso com frequência. Recuse-se a se envolver com qualquer coisa que não seja para o seu bem maior. Você tem o poder de controlar como gasta seu tempo. Mecanismos de aterramento, fechamento e energia de nível médio ajudarão imensamente.

Respeite suas experiências psíquicas e empáticas. Seja sempre sincera e mantenha sua humildade à vista. Não seja muito orgulhosa de suas experiências, mesmo que sejam incríveis e verdadeiras. Esses dons podem vir de uma fonte que não tolera o autoengrandecimento. Além disso, essas experiências podem ir e vir com o tempo. Vá com o fluxo e deixe os bons momentos empoderarem você. Não fique muito apegada a obter os mesmos insights o tempo todo. Momentos psíquicos e empáticos não acontecem para todos, e está tudo bem. Eles não são necessariamente um objetivo da Bruxaria Intuitiva. Nenhuma pessoa é melhor que outra por seus dons e habilidades. Se você não se especializou nessa área, é provável que seja mais proficiente em outros segmentos.

Sua Experiência Pessoal de Vazio

Continue explorando profundamente a forma de arte pela qual você é apaixonada. Seja paciente consigo mesma. Desvendar os mistérios leva tempo. Para muitas pessoas, leva anos, senão décadas, para se tornar proficiente. Se fosse fácil, todos dominariam todas as artes do vazio, mas não é assim.

Esses são caminhos raros, de fato. A dedicação a esses reinos avançados pode ensinar mais sobre você e a natureza energética do mundo do que a maioria das outras práticas.

Embora os tópicos deste capítulo possam ser emocionantes e esclarecedores, é importante não ficar obcecada em olhar para o vazio ou viajar constantemente pelos reinos astrais ou outros mundos. Volte para o mundo do meio e para a floresta encantada. Precisamos de você nele. Compartilhe seu conhecimento com seus amigos sobre os lugares onde esteve. Integre sua sabedoria recém-descoberta com suas práticas e rituais.

Lista de Leitura Adicional

COWAN, Tom. *Fire in the Head: Shamanism and the Celtic Spirit.* New York: HarperCollins Publishers, 1993.

ESTÉS, Clarissa Pinkola. *The Beginner's Guide to Dream Interpretation: Uncover the Hidden Riches of Your Dreams with Jungian Analyst Clarissa Pinkola Estés.* Louisville, CO: Sounds True, 2013.

PENCZAK, Christopher. *The Inner Temple of Witchcraft.* St. Paul, MN: Llewellyn Publications, 2002.

Vivendo no Fluxo Espiritual

Capítulo 12

N*este ponto, sua prática* está firmemente estabelecida. Você enfrentou sua sombra e pode canalizar a energia como uma Bruxa. Você viajou pelos reinos mais profundos e voltou mais completa do que nunca. É provável que possa navegar pelo mundo com maior facilidade. Pode estar sentindo que há mais no mundo mundano do que aparenta. Nesse caso, você pode ter encontrado uma brecha conhecida apenas por praticantes altamente avançados.

Este capítulo trata da integração de tudo o que você aprendeu e da escolha de continuar subindo em espiral. Algumas dessas práticas podem parecer filosóficas ou hipotéticas até que você as experimente. Continue. Abra sua mente para as possibilidades de um mundo verdadeiramente energético.

Estado de Fluxo

Lembra do Chapéu de Bruxa no capítulo 2? Ele tinha uma plataforma de energia física, com pilhas cada vez menores de energia emocional, energia mental e energia espiritual na ponta pontiaguda. O objetivo deste diagrama era demonstrar que experimentamos a energia espiritual por menos tempo em comparação com as outras energias vitais. Também mostra que é mais acessível quando nossas outras energias vitais estão estáveis e mantidas.

No entanto, esta não é toda a verdade. As Bruxas sábias sabem que quando nossas energias físicas, emocionais e mentais são mantidas em bom estado, a porção de energia espiritual do Chapéu de Bruxa pode crescer. Em outras palavras, a energia espiritual pode penetrar em nosso corpo mental, emocional e níveis físicos, fazendo com que atividades mundanas como lavar a louça, por exemplo, pareçam pura felicidade.

Quando nossas energias espirituais se espalham por mais aspectos da nossa vida diária, chamamos isso de "viver no fluxo". Isso se parece um pouco com se apaixonar, exceto que não envolve outra pessoa – é mais como se apaixonar pela magia da vida. Pode-se experimentar uma sensação simultânea de aterramento e elevação. As coisas do dia a dia começam a ficar um pouco mais fáceis, e sua capacidade de manifestação e magia se tornam mais potentes do que nunca. Suas habilidades empáticas e psíquicas tendem a se fortalecer mais do que nunca. Pode até ter a sensação de que a vida está se abrindo para você.

Uma unidade de tempo gasta no fluxo é chamada de "momento de fluxo" e é caracterizada por um senso elevado de consciência espiritual e um senso de atemporalidade. Um momento de fluxo pode durar alguns segundos, um minuto, dez minutos, duas horas, um dia inteiro ou até mais. Eles são preciosos e devemos apreciar esses momentos de encantamento sempre que os vivenciamos. Esses momentos podem nem sempre durar tanto quanto gostaríamos, mas com prática regular e trabalho contínuo nas energias fundamentais, podemos experimentar momentos de fluxo regularmente.

É uma arte avançada, no entanto. Alguém com uma ferida emocional grave, como autoaversão, não seria capaz de sustentar um momento de fluxo por muito tempo. Por isso é tão importante enfrentar nossas sombras e construir alicerces seguros com as outras energias vitais.

Idealmente, o objetivo é estimular os momentos de fluxo sempre que possível, construí-los para durar mais e juntá-los para que a vida se torne uma série de momentos de fluxo. A maneira mais sustentável de fazer isso é ter os momentos de fluxo nas faixas intermediárias de energias.

Isso faz sentido, considerando que é difícil sustentar altas frequências de energia por muito tempo, o que ajuda a evitar o esgotamento de usar energias mais altas. Se você puder usar energia de médio alcance para momentos de fluxo, será capaz de vivenciá-los no trabalho e ainda desempenhar suas funções e se comunicar sem se aprofundar demais. Reserve uma energia espiritual mais elevada para rituais, meditações e momentos aleatórios quando você se sentir feliz demais para não ceder.

Sintomas do Fluxo Espiritual

Quando as condições são adequadas e a energia espiritual se infiltrou em uma fatia maior do triângulo, ela toca nossos outros centros de energia. Sinais físicos de estar no fluxo podem incluir arrepios, um brilho interior, um formigamento no couro cabeludo, um zumbido de corpo inteiro e ativação de certos chakras. Os sinais emocionais incluem sentimentos de felicidade, aceitação, a sensação de estar conectada emocionalmente com os outros, empatia e um sentimento aberto e feliz. Sintomas mentais do fluxo podem incluir inspiração, motivação, mente clara, insight e acuidade. Os sinais espirituais do fluxo podem incluir a ativação do Terceiro Olho, poderes psíquicos e empáticos, capacidade de ver além do tempo e do espaço e de ler os presságios do mundo e transcender questões mundanas. As sensações podem durar um momento ou muito mais e podem reaparecer se o estado de fluxo for reativado. Experimentar esses sintomas é um bom sinal de que estamos no caminho certo.

Induzindo um Estado de Fluxo

Meus estados de fluxo vêm a mim com mais frequência quando estou fazendo meu trabalho espiritual regular – quando tenho práticas intuitivas, realizo rituais, escrevo em meu diário, encaro minhas sombras e faço o bom e difícil trabalho de cortar sugadores de energia extras. Muitas pessoas encontram o estado de fluxo em atividades físicas como dança, caminhada ou corrida. Também podem ser inspiradas pela leitura de livros espirituais e pela prática da meditação. Às vezes, são motivadas por momentos de grande descontração, como encontros Pagãos positivos ou férias.

Outra maneira de entrar no estado de fluxo é buscar formas de se enraizar e elevar ao mesmo tempo. Você pode praticar isso ativando simultaneamente sua conexão com o chakra estelar e o chakra terrestre, conforme discutido no capítulo 10. O uso de minerais, cristais e pedras é outra forma de ancorar e elevar ao mesmo tempo. Eu pessoalmente uso algumas pedras para aterramento e elevação em meu sutiã para me ajudar nesse processo. Se você não usa sutiã ou não gosta da ideia de colocar pedras soltas nele, pode usar um colar, colocar as pedras no bolso ou mantê-las próximas a você em outro lugar. É ideal que elas estejam em contato direto com sua pele ou próximas a ela para obter o máximo benefício.

Minha pedra de aterramento favorita é a turmalina-negra, que ressoa com os chakras inferiores, elimina a negatividade e protege minha energia. Outras pedras de aterramento que você pode considerar incluem hematita, pirita, quartzo-fumê e jaspe. Minha pedra de elevação favorita é a selenita, que abre os chakras superiores e facilita a conexão espiritual. Outras pedras de elevação que você pode considerar incluem apofilita, moldavita, pedra da lua arco-íris ou diamantes Herkimer. Encontre um par de pedras de aterramento e elevação que funcionem para você.

Também descobri que seguir meu próprio ritmo físico pode trazer o estado de fluxo espiritual. Essa foi uma lição difícil de aprender, considerando que já fui garçonete em um enorme restaurante onde o lema era "vire o máximo de mesas o mais rápido que puder". Quando consegui desacelerar e trabalhar em um ritmo mais sustentável para mim, cheguei mais perto do estado de fluxo. A qualidade e o rigor do meu trabalho melhoraram, estive mais presente nas minhas mesas e as gorjetas também aumentaram. Parte de trabalhar no seu próprio ritmo também pode incluir não trabalhar quarenta horas por semana em um emprego que não o alimente espiritualmente. Quando não estou trabalhando em tempo integral, sou muito mais capaz de trazer o estado de fluxo. Para encontrar seu próprio ritmo, pratique a presença a cada passo, cada olhar, cada movimento, cada palavra e cada respiração. Leve o seu tempo para encontrar o seu ritmo mais fortalecedor. Infunda propósito em cada segundo. Esteja presente e encontre a energia superior que se esconde nos detalhes.

Encontrar um momento de fluxo pode ser como seguir um caminho mágico com migalhas de pão que o levam adiante. Depois de perceber como pode fazê-lo, só precisa encontrar a próxima pista, segui-la e confiar no processo. Experimente o que traz seu estado de fluxo e registre os resultados em seu Livro das Sombras.

Prolongando o Momento de Fluxo

Além de cuidar das tarefas básicas de energia, existem algumas maneiras de prolongar os momentos de fluxo para torná-los mais longos. Algumas das minhas maneiras favoritas de fazer isso incluem respirar mais devagar e profundamente com intenção, experimentar o silêncio, ouvir música inspiradora, expressar gratidão, estar em solidão, ler um livro inspirador ou ouvir um bom audiolivro, estar na natureza, meditar, limitar a exposição apenas a pessoas e conversas que são edificantes e realizar rituais sinceros, emocionantes e energéticos.

Para perpetuar o estado de fluxo, esteja consciente de que nível você está energeticamente. Incorpore qualquer um dos exercícios deste capítulo ou qualquer outro que funcione para mudar sua energia e manter o estado de fluxo. Isso pode levar algum tempo para dominar.

Você pode experimentar momentos de fluxo apenas por alguns minutos nos estágios iniciais, mas não desista. Eles começarão a durar mais em breve.

Exercício: Experimentos com o Estado de Fluxo

Você já entrou em um estado de fluxo? Lembra-se de como chegou lá? Experimente diferentes técnicas para tentar entrar no estado de fluxo novamente. Tente dançar e se perder na música, ou tente caminhar sozinha na natureza. Medite ou aumente a energia até sentir uma forte energia espiritual fluindo por seu corpo. Aproveite o momento de fluxo, sentindo felicidade e serenidade. Quando sentir que o momento do fluxo está se esvaindo, tente estendê-lo. Por exemplo, se seus pensamentos vão para o que você precisa fazer mais tarde, volte ao momento e tente voltar ao fluxo. Eventualmente, ele irá escapar, mas deixe-o ir conscientemente, se possível. Escreva em seu Livro das Sombras sobre o que funcionou e o que não funcionou para colocá-la no estado de fluxo, o que ajudou a se manter nele e como se sentiu.

Interpretação de Presságios e Sinais

O Outromundo nos fala através do mundo mundano. Você está prestando atenção? Há sinais, presságios e augúrios por toda parte. Esses sutis eventos são maneiras pelas quais os Deuses, os espíritos e o Outromundo podem se comunicar conosco. Às vezes, eles são piadas internas. Outras vezes, são sinais para agir ou perceber algo. Muitas vezes, esses sinais serão pessoais e relevantes para o momento. Eles podem indicar que você deve perseguir um objetivo, conversar com alguém, deixar algo de lado e ficar quieta, ou até mesmo correr na direção oposta. É possível que você tenha recebido um presságio para pegar este livro ou estudar Bruxaria Intuitiva.

Ao receber um presságio, reflita sobre o significado dessa mensagem. Questione-se se você o interpreta como uma energia positiva de apoio ou como sentimentos de medo, impotência ou rancor. Use sua intuição para identificar quem está se comunicando e qual é a mensagem transmitida. Se não tiver uma conexão imediata com o presságio, pesquise seu significado e avalie se faz sentido para você. Discutir com alguém sobre o que isso pode representar pode ser útil para esclarecer as coisas. Continue lendo para descobrir uma lista dos presságios e sinais mais comuns.

Símbolos

Os símbolos parecem ser uma das maneiras mais fáceis do Outromundo se comunicar conosco. Eles estão por toda parte e são fáceis de encontrar. Você provavelmente tem uma infinidade deles dentro e fora de sua casa, no seu trajeto e no seu local de trabalho. Mesmo galhos de árvores podem formar símbolos com bastante facilidade.

Quando estava considerando iniciar uma nova empreitada espiritual, pedi um sinal aos meus Deuses. Naquela manhã, vi estrelas por toda parte: no telhado de um prédio, na lateral de um trem, até mesmo em um bueiro. As estrelas sempre me inspiraram profundamente, então tomei isso como um claro sinal para seguir em frente. Depois de reconhecer o sinal, a presença das estrelas gradualmente se fundiu novamente ao ambiente. Elas não mais se destacavam, pois eu já não necessitava mais da mensagem inspiradora. As estrelas estiveram lá o tempo todo, mas eu nunca as notei até pedir um sinal.

Sinais de Animais

A leitura do comportamento dos animais há muito tempo é considerada uma arte oracular. Dizia-se que os egípcios observavam como os gatos se comportavam em seus templos para prever o que o dia traria. O estudo oracular das aves é conhecido pelo menos desde a época romana. Para praticar o recebimento de sinais do mundo animal, peça um. Ao ver um animal, avalie-o. Como eles se parecem? Quais são suas ações? O que eles representam para você? Um corvo ferido na beira de uma estrada tem um significado muito diferente em comparação com coelhos brincando em seu quintal. Da mesma forma, o esquilo maltrapilho que tenta correr para você pode estar tentando lhe dizer algo bem diferente. Use associação intuitiva pessoal para decifrar a linguagem dos animais e seus comportamentos.

Clima

Algumas culturas têm métodos para ler o céu em busca de presságios. Sempre que saio de casa, entro em sintonia com o céu. A qualidade do vento e o movimento dos galhos me revelam as energias presentes no mundo externo. As nuvens também são uma fonte maravilhosa de sinais, pois estão sempre mudando e se transformando em formas abertas à interpretação.

Outros Presságios Comuns

Outro presságio comum é interpretar ou ouvir mal as palavras. Às vezes, isso pode revelar a verdade sobre um assunto. Escutar a conversa de um estranho também pode ter um significado especial.

É Um Sinal?

Nem tudo é um sinal. Existem maneiras de distinguir um presságio de uma simples coincidência. Se o sinal se repetir, como as estrelas que vi por toda parte, pode indicar de forma insistente que os Deuses, os espíritos ou o Outromundo estão tentando chamar sua atenção. Esteja atenta aos sinais repetidos e ao que está pensando no momento.

Outra maneira de identificar um presságio é notar quando algo parece fora do padrão. Por exemplo, é comum ver borboletas no verão, mas no final do outono pode ser um sinal. Esteja atenta ao que é típico para plantas, animais e o clima. Não confie apenas no comportamento habitual; preste atenção ao que parece estar fora do lugar.

O momento da mensagem é importante. Se você pede um sinal e o recebe imediatamente, é mais provável que ele venha de uma fonte superior. Mesmo que não peça um sinal, se algo significativo acontece, provavelmente é uma mensagem. Um bom exemplo que tenho do *timing* perfeito dos presságios é uma época em que eu estava chafurdando na autopiedade. Eu disse algo depreciativo sobre mim mesma que eu sabia que não era verdade. Imediatamente, um corvo riu de algum lugar próximo. Sua voz estridente me chocou e me colocou no meu lugar. O corvo é um dos animais com o qual estou mais conectada espiritualmente. Sua risada não foi apenas uma piada oportuna, mas também uma mensagem de um guia específico que já havia trabalhado comigo nessas mesmas questões antes. Instantaneamente, afastei meu mau humor e resolvi não falar mais sobre mim dessa maneira.

O significado pessoal é outro fator a ser considerado ao lidar com sinais. Presságios que acontecem com significado pessoal são mais relevantes do que aqueles que você não tem conhecimento. Por exemplo, talvez você não tenha nenhuma associação com periquitos, então ver um não significaria nada.

Por outro lado, se você cresceu com eles e os associa à sua infância, e os viu em um lugar aleatório, pode ser um sinal relacionado a esses tempos. Seria bom entrar em contato com sua família.

Quer os sinais sejam bons ou prenunciem tempos ruins, eles podem dizer muito sobre o caminho em que você está e onde ele pode levar. Sempre que notar os sinais, reconheça-os e agradeça. Avalie sua intuição sobre o sinal e faça o que ele indicar que é necessário o mais rápido possível. Registre os sinais em seu Livro das Sombras junto ao que você estava pensando, o que você supõe ser o significado e o que fez depois. Com o tempo, poderá encontrar padrões nos sinais e ler os presságios com facilidade.

Caminhadas da Bruxa Intuitiva

Caminhar todos os dias não é bom apenas para a saúde. Também é uma ótima maneira de entrar em contato com o mundo natural ao seu redor. Mesmo que esteja apenas olhando para as árvores da cidade e vasos de flores, você ainda pode se conectar com a terra, apreciar sua beleza e trocar energia com eles.

Use caminhadas intuitivas para sair da rotina e explorar lugares diferentes seguindo sua intuição. Escolha subir ou descer as ruas conforme sua vontade. Você pode se surpreender com o que encontrará. Durante sua caminhada intuitiva, invoque energia superior e esteja aberta ao que surgir. Se algo significativo acontecer ao seu redor, isso pode ser um presságio ou uma mensagem espiritual de um reino superior.

Colete coisas para sua magia ou seus altares. Não há nada como encontrar uma pedra bonita na beira da estrada, e eu tenho mais do que o suficiente para provar isso! Você também pode encontrar um belo espécime de planta que seria perfeito para aquele feitiço de lua cheia. Antes de coletar de qualquer planta viva, peça permissão ao espírito da planta. Depois de recebido, respeite seu espírito podando apenas as folhas que estão morrendo ou partes da vegetação rasteira. Deixe a planta com folhas ou galhos mais do que suficientes para prosperar. Leve jarras com você caso queira coletar um pouco de água de nascente, areia ou solo de áreas que são sagradas para você. Sempre que coletar algo, considere deixar um pouco de matéria orgânica, composto, terra, uma bolota ou alguma outra oferta para agradecer aos espíritos da terra.

A Bolsa da Bruxa Intuitiva

A capacidade de trabalhar em tempo real – a qualquer hora e em qualquer lugar – é uma grande vantagem do jogo. Por que não levar itens mágicos em uma bolsa? Você pode carregá-los com você ou guardá-los em seu veículo para poder trabalhar a qualquer momento.

Abasteça sua Bolsa de Bruxa com itens que costuma usar para prática, ritual e feitiços. Isso pode incluir ferramentas rituais, como seu Livro das Sombras, um Athame, Bastão, uma toalha de altar ou qualquer outra coisa que costuma usar. Óleos essenciais, cristais ou minerais, sal, ervas, bolotas ou folhas, resinas e carvão, folhas de louro, uma vela de chá, um isqueiro, incenso, uma ferramenta de adivinhação (como cartas de Tarô, runas ou um pêndulo), moedas especiais, uma imagem inspiradora, uma estátua em miniatura de sua Divindade favorita, oferendas e assim por diante também podem ser levados.

Considere carregar algo especial para você, como água do mar, solo de sua casa ou do túmulo de um antepassado, uma pena de um pássaro conectado espiritualmente a você ou um item de alguém especial.

Você nunca sabe onde vai querer realizar um trabalho energético ou um ritual. Mesmo se estiver viajando para longe de casa, ainda poderá ter algumas ferramentas. Não pode entrar no avião com um Athame? Troque um cristal para o mesmo propósito. Não pode ter mais do que alguns frascos de líquido no voo? Colha um pouco de água local de um riacho ou do oceano. As velas de chá são especialmente agradáveis e podem ser usadas em quase qualquer lugar para comemorar, como você faria normalmente. Com suprimentos à mão em sua Bolsa de Bruxa, você estará preparada para quase tudo.

Mudanças de Energia

Inversões de energia são truques mentais avançados que transformam uma energia ruim ou uma experiência negativa em algo bom. Isso pode ajudar a encontrar o momento de fluxo novamente e permanecer nele. Alguns dos meus maiores insights e descobertas criativas vieram dessa prática. No entanto, não é apropriado para todos os problemas, como relacionamentos abusivos, por exemplo. Existem várias maneiras de mudar a energia. Uma delas é visualizar ou reconhecer os benefícios de como um evento negativo poderia ter ocorrido. Um exemplo pessoal que posso compartilhar é ter sido reprovada em uma faculdade de prestígio no meu primeiro ano devido a um terrível caso de mononucleose. Após dois semestres de noites mal dormidas, perdi a bolsa e o interesse em aprender qualquer coisa.

Eu poderia ter visto isso como uma derrota, mas, em vez disso, verifiquei minha intuição. Percebi que na verdade não queria estudar jornalismo, mas não sabia o que realmente queria. Tirei seis meses de folga da faculdade para trabalhar e colocar minha cabeça no lugar novamente. Depois de um exame de consciência, percebi que queria estudar química mais do que qualquer outra coisa. Eu me matriculei em uma faculdade comunitária com meu novo curso e com um sentimento mais otimista. No meu primeiro trimestre lá, não apenas obtive uma média de 4,0 pontos, como também conheci o homem que se tornaria minha alma gêmea e marido. Aquele mau momento que passei acabou por me conduzir a um bom caminho. Eu poderia relembrar aquele ano de minha vida e lamentar a perda de tempo, esforço e dinheiro, mas vejo que tive coragem de tentar alguma coisa. Mesmo que não tenha funcionado, eventualmente, encontrei meu caminho. Quando procuramos o que há de bom em tempos aparentemente difíceis, podemos receber insights mais profundos e nos conhecer melhor, em vez de nos punirmos por erros humanos demais.

Uma boa maneira de executar uma mudança de energia é olhar para suas experiências de vida e imaginar que devia ter aprendido uma habilidade. Ao pensar dessa forma sobre as situações problemáticas do meu passado, fiz as pazes com meu eu mais jovem e me tornei uma pessoa mais forte. Por exemplo, quando eu trabalhava em uma loja de varejo, na casa dos meus vinte anos, um vampiro de energia particularmente persistente tomava meu tempo e energia diariamente. Em vez de ficar irritada com ele porque não conseguia ler minhas dicas sutis para me deixar em paz, percebi que precisava aprender a habilidade de criar limites mais fortes e me defender.

Aprender a dizer "não, obrigada" e me desvincular dele impediu que a mesma lição sobre limites pessoais surgisse novamente com outra pessoa. É uma habilidade que ainda uso até hoje. Outra inversão de energia é transcender ou transmutar um problema por meio da compaixão. Isso pode ser por você ou para outra pessoa. Imagino o ofensor como uma pessoa ignorante que não conhece nada melhor, o que geralmente é o caso. Às vezes, até os imagino como um bebê. É surpreendente (e um pouco perturbador) a facilidade com que consigo evocar uma imagem deles com um gorro e uma chupeta, chorando no berço. De certa forma, essa pessoa pode ser um bebê emocionalmente. Se seu crescimento foi atrofiado e eles não conseguem acessar sua energia espiritual porque suas energias emocionais estão muito confusas, isso está muito próximo da verdade. Às vezes, procuro o mapa astral astrológico de uma pessoa ofensiva.

Posso não ter o tempo em que nasceram, mas posso ver o quadro geral. Por meio dessa prática, descobri que as pessoas com quem tive os maiores problemas geralmente têm vidas internas mais difíceis.

Por exemplo, um gráfico de uma pessoa dizia basicamente que ela se autossabotava porque não conseguia integrar a pessoa que a sociedade queria que ela fosse com quem ela realmente era.

Quando pessoas assim causam problemas, elas ficam infelizes, e essa é a razão pela qual estão tentando piorar a vida de todo mundo. Contanto que essas pessoas não estejam prejudicando ninguém, a compaixão (e evitação) pode ser o melhor caminho.

Há outro tipo de mudança de energia que chamo de "à prova de balas". Esta prática é mais fácil para mim quando estou em um momento de fluxo ou em um estado energético superior. O melhor exemplo disso está na internet, onde os *trolls* gostam de deixar comentários maldosos. Quando estou à prova de balas, leio seus comentários, mas mal os registro. É como se eu tivesse um escudo à prova de balas ou um manto mágico que filtrasse sua negatividade. Posso continuar meu dia como se nunca tivesse lido suas palavras.

Minha inversão de energia favorita absoluta é chamada de "alquimização". Quando alguém diz algo depreciativo para mim, faço uma pausa, refletindo antes de reagir. Posso sentir a forte energia saindo deles como uma onda de calor. Através da alquimização, sou capaz de pegar a energia negativa que estão me dando e usá-la para me impulsionar na direção oposta do que estão dizendo. Quanto maior o ódio, mais energia eu recebo. É como se seus comentários fossem uma bola de raiva quente e ardente, e eles a jogassem em mim com toda a força, mas quando atinge minha aura, transforma-se em um presente de energia neutra e cai aos meus pés, inofensiva. Às vezes, o presente deles me dá tanta energia que me faz rir alto. Nessas situações, não estou tentando tirar a energia de ninguém, mas muita energia está sendo dada a mim. Estou apenas mudando a vibração e usando-a para meus propósitos. Um pouco de rebeldia e casca grossa ajudam, assim como um estado energético espiritual mais elevado.

Diário de Exercícios: Mudança de Energia

Pense em alguém ou algo que está incomodando você. Anote os detalhes e como o problema faz você se sentir. Consegue pensar em uma razão positiva para estar tendo essa experiência? Isso poderia ser uma oportunidade para aprender uma habilidade ou uma lição? Você pode transmutar os sentimentos negativos tendo compaixão? Se for possível, pode cortar alguém ou eliminá-lo de sua vida? Consegue aumentar sua energia e tornar-se à prova de balas em relação a esse problema? Ou você pode alquimizar a energia negativa em energia positiva e usá-la para seus desejos? Escreva qual mudança de energia você usou, como a mudança de energia mudou sua energia e o que você sente agora. Na próxima vez que um problema semelhante aparecer, use sua nova habilidade para fazer uma mudança positiva.

Bruxaria do Clima

Algumas pessoas não veem o tempo apenas como uma lei científica da natureza, mas como uma medida dos momentos. Elas acreditam que o tempo é uma forma de marcar eventos e experiências, e não algo que exista de maneira absolutamente uniforme em todos os planetas e galáxias. Nossas próprias experiências de tempo são relativas, baseadas em nosso momento presente e em diferentes estados energéticos. É assim que cinco minutos podem parecer uma hora ou um ano pode parecer alguns meses. No estado de fluxo e em rituais, podemos experimentar um sentimento atemporal e uma conexão profunda, onde o tempo se torna mais flexível e elástico. Isso pode ocorrer, porque nossas frequências mais altas nos tornam conscientes das dimensões superiores, que são reinos atemporais e insondáveis, onde residem formas energéticas como espíritos, Deuses e mortos.

Essas dimensões superiores são notavelmente semelhantes às histórias da vida após a morte de culturas ao redor do mundo – nesses reinos, todo o tempo está acontecendo de uma só vez. Estamos vivos e mortos, sábios e infantis, e todas as idades que já vivemos. Algumas pessoas teorizam que memórias de vidas passadas também são mantidas lá.

A Bruxaria do Tempo é sobre dar e receber mensagens e energia para nossos eus mais jovens e mais velhos. Podemos conseguir isso através de estados energéticos superiores. Se o tempo é mesmo uma ilusão, é possível que já recebamos e enviemos mensagens através do tempo sem perceber. Se você já teve uma premonição ou *déjà vu*, já deve ter recebido uma dessas mensagens fora do tempo.

Premonições

Uma premonição é um insight ou visão sobre algo que pode acontecer no futuro. Esses sentimentos ou visões podem surgir em um sonho ou em momentos aleatórios, como quando você está sonhando acordada ou pode receber uma premonição de um presságio. As premonições também podem ser transmitidas pelos Deuses como uma bênção, um aviso ou para ajudar a avaliar suas opções. Mas você não precisa esperar a visita de Apollo, o Deus grego da profecia, para ter uma premonição. Você pode incitar uma através da Bruxaria do Tempo.

Comece com um objetivo ou uma pergunta em mente. Pergunte algo como onde estará daqui a cinco anos ou se deve continuar a tocar violão. Entre em um estado de transe e deixe-se mergulhar profundamente nele. Ambas as ondas cerebrais superiores e inferiores funcionarão para esta exploração. Quando se sentir suficientemente alterada, execute um tipo visionário de adivinhação, como vidência, por exemplo, usando a segunda visão, vendo-se como mais velha ou sentindo-se em seu corpo mais velho e olhando através de seus olhos. Use qualquer adivinhação que pareça funcionar melhor para você.

Olhe ao seu redor e sinta seu estado emocional. Observe o máximo de detalhes possível. Onde você está? O que está fazendo? O que está vestindo? Tem mais alguém com você? Como está se sentindo? Se a visão não estiver clara, peça uma mensagem do seu futuro Eu.

Você pode ter um vislumbre de um futuro selvagem – de coisas que nunca imaginou antes. Ou pode ser um momento regular e cotidiano. Sua premonição pode se tornar realidade exatamente como você a viu, ou uma fração dela pode se tornar realidade, ou nada disso. Qualquer visão que você receba pode enquadrar suas motivações atuais com motivos para continuar ou mudar completamente o curso. Por essa razão, a visão pode não ser o seu futuro definitivo – ao contrário, um futuro possível entre muitos. Nossas escolhas do dia a dia decidem nosso futuro, e você pode seguir várias direções diferentes. A visão é ainda significativa, de qualquer maneira, e é uma opção disponível para você, caso decida seguir esse caminho. Para aproveitar as premonições, experimente incorporá-las e conjurá-las em sua prática regular.

A lua cheia costuma ser um ótimo momento para praticar as artes premonitórias. Use seu Livro das Sombras para registrar o que vê e para atuar como uma ferramenta de verificação quando suas premonições se tornarem realidade.

Déjà Vu

Déjà vu é uma frase francesa que significa "já visto", usada para descrever a sensação que se tem quando experimenta o momento presente pelo que parece ser a segunda vez. Muitas vezes, isso ocorre porque uma premonição ou um presságio sobre o ocorrido já ocorreu. O que você experimenta pode não ser a premonição ou visão real – é mais provável que você sinta uma conexão com a premonição ou esteja sentindo uma nota que faz lembrar.

Muitas vezes, o *déjà vu* parece estranho ou surreal, mas não tenha medo. É a prova de que seus poderes psíquicos estão se desenvolvendo e que algumas visões se tornam realidade.

Eu experimentei *déjà vu* desde que era criança. O mais forte que já senti foi quando sonhei que meus amigos e eu estávamos sentados em uma mesa de piquenique. No meu sonho, minha amiga se levantou e escorregou na grama molhada. Ao cair, sua cabeça bateu no canto da mesa de piquenique e o sangue jorrou. Nós a socorremos e logo chegaram ambulâncias e paramédicos. Eles a amarraram em uma maca e vi a ambulância levá-la ao hospital.

Acordei do sonho em pânico, mas fiquei aliviada por não ser real. No entanto, meses depois, quando exatamente as mesmas pessoas estavam sentadas comigo em uma mesa de piquenique, percebi o que estava acontecendo. Segurei a mão de minha amiga e contei a ela o que havia acontecido em meu sonho, alertando-a para ter cuidado. Eventualmente, quando se levantou, ela não escorregou e caiu. Não sei se meu sonho a salvou de uma lesão, mas pode ser possível.

Os momentos de *déjà vu* podem ser extremamente monumentais ou completamente insignificantes. Eles salvam a vida de algumas pessoas, enquanto outras vezes são apenas um evento normal do dia a dia. Quando tiver um *déjà vu*, pense no momento em que recebeu a premonição. Alguma coisa importante ou perspicaz aconteceu próximo? Sua vida mudou de rumo? Sua consciência do momento presente muda o que acontece a seguir? Qual era o propósito da visão? Ela foi enviada por você ou por outra pessoa?

Algumas pessoas acreditam que o *déjà vu* não é real. Elas acham que o cérebro falha, esquecendo temporariamente o momento presente, então ele "lembra" quando começamos a prestar atenção.

Embora isso certamente possa acontecer, não explica meu sonho. Também não descreve o que acontece quando uma premonição é anotada dias, semanas ou mesmo anos antes do momento de *déjà vu*.

Sempre que tenho um *déjà vu*, vejo isso como um sinal de que estou no caminho certo. Parece acontecer com mais frequência quando estou vivendo no fluxo, o que é mais um motivo para atingir um momento de fluxo sempre que possível.

Comunicação Com seu Eu Passado

Assim como é possível receber mensagens do nosso Eu futuro na forma de premonições, também podemos enviar mensagens e energia para nossos Eus passados. Na verdade, as premonições podem ser isso. Essa forma de Bruxaria do Tempo pode ser a magia mais estranha mencionada neste livro, mas é possível que a energia, o amor e os desejos possam transcender o tempo. Além disso, gosto da ideia de um Eu do futuro enviar mensagens ao meu Eu do passado, como sinais ao longo do tempo, mostrando-me os caminhos a seguir. Se você já foi dominada por um forte e súbito ímpeto de trabalhar em direção a seus objetivos, talvez conheça a sensação. É quase como se o seu eu passado desse a você insights e energia para ajudá-la a superar, de modo que o futuro seja mais plenamente realizado.

De modo geral, existem dois métodos quando isso pode ser útil. O primeiro é curar nosso antigo Eu. Para fazer isso, pense em um momento do passado em que se sentiu realmente mal. Pode ser após uma experiência ruim ou em um momento em que foi limitada por alguma situação. Entre em estado de transe e tente reviver aquele momento. Transporte-se para qualquer lugar em que tenha estado, em qualquer corpo que tenha habitado. Permita se vivenciar seus sentidos plenamente. Esteja verdadeiramente presente naquela situação e sinta a energia do seu Eu anterior. Assim que sentir que está presente em todos os reinos energéticos do passado, abrace a si mesma ou faça o que for mais apropriado. Envie energia de cura através do seu passado energético e físico. Alinhe seus próprios chakras, remova qualquer negatividade, enxugue as lágrimas e assim por diante. Sussurre uma mensagem no ouvido do seu Eu mais jovem. Antes de ir, mostre visões felizes e pacíficas do presente, ou mostre-se superando esse problema e sendo a pessoa que é hoje.

A segunda maneira de enviar comunicações para o passado lida com o empoderamento em direção a um objetivo. Isso pode ser empregado quando se deseja priorizar esse objetivo no passado, para que seu presente possa ser adquirido e aprendido de maneira mais completa. Entre em transe e siga os primeiros passos para se unir ao seu Eu do passado.

Quando estiver completamente presente na situação, compartilhe sua empolgação em relação ao seu objetivo atual. Descreva tudo que é importante para você sobre esse objetivo e explique por que seu Eu do passado também se interessará por ele. Encoraje seu Eu do passado a refletir sobre isso, ler mais a respeito e escrever sobre o assunto. Compartilhe suas visões e sua energia. Alinhe e ative seus chakras conforme sentir necessidade

Esses truques de Bruxaria podem ou não mudar nosso Eu do passado em um nível físico, mas acredito que é possível mudar quem éramos em níveis emocionais, mentais e espirituais. Isso, por sua vez, pode mudar quem somos no momento presente.

Canalize seu Destino

Você pode canalizar qualquer energia que desejar. Por que não se concentrar na energia e nas intenções que podem ajudá-la a se curar e a aproximar você de seus objetivos? Desta vez, a Bruxaria pode ser aplicada tanto para metas de curto prazo, como frequentemente acontece no esporte quando um jogador de futebol visualiza o gol, quanto para objetivos de longo prazo, quando você projeta a pessoa que deseja se tornar.

Pense na pessoa que você deseja ser – alguém que alcançou todos os objetivos que você tem. Como essa pessoa viveria sua vida? O que ela vestiria e como interagiria com os outros? Traga essa energia para dentro do seu corpo e sinta a diferença. Deixe essa energia canalizada mudar como você reage ao mundo e como você passa seu tempo.

Você pode querer meditar sobre a energia pela manhã como parte de sua prática matinal. Pode também definir alarmes ou se lembrar de um horário ao longo do dia, como 11:11, para lembrá-lo dessa nova energia.

Quando estiver em dúvida, pense em como uma pessoa verdadeiramente bem-sucedida, ou curada, operaria, e siga por esse caminho.

A Melhor Dica de Bruxaria Temporal

Claro, um dos melhores truques da Bruxaria é estar completamente presente no momento atual e fazer tudo o que pudermos para nos mantermos centradas em seguir nosso caminho intuitivo. Ao aproveitarmos o poder do momento presente a nosso favor, podemos desacelerar o tempo até certo ponto e nos aproximarmos dos nossos objetivos. Podemos também experimentar viver no fluxo e alcançar uma compreensão mais elevada do que está disponível para nós em um determinado momento.

Dessa forma, construiremos uma vida na qual nosso Eu presente possa agradecer ao nosso Eu passado por tudo o que fez para nos ajudar a chegar até aqui. Sempre que tiver experiências de flexão do tempo, anote os resultados em seu Livro das Sombras. Você pode querer consultá-los no futuro.

Bruxaria Espacial

Através de muita prática, as Bruxas podem atravessar o tempo e o espaço. Da mesma forma que as árvores perdem suas folhas ao mesmo tempo e as plantas se comunicam através da rede micelial subterrânea, podemos explorar essa conexão e sentir que fazemos parte de um único ser singular. A Bruxaria espacial requer um ambiente tranquilo e a manutenção de um estado de transe *teta*.

Downloads Cósmicos

De vez em quando, duas ou mais pessoas têm a mesma ideia ao mesmo tempo sem nenhuma correspondência. A ciência, as artes criativas e a literatura estão cheias de exemplos de pessoas que estão separadas por continentes inteiros e, no entanto, chegaram ao mesmo insight ao mesmo tempo.

A mesma coisa acontece com praticantes de magia. Muitas culturas antigas acreditavam que os espíritos eram recipientes para ideias e que flutuavam no éter, esperando para serem trabalhados. É assim que nós, Bruxas Intuitivas, sabemos trabalhar com o mundo. Temos um conhecimento natural e também podemos baixar volumes de ideias, informações e sabedoria dos éteres no que é conhecido como "download cósmico".

Muitos dos insights deste livro foram diretamente intuídos ao longo dos anos que venho praticando. Esse tipo de compartilhamento de comunicação e download de informações pode acontecer a qualquer pessoa naturalmente, por intuição ou inspiração. Também pode ser canalizado de propósito quando estamos conectados e pedindo por ele. A melhor maneira de obter a informação parece ser agir com base na intuição e estar aberta para recebê-la.

Projeção Mental

Você já se viu através dos olhos de outra pessoa? Os empatas têm a capacidade de sintonizar essa segunda visão, que não é bem uma projeção astral. Em vez disso, é a projeção de sua mente na mente de outra pessoa.

Acredito que essa habilidade seja mais comum do que a maioria das pessoas pensam, especialmente para empatas que descobrem que suas mentes não podem deixar as de outras pessoas em paz. Essa Bruxaria espacial chega ao reino do psíquico e pode ser impossível para algumas pessoas, mas pode ser útil. Para projetar mentalmente sua mente na mente de outra pessoa, feche os olhos e entre em estado de transe *teta*.

Sinta o peso e a atividade do corpo da outra pessoa enquanto ela se senta ou se movimenta. Ouça os sons que ela ouve e tente ter uma noção de onde ela está e o que está fazendo. Finalmente, abra sua segunda visão e veja o que ela vê.

A visão pode ser nublada no início, ou você pode ver apenas uma pequena quantidade de detalhes. Continue com isso. Quando estiver pronta para retornar, faça algumas respirações rápidas e visualize-se em seu corpo. Eleve suas ondas cerebrais ao nível *beta* novamente. Aterre seu corpo.

Este tipo de magia entra em uma área cinzenta, então esteja ciente de sua ética sobre potencialmente espionar alguém antes de tentar isso.

Fluir

Viver no fluxo é uma mentalidade especial. Uma vez cultivada, pode ser muito viciante. Desenvolver momentos de fluxo sequencial é um dos objetivos finais da Bruxaria Intuitiva. Vale a pena trabalhar duro fisicamente, emocionalmente e mentalmente para atingir esse estado.

Por mais efêmero que seja, quando sentimos o fluxo, é mágico. Isso significa que estamos conectadas com o mundo em um nível significativo e que todos os tipos de coisas distintas, como Bruxaria do Tempo, presságios e mudanças de energia, podem acontecer de forma mais orgânica.

Os momentos de fluxo valem o tempo gasto para criá-los e sustentá-los. De certa forma, essa é a maior magia de todas.

Lista de Leitura Adicional

GRASSE, Ray. *The Waking Dream: Unlocking the Symbolic Language of Our Lives*. Wheaton, IL: Quest Books, 1996.

MOSS, Robert. *Sidewalk Oracles: Playing with Signs, Symbols, and Synchronicity in Everyday Life*. Novato, CA: New World Library, 2015.

NELSON-ISSACS, Sky. *Living in the Flow: The Science of Synchronicity and How Your Choices Shape Your World*. Berkeley, CA: North Atlantic Books, 2019.

Comunidades de Bruxaria Intuitiva

CAPÍTULO 13

I*magine se fosse possível* voar acima da floresta encantada. Você veria o mundo de uma perspectiva diferente e avistaria horizontes distantes que poucos conseguem ver. Com essa distância, poderia ganhar alguma objetividade sobre a natureza do mundo. Talvez até visse a curvatura da Terra ou diferentes ecossistemas.

Este capítulo é sobre ver o quadro geral, sobre dar um passo atrás e ver as coisas a partir de estruturas de tempo que são de grande escala.

Vivemos em um mundo vasto, com Bruxas e não Bruxas. Todos os tipos de pessoas coexistem neste grande mundo, com todos os tipos de crenças e princípios. Quer seja uma praticante solitária ou faça parte de um Coven, você interage com muitas dessas pessoas. Quem compõe seu círculo interno e quem está do lado de fora? Você está fora do armário de vassouras, voando livremente ou está esperando o momento certo para emergir? E como raios você pode viver em um mundo que frequentemente está em desacordo com seu ideal? A magia não existe no vácuo, e você também não. Tudo o que fazemos afeta nosso ambiente local, o mundo e a consciência global. Ao encontrar nossos lugares em nossas comunidades, podemos fazer mudanças positivas que se espalham pelo mundo. Este capítulo explora a sociedade, nossas conexões, o mundo e as marcas que deixamos neles.

Covens, Círculos e Praticantes Solitárias da Bruxaria Intuitiva

A Bruxaria Intuitiva é uma espiritualidade aberta e não há necessidade de iniciação de um líder que tenha linhagem para praticá-la. É algo que você pode fazer sozinha, com um ou dois amigos ou com um grupo maior. Seu grupo, se você tiver um, pode ser tão personalizado e único quanto o grupo de pessoas que está nele, com opções para trabalhar com Deuses, espíritos, magias intuitivas, eventos astronômicos ou qualquer coisa que seu grupo desejar. Você pode chamar seu grupo de "Coven", "Círculo" ou o que melhor o descrever. A melhor parte da Bruxaria Intuitiva é que você pode obter a espiritualidade que deseja. Seja sozinha, seja com outras pessoas, você tem os recursos e as ferramentas para fazer as mudanças que deseja.

Peça a todos que elaborem uma declaração de visão e algumas leis para o grupo. Registre essas informações em um Livro das Sombras comunitário, juntamente a um registro de seus rituais.

A Bruxaria Intuitiva também pode ser usada com outras tradições Pagãs e de Bruxaria, como Wicca ou Asatru. Se os conceitos de Bruxaria Intuitiva são trazidos para essas tradições, ou se você pratica por conta própria, as duas práticas podem alimentar uma à outra e apoiar o crescimento espiritual positivo.

Opções para Bruxas no Armário de Vassouras

Algumas Bruxas estão orgulhosamente fora do "armário de vassouras". Elas estão abrindo caminhos, sendo vistas e normalizando o Paganismo e a Bruxaria. Precisamos que essas pessoas façam parte do nosso movimento; no entanto, nem todos são tão confiantes ou livres quanto elas. Algumas pessoas têm um pé em cada mundo e mostram um aspecto diferente de si mesmas, dependendo de quem está ao seu redor.

Algumas Bruxas vivem suas vidas no armário de vassouras com a porta três vezes fechada e trancada. Essas pessoas podem não viver em um ambiente seguro ou podem não ter a liberdade de serem totalmente Bruxas ao ar livre. É sempre bom estar parcial ou totalmente no armário de vassouras.

Durante anos, não saí completamente do armário. Houve momentos em que morei em lugares inseguros, onde o simples ato de andar por uma mercearia fazia as pessoas pararem e olharem para mim, como se sentissem o quão diferente eu era. Outras vezes, eu estava cercada por pessoas críticas que me tratavam mal porque eu era diferente.

Eu queria estar fora do armário de vassouras, mas drama suficiente estava acontecendo sem que eu fosse "a Bruxa no trabalho" ou "aquela garota Pagã que não se converte ao cristianismo".

Se você encontrar pessoas assim, não há problema em jogar pelo seguro e ficar no armário de vassouras. Siga sua vida como se não houvesse nada para eles verem. Normalize sua energia e tenha interações de nível médio de energia com essas pessoas. Enquanto isso, pense bem se você quer ficar em um lugar que restrinja sua liberdade, com colegas de trabalho ou amigos com quem não pode sair, ou se quer se mudar para um lugar ou conseguir um emprego onde pode ter mais liberdade de expressão.

Claro, você pode ficar no armário de vassouras para sempre, praticando e mantendo as coisas em segredo até seu último suspiro, se desejar. Mas considere ter um pé mágico para experimentar a comunidade espiritual. A maneira mais inteligente de realizar uma vida meio fechada é imaginar que você tem círculos concêntricos de amigos e familiares, como um alvo. As pessoas dentro dos círculos conhecem sua espiritualidade e celebram sua Bruxaria, enquanto as que estão fora dos círculos não sabem nada sobre isso.

Círculo Interno: O Coven Flexível

O Círculo Interno é composto por indivíduos que têm um conhecimento profundo de sua espiritualidade e colaboram em práticas mágicas ou energéticas com você. Podem ser as pessoas do seu Coven, do seu Círculo, do seu grupo espiritual, pessoas on-line ou apenas amigos que compartilham energia. Também podem ser seus melhores amigos, amantes ou bons colegas Pagãos ou Bruxos que você interage on-line, mas que nunca conheceu pessoalmente. Se tiver sorte, pode contar também com alguns familiares aqui. Essas pessoas acenderiam uma vela ou lhe enviariam energia de cura caso necessário. Você se sente segura o suficiente com elas para experimentar toda a gama de energia. Elas lhe inspiram a celebrar a lua nova e a honrar os espíritos, além de estarem presentes para comemorar as vitórias da vida e lamentar a perda de entes queridos. São pessoas que a apoiam incondicionalmente e desejam o melhor para você. Experiências pessoais e sonhos podem ser compartilhados com elas, com a certeza de que nunca seria julgada.

Os amigos em seu Círculo Interno estão efetivamente agindo como seu Coven, mesmo que não esteja exatamente estabelecido como tal. Eu chamo isso de "Coven flexível" porque eles fariam qualquer coisa por você, além da troca de energia. Com um Coven flexível, as pessoas podem ser trocadas dependendo da energia que você precisa para realizar seu trabalho. Não tem um número certo de participantes e você não precisa trabalhar com as mesmas pessoas todas as vezes. Esse grupo vai evoluir com você, mas também pode ir e vir com o tempo. Vá com o fluxo e confie em quem merece estar tão perto de você.

Círculo Externo: Amigos Gerais

Seus amigos gerais são as pessoas compatíveis e amáveis que respeitam suas escolhas espirituais. Você está fora do armário de vassouras como eles, mas não praticam nem fazem trabalhos energéticos juntos. Podem ser outras Bruxas, Pagãos ou indivíduos que seguem outras religiões, como cristãos, budistas, muçulmanos, judeus, ateus ou agnósticos. Eles podem ser amigos presenciais ou on-line e até familiares. Você pode se expressar livremente com essas pessoas e compartilhar alguns de seus momentos altos e baixos. Principalmente se esses relacionamentos se concentram nas frequências de energia média para mantê-la simples e fácil.

Fora do Círculo: Todos os Outros

Quem não tem confiança sobre a sua espiritualidade está fora do Círculo. Com eles, você está no armário de vassouras. Este grupo pode incluir amigos, colegas de trabalho, vizinhos e familiares. Eles ainda não conquistaram ou quebraram sua confiança, é provável que seja um relacionamento de nível médio, como se eles fosse o seu caixa de banco. Podem ser ótimas pessoas, mas por qualquer motivo, você não quer compartilhar quem realmente é. Eu respeito a decisão de qualquer Pagão ou Bruxa de manter as pessoas afastadas se sua intuição lhes disser para fazer isso.

Com essas pessoas fora do Círculo, limite seu tempo, proximidade e profundidade de interações, especialmente se elas tentarem entrar em seu Círculo Externo. Como diz o ditado, "boas cercas fazem bons vizinhos". Limites e energia de nível médio são apropriados para interações com essas pessoas. Se algo não parecer certo, evite a interação. Não é falta de educação recusar-se a responder perguntas pessoais ou espirituais. Você não é a "Witchipedia" e não precisa ceder a alguém que possa ter segundas intenções ou uma preocupação inválida sobre você. No entanto, se sentir uma conexão mais profunda com alguém neste grupo, eles podem passar pelos limites e entrar em seu Círculo Externo. Siga sua intuição sobre como se aproximar de alguém. Ao decidir se deve ou não deixar alguém entrar, avalie sua amizade com energia. Colocar as pessoas nos vários Círculos é uma decisão intuitiva.

Percepções Intuitivas

Legados Geracionais da Bruxa

Jacki Smith

Em uma convenção recente, uma Bruxa na casa dos trinta anos veio até mim e exclamou: "Estou tão animada em conhecê-la! Eu cresci usando suas velas!" Fiquei comovida e um pouco surpresa. Eu sou tão velha assim? Sim eu sou. Não acompanhei a passagem da idade, não percebi que passei de acólita a anciã.

É preciso um alerta como esse para internalizar totalmente o impacto de ser uma Bruxa aos olhos do público por quase trinta anos. De repente, tive um entendimento profundo de que as pessoas da minha geração estão criando um legado para a próxima geração. Minha mente também foi aberta para ver o legado mágico que meus anciões criaram, pois eles abriram portas para tornar o conhecimento mágico disponível em massa.

Nos meus dias de Bruxa iniciante, ainda tínhamos que trabalhar e existir em segredo. Encontrar uma fonte de informação era metade da jornada. Hoje, há tanta abundância de informação acessível que pode ser esmagadora. A beleza disso é que, na maioria das grandes cidades, você pode ter a vantagem de ser transparente e praticar sua magia livremente em público. Este é o legado que minha geração de Bruxas está deixando: a normalização da Magia e da Bruxaria.

Podemos não estar totalmente normalizadas ainda, mas não temos medo de perder nossos empregos por causa de um deslize do Pentagrama. Não devemos mais deixar nossa vida cotidiana para praticar nossa Arte. Podemos trazer nossa Arte para nossa vida cotidiana.

Eu amo que as jovens Bruxas de hoje possam entrar em sua magia com mais facilidade, sem ter que redefinir o que é uma Bruxa a cada conversa. Estou extasiada que esta geração tenha uma vantagem inicial na magia e possa encontrar validação nas prateleiras de varejo de muitas lojas que vendem produtos intencionais. Com esta nova geração, a intuição se desenvolve de forma mais rápida e profunda e o poder pessoal e a realização são alcançados décadas antes. Estou encantada com o quão poderosas são as novas Bruxas e antecipo o legado que elas deixarão ao se tornarem anciãs por seus próprios méritos.

Use as informações que outras Bruxas lhe ensinam como um ponto de partida. Lembre-se de que a magia nasce dentro de você. Seu espírito fala com você através da imaginação e da intuição. Não deixe que ele seja sobrecarregado pelas regras de outra pessoa. A magia prospera quando você quebra as regras e dá ao seu espírito a liberdade de se expressar. Divirta-se, faça bagunça e ria – afinal, você é uma Bruxa.

Tornando-se uma Mentora ou Líder

Talvez você escolha se tornar alguém na comunidade mágica que os outros possam admirar. A comunidade precisa de pessoas para liderar Covens ou Círculos, ministrar workshops, conduzir rituais, escrever livros e compartilhar visões. Se você já se perguntou por que alguém não faz a coisa certa, não é gentil ou mais útil, pode ser a oportunidade de se tornar a solução. Isso significa que você tem habilidades de liderança. Por perceber a necessidade disso, você está mais consciente do que a maioria das pessoas e poderia consertar essa falta para que ninguém mais se sentisse assim. Fui abençoada por ter alguns líderes e mentores fortes em minha vida, sem eles, eu não estaria onde estou agora.

Sua liderança não precisa se parecer com exemplos de direção do passado. Você pode usar um método diferente para apoiar seus pontos fortes e respeitar seus limites. Por exemplo, o método tradicional de definir liderança tem sido uma pessoa no topo de uma pirâmide que está "sempre disponível" e pode fazer um discurso público a qualquer momento. Sua liderança pode se parecer mais com a de uma parteira do que com a de um orador de alto poder: "Enquanto (outros líderes) depositam o conhecimento na cabeça do aprendiz, as parteiras o extraem. Elas ajudam os alunos a darem à luz suas próprias ideias, a tornar seu próprio conhecimento tácito explícito e a elaborá-lo[40]. Ao ajudar comunitariamente os outros em seus momentos de intuição e realização, você constrói pessoas mais fortes em sua comunidade e também permite que outros façam parte do trabalho. Como líder de Bruxaria Intuitiva, você pode estar "às vezes disponível". Em outros momentos, pode fazer uma pausa na liderança ou na participação de rituais.

Se você é esse tipo de líder, é sábio reconhecer que precisa de um tempo de inatividade para ter revelações espirituais e evitar o esgotamento. Como alternativa, seu Coven ou grupo pode ser composto de muitos líderes, ou nenhum, tornando todos responsáveis por contribuir com algo.

40 Mary Field Belenky, Blythe McVicker Clinchy, Nancy Rule Goldberger, and Jill Mattuck Tarule, *Women's Ways of Knowing: The Development of Self, Voice, and Mind* (New York: BasicBooks, 1997), 217.

Frequentemente, os líderes espirituais trabalham como pioneiros, ajudando a promover a liberdade religiosa e a igualdade. Eles auxiliam Pagãos e Bruxas que estão em situação ruim e ajudam aqueles que ainda não saíram do armário de vassouras. Da mesma forma, se você se sente confortável, simplesmente ser você mesma perto dos outros pode ser uma forma de liderança.

De muitas maneiras, acredito que somos as pessoas que procuramos. Temos mais força e poder para liderar do que imaginamos, especialmente com a mudança de mentalidade sobre a definição de líder.

Liderando um Ritual em Grupo com Roteiro

Se você é boa em criar seus próprios rituais, é provável que também consiga liderar um ritual em grupo. Muitas pessoas preferem usar rituais roteirizados ou pré-escritos. Elas são especialmente comuns entre pessoas que gostam de organização ou cujas mentes ficam em branco quando são colocadas no local. Quando se trata de liderar um ritual com roteiro, a preparação e a prática são suas amigas. Esta seção contém informações sobre como desenvolver e liderar um ritual com roteiro, bem como algumas dicas e truques para aumentar sua confiança e colocá-lo na mentalidade certa.

Preparando o Ritual com Roteiro

- Escolha um tema ou mensagem para o seu ritual. Você também pode querer escolher intenções ou objetivos.
- Recomendo o *brainstorming* para estimular a mente, principalmente se precisar transformar suas noções nebulosas em algo mais concreto. Comece escrevendo o tema no meio de uma folha de papel. Pense em qualquer coisa associada ao tema e anote ao redor das bordas do papel. Desenhe uma linha conectando o tema a cada ideia. É provável que uma ideia faça você pensar em outra associação. Anote-as ao lado da ideia e conecte-as com uma linha. Continue assim. Leia livros ou artigos on-line se precisar de inspiração adicional. Logo, você terá agrupamentos de ideias. Coloque estrelas ao lado das melhores ideias que podem ser usadas no ritual.
- Pegue suas ideias marcadas com estrela e pense em como elas poderiam ser usadas no ritual. Em que ordem poderiam ser colocadas? De um modo geral, você deseja reunir as pessoas

em um terreno comum, levá-las a um estado espiritual, iniciar o trabalho mágico, aumentar a energia, liberá-la e ancorar. Quando achar que tem uma boa ideia do fluxo do ritual, anote os eventos em ordem em um pedaço de papel separado.

* Escreva detalhes adicionais em cada etapa. A menos que você esteja dando isso apenas para praticantes avançados, seus conceitos precisarão ser claros para o nível mais iniciante presente. É uma boa ideia trazer à tona todas as energias vitais (física, emocional, mental e espiritual) apenas para colocar todos na mesma mentalidade inicial. Normalmente, isso acontece ao lançar um Círculo, mas se não, você pode usar algum outro método. Essa é uma ótima maneira de colocar a energia de todos no mesmo ponto de partida espiritual.
* Não tenha medo de pedir ajuda. Delegue responsabilidades tediosas aos assistentes de acordo com seus dons. Por exemplo, seu adorável amigo que sempre fala baixinho não deveria chamar os quadrantes para um grande ritual, porque sua voz provavelmente não seria ouvida. No entanto, ele é a pessoa perfeita para cumprimentar ou abençoar os participantes. Se o seu ritual for em um local público, como um parque, designe uma ou duas pessoas para lidar com qualquer assediador que se apresente. Elas também podem cuidar das pessoas no ritual que têm preocupações de saúde.
* Transfira suas etapas e responsabilidades para cartões de índice. Escreva o número do pedido em um dos cantos inferiores, caso você os deixe cair.
* Saiba mais detalhes sobre o seu espaço ritual. O que é e o que não é permitido? Qual é o tamanho do espaço? Você pode obter um desenho do espaço para planejar onde montar um altar ou onde colocar seus assistentes? Quanto tempo você terá?
* Compre ou obtenha todos os materiais necessários para o ritual, bem como *backups*, caso algo aconteça. Se puder evitar, não é legal perguntar ao seu grupo se eles têm um isqueiro. *Backups* úteis incluem uma vela sobressalente, um isqueiro, incenso, um castiçal de furacão de vidro ou uma lanterna caso esteja ventando e quaisquer outros Instrumentos Mágicos que você usar.

Preparando-se para Liderar o Ritual com Roteiro

* Pratique o ritual sozinha algumas vezes com todas as ferramentas e adereços.
* Encontre sua voz. Use o poder por trás dela.
* Você pode criar um objeto enfeitiçado para ajudá-la com o que precisar. Pode ser para ter força e confiança ou para aumentar suas habilidades de oratória. O objeto pode ser trazido para o ritual e guardado no bolso, ou se for um adorno, pode ser usado em você.
* Se tiver ajudantes, faça uma revisão rápida com eles. Se for a única a conduzi-lo, pratique com um ou dois amigos do Coven flexível. Esteja ciente de como sua energia muda quando você realiza o ritual com outras pessoas na sala. Em que parte você hesita? Essas são as partes nas quais precisa trabalhar. Faça anotações sobre onde você precisará de mais trabalho e continue com outro resumo.
* Pratique a mentalidade certa para liderar um ritual usando uma prática mágica para mudar sua energia. Quando eu era uma dançarina do fogo mais jovem, costumava me animar para grandes shows ouvindo uma certa música divertida e animada. Isso sempre acalmou meus nervos e me colocou na mentalidade de desempenho. Experimente diferentes maneiras de entrar na mentalidade de liderar um ritual. Você pode ouvir uma música especial, meditar e entrar em um estado de transe leve, recitar uma invocação, inalar um óleo essencial específico que não use para nenhum outro propósito ou qualquer coisa que a ajude a mudar. Sempre que fizer essa atividade, sinta sua energia tornar você em uma líder espiritual confiante. Pode até mesmo usar um título para si mesma, como "Sacerdotisa do Crepúsculo" ou "Mago da Terra" para invocar o sentimento certo de sua liderança.

Liderando o Ritual com Roteiro

* Chegue cedo ao local onde o ritual será realizado e montado. Certifique-se de trazer tudo o que precisa, incluindo seus materiais de *backup*. Verifique se você tem tudo antes de começar a socializar. Sinta o espaço e quais incógnitas podem ocorrer. Por exemplo, se você estiver realizando um ritual em uma sala

ao lado de uma cozinha movimentada, poderá ouvir ruídos de alguém lavando a louça. Planeje com antecedência, se possível. Você pode pedir que fiquem mais quietos pelos próximos trinta minutos. Verifique com os proprietários ou planejadores se tudo o que vai fazer no ritual está correto. Você não quer que o dono do prédio ou o bombeiro lhe diga para apagar suas velas no meio de um ritual. Use esse tempo para preparar, mover os móveis e purificar o espaço.

* Quando estiver quase na hora de liderar, entre no estado mental adequado ouvindo sua música com fones de ouvido, usando seu óleo essencial ou fazendo o que sempre faz. Se estiver nervosa, canalize a energia para o entusiasmo pelo que poderia acontecer. Respire profundamente e aumente sua vibração enquanto permanece ancorada. Quando se sentir saturada com uma grande quantidade de energia espiritual, é hora de começar o ritual.
* Libere suas expectativas para um ritual perfeito. O que acontecer está destinado a ser.
* Comece o ritual cumprimentando a todos e colocando-os na mesma frequência. Use boas palavras e sua presença. Faça contato visual para elevar os mansos ou derrubar os turbulentos. Você pode caminhar ao redor do grupo no sentido horário. Realize quaisquer transformações energéticas necessárias. Os melhores líderes podem pegar qualquer grupo ou multidão reunida, reunir a energia de todos no mesmo ponto de partida e transformar sua energia em algo novo.
* Faça o seu melhor. Não seja muito dura consigo mesma se sua voz ou mãos tremerem. Se errar nas linhas, comece de novo. Se sua energia cair, pense em sua música ou invocação e realinhe-se.
* Canalize a energia do ritual através de você e para os outros participantes. De muitas maneiras, você é a guardiã do ritual e pode facilitar as experiências e a energia. Deixe fluir através de você. Use o conceito de escada de energia para pegar a energia dos participantes e ampliá-la através das lentes do espírito, Divindade ou qualquer outro método. Devolva a energia a eles e sinta o aumento da frequência.
* Se esquecer alguma coisa ou deixar cair suas cartas, continue. Se algo inesperado acontecer e deixar você confusa por mais de um segundo, reconheça e siga o fluxo. Por exemplo, se o vento continuar apagando a vela, não há problema em apontar isso.

Você pode dizer algo como: "Uau, está ventando muito esta noite. Bom trabalho, quem ligou o ar!" Isso quebra a tensão e o riso é uma ótima maneira de aumentar a energia. Claro, isso pode não ser apropriado para um ritual solene como um rito fúnebre.

* Certifique-se de aterrar após o ritual com descanso, comida e água.

Leva tempo para dominar a habilidade de liderar um ritual, como é o caso de muitas habilidades. A única maneira de aprender é fazendo. Mantenha os rituais de liderança e aprendizado

Liderando um Ritual de Bruxaria Intuitiva Espontâneo

Embora a maioria das pessoas use apenas formatos de roteiros para rituais, também é possível usar a Bruxaria Intuitiva em suas práticas. Isso pode assumir a forma de um ritual totalmente espontâneo ou partes que são conduzidas intuitivamente dentro de um ritual roteirizado. Para muitas pessoas, a capacidade de ser espontâneo em um ritual torna-se mais fácil após o sucesso com os rituais roteirizados; no entanto, este pode ser o método preferido de outras pessoas.

Para conduzir um ritual espontâneo de Bruxaria Intuitiva, esteja no momento e sinta verdadeiramente a energia de um grupo ou multidão. Deixe a energia deles informar a direção do ritual e o que você fala. Ler a energia da sala pode servir para trazer à tona o que é mais necessário, ao contrário do que foi planejado. Essa habilidade ajuda imensamente quando as condições estão ruins. Por exemplo, se já está chovendo, você não precisa do ritual pré-programado para fazer chover. Em casos assim, o ideal é ter outro ritual pronto para as pessoas que ainda apareceram. Ou se a pessoa que deveria liderar o ritual não puder ser encontrada, você pode intensificar e liderar o ritual, improvisando completamente.

A improvisação dentro de um ritual é outra dessas grandes práticas intuitivas. Se quiser tentar isso, seja honesta. Fale do seu coração. Fale pelo grupo e por você mesma. Não tenha medo de fazer uma piada se o ritual não for muito solene.

Certa vez, eu estava conduzindo um workshop descontraído com um grupo de mulheres em um retiro espiritual, mas minha intuição me disse que algo estava errado. A energia estava desligada. Elas pareciam distraídas e tensas. Sugeri que mudássemos de assunto e fizéssemos uma adivinhação de livros, com a qual todas concordaram.

Abri um livro e comecei a ler. Para minha surpresa, era uma passagem sobre a morte. A energia mudou. Algumas das mulheres trocaram olhares significativos. Esperei que elas explicassem, mantendo o espaço emocional para o que quer que estivesse para acontecer. Após alguns segundos, uma mulher revelou que alguém de seu grupo acabara de receber a notícia de que um membro da família havia falecido inesperadamente. Todas ficaram chocadas e tristes por ela. O grupo obviamente precisava processar a energia, e o livro de adivinhação deu a elas a oportunidade perfeita para isso. Mudei de assunto e falei sobre minhas experiências com a morte, e então as convidei a compartilharem suas próprias experiências. Logo, todas compartilharam algo e a energia ficou mais relaxada. Era exatamente o que o grupo precisava naquele tempo e lugar. Terminamos com uma meditação em grupo.

Se sentir que um grupo precisa de algo diferente do que está oferecendo, siga o fluxo. Mude e se abra para as possibilidades. Mantenha espaço para emoções profundas, se necessário. Deixe os outros liberarem. Procure alguém que pareça ser um dos primeiros a responder ao que está por vir. Se você vir isso acontecendo, não se apresse com um momento profundo. Muitas vezes, essas pessoas agem como guias, com lágrimas ou alegria que abre caminho para que outros expressem seus sentimentos. Eleve as emoções dessa pessoa para aumentar a energia coletiva no grupo.

Quando a energia começar a desaparecer, amarre as pontas soltas e traga a energia de volta para baixo. Convide todos a se ancorarem por meio da meditação, uma expressão de gratidão, um momento de silêncio, um abraço em grupo (se for apropriado), liberando o excesso de energia para a terra, abrindo o Círculo ou qualquer outra coisa que pareça adequada.

Quando seguimos nosso instinto enquanto conduzimos rituais, podemos dar às pessoas mais do que elas precisam energeticamente. Podemos agir como figuras de proa para algo maior e permitir que isso venha através de nós.

Aplicam-se as regras normais de consentimento, mas, além disso, existem muitas opções que podemos usar para aprofundar um ritual e torná-lo uma experiência mais eficaz para todos os envolvidos.

Outras Formas de Usar a Bruxaria Intuitiva Espontânea em Rituais de Grupo

Aqui estão outras maneiras de usar Bruxaria Intuitiva em rituais de grupo. Essas ideias envolvem o grupo fazendo o trabalho intuitivo ou escolhendo participar do ritual em um nível mais elevado.

- Você pode usar o grupo para ajudar a realizar parte do trabalho. Distribua cartões de índice para quem parece ser adequado. Dessa forma, diferentes pessoas podem chamar as direções, lançar o Círculo ou invocar uma Divindade. As pessoas podem usar suas intuições sobre o que dizer ou podem ler o cartão.
- Peça aos participantes para criarem sua própria bolsa de amuletos ou pote de feitiços. Cada participante pode escolher entre vários tipos diferentes de tecidos, ervas, pedras e óleos que você fornecer. Isso capacita cada pessoa a usar sua intuição e tornar o produto mais exclusivo para ela.
- Deixe cada pessoa escolher uma carta de um baralho de Tarô ou outro baralho simbólico. Este pode ser seu tema pessoal para o ritual.
- O grupo pode fazer algo espontaneamente como parte do ritual, como uma música, uma obra de arte, uma dança ou qualquer combinação deles.
- Cada pessoa pode ser informada do tema do ritual para que possa trazer uma correspondência pessoal. Este item será combinado com correspondências de outras pessoas para fazer algo juntos. Este produto final será mais do que a soma de suas partes. Depois de levantar a energia juntos, você divide a mistura e todos ficam com um pouquinho da magia para levar para casa.
- Você pode deixar uma pessoa do grupo falar por um momento e orientar a direção do ritual. Pode ser em nome do espírito da estação, uma Divindade, um espírito ou qualquer outra coisa que quiser trazer à tona. Se for fazer isso, informe ao grupo antes do ritual que alguém será escolhido intuitivamente para falar. As pessoas podem dar um sinal se não estiverem interessadas em participar, nesse caso, outra pessoa deve ser escolhida. O que quer que a pessoa diga deve ser aceito e levado adiante no ritual.
- Você pode oferecer algo mais intenso – um ritual dentro de um ritual. Se os participantes se sentirem chamados a completar esta etapa, dê-lhes algo mais. Você pode dar às pessoas uma bênção especial, uma mensagem de sua intuição ou usar uma ferramenta de adivinhação como o Tarô. Dê a eles um ritual de maior energia ou deixe-os escolher o que receberão.

A Grande Comunidade Pagã e de Bruxaria

Até os lobos solitários ficam tristes. Aconselho você a resistir ao desejo de ser totalmente solitária. Procure uma comunidade mágica em algum lugar – procure pessoas que sejam gentis e se sintam em casa. A verdadeira amizade significa sermos apoiados em nossos caminhos, confiarmos na intuição um do outro e nos erguermos com amor incondicional. Nesta mágica Era Moderna, podemos encontrar essas pessoas em qualquer lugar, até mesmo na internet ou possivelmente em uma reunião Pagã. Procure risadas genuínas, energia espiritual mais elevada e pessoas presentes tanto nos bons quanto nos maus momentos.

Esses são sinais de uma verdadeira comunidade. O valor da comunidade pode não ser evidente quando você conhece as pessoas pela primeira vez, mas quando a vida se torna mais difícil, pode ser mais aparente. Quando o furacão Katrina desalojou meus amigos que dirigiam o Templo Voudou, a comunidade correu para ajudar. Instantaneamente, uma comunidade Pagã local se organizou para dar a eles um lugar gratuito para ficar, bem como caixas de roupas, livros, itens mágicos, utensílios de cozinha, vales-presente, comida e muito mais.

Quando acontecem situações ruins, podemos estender a mão uns aos outros e compartilhar apoio, dinheiro, energia, uma lembrança ou um pensamento. Isso pode fazer uma grande diferença. Com uma comunidade Pagã unida, coisas boas são possíveis, porque a maioria de nós somos boas pessoas e cuidamos uns dos outros. De fato, há força na comunidade.

Encontros e Festivais de Bruxas e Pagãos

Imagine um hotel ou um acampamento onde todos são Bruxos ou Pagãos. Agora, imagine-se folheando uma programação de palestrantes, workshops e rituais encantadores. Você deseja ir ao Ritual de Amor-próprio com Afrodite ou ao Ritual Wiccaniano de atração da Lua? Prefere ir ao workshop chamado "Ser Empata" ou "Aromaterapia da Bruxa"? Deseja procurar os vendedores ou relaxar sozinha com um bom livro?

Em reuniões e festivais assim, você encontrará as maiores mentes Pagãs e Bruxas de nosso tempo dando palestras, autografando livros e respondendo a perguntas. Pessoas interessantes e semelhantes a você e que praticam suas próprias formas de Bruxaria e Paganismo estarão presentes. Música Pagã pode ser ouvida em uma reunião. Se o festival for ao ar livre, você pode dançar ao redor de uma fogueira crepitante ao ritmo de vários bateristas enquanto tocam sob as estrelas.

Você pode até ficar acordada a noite toda e uivar para o sol nascente no Solstício de Verão. Se for um festival interno, poderá descansar no conforto do clima controlado e terá quase a garantia de um banho quente todos os dias.

Encontros Pagãos são minhas férias favoritas. A descompressão e a liberdade que sinto neles são exponencialmente maiores do que em qualquer outra viagem que já tive. Se você se sentir envergonhada de ir, tente primeiro uma reunião Pagã em um hotel. Antes de decidir se vai, converse com pessoas que já foram ao evento e pergunte o que gostaram e o que não gostaram. Peça a um amigo para ir com você para reduzir a pressão de fazer novos amigos imediatamente. Se ainda assim se sentir tímida, retire-se para a barraca ou quarto e passe algum tempo sozinha.

Ir a uma reunião Pagã não é para todos, mas você pode encontrar seu lugar na comunidade, como muitos antes. A quantidade de informações que pode aprender e as experiências que terá são simplesmente surpreendentes. No entanto, assim como a magia, você recebe de volta aquilo que colocou. Esconder-se o tempo todo, só tem a perder.

Grupos on-line de Bruxas e Pagãos

Existem inúmeros grupos on-line onde você pode encontrar uma grande comunidade e muita inspiração. Todos os tipos de pessoas boas de todo o mundo estão on-line e desejam compartilhar em uma comunidade intencional. Essas pessoas podem oferecer uma risada, simpatia, energia de cura, camaradagem, percepção e ímpeto para fazer o trabalho espiritual. Suas postagens podem variar de todos os tipos de coisas, desde o mundano até os trabalhos avançados. Existem alguns sites em particular que alimentam tanto meu espírito. Se você é uma Bruxa solitária, espero que também tenha alguns desses. Essas pessoas se esforçam muito para fornecer um bom conteúdo e policiar o site. As pessoas que estão no armário de vassouras podem optar por participar de grupos fechados, por privacidade. Podem também optar por não gostar de uma página pública de Bruxas ou ingressar em um grupo público, mas marcá-lo para que possam ler os materiais.

Fiquei surpresa com a imensa quantidade de apoio e cura que estava disponível para mim de meus amigos Pagaos e Bruxos on-line quando eu estava lidando com uma perda trágica em minha família. Várias pessoas estenderam a mão e se ofereceram para enviar energia, orações, apoio e amor. As pessoas acendiam velas em seus altares para minha família e ficavam ao meu lado com energia, mesmo nunca nos conhecendo pessoalmente. Eles realizaram reiki em mim sem nenhum custo. Isso tornou a cura da perda muito mais fácil. Meses depois, posso dizer que definitivamente aprofundou nossa amizade.

Claro, existem *trolls* na internet que se deliciam em criar problemas e derrubar os outros. Como qualquer aranha sábia sabe, a teia é tão forte quanto aquilo a que você está conectado. Em outras palavras, bloqueie *trolls* e deixe grupos desagradáveis. Vá para um grupo diferente de Bruxas. Assim como você procuraria amigos na vida real que são gentis e solidários, procure essas pessoas on-line. É provável que você encontre alimento espiritual entre outras pessoas com discernimento e tempo.

Buscando Ajuda Mágica Externa

Se você está se sentindo presa, amaldiçoada ou para baixo e tentou tudo o que sabe para consertar a situação, incluindo terapia e soluções médicas, por que não pedir ajuda à comunidade mágica? Se precisar de informações ou assistência, há várias pessoas que podem ajudá-la e geralmente estão a apenas alguns cliques de distância. Consulte um médium ou alguém que possa realizar adivinhação, como um leitor de Tarô, por exemplo. Ou você pode procurar um curandeiro – existem vários tipos, incluindo mestres de reiki, xamãs, benzedores intuitivos, massoterapeutas e muito mais. Você poderia trabalhar com um orientador de vida Pagã ou um mentor de Bruxaria.

Pergunte aos seus amigos se eles recomendam alguém em particular ou verifique a presença de pessoas que oferecem serviços on-line. A maioria das pessoas estabelecidas tem uma página no Facebook ou um site onde você pode ler depoimentos e ver quais serviços eles oferecem. Se alguém é um líder ou escritor ativo na comunidade Pagã ou Bruxa, é provável que tenha estudado muito e possa ser útil. Se não puder pagar pelo serviço, ofereça-se para trocar tempo por tempo ou troque itens que você possui ou fabrica. Não há vergonha em pedir ajuda aos outros. Às vezes, só precisamos de alguém para lançar um pouco de luz sobre o problema para que possamos vê-lo como ele realmente é.

Encontrando Soluções para Problemas da Comunidade

As comunidades Pagãs e de Bruxaria têm problemas, assim como o resto do mundo. Covens e Círculos perdem membros e desmoronam o tempo todo. Eu fiz parte de muitos Círculos que se desfizeram depois que um líder se mudou ou quando a liderança azedou. Em tempos como esses, é bom lembrar que a mudança é a única constante do mundo. Talvez seu caminho não seja ficar com o mesmo Coven por vinte anos. Talvez você tenha uma experiência mais profunda com um outro amigo em comparação com um grupo de doze. Se você gosta do grupo, continue. Se não, encontre outra coisa. Líderes nascem de momentos de crise, quando não havia mais ninguém para liderar.

Mesmo que você não lidere, existem inúmeros grupos Pagãos e de Bruxaria. Você pode ter que dirigir por uma hora para chegar até um, mas pode recarregar suas energias por semanas.

Todo mundo comete erros, até mesmo as pessoas do seu Círculo ou Coven. Se nenhuma das leis do Círculo foi quebrada, você pode corrigir uma situação ruim com um confronto gentil e um pedido para interromper o comportamento ofensivo. Se for um pouco mais sério, tenha algumas testemunhas e um confronto privado. Os líderes podem querer dar-lhes a opção de se conformarem com o grupo ou saírem por sua própria vontade.

No entanto, também pode haver alguém em um Círculo que se revele uma pessoa má. Essa pessoa pode ser um sociopata, um vampiro de energia ou qualquer outra coisa problemática. Pode ser fácil teorizar sobre o que fazer, mas quando se depara com um problema real, as coisas podem se complicar. Muitas vezes, um líder precisa intensificar e assumir o controle de uma situação ruim. Caso alguma das leis do grupo tenha sido infringida, a pessoa deverá enfrentar a possibilidade de suspensão ou mesmo exílio, dependendo do caso. Se as leis estaduais ou federais foram violadas, pode ser necessário envolver a polícia para atuar como um nível superior de autoridade. Muitas vezes, isso é a coisa certa a fazer para garantir que as consequências do comportamento ofensivo sigam a pessoa por onde ela for.

É sábio enfrentar os problemas. Grupos que ignoram os problemas criarão conflitos entre os membros e eventualmente cairão e queimarão. Líderes que sabiam dos problemas e não fizeram nada serão culpados quase tão duramente quanto os transgressores. Mantenha a paz de muitos lidando com aquele que é o problema. Se a comunidade desmoronar, deixe-a. Algo maior pode ressurgir das cinzas. Permita que sua comunidade seja um fluxo e refluxo e vá com o que parecer certo.

Ritual para Homenagear a Comunidade Mágica - O Caldeirão da Comunidade

Este ritual pode ser realizado sozinha ou em grupo. A intenção é homenagear o grupo e cada integrante. O objetivo é despertar o senso de comunidade, amizade e confiança dentro de um Círculo de amigos ou comunidade. Se houver muitas pessoas, delegue tarefas. Se for só você, imagine sua comunidade e o que você quer que ela seja.

Em uma lua nova, lance um Círculo. Para cada quadrante, invoque um elemento de sua comunidade mágica, como inteligência para Leste/Ar, criatividade para Sul/Fogo, confiança para Oeste/Água e propósito para

Norte/Terra. Seja criativa e torne-o individual para o seu grupo. Peça a alguém que seja otimista por natureza para derramar água em uma tigela grande ou Caldeirão. Idealmente, será água energizada pela lua e de uma fonte natural, como uma nascente, um riacho ou o oceano. Por exemplo: "Eu derramo as águas da vida que representam todas as emoções que vivemos juntos. Eu agora o proclamo o Caldeirão da Comunidade".

Em seguida, cada pessoa se aproxima do Caldeirão com algo a acrescentar que representa os ideais da comunidade, como óleos, ervas, folhas, terra, símbolos e cristais. Com cada item, a pessoa declara suas intenções pessoais relacionadas ao objetivo do grupo. Eles declaram como vão interagir com a comunidade mágica. Por exemplo, "Para o Caldeirão da Comunidade, acrescento terra de minha casa, onde nos reunimos para ter roda de intuição todos os domingos. Que eu mantenha minha energia e a energia do meu lar boa para fornecer um lugar seguro para as pessoas aprenderem, crescerem, serem elas mesmas e confiarem umas nas outras". Ou, "Para o Caldeirão da Comunidade, dou lascas de ametista, para que possamos ser conscienciosos, espirituais e sóbrios. Desejo apoiar todos os membros e ser um amigo se eles precisarem". Depois que cada pessoa fala, todos dizem: "Que assim seja".

Depois que todos tiverem presenteado algo para o Caldeirão e falado suas intenções, todos voltam para um Círculo. Um dos líderes diz: "O Caldeirão da Comunidade mantém nossas emoções e vontade unidas, mas também representa limites. Retém o que não queremos e o que desejamos.

Cada um de nós sempre tem o direito de recusar qualquer troca energética por qualquer motivo. Qualquer pessoa que não seguir nossas regras será convidada a deixar o grupo".

Leia os princípios ou regras do grupo e pergunte a todos se concordam com eles. Todos devem dizer sim ou ser convidados a sair. "Com nosso acordo, estamos aqui como indivíduos, por nossa própria vontade. Cada um de vocês é único e oferece presentes especiais para a comunidade. Sintam suas próprias energias, individualmente. Sintam-nas crescer dentro de vocês, subindo para uma frequência mais elevada de energia espiritual. Amplie-as. Quando estiverem prontos, deem um passo à frente, em direção ao Caldeirão da Comunidade. Com este Círculo mais próximo, sintam a energia da sua comunidade. Juntem suas energias."

O líder deve mexer o Caldeirão neste momento. "Com um Bastão de carvalho, símbolo de força, combino nossas energias. Nossos pontos fortes são compartilhados. Visualize você e nossa comunidade, cada um obtendo o que deseja do outro. Veja uma troca energética perfeita que ajuda você e o grupo. Sinta o apoio do grupo e o amor incondicional. Mantenha esta visualização em sua mente." (Um Bastão de carvalho foi usado como exemplo, mas outro material pode ser utilizado. Basta trocar o material e o significado.)

Você pode desejar que alguém vigie a superfície da água para ter uma visão do futuro. Antes de fechar, peça a todos que abençoem o Caldeirão com sua energia elevada. Nesse ponto, o líquido do Caldeirão pode ser engarrafado e dado às pessoas que participaram do ritual como lembrança. Ou, se apenas itens seguros forem usados, você pode manter o Caldeirão "fervendo" até a lua cheia e, em seguida, despejá-lo fora de casa para atuar como um local de lembrança e oferenda aos espíritos da natureza. Certifique-se de manter coisas especiais como cristais, que agora atuam como cristais comunitários conectados à vontade do grupo. Considere criar um altar comunitário com cristais maiores, garrafas, Caldeirão e qualquer outra coisa.

O Vasto Mundo

É importante sair para o mundo e se conectar com ele. Faça amigos que sejam dignos de sua bela alma. Considere ser o líder que você gostaria que estivesse presente quando era mais jovem. Você e sua magia podem mudar o mundo para melhor. Mesmo as menores ações intuitivas podem criar enormes ondulações.

Lista de Leitura Adicional

BROWN, Brené. *Dare to Lead: Brave Work. Tough Conversations. Whole Hearts.* New York: Random House, 2018.

LINDE, Nels, and Judy Linde. *Taking Sacred Back: The Complete Guide to Designing and Sharing Group Ritual.* Woodbury, MN: Llewellyn Publications, 2016.

THREEFEATHERS, Lillith, and Joy Marie Wedmedyk. *Heart of the Elder: Good Elders and Their Influences.* Stafford, UK: Megalithica Books, 2018.

A Prática em Constante Evolução

Capítulo 14

A*o contrário de algumas pessoas*, você pode ter pensado que seu interesse por Bruxaria e Paganismo não era "apenas uma fase". Ou se fosse, era como uma fase da lua, e só crescia em direção à plenitude. Como a lua, haverá mudanças e evoluções em sua prática. Isto é uma coisa boa. Definindo seu próprio ritmo, aprendendo e tornando-se adepta, você será capaz de desafiar a si mesma quando se sentir pronta e em seus próprios termos. Essa é uma das muitas razões pelas quais adoro Bruxaria Intuitiva – ela combina crescimento em um ritmo sustentável com liberdade absoluta para escolher o que é melhor para você.

Muitas pessoas têm medo de envelhecer, mas a cada ano que passa, sinto que a vida está cada vez melhor. Apesar de algumas adversidades, perdas e das desvantagens naturais do envelhecimento, sei mais de quem sou verdadeiramente, sou mais capaz de fazer mudanças efetivas em minha vida e me sinto mais próxima dos mistérios. Meu ofício mudou ao longo dos anos, e é tudo para melhor. Faz sentido que uma prática evolua, considerando que tudo muda – a mudança é a natureza do Universo. Nossa vida e a Terra estão em constante evolução. Seguir o fluxo e abraçar essas mudanças naturais nos ajuda a incorporar nosso Eu mais poderoso. A maioria de nós continuará a trilhar nossos caminhos intuitivos de Bruxaria até o fim da vida. Envelhecer com Bruxaria e Paganismo é uma continuação natural do seu estilo de vida e alimentará sua alma mesmo depois de seu último suspiro. Por esse motivo, este capítulo é dedicado a explorar as transformações que você pode observar em sua prática.

Sua Prática Pode Mudar

Divindades Pessoais

As Divindades que você adora hoje podem simplesmente perder sua posição de destaque em seus altares. Isso será especialmente verdadeiro para os Deuses com quem você tem comunicação limitada, mas é bem possível que suas Divindades principais também mudem.

As primeiras Deusas que me atraíram foram Ártemis, Cerridwen e Brigid. Parte de minha prática inicial incluía cantar seus nomes para colocar minha consciência em transe com suas presenças gentis e poderosas. Elas me ajudaram em meus anos de formação, mostrando-me o caminho e guiando meus passos jovens e vacilantes. Sempre as amarei por me ajudarem a me tornar mais fortalecida e por inspirarem meu verdadeiro eu a brilhar. Não me lembro do momento exato em que elas não eram mais minhas Deusas preferidas. Com o tempo, experimentei várias mudanças turbulentas em minha vida; a certa altura, mudei-me oito vezes em um ano. Durante uma dessas mudanças, meus itens de altar dedicados a essas Deusas simplesmente não saíram de uma caixa. Em vez disso, montei altares com novos objetos para outras Deusas e Deuses que começaram a me chamar. Essas novas Divindades ressoavam melhor com as lições que eu queria aprender e com a pessoa que eu estava me tornando.

Ártemis, Cerridwen e Brigid sempre terão um lugar muito especial em meu coração. Sei que posso voltar a elas no futuro, se desejar. Por enquanto, meu caminho me levou para longe – mais longe do que eu jamais imaginei. Tenho um novo trabalho espiritual e uma energia diferente. Faz sentido que eu trabalhe com novas Divindades.

Se você sentir uma mudança acontecendo com seus Deuses, não tenha medo da mudança. Mova-se na direção em que sua intuição está guiando. Você sempre pode voltar, se necessário.

Aliados Espirituais

Muitos anos atrás, tive uma experiência poderosa com um guia espiritual. Ele me guiou por um longo período, mas em determinado momento, se afastou. Quando o invoco em rituais, às vezes responde, outras vezes não. Sua energia parece mais fraca para mim, e ele não está tão presente na minha vida como costumava estar.

Alguns espíritos, como nossos ancestrais, estarão sempre conosco. Outros estarão conosco apenas para uma lição ou uma determinada etapa da nossa vida. Isso não significa que eles nos amem menos, apenas que tinham uma função e um papel, assim como nós. Novos guias provavelmente virão, especialmente se você os procurar. Agora tenho um novo guia espiritual e está funcionando muito bem. Ele tem muitos insights para compartilhar comigo e estou ansiosa para alcançar novos horizontes.

Conhecimentos e Habilidades

Quanto mais você praticar, mais seu conhecimento e habilidades crescerão. Sua capacidade de atrair energia também aumentará, assim como seu poder de lançar Círculos energéticos e realizar um ritual significativo. Suas habilidades psíquicas e empáticas se aprofundarão e você entrará no estado de fluxo mais facilmente. Seu conhecimento de feitiços e ervas ficará mais forte e intuitivo. Sua magia interior e intuição crescerão em força quanto mais praticar. Você pode até confiar menos em itens externos, como pedras, ervas e outras correspondências, e mais da sua própria força de vontade e poder interior.

Novos Desafios

A manifestação é dividida em dois ciclos: plantio e colheita. Pedimos por desafios e, quando eles se apresentam, os aceitamos e começamos a trabalhar. Eventualmente, superamos o desafio ou buscamos algo novo, adquirindo mais conhecimento e habilidades no processo. Essas duas atividades se complementam. Quando você tem o hábito de criar e vencer desafios, seus rituais seguem um ritmo mais rápido, tornando a manifestação mais fácil e ágil.

Sem dúvida, inevitavelmente encontraremos novos desafios que nos obrigam a fazer o nosso trabalho mais árduo. Eles ultrapassam nossos limites e nos perguntam se realmente queremos intensificar nosso jogo. Isso me lembra a frase "cuidado com o que você pede – você pode conseguir". Se aceitar o desafio, é provável que precise utilizar um aspecto superior de si mesma. Também é provável que isso requeira mais aterramento, percepção e estabilidade emocional. Isso soa como algo para o qual você está preparada?

Novos desafios podem acelerar nossa evolução espiritual rapidamente. Cabe a você decidir quanto assumir e quando é necessário fazer uma pausa. Use sua intuição para saber quando é o momento certo para pausar na manifestação. Procure trabalhar em seu próprio ritmo para lidar com os desafios de maneira sustentável ao seu estilo de vida.

Objetivos Espirituais

Pense nos primeiros objetivos que definiu quando começou a praticar Bruxaria e compare com seus objetivos atuais. A menos que seja iniciante na Bruxaria, é provável que seus objetivos tenham mudado. Quando comecei a praticar a Bruxaria, queria descobrir quem eu era e quais eram meus pontos fortes. Depois de vários anos, meus objetivos mudaram. Agora, meu desejo é ser a melhor pessoa que posso ser, viver no fluxo sempre que possível e também inspirar espiritualmente outras pessoas. É natural que nossos desejos mudem ao longo de meses, anos ou décadas. Reserve um momento para se perguntar o quão espiritual você gostaria de ser em sua vida diária.

Visualize um espectro: de um lado está a Bruxa de poltrona que gosta de pensar em Bruxaria, mas não está disposta a trabalhar em seu ofício com práticas ou rituais. Do outro lado está alguém que segue seu caminho todos os dias, mesmo nos dias mais difíceis, vive em estado de fluxo com mais frequência e é capaz de construir mais da vida que deseja por causa de seu relacionamento com a magia e a energia. Onde você se enquadra no espectro? Você é espiritual apenas em grandes reuniões, quando outra pessoa conduz o ritual? Você está feliz com seu nível de interação com o Outromundo e os espíritos? Em outras palavras, o que está fazendo é suficiente para você?

Não há respostas erradas para essas perguntas. Em momentos diferentes da nossa vida, precisamos de coisas diferentes. Sua intuição ajudará a determinar o quão fundo você deseja viajar na floresta encantada. Se continuar ouvindo o chamado para ir mais fundo, continue andando. Se precisar descansar, descanse. Continue a se desafiar e a desenvolver novos objetivos espirituais que a alimentem de acordo com o que precisa.

Poder

O que você sempre quis fazer? Ter poder pessoal pode permitir que faça mais com sua vida e alcance seus objetivos. Quanto mais praticar, mais será capaz de reivindicar seu poder e assumir o controle das situações. Será capaz de se expressar melhor e os sentimentos de vitimização começarão a desaparecer, se não desaparecerem completamente. Você pode até assumir uma posição de poder entre outras pessoas, seja em um Coven, no trabalho, em um grupo de livros, em um evento Pagã ou on-line. Use seu poder para encorajar justiça e igualdade, para levantar a voz de poucos e ajudar a comunidade a evoluir. Você também pode usá-lo para desenvolver sua própria visão única e compartilhar seus métodos com outras pessoas. Liderar rituais de grupo e orientar outras pessoas é um talento inestimável.

Símbolos Pessoais

Assim como as roupas da moda, é possível que possamos superar certos estilos Pagãos. Quando me tornei Pagã, o Pentagrama estava em toda parte. Todo mundo que eu conhecia tinha um, e eu pensei que precisava de um também. Comprei um colar de Pentagramas, mas raramente o usava; eu nunca usei o Pentagrama em minha magia. Depois de alguns anos, percebi que nunca me identifiquei com o símbolo.

Embora fosse bonito, parecia representar mais as outras pessoas do que a mim. No entanto, eu me identifiquei com a lua. Parecia ser mais meu sabor de espiritualidade, porque representa minha adoração à Deusa, meus rituais lunares e minhas transformações. Dei de presente o colar de Pentagrama para outra pessoa e agora uso um colar de lua como meu símbolo pessoal. Talvez você mantenha os mesmos símbolos e sigilos poderosos pelo resto de sua vida de Bruxa, ou talvez queira novos símbolos para representar as mudanças pelas quais passou. Se seus símbolos mudarem com o passar dos anos, esteja aberta a isso. Vá com o fluxo e experimente. Questione as coisas que considerava óbvias quando iniciou esse caminho espiritual. Essas perguntas podem abrir sua mente e trazer uma sensação maior de quem realmente é, e é disso que se trata.

Verdadeira Sabedoria

Algumas pessoas que trabalham com conhecimento esotérico podem se tornar mais sábias. Elas atingem um estado mais elevado quando se trata de problemas físicos, emocionais e mentais e podem transcender muito do drama da vida cotidiana. Quando isso acontece, menos erros são cometidos e a vida pode ser vivida mais "de propósitos" do que reacionária. As pessoas têm menos arrependimentos quando agem de um lugar mais espiritual e sábio. A sabedoria é adquirida com o tempo. Certamente não acontece da noite para o dia. É o ápice de seguir a intuição por anos e muitos passos na direção certa. Pense em sua vida há dois anos. Você é mais sábia agora do que naquela época? Que medidas deve tomar para adotar um estilo de vida mais sábio?

Recipientes para o Espírito

À medida que avançamos em nossos caminhos com nossos Deuses e espíritos, tornamo-nos receptáculos de seus conhecimentos e caminhos. Assumimos suas paixões e energias. De certa forma, começamos a nos tornar aqueles com quem trabalhamos e adoramos. A vontade deles pode se tornar a nossa vontade. Nossa vida pode até parecer com a deles.

Prática e Rituais

Sua prática matinal intuitiva que alimenta sua alma agora pode não permanecer quando a vida mudar, e tudo bem. Eventos como ter um bebê ou ser uma socorrista de emergência significam que podemos não ter tempo para puxar cartas de Tarô antes de começarmos nossos dias. Vá com o fluxo e se adapte às mudanças. Siga sua intuição para encontrar o que precisa. Encontre espaço onde puder. Por exemplo, você pode usar o tempo que gasta embalando seu bebê para dormir ou dirigindo para o trabalho para aprimorar sua prática espiritual.

Hora do Eremita

Haverá momentos em que queremos ser sociais e participar da energia ao nosso redor, mas também haverá ocasiões em que precisaremos nos desconectar e nos concentrar em nossos próprios corpos, cérebros, energias e espíritos. À medida que você cresce em sua prática, pode descobrir que, de tempos em tempos, precisa ser um eremita.

Quer seja por algumas horas, um dia, alguns dias ou mais, aproveitar esses momentos pode nos recarregar e nos ajudar a ver o mundo e nossa vida com mais objetividade. O tempo do eremita nos permite ouvir nossas vozes internas, especialmente se elas ficaram quietas. Quando realmente quero me ouvir, desconecto-me da socialização presencial, e-mails, mensagens de texto e mídias sociais. Eu passo um tempo sozinha com longos momentos de silêncio. Isso limpa minha mente, corpo e espírito, o que é especialmente importante para empatas e outras pessoas sensíveis. Às vezes, o tempo sozinha pode me fazer sentir menos presa e pode até trazer um momento de fluidez.

A vida é um ato de equilíbrio, composta pelo mundo exterior e seu mundo interno. Talvez sua proporção ideal entre os dois seja cinquenta por cento, ou talvez seja mais próxima de setenta e trinta ou vinte e oitenta. Encontre uma proporção que funcione para você e avalie-a com frequência, pois suas necessidades podem mudar. O que é relevante agora pode refletir seu ciclo de crescimento atual e não o próximo ou o anterior.

Coletando Teias de Aranha

Pode haver um momento em que vai precisar colocar seu artesanato na prateleira. A vida pode ficar muito ocupada, especialmente se você for uma pessoa cuidadora. Provavelmente terá de arranjar tempo para necessidades mais prementes. Isso é bom.

Faça uma pausa na prática e no ritual sempre que sua intuição lhe disser para fazer isso. Descanse e cuide de você e de suas necessidades. Não precisa se sentir culpada por fazer uma pausa em sua prática. Quando quiser caminhar na floresta encantada novamente, sua intuição estará lá. Você pode continuar de onde parou – apenas limpe as teias de aranha e comece de novo.

No entanto, considere a possibilidade de que esses momentos opressores podem ser quando mais precisamos de nosso ofício. Deslize um ritual aqui e uma prática ali, se possível. Encontre uma maneira de celebrar o espiritual.

Avalie como é passar um tempo longe de sua prática. A pausa ajuda ou você sente falta da vida espiritual? Qual é a sensação de voltar para a floresta selvagem novamente para um ritual?

Maior Senso do Verdadeiro Eu

À medida que envelhece, você se sentirá mais confortável e confiante com sua energia única. Os dramas internos e externos desaparecerão mais facilmente e serão substituídos por uma maior sensação de conforto na própria pele. Claro, é possível que você faça ondas apenas por ser você mesma. Grandes mentes sempre o fazem.

Pessoas de mentalidade estreita sempre vão fofocar, e os difamadores sempre vão encontrar um novo alvo. No entanto, com um senso maior do seu Eu verdadeiro, se o alvo for você, a energia deles não será capaz de derrubá-la tanto, se for o caso. Isso porque você encontrou uma felicidade maior por dentro. As pessoas serão capazes de ver isso. Seu senso de identidade fácil irradiará, tornando mais fácil de encontrar novos amigos e amantes que estão em sua sintonia. Deixe sua luz brilhar e seja você mesma. Permita que seu verdadeiro eu surja. Assuma o seu poder.

Metamorfoseando

Não somos criaturas estáticas. Temos experiências diferentes todos os dias e elas compõem quem somos. Nossos papéis e relacionamentos não são permanentes. Os ambientes estão sempre mudando.

Quanto mais seguir seu próprio caminho espiritual, mais mudanças fará em sua vida que apoiarão quem você é no momento presente. Como a fênix, queimamos nosso antigo senso de identidade e começamos de novo e de novo. Aprendemos e crescemos. Partes de nós desaparecem. Seus círculos internos e externos também mudarão.

As pessoas vão e vêm. Seja mutável. Cresça nas direções que alimentam sua alma. Tenha muitos papéis, relacionamentos e estilo de vida, e deixe eles mudarem. Tente continuar tendo novas experiências até seus últimos dias. Confie no seu caminho. Permita que as mudanças tomem conta de você e a renovem.

Legado

É certo que já ouvimos o chamado da intuição e o atendemos para nosso próprio bem. Melhoramos internamente e nutrimos nossos sonhos. Mas qual é o seu chamado em relação à próxima geração? Que papel desempenha no mundo? Como será lembrada por sua comunidade? Se você ainda não pensou sobre isso, considere qual seria sua mensagem de vida para os outros. As outras pessoas veriam da mesma maneira que você vê? Que sementes você pode plantar agora e no futuro para trazer seu conceito ideal à existência?

Fazendo as Pazes com a Morte

À medida que envelhecemos e temos cada vez mais experiências místicas, podemos ter algumas percepções sobre a morte. Nosso trabalho nos ajuda a entender que há mais neste mundo do que aparenta, especialmente se trabalharmos com espíritos e Deuses. Embora a morte seja certamente o fim de uma era, pode ser apenas o começo de algo novo e completamente diferente.

Planejar seu próprio funeral ou ritual de memória é uma maneira maravilhosa de fazer as pazes com sua própria morte inevitável. Deixar um testamento com um advogado pode lhe dar mais tranquilidade quando partir. Você prefere ser enterrada em um cemitério Pagão, um cemitério verde ou ao lado da família? Ou prefere ser cremada? Que música gostaria que tocasse? Quem deve liderar o ritual de memória – um membro ou líder do Coven? Quem deve fazer os discursos? Você vai deixar dinheiro para uma instituição de caridade? Como seus bens serão divididos? Se esses documentos não estiverem em vigor, um funeral Pagão ou de Bruxa pode não ser possível devido às pessoas responsáveis no momento da sua morte. Você pode pelo menos tornar suas preferências conhecidas. Compartilhe essa informação com alguns de seus amigos íntimos. Eles podem respeitar seus desejos, mesmo que outras pessoas estejam no comando, mesmo que eles façam sua própria cerimônia para ajudá-la a ser lembrada da maneira que deseja. Escreva as partes importantes do seu ritual, incluindo local, estação preferida ou data da cerimônia (se aplicável), quais Divindades devem ser nomeadas, quais oferendas devem ser feitas, que foto usar e assim por diante.

Fazer as pazes com a morte é uma dança para toda a vida, com passos complicados e música em constante mudança. Se as experiências de quase morte têm algo a nos ensinar, é que o Outromundo está repleto de possibilidades, amor, espiritualidade e pura alegria.

Aprendizado

Leia o máximo que puder. Continue aprendendo. Vá a reuniões e participe de rituais e workshops. Veja palestrantes falando sobre todos os tipos de tópicos. Experimente sua magia para crescer tanto em profundidade quanto em amplitude. Aprender é uma das melhores maneiras de crescer e garantir que sua energia não fique estagnada.

Ritos de Passagem

É importante celebrar os grandes marcos da nossa vida. Os ritos de passagem podem ser para qualquer coisa, incluindo se formar na escola, escrever um romance, terminar um projeto, ter um filho (ou neto ou bisneto), tornar-se uma anciã (ou ancião ou mago), casar-se, separar-se ou divorciar-se, conseguir um novo emprego, aposentar-se ou interromper um comportamento viciante. Ter um rito de passagem é uma experiência extremamente gratificante que pode ajudá-la a marcar seu lugar atual no caminho. Denota a floresta atrás de você, os caminhos que tomou e de onde veio. Também representa a vasta floresta mágica diante de você.

Seu rito de passagem pode ser uma cerimônia privada, se desejar. Nesse caso, comemore em um lugar sagrado para você e faça algo mágico para ajudá-la a marcar a mudança. O rito também pode ser uma forma de reconhecimento público, como um grande ritual ou uma festa. Ajuda externa para um grande ritual também é bem-vinda. Afinal, você provavelmente já trabalhou o suficiente.

Faça o que fizer, comemore sua conquista e honre o trabalho que faz. Você merece aproveitar a sua glória.

Reenquadrando o Passado

Com tempo e sabedoria, você pode olhar para trás em sua vida e na jornada que percorreu. Onde você está agora? O que superou? Qual é a história mais elevada que conecta tudo isso? Pensar no seu passado e reenquadrá-lo para que faça mais sentido pode tornar os momentos aparentemente aleatórios mais coesos.

Olhar para nossa vida como caminhos com propósito nos ajuda a entender como chegamos a este lugar e nos dá a oportunidade de retomar nossas histórias.

Podemos ver o que aconteceu quando agimos de acordo com nossa intuição e quando agimos contra ela.

Através disso, podemos encontrar maior significado e percepção. A vida não é uma série de eventos sem sentido. Aceite quaisquer imperfeições do passado. Aceite suas melhores tentativas e siga em frente. Os desafios e dificuldades que superamos nos ajudaram a nos tornar as pessoas mais fortes que nos tornamos. Ao reenquadrar nosso passado para destacar nosso crescimento, libertamo-nos da velha bagagem. Isso pode nos ajudar a estar no presente mais prontamente, sentir os momentos altos da nossa vida atual e também pensar no futuro.

Exercício 1: Metas Espirituais

Pense em seus objetivos espirituais atuais. Se achar apropriado, converse sobre eles com seus Deuses ou espíritos em seu próximo ritual e peça ajuda para realizá-los.

Exercício 2: Quanto Tempo de Eremita Você Precisa?

Qual é a sua proporção perfeita para energia externa e interna? Você prefere sair e ver os amigos a cada momento de tempo livre que tem? Nesse caso, sua proporção de energia externa para necessidades de energia interna é próxima de cem para zero. Você precisa de folga da socialização a cada dois dias? Sua proporção está mais próxima de cinquenta por cento. Se você gosta de socializar apenas uma noite por semana, sua proporção pode estar em torno de quinze para oitenta e cinco. Qual é a sua proporção perfeita para manter sua energia fluindo suavemente? Siga esta proporção e veja se funciona.

Volte a isso em uma semana e avalie se acha que funciona ou se precisa ser ajustado. Reavalie isso algumas vezes por ano, especialmente após grandes mudanças na sua vida.

Percepções Intuitivas

Tornando-se uma Elder Pagã, Anciã, Maga ou Sábia

Penny Goody

Uma carta aberta a você, gentil leitor(a):

Não nos falamos por um tempo, mas ouvi suas muitas perguntas e preocupações. Como você tem passado durante esses tempos interessantes? Ainda procurando por respostas, eu vejo – lendo, pesquisando e descobrindo novas questões que vêm com uma nova compreensão. Você é uma buscadora em uma procura mágica de longa data. Sua jornada se estende antes e atrás de você. Suas aventuras pioneiras anteriores estão agora se conectando neste local, neste momento, com inúmeros caminhos continuando à sua frente. Esse "caminho" mágico que você segue é como uma espiral, curvando-se e girando. A Roda do Ano está sempre girando, revisitando pontos do calendário. Está girando para frente, para cima, retornando ao solstício e ao equinócio apenas para ver que é a mesma época do ano, mas não o mesmo lugar no tempo. Preste atenção nesses ciclos! A lua traz ciclos oceânicos diários dançando ao redor da terra. Anote os ciclos de sete anos de Saturno e, claro, o retorno de Saturno em seu mapa astrológico exclusivo. O planeta leva quase 29,4 anos para dar uma volta ao Sol. Muitas vezes referido como "Pai Tempo", o papel de Saturno é como um capataz. Os anos do primeiro retorno de Saturno são os tempos produtivos da maioria dos adultos. Com o segundo retorno por volta dos 58 a 60 anos de idade, a pessoa se torna "sábia".

O título de Elder é uma forma de entender os compromissos. Este título traz consigo a obrigação do estudo. Não pode ser autonomeado, mas concedido pela comunidade que reconhece alguém como um membro valioso que vive uma vida mágica. Essa pessoa pode ser uma organizadora, clériga ou educadora em serviço aos outros. Honramos nossas anciãs por seu trabalho. Uma anciã não precisa ser uma sábia, no entanto.

Os títulos de anciã, elder ou mulher sábia devem ser alcançados após o segundo retorno de Saturno. A anciã pode participar ativamente de um estudo focado por um ano e um dia para conquistar seu título. O desafio de se tornar sábia através da metamorfose só pode ser suportado pela resiliência obtida ao viver todos esses anos.

Tudo Muda

Espero que este capítulo revele como envelhecer com sua intuição é um caminho satisfatório. A mudança é inevitável. Com o tempo, vamos crescer, querendo ou não. Você pode ver esse crescimento como se estivesse perdendo juventude ou ganhando sabedoria. Gosto de pensar que a cada fio de cabelo prateado ou branco que aparece na minha cabeça, estou incorporando ainda mais a energia mágica da lua.

Conclusão

Alcançando as Estrelas

V*ocê caminhou através da* floresta encantada, sentiu a lua cheia brilhar em seu rosto, adivinhou a verdade, encontrou uma Divindade, riu com uma fada, caminhou ao longo do lago preto como tinta e abraçou sua sombra. Você sentiu um momento de fluxo, experimentou a comunidade e talvez até flutuou fora de seu corpo.

Finalmente, você chegou ao seu destino final – o topo de uma montanha rochosa. Um dossel de estrelas brilhantes cintila acima de você, tão perto que quase pode tocá-las, tão deslumbrantes que é capaz de querer contemplá-las para sempre. Dessa distância, você pode ver tudo – a totalidade dos caminhos que escolheu, os caminhos que não escolheu, os picos e vales que atravessou, as áreas de noite perpétua e os lugares onde esteve sob seu poder. Pode ter sido uma jornada difícil às vezes, mas agora você está temperada, como metal fino. Você conhece sua própria energia e pode ler a energia ao seu entorno. Você tem a capacidade de mudar o que não quer, ou pelo menos mudar a forma como se sente a respeito. Sabe mais sobre os mistérios da vida e o que está além. Além disso, sabe quem é e o valor que tem. Você sabe que tem uma força imensurável e que sua alma é tão ilimitada quanto o cosmos estrelado.

Este é o fim de sua jornada neste livro, mas como uma lua escura, também é apenas o começo. Seu caminho intuitivo continuará pelo resto de sua vida. É uma aventura pessoal exclusiva para você.

Sua bravura a trouxe até aqui. Mas onde irá a partir de agora? A Bruxaria mais avançada que já fez é o caminho que segue adiante.

* Quais novos caminhos irá seguir?
* Quais florestas revisitará?
* Você trilhará o amplo caminho das tradições Pagãs ou continuará a vagar pela floresta encantada?
* Talvez um pouco de ambos?

Contanto que seja fiel a si mesma e à sua intuição, sempre estará no lugar certo na hora certa.

Obrigada por fazer esta jornada comigo.
Desejo-lhe muitas bênçãos e uma vida verdadeiramente magnífica.

Com carinho,

Astrea

Bibliografia

ARON, Elaine N. *The Highly Sensitive Person: How to Thrive When the World Overwhelms You*. New York: Citadel, 2013.

BEDE. *The Reckoning of Time. Translated and edited by Faith Wallis*. Liverpool, UK: Liverpool University Press, 1999.

BELENKY, Mary Field, Blythe McVicker Clinchy, Nancy Rule Goldberger, and Jill Mattuck Tarule. *Women's Ways of Knowing: The Development of Self, Voice, and Mind.* New York: BasicBooks, 1997.

BOGAN, Chas. The Secret Keys of Conjure: Unlocking the Mysteries of American Folk Magic. Woodbury, MN: Llewellyn Publications, 2018.

BROWN, Brené. *Dare to Lead: Brave Work. Tough Conversations.* Whole Hearts. New York, Random House, 2018.

———. *Daring Greatly: How the Courage to be Vulnerable Transforms the Way We Live, Love, Parent, and Lead.* New York: Avery, 2012.

BRYNIE, Faith. "*The Placebo Effect: How It Works.*" Psychology Today, January 10, 2012. https://www.psychologytoday.com/us/blog/brain-sense/201201/the-placebo-effect-how-it-works.

COHEN, Alan. Dare to Be Yourself: How to Quit Being an Extra in Other People's Movies and Become the Star of Your Own. New York: Ballantine Books, 1991.

COWAN, Tom. Fire in the Head: Shamanism and the Celtic Spirit. New York: HarperCollins Publishers, 1993.

ENDREDY, James. *Ecoshamanism: Sacred Practices of Unity, Power, and Earth Healing.* Woodbury, MN: Llewellyn Publications, 2005.

ESTÉS, Clarissa Pinkola. *Women Who Run with the Wolves: Myths and Stories of the Wild Woman Archetype.* New York: Ballantine Books, 1992.

———. *The Beginner's Guide to Dream Interpretation: Uncover the Hidden Riches of Your Dreams with Jungian Analyst Clarissa Pinkola Estés.* Louisville, CO: Sounds True, 2013.

EYAL, Nir. "*This Myth About Willpower Is Holding Back Your Productivity.*" Fast Company, November 28, 2016. https://www.fastcompany.com/3065981/this-myth-about-willpower-is-holding-back-your-productivity.

GLADWELL, Malcolm. *Blink: The Power of Thinking without Thinking.* New York: Little, Brown, 2005.

GRASSE, Ray. *The Waking Dream: Unlocking the Symbolic Language of Our Lives.* Wheaton, IL: Quest Books, 1996.

GUGGENHEIM, Bill, and Judy Guggenheim. *Hello from Heaven: A New Field of Research-After-Death Communication Confirms That Life and Love Are Eternal.* New York: Bantam Books, 2012.

HALL, Judy. *Principles of Psychic Protection.* New York: Thorsons, 1999.

HARI, Johann. *Lost Connections: Uncovering the Real Causes of Depression-and the Unexpected Solutions.* London: Bloomsbury, 2018.

HAWKEN, Paul. *The Magic of Findhorn.* New York: Harper & Row, 1975.

HUGHES, Michael M. *Magic for the Resistance: Rituals and Spells for Change.* Woodbury, MN: Llewellyn Publications, 2018.

HUNT, Melissa G., Rachel Marx, Courtney Lipson, and Jordyn Young. *"No More FOMO: Limiting Social Media Decreases Loneliness and Depression."* Journal of Social and Clinical Psychology 37, no. 10 (November 2008): 751–68. doi:10.1521/jscp.2018.37.10.751.

HUNTER, Devin. *The Witch's Book of Power.* Woodbury, MN: Llewellyn Publications, 2016.

———. *The Witch's Book of Spirits.* Woodbury, MN: Llewellyn Publications, 2017.

IYENGAR, B. K. S. *Light on Yoga.* 3rd ed. New York: Schocken Books, 1979.

JONAS. *Life of Saint Columban.* Rev. ed. Edited by Dana Carleton Munro. Philadelphia: Department of History of the University of Pennsylvania, 1895. https://babel.hathitrust.org/cgi/pt?id=hvd.32044009636812.

LARDIERI, Alexandra. *"Study: Many Americans Report Feeling Lonely, Younger Generations More So."* US News and World Report, May 1, 2018. https://www.usnews.com/news/health-care-news/articles/2018-05-01/study-many-americans-report-feeling-lonely-younger-generations-more-so.

LANGFORD, Joe, and Pauline Rose Clance. *"The Impostor Phenomenon: Recent Research Findings Regarding Dynamics, Personality, and Family Patterns and Their Implications for Treatment."* Psychotherapy: Theory, Research, Practice, Training 30, no. ٣ (Fall ١٩٩٣): ٤٩٥–٥٠١.

LINDE, Nels, and Judy Linde. *Taking Sacred Back: The Complete Guide to Designing and Sharing Group Ritual.* Woodbury, MN: Llewellyn Publications, 2016.

MASLOW, Abraham. *"A Theory of Human Motivation."* Psychological Review 50 (1943): 370–96.

MANKEY, Jason. *Transformative Witchcraft: The Greater Mysteries.* Woodbury, MN: Llewellyn Publications, 2019.

———. *The Witch's Book of Shadows: The Craft, Lore & Magick of the Witch's Grimoire.* Woodbury, MN: Llewellyn Publications, 2017.

MANKEY, Jason, and Laura Tempest Zakroff. *The Witch's Altar: The Craft, Lore & Magick of Sacred Space.* Woodbury, MN: Llewellyn Publications, 2018.

MOORE, David W. *"Three in Four Americans Believe in Paranormal."* Gallup, June 16, 2005. https://news.gallup.com/poll/16915/three-four-americans-believe-paranormal.aspx.

MORGAN, Thad. *"DNA Proves Viking Women Were Powerful Warriors."* History.com. Last modified March 5, 2019. https://www.history.com/news/dna-proves-viking-women-were-powerful-warriors.

NUWER, Rachel. *"Different Emotional States Manifest in Different Spots in the Human Body."* Smithsonian Magazine, October 31, 2013. https://www.smithsonianmag.com/smart-news/different-emotional-states-manifest-in-different-spots-in-the-human-body-180948225.

"Offerings to Gods in Hellenismos." HellenicGods.org. Accessed January 17, 2019. http://www.hellenicgods.org/offerings-to-gods-in-hellenismos.

Parker, Robert. *Miasma: Pollution and Purification in Early Greek Religion.* Oxford, NY: Clarendon Press, 1996.

PARMA, Gede. *Ecstatic Witchcraft: Magick, Philosophy, and Trance in the Shamanic Craft.* Woodbury, MN: Llewellyn Publications, 2012.

"The *Perpetual Flame.*" Solas Bhríde Center and Hermitages. Accessed March 17, 2019. http://solasbhride.ie/the-perpetual-flame/.

PENCZAK, Christopher. *The Witch's Heart: The Magic of Perfect Love and Perfect Trust.* Woodbury, MN: Llewellyn Publications, 2011.

RADIN, Dean. *Real Magic: Ancient Wisdom, Modern Science, and a Guide to the Secret Power of the Universe.* New York: Harmony Books, 2018.

RADIN, D., G. Hayssen, and J. Walsh. *"Effects of Intentionally Enhanced Chocolate on Mood."* Explore: The Journal of Science and Healing 3, no. 5 (September 2007): 485–92. doi:10.1016/j.explore.2007.06.004.

"Universal *Energy of Vibrations,*" Reflection, July/August 1998.

ROMAN, Sanaya. *Spiritual Growth: Being Your Higher Self.* Tiburon, CA: H. J. Kramer, 1989.

ROTH, Gabrielle. *Maps to Ecstasy: A Healing Journey for the Untamed Spirit.* Novato, CA: Nataraj Publishing, 1998.

SHAW, Philip A. *Pagan Goddesses in the Early Germanic World.* London: Bristol Classical Press, 2011.

SHIAH, Y. J., H. L. Hsieh, H. J. Chen, and D. I. Radin. *"Effects of Intentionally Treated Water on Growth of Arabidopsis thaliana Seeds with Cryptochrome Mutations."* Explore: The Journal of Science and Healing 13, no. 6 (November 2007): 371–78. doi:10.1016/j.explore.2017.05.001.

SPENCER, Ezzie. *Lunar Abundance: Cultivating Joy, Peace, and Purpose Using the Phases of the Moon.* Philadelphia: Running Press Adult, 2018.

THREEFEATHERS, Lillith, and Joy Marie Wedmedyk. *Heart of the Elder: Good Elders and Their Influences.* Stafford, UK: Megalithica Books, 2018.

"Virtue *in Hellenismos.*" HellenicGods.org. Accessed January 17, 2019. http://www.hellenicgods.org/virtue-in-hellenismos.

"We *Take a Look at the Etymology Behind the Word 'Genius.'*" Collins Dictionary. July 14, 2016. https://www.collinsdictionary.com/word-lovers-blog/new/we-take-a-look-at-the-etymology-behind-the-word-genius,304,HCB.html.

ZAKROFF, Laura Tempest. *Sigil Witchery: A Witch's Guide to Crafting Magick Symbols.* Woodbury, MN: Llewellyn Publications, 2018.

———. *The Witch's Cauldron: The Craft, Lore & Magick of Ritual Vessels.* Woodbury, MN: Llewellyn Publications, 2017.

Glossário

Adivinhação: método usado para contar a verdade sobre o presente ou conhecer mais sobre o futuro, como cartas de Tarô, runas, adivinhação por visão ou pêndulo, dentre outros.

Alinhamento: ação de equilibrar suas energias, ou o ato de alterar sua energia para que seus chakras girem ativamente e estejam nos lugares adequados ao longo da espinha dorsal, pescoço e crânio.

Alquimização: tipo de inversão de energia em que você usa a força da energia negativa direcionada a si mesmo de maneira oposta ao que foi pretendido.

Altar: lugar para objetos sagrados; seus itens podem ser trocados de acordo com as estações ou as necessidades do ritual.

Armário de Vassouras: termo usado na expressão "dentro do armário de vassouras", que descreve uma Bruxa ou Pagã que não exerce abertamente suas práticas ou que é aberta para algumas pessoas, mas não para todos.

Árvore do Mundo: uma árvore lendária de muitas culturas que conecta nosso mundo a um Mundo Superior e a um Mundo Inferior através de estados de transe.

Aterramento: conectar-se ao seu corpo, possivelmente conectando-se à terra, alimentando-se e bebendo água, relaxando, entre outras atividades.

Athame: um punhal de dois gumes usado para traçar um Círculo.

Atmosfera: sua frequência pessoal de energia quando se sente mais livre e relaxada.

Aura: campo eletromagnético ao redor de seres vivos.

Banir: remover à força a influência física, emocional, mental e espiritual.

Bastão (Varinha): instrumento mágico usado para invocar espíritos.

Beltane: um dos Festivais do Fogo irlandês, adaptado para ser incluído nos Sabbats da Roda do Ano, celebrado por volta de 1 a 5 de maio no Hemisfério Norte e por volta de 31 de outubro a 5 de novembro no Hemisfério Sul.

Boneco (poppet): objeto humanoide usado para magia neutra, defesa mágica ou magia prejudicial.

Caldeirão: um recipiente, geralmente de metal, que pode ser usado para misturar correspondências.

Cálice: instrumento mágico usado por Bruxas para conter água, vinho ou suco; geralmente uma taça.

Campo Energético: veja aura.

Carregar (energizar): conectar-se a uma fonte de energia, como luz solar, luz lunar ou aura.

Cartas de Tarô: baralho de arcanos menores e maiores com símbolos e imagens usadas para adivinhação.

Chakra: palavra hindu/budista que significa "roda"; qualquer um dos sete centros de energia localizados da base da espinha até o topo da cabeça, cada um associado a diferentes frequências energéticas, tons e cores.

Chapéu de Bruxa: modelo baseado na pirâmide de Maslow que detalha a quantidade de tempo gasto em tarefas energéticas.

Círculo: espaço ritualístico que é separado do mundo mundano; pode atuar como um espaço para conter energia antes de direcioná-la para o Universo, um objeto ou uma pessoa; alternativamente, o nome de um grupo de Bruxas.

Correspondência pessoal: um item que você sente que pode ser usado para representar algo mais, como um cristal, rocha, mineral, erva, planta, cor, estação, número, etc.

Coven: nome de um grupo de Bruxas com finalidades em comum.

Déjà vu: sensação de ter vivenciado o momento presente anteriormente, possivelmente como uma premonição.

Deosil: no sentido horário, ou um movimento no sentido horário que cria uma energia crescente.

Divinação: qualquer método usado para revelar a verdade sobre o presente ou para conhecer mais sobre o futuro, como cartas de Tarô, runas, visão ou um pêndulo.

Empata: uma pessoa que sente a energia de um lugar e as emoções dos outros.

Encanto: impregnar um objeto com significado ou poder mais profundos, geralmente por meio de um ritual e usando sua Vontade

Encanto (encantamento): palavras usadas em um ritual ou prática.

Energia Emocional: energia de nossas emoções em todas as suas faixas.

Energia Espiritual: a energia do seu espírito e campo energético.

Energia Física: energia encontrada no corpo e nas interações físicas do Universo.

Energia Mental: a energia da mente; a capacidade de se concentrar, estudar, irecionar energia e vontade, expressar-se, comunicar-se, criar limites e tomar decisões.

Entonação Vocal: falar com poder ou drama para criar uma voz que soa sobrenatural em um ritual.

Escadas Energéticas: termo usado para descrever o que acontece quando duas pessoas confiáveis e de apoio se elevam mutuamente repetidamente, aumentando a energia e facilitando insights.

Espírito da Natureza: é o espírito de um ecossistema ou de uma única parte dele, incluindo plantas, rochas, solo e água.

Espírito Elemental: um espírito da Terra, Ar, Água ou Fogo; invocado ao traçar um Círculo usando espíritos elementais.

Espírito Familiar: um espírito em quem confia e que realizará qualquer trabalho com você.

Espírito Guardião: outro nome para guia espiritual, um espírito de uma dimensão superior que auxilia no desenvolvimento espiritual e oferece proteção.

Espírito Inspirador: também conhecido como gênio, um espírito que inspira criações e protege a inspiração.

Espírito Malicioso: um espírito que pretende prejudicar os vivos.

Espíritos Ancestrais: os espíritos de seus ancestrais e membros da família não diretos que trabalham com você.

Estado de Fluxo: um estado mental que acontece quando a energia espiritual é capaz de infiltrar-se na vida cotidiana, tornando tudo mágico; mais fácil de manter nos níveis de energia médios.

Estado de Transe: qualquer estado com uma onda cerebral que não seja beta, útil para magia e meditação.

Estados Energéticos: as diferentes formas de energia (física, emocional, mental, e espiritual).

Fadas: um plural de fada; espíritos de dimensões superiores, cujo mundo coexiste com o nosso.

Fantasma: espírito de uma pessoa falecida que ainda está presente na Terra.

Força de Vontade: vontade combinada com uma alta frequência de energia espiritual.

Frequência: nível de energia, de baixo a médio a alto.

Gênio: veja espírito inspirador.

Glamour: magia usada por uma pessoa para parecer mais bonita ou assemelhar-se com alguém ou algo diferente.

Gnose Pessoal: insights ou sabedoria recebidos da experiência pessoal com os Deuses.

Grade de Energia: um método para verificar a frequência de diferentes estados energéticos (físico, emocional, mental, espiritual).

Guardião (ou guardião mental): outro nome para o ego, que representa o Eu não espiritual e atua como um porteiro para todos os tipos de interações.

Guia Espiritual: seres energéticos benéficos, conhecidos como espíritos guardiões.

Imbolc: um Sabbat entre o Solstício de Inverno e o Equinócio da Primavera, celebrado por volta de 1 a 4 de fevereiro no Hemisfério Norte.

Iniciação: cerimônia projetada para reconhecer, dedicar ou elevar alguém, às vezes com um título.

Intuição: uma voz silenciosa interna que diz como você se sente e o que deseja.

Inversão de Energia: método usado para converter energia negativa em energia neutra ou positiva.

Invocação: chamado ou convocação de um espírito ou Divindade.

Lammas: um Sabbat entre o Solstício de Verão e o Equinócio de Outono, celebrado por volta de 1 a 7 de agosto no Hemisfério Norte e por volta de 1 a 7 de fevereiro no Hemisfério Sul.

Limpeza: qualquer método de limpar a energia própria, de um lugar ou de um objeto para torná-la neutra.

Litha: veja Meio do Verão.

Livro das Sombras: diário mágico para registro de rituais e magia.

Lua Crescente: metade do ciclo lunar começando no momento após a lua nova e continuando até a lua cheia, cerca de quatorze dias.

Lua Crescente: quando a lua está próxima da lua escura, ela aparece como um crescente.

Lua Escura: o ponto em que o sol e a lua estão em alinhamento direto, após o qual o ciclo lunar recomeça e a lua nova nasce como um pequeno crescente.

Lua Gibosa: a fase lunar antes ou depois da lua cheia, quando a lua parece um ovo ou um olho.

Lua Minguante: metade do ciclo lunar, começando no momento após a lua cheia e continuando até a lua escura, cerca de quatorze dias.

Lua Nova: a pequena fatia da lua crescente renascida, que começa após a lua escura e inicia o novo ciclo lunar.

Mabon: um Sabbat, também conhecido como Equinócio de Outono, celebrado por volta de 21 a 23 de setembro no Hemisfério Norte e por volta de 20 a 23 de março no Hemisfério Sul.

Magia: mudanças criadas quando a força de vontade é liberada no mundo.

Magia Defensiva: magia neutra, como magia de amarração ou magia de bonecos.

Magia Direcional do Clima: modificar o clima de acordo com sua preferência usando pensamento e energia.

Magia do Clima/Tempo: trabalhar com o clima para propósitos mágicos ou mundanos.

Magia intuitiva simples: uma combinação de intenção, correspondências pessoais, ato mágico e elevação de energia.

Magia Prejudicial: magia realizada com a intenção de prejudicar o outro.

Manifestação: ato de atrair algo para você por meio da força de vontade.

Manto: vestimenta energética da aura para qualquer propósito, como proteção, escudo ou glamour.

Meditação: prática de silenciar, acalmar a mente e permitir que os pensamentos se dissipem; associada à limpeza, respiração profunda, elevação de energia e estados de transe.

Meio do Verão: um Sabbat que ocorre no Solstício de Verão, celebrado por volta de 23 de junho no Hemisfério Norte e por volta de 21 de dezembro no Hemisfério Sul.

Momento de Fluxo: unidade de tempo passada em um estado de fluxo, em segundos, minutos, horas ou dias.

Mundano: o mundo regular não mágico; também uma mentalidade material que acredita que não há nada além do que pode ser experimentado com os cinco sentidos.

Mundo Inferior: um plano de energia inferior que é concomitante ao nosso e pode ser atravessado através da Árvore do Mundo e de estados de transe de ondas cerebrais mais lentas.

Mundo Superior: um plano de energia superior que é concomitante ao nosso e pode ser atravessado através da Árvore do Mundo e de estados de transe de ondas cerebrais de frequência mais alta.

Ondas Cerebrais Alfa: ondas cerebrais de frequência mais baixa em comparação com as ondas cerebrais beta; úteis para meditação leve e estados de transe.

Ondas Cerebrais Beta: ondas cerebrais regulares do dia a dia que ajudam no funcionamento.

Ondas Cerebrais Delta: ondas cerebrais mais lentas que ocorrem no sono profundo, sem sonhos, e às vezes na meditação.

Ondas Cerebrais Gama: ondas cerebrais que são mais curtas, de frequência mais alta do que as ondas cerebrais beta, frequentemente ocorrendo em momentos extáticos.

Ondas Cerebrais Teta: ondas cerebrais mais lentas que as ondas beta e alfa beta, mas com uma frequência maior que as ondas delta, comuns em relaxamento profundo e usadas em trabalho de transe.

Ostara: um Sabbat ocorrendo no Equinócio de Primavera, por volta de 20 a 21 de março no Hemisfério Norte e por volta de 22 a 23 de setembro no Hemisfério Sul.

Pêndulo: objeto leve, como um cristal ou um pingente, preso a uma corrente curta que é balançado no campo de energia de alguém e usado para divinação.

Pote de Feitiço: frasco feito com intenção e correspondências pessoais, usando o ato mágico de combinação

Prática Extática: qualquer trabalho energético ou mágico que eleva a mente ao estado de transe da onda cerebral gama e cria a emoção de êxtase.

Prática: forma mais leve de magia ou uma magia simples sem um ritual; alternativamente, uma visão holística das práticas mágicas pessoais.

Premonição: visão ou insight sobre algo que pode acontecer no futuro.

Presságio: um sinal ou presságio.

Projeção Astral: experiência fora do corpo, ou a separação do espírito do corpo.

Proteção Para o Lar: um objeto mágico para proteger a casa de qualquer coisa que não sirva ao mais alto bem dos moradores.

Reconexão com a Natureza: a prática de reconectar-se com seu espírito infantil ou sentir-se livre e selvagem.

Realidade Popular: a realidade que a sociedade promove através da mídia e expectativas sociais; uma realidade geralmente aceita pela maioria das pessoas que é criada para a comercialização de bens.

Religião Aberta: uma religião que encoraja pessoas de fora a praticar e adaptar sua religião, geralmente sem uma linhagem tradicional e sem ritos iniciáticos padrão.

Religião Fechada: uma religião que não aceita pessoas de fora para ensinar, ou grupos que desejam que pessoas de fora não pratiquem sua religião.

Religião Semiaberta: uma religião que ensina pessoas de fora, mas não incentiva as pessoas a agirem por conta própria; geralmente tem tradições e ritos iniciáticos.

Rito de Passagem: cerimônia projetada para reconhecer a mudança na vida de alguém, como mudar de adolescente para adulto, de donzela para mãe, etc.

Ritual: forma mais elevada de magia, geralmente um Círculo, para elevar energia.

Roda do Ano: os oito Sabbats que compõem o ano.

Runas: vários alfabetos de origem germânica baseados em símbolos esculpidos em pedras, ossos ou peças de madeira; usadas como ferramenta de adivinhação.

Sabbat: um dia de celebração solar quando a Terra está inclinada ao máximo em uma direção (Solstício de Verão e Solstício de Inverno), no ponto exato entre os solstícios (Equinócio de Primavera e Equinócio de Outono), ou nos quatro pontos intermediários entre cada solstício e equinócio (dias do meio do trimestre).

Samhain: um Sabbat entre o Equinócio de Outono e o Solstício de Inverno, celebrado por volta de 31 de outubro a 8 de novembro no Hemisfério Norte e por volta de 30 de abril a 7 de maio no Hemisfério Sul.

Segunda Visão: uma forma de olhar para o mundo através de um estado de transe para ver as coisas em seus outros estados.

Sigilo: uma obra de arte criada usando letras, números e / ou símbolos e usado na prática mágica.

Simbologia: a prática de usar objetos para representar uma ideia abstrata.

Sonho Lúcido: um sonho dentro do qual alguém acorda e pode fazer quase qualquer coisa.

Toque Intuitivo: um método para escolher uma carta de Tarô ou sentindo qual carta deseja ser escolhida.

Trabalho com a Sombra: a tarefa muitas vezes dolorosa de enfrentar nossa própria sombra, ou o que está escondido de nossa mente consciente, para obter clareza e verdade.

Tradição: um sistema de crenças espirituais com uma história de estabelecimento e uma cerimônia de iniciação, como a Wicca.

Ventos do Outromundo: energia espiritual do Mundo Inferior e do Mundo Superior.

Visão Intuitiva: um método visual usando uma carta de Tarô ou um olhar afetuoso e o Terceiro Olho para ver qual carta deseja ser escolhida.

Vontade: intenção ou objetivos, não muito amplos nem muito estreitos, usados na manifestação e em muitos outros tipos de magia.

Widdershins: no sentido anti-horário; útil para abrir um Círculo, banir ou diminuir a energia de algo.

Yule: um Sabbat no Meio do Inverno, também conhecido como Solstício de Inverno, ocorrendo por volta de 20 a 23 de dezembro no Hemisfério Norte e por volta de 20 a 23 de junho no Hemisfério Sul.

Biografias Ensaístas

Mat Auryn é um vidente profissional, Bruxo, professor de ocultismo, escritor e palestrante. Realiza iniciações na Bruxaria Black Rose, no Cabot-Kent Hermetic Temple, no Temple of Witchcraft e em outras tradições ocultas. Sumo Sacerdote na *Sacred Fires Tradition of Witchcraft*. Ele bloga em For Puck's Sake em Patheos Pagan e é autor de Psychic Witch: A Metaphysical Guide to Meditation, Magick, and Manifestation (Llewellyn).

Lisa Bland é uma Bruxa e astróloga com um foco holístico de cura em sua vida profissional, serviço comunitário e Bruxaria. Ela escreve no blog Living the Liminal: Modern Witchcraft Musings. Defensora de longa data da saúde das mulheres e da Bruxaria inclusiva, Lisa é voluntária ativa em grupos locais, nacionais e internacionais em defesa política, assistência médica e organizações Pagãs.

Penny Goody foi apresentadora e coordenadora de muitos eventos em festivais e encontros místicos. Ela tem doutorado em Divindade e passou por um rito de passagem para se tornar uma Elder. Penny escreveu algumas passagens em *The Heart of the Elder: Good Elders and Their Influence*. Trabalhou por décadas como leitora de cartas de Tarô em feiras renascentistas, mas atualmente ensina dança rítmica com fitas e incentiva os outros a darem o melhor de si.

Shringara Hasya é uma curandeira, mãe e avó compassiva e dedicada. Ela combina terapias alternativas modernas com técnicas xamânicas tradicionais para criar uma abordagem de cura holística única e intuitiva que se concentra na liberação de traumas, cura ancestral e empoderamento pessoal. Sua paixão pela metafísica e pelas artes de cura começou em uma idade jovem, e ela esteve envolvida em trabalhos cerimoniais de cura e meditações fitoterápicas por muitos anos. Lançou *Quintessential Alchemy Healing Arts* em 2007 e atualmente reside em Eugene, Oregon.

Heather Renae Horton é astróloga profissional e conselheira profissional licenciada. Ela está na prática da astrologia há mais de quinze anos, consultando indivíduos e também empresas.

Michael M. Hughes é autor, palestrante, pensador mágico e ativista. Ele é o criador do "feitiço em massa para amarrar Donald Trump e todos aqueles que o apoiam", viral internacionalmente, o maior e mais remoto trabalho mágico da história. É também autor de *Magic for the Resistance: Rituals and Spells for Change* (Llewellyn, 2018). Hughes frequentemente apresenta workshops e fala sobre política, magia, cultura pop, paranormal e Tarô.

Stefanie Palmer é uma aromaterapeuta registrada e mestre de reiki. Suas paixões a guiaram a criar empresas que auxiliam na elevação da consciência universal, incluindo *Awaken Essential Oils, Chakra Box* e *Blessed Be Box* (cocriado com Astrea Taylor).

Hannah Savage é uma Pagã eclética dedicada a Dionísio. Ela bloga como Dance of the Maenad for Patheos Pagan e ministra workshops em reuniões Pagãs. Mora em Wisconsin com sua píton bola, Tehiri.

Jacki Smith é o fundador da Coventry Creations, um fabricante internacionalmente conhecido de produtos espirituais, e é o coproprietário da Candle Wick Shoppe em Ferndale, MI. Em 1992, Jacki foi o primeiro no mercado nacional com suas velas de ervas abençoadas, que deram origem à indústria de velas espirituais. Ela dá aulas de desenvolvimento espiritual, conduz podcasts e é a autora best-seller de *Coventry Magic* e coautora de *Do It Yourself Akashic Wisdom: Access the Library of Your Soul.* Dedicou sua vida à missão de normalizar as palavras "Bruxa" e "Magia". É também fundadora da Witches Union e o grupo on-line Witches Union: Spell Casters Club.

Agradecimentos

E*m primeiro lugar, agradeço ao meu marido*, Tim, por me manter com os pés no chão, por me mostrar o que realmente é o amor romântico todos os dias, por sempre encontrar meus óculos e por me inspirar com sua ética de trabalho criativo com sua banda Hexadiode. Agradeço a Scarlett e Christine por nossas conversas inspiradoras e amizades incrivelmente solidárias. Agradeço à minha mãe, Judy, pelo amor incondicional que ela sempre me demonstrou, por saber que meu caminho era diferente, por encorajar minha espiritualidade rebelde e por me ensinar sobre os mistérios e as fadas. Eu não poderia ter pedido uma mãe melhor. Agradeço a Adrienne por trazer nossa família para a cidade e por nossos momentos divertidos juntos. Agradeço ao resto da minha família pelo apoio e amor contínuos.

Agradeço às muitas comunidades espirituais que apoiaram meu caminho errante e alimentaram minha alma. Agradeço a Jason Mankey por ser o primeiro a ver meu potencial como escritora Pagã. Sinceramente, não sabia que blogs Pagãos existiam ou que eu tinha tantas ideias para compartilhar que outros gostariam de ler. Agradeço a meus outros colegas fabulosos da Patheos Pagan pela camaradagem e apoio, especialmente Brianne Ravenwolf, Mat Auryn, Cyndi Brannon, Gwion Raven, Phoenix LeFae, Laura Tempest Zakroff, Kelden Mercury, Heron Michelle e John Beckett. Um agradecimento muito especial a Heather Greene, editora de aquisições da Llewellyn, que promoveu minha visão para este livro.

E agradeço também ao meu primeiro Círculo Wicca eclético e grupos espirituais por nossas exuberantes explorações dos mistérios, especialmente Tatiara, Shringara, Penny, Hank, Seth, Clover, Marcus, Damballah, Christine, Vida, Rachel, Jay, Zha, Persephone, Zochae e Marta. Agradeço aos amigos e grupos do *Pagan Spirit Gathering*: Kimberly Thalia, David, Veronica, Michelle, Nels e Judy, Daniel, Jenni, Jack, Les, Jesica, Wildflower, Amber, Mikeal, Erica, Tatiana, Kyle, Melanie Hexen, Witch Camp, Clan of Pyros, Vênus Fogo e as Mulheres Serpente.

E aos meus amigos do Círculo lunar, especialmente Keri, Andrea, Theresa, Avamir, Palmer, Lara, Anna, Jennifer, Amanda e Pam, por me deixarem ser uma colíder e por abrir espaço para nossos espíritos florescentes. Agradeço aos membros do grupo Aurora Fire, Scarlett, Andrea, Ali, Ashes, Colleen e Lily, por manterem o fogo aceso e por nossa brincadeira extática; aos membros originais do grupo de fogo Skye, Lara, Tony, Fênix e Lara; e aos membros do meu primeiro grupo de fogo, Illumination Fire. E agradeço a Kevin Axtell pelas incríveis experiências de caminhada sobre o fogo.

Aos meus amigos que me apoiaram maravilhosamente, Kari, Jason, Dorian, Mary e Freya, Laura e Ryan, Tim e Gena, Irish, Libby, Alex, Joelle, Leslie e Tammy. Obrigada a todos no grupo Intuitive Witchcraft no Facebook por compartilhar minha visão de Bruxas Intuitivas unidas, especialmente Joseph Jones.

Agradeço imensamente às pessoas que compartilharam minhas primeiras fagulhas espirituais na adolescência, especialmente a Leslie e nosso clube de teatro do ensino médio, que me ensinaram sobre os espíritos do lugar, e também aos meus amigos da YOU por permitirem que eu tivesse minha própria definição de Divindade e por me darem amor incondicional quando mais precisei. E ao meu maravilhoso grupo de escritores e fãs de ficção incrivelmente solidários que caminharam comigo pela Casa da Transformação, reuniram-se para Belle Dame Sans Merci e perguntaram sobre as sequências. Também agradeço humildemente aos Pagan Illuminati por seu contínuo apoio mágico. Pela inspiração, agradeço a Clarissa Pinkola Estés, Jessica Lanyadoo, Kyle Cease, Candace Van Dell, Casper e Crow. Por fim, agradeço aos espíritos de Glen Helen e Aullwood, as florestas que inspiraram as florestas selvagens, por toda a magia. Eu sou abençoada por conhecer todos vocês.

Fotografia por Elizabeth Krisher

Sobre a Autora

A*strea Taylor* é uma escritora Pagã, blogueira, palestrante e leitora de Tarô. Ela escreve como Starlight Witch na plataforma de blog Patheos Pagan e conduz workshops e rituais em várias reuniões Pagãs e de Bruxaria. Seu texto sobre altares de fadas foi publicado em *The Witch's Altar* (Mankey e Zakroff, Llewellyn 2018).

Astrea também escreveu para as revistas *Soul and Spirit* e *Lune Bleue* e é a cocriadora das *Blessed Be Boxes*, que envia rituais e materiais para todos os tipos de ocasiões. Quando não está escrevendo, lidera o grupo de dança Aurora Fire. Também é autora do livro *Magia do Ar*, da série Elementos da Bruxaria, publicado no Brasil pela Editora Ardane Books.

Índice Remissivo

ARDANE

Esta edição foi composta pela Ardane Books, São Paulo, SP. O papel utilizado foi o papel pólen gramatura 80. O texto principal foi composto em fonte Minion Pro, 11 e entrelinhamento 13,2, os títulos em Augusta, 42, os subtítulos em Gothiks, 16, as epígrafes em Calíbri Light Versalete, 11. Impresso no Brasil.